ポイエーシス叢書
67.

反原子力の自然哲学

佐々木力

未來社

反原子力の自然哲学★目次

反原子力の自然哲学

装幀——戸田ツトム

日本の反原子力運動の先駆者

高木仁三郎(一九三八―二〇〇〇)の追憶のために

Natural Philosophy Against Nuclear Power

By Chikara Sasaki

Tokyo: Miraisha, 2016

反原子能的自然哲学

佐佐木 力

序　文

「ヒロシマは道すがらの事件なのではない。」
"Hiroshima n'est pas un accident de parcours."
Michel Serres, *Hermes V: Le Passage du Nord-Ouest* (Paris: Les Éditions de Minuit, 1980), p. 124.

「わたしらは爆発し
よびあって
無数のわたしになり
無数のあなたになって
世界をヒロシマに変える」
栗原貞子「無数のわたしとあなた」、〈栗原貞子記念平和文庫〉開設記念『生ましめんかな』（広島女学院、二〇〇九）、五五ページ。

「科学技術の総力をあげて核兵器を開発してきた〈近代〉の論理が現実のメニューとして私たちの明日の食卓に何を用意しようとしているかを明確にとらえるならば、私たちはみずからの生のために立ちあがらねばならないのだ。」
高木仁三郎「現代科学の超克をめざして——新しく科学を学ぶ諸君へ」『朝日ジャーナル』一九七〇年四月二十六日号、『高木仁三郎著作集12』（七つ森書館、二〇〇四）、二四二ページ。

70 年目の広島の原爆ドーム（2015 月 8 月 6 日早朝撮影）

勤務先の北京から夏休み帰国中の私は、二〇一五年八月六日午前七時、広島の原爆ドームの前に立った。史上最初の原子爆弾投下からちょうど七十年目の早朝であった。その後、荘厳な追悼式典にはじめて参加し、原爆の犠牲者のために黙禱を捧げた。

東アジアを思索の拠点とし、現在は北京の中国科学院大学に勤務する科学史家としての私が思うに、第二次世界大戦中の原爆開発と広島と長崎への原爆投下は、数限りない事件に彩られる科学の歴史のなかにあって最大級の事件と言えるのではないだろうか。

少なくはない科学技術史の諸分野のなかで、私が貧しい学問的経歴において一定程度の知的エネルギーを献げてきたのは、数学史全般と、それから、十七世紀のヨーロッパ科学思想史であった。現代の自然観に直結する近代ヨーロッパ自然科学が誕生したときであった。私がその主題的研究によって博士の学位を取得したデカルトは、両者の交差点に位置する数学者にして哲学者であった。学位論文を増訂させた『デカルトの数学思想』は二〇〇三年に日本語と英語の双方の版を公刊させていただいた。

数学史についてのいちおうの包括的著作として、私は拙著『数学史』（岩波書店、二〇一〇）を世に問うたのであったが、十七世紀ヨーロッパ学問思想史に関しても『近代学問理念の誕生』（岩波書店、一九九二）を上梓させていただいたことがある。

近代日本は、一九四五年八月に、ヒロシマとナガサキで被爆という異例の洗礼を浴びただけではなく、二〇一一年三月には、東日本大震災の一環として、福島の沿岸地方で、原子力発電所の大事故を経験しなければならなかった。だが、省みて、ヒロシマ、ナガサキ、フクシマという科学技術史上の歴史的大事件を経験しながら、科学思想的、ないし自然哲学的考察を日本の思想家は試みてこなかったのではなかろうか？

本書は、十七世紀ヨーロッパの近代科学成立の時期を学問的専門研究分野としてもつ歴史学徒が、原子核科学と、それに基づくテクノロジーについて自然哲学的に省察しようとして成った書である。いま「歴史学徒」と自己規定したが、それは、自らの博士の学位が歴史学によったからで（Ph. D. in History）、もともと私は哲学的関心がとても強い学徒である。それから、しばしば人から指摘されるように、私は日本人としての自己規定をそれほど好まない学徒でもある。

だが、本書においては、例外的に、現代日本人としての自らの出自を表に出すことをためらわなかった。その観点に立っての、とりわけ十七世紀ヨーロッパ科学思想史を専門とする科学哲学者ないし自然哲学者としての省察の書が本書にほかならないのである。否、日本人として、原子力関連科学について自然哲学的な省察を試みてこなかったことを知的怠慢とすら、いまの私は考えるにいたっている。もっとも、自責の念といったものではあるものの——。

私には、原子核科学について考察するさいに兄事ないし師事した人物がいる。高木仁三郎（一九三八—二〇〇〇）にほかならない。私と高木との出会いについては、拙稿を綴っている（「学問的・人間的誠実さを貫き通した高木さん」、『高木仁三郎著作集12』月報「市民科学通信」）。高木は、一九八五年秋に白水社から『いま自然をどうみるか』なる著作を出版している（一九九八年には増補新版、大震災直後の二〇一一年には新装版が出版されている。『著作集8』〔二〇〇八〕所収の版は増補新版である）。その本で、核化学を修めたあとに原子力テクノロジーへの批判の姿勢を強めていった高木は、ディープ・エコロジストの立場からの自然観を開陳していた。週刊読書人から、その本の書評を依頼された私は、主として二点について批判的書評を書かせていただいた。ひとつは、プロフェッショナルな科学史家の観点からの、失礼ながら、〝素人臭い〟著述についての学問的批判であった。もうひとつは、高木のマルクス主義理解が不充分であるという批判であった。彼は、マルクス主義を「生産力主義」の典型的イデオロギーとして規定していた。私は、「正統的」とされるスターリン主義的マルクス主義思潮にたいして物心ついたときから批判的である旨、公言してきた学徒である。その立場から高木に見直しを迫ったのであった。ところが、高木は人づてに「佐々木氏の批判は傾聴させていただく」と伝えてきた。私は、その人間的誠実さに敬服し、たちまち、高木のファンになってしまった。その後、高木と私の立場は急速に接近していった。無論、学ばせていただいたのは圧倒的に私のほうであったが、部分的には高木も私の志すところを支持してくれるようになった。彼は、日本での反原子力の論陣において、私の師のような存在となった。高木の遺著『市民科学者として生きる』（岩波新書、一九九九）の末尾近くに印刷されている「《声明》科学技術の非武装化を」の発案を岩波書店の月刊雑誌『世界』の仲介でなしたのは高木と私であり、最初の草案を綴ったのは、じつは私だった。高木の癌が発覚し、草案著述の役割が私に廻ってきたためであった。もっとも最終的文面は主として高木と私が確定した。その声明は、『世界』一九九八年九月号に掲載された。

本書は、プロフェッショナルな科学史家、それも十七世紀ヨーロッパ科学思想史を修学してきた私が、高木の『いま自然をどうみるか』を批判的に読んだ際に課せられた「宿題」にたいする、遅蒔きの回答のごときものである。本書を故高木仁三郎の追憶に献げさせていただくのは、この理由のためにほかならない。

原子力の自然哲学的認識についての私のもうひとりの師というべき存在は、広島の被爆者詩人の栗原貞子（一九一三—二〇〇五）である。一九九七年春以降、私は幾度も広島の地を訪れている。私にとって広島は、栗原貞子と彼女の長女栗原眞理子（一九三五—二〇一二）の思い出と結びついている。広島を最初に訪問した一九九七年春、友人の久野成章と一緒に栗原貞子さんのお住まいを訪問させていただいた。貞子さんは、眞理子さんとともに、私を歓迎してくれた。「生ましめんかな」の詩がおおきく書かれ、居宅に飾ってあった。

貞子は二〇〇五年三月六日に亡くなった。享年九十二歳であった。その後の五月の連休に、久野氏と眞理子さんと私は連れだって、広島市北部にある栗原唯一・貞子夫妻の墓を詣でた。墓には、眞理子さんの強い意思で、「護憲」の文字がおおきく書かれ、「戦争の永久放棄」を謳った憲法第九条の条文が刻まれていた。

眞理子さんと広島で最後に会い、会食したのは二〇一〇年一月中旬に訪問した折りであった。そのとき、『栗原貞子全詩篇』（土曜美術社出版販売、二〇〇五）を寄贈された。その詩集は、『問われるヒロシマ』（三一書房、一九九二）とともに、私のヒロシマについての思想的原点となっている。

貞子の詩では、もっとも有名な「生ましめんかな」（一九四五）、それから、「ヒロシマというとき」（一九七二）、「知って下さい、ヒロシマを」（一九八三）が、私にとっては、とりわけ珠玉の作品となっている。

「ヒロシマというとき」は、「〈ヒロシマ〉といえば〈パール・ハーバー〉、〈ヒロシマ〉といえば〈南京虐殺〉」という詩のなかのことばから想像されるように、被爆都市ヒロシマを一面的に被害の観点からだけとらえていない点で異例であり、卓越している。また「知って下さい、ヒロシマを」は、「一人の死を無視するが故に　数を告発するヒロシマをにくむ　という　詩人Yよ」と、石原吉郎に問いかけた絶品である。その詩の追記には、「広島の大量虐殺は一人一人の死を死ねないで、数としてしか死ねなかった悲惨であることを知ってもらうために書いた」とある。周知のように、石原吉郎はシベリアでの抑留体験について書いたすぐれた詩人である。彼の詩魂をも超えて、原爆死の異常さを際立たせて特徴づけた点で特筆される。「生ましめんかな」は、被爆者がひとつの新しい生命を地下室で生むのを瀕死の産婆が助ける場面を描いた詩であるが、半ばは史実、半ばはフィクションであることが知られている。私の二〇一五年夏の広島訪問中、八月七日の『毎日新聞』朝刊は、「語る　命ある限り」という見出しのもと、「生ましめんかな」の詩を栗原貞子の顔写真とともにおおきく掲載した。その記事の主役は、「生ましめんかな」のモデルの小嶋和子さんである。彼女は原爆投下日の八月六日が出産予定日であったが、八月八日夜に、この世に生まれ出た。したがって、この夏をもって七十歳になった。彼女は、いまも広島で小料理屋を経営しながら、栗原貞子・眞理子母子らの反核の遺志を今後に継承してゆく、と紙面で力強く語っていた。同種の記事は、同じ八月七日の『中日新聞』朝刊にも「焦土の闇　生まれた光」という見出しで掲載されていた。その記事によれば、近所の人から、赤子生誕の「話を聞いた栗原さんは、地下室の出来事が宗教画のように感じられ、ひと息に詩を書きつけたという」。

貞子は、『問われるヒロシマ』において、その詩の意味についてこう書いている。「私は詩を書いて後になって、いったい地下室で生まれた赤ん坊とは何だったのだろうと思った。すると閃くように暗い地下室とは日本がしかけたアジア侵略の十五年戦争の暗い長い時代を意味するものであり、地下室で生まれた赤ん坊とは、アジア侵略の十五年戦争の末期にアメリカが投下した原爆の廃墟の中から世界の平和を求めてやまないヒロシマが生まれたのだということに気がついた。それでは暁を待たず血まみれのまま死んだ産婆さんとは何だったのか、それは八月十五日の平和の日が来るのを待たないで死んで行った二〇万の被爆者だった。結末の〈生ましめんかな〉〈生ましめんかな〉のリフレインは地下室の被爆者たちの唱和であるとともに戦争や原爆のない平和な世界を生ませようというヒロシマの大合唱でもある」（九七ページ）。貞子は、さらに書いている。「そうであるならば、私たちは、二〇万の被爆者の死を無意味にしないために、ヒロシマを育て、世界から核兵器をなくし、人間と人間が殺しあうような戦争のない世界を作らなければならないと思います」（二五二ページ）。同趣旨のことは、一九八二年刊『核時代に生きる――ヒロシマ・死の中の生』（三一書房）の巻頭収録の「死の中の生」でも述べられている。

貞子の「生ましめんかな」の秀逸性は、原爆による死ではなく、原爆の悲惨さのただなかにあってさえ、新しい生の誕生とその生の希望を謳ってみせたところにある。ちなみに、「生しめんかな」のモデルの小嶋和子さんの誕生時の名前（旧姓）は平野和子――しっかりと、広島の象徴「平和」が織り込まれているのである。

栗原貞子は、渾身の情熱を込めて、一般市民にとっての原子爆弾の意味を問う詩を書いた。私は、東アジア、それも日本の東北生まれの科学史家・科学哲学者として、核科学と原子力テクノロジーにまつわる自然哲学的意味を問いかける著作を、高木仁三郎から問わず語りに課せられた「宿題」への一回答として世に問わなければならない。これまでは、主として科学者が原爆の意味を問い、核廃絶を呼びかける文章を書いた。私に言わせれば、その地点にとどまっていたのは決定的に不充分である。ヒロシマを原点とし、ナガサキとフクシマを取り込んだ、近代自然科学の意味の総合的な問い直し、自然哲学的省察が必須になっているのだ。

高木仁三郎は、しばしば、「希望の科学者」と称されるらしい。たしかに、彼は、一九八七年に哲学者の花崎皋平との対論で『あきらめから希望へ』なる標題の書を、七つ森書館から公刊している。通常の科学者が、半ば以上は諦念から、既成の科学システムに自らを〝売って〟糊塗を求めるのに対して、高木は人間の生への希望を謳い続けてやまなかった。そうなら、栗原貞子は「希望の詩人」として特徴づけることができるだろう。原爆を投下された廃墟のなかから、新しい生命の希望を詩った彼女には、「希望の詩人」の呼称がふさわしく思われる。彼ら両人の遺志を継承してなった本書は「反原子力の自然哲学――十七世紀西欧科学思想からのパースペクティヴ」といった内容なのであるが、彼らが生涯をかけて謳い続けた未来への希望を、新たな地平へと押し上げんとする試みである。このような哲学的試みのとば口にならんことを希望する。

以上のような現代日本人の希望への志を、私は特異な科学哲学的企図として打ち出そうとする。私の科学哲学上の師は、一九七〇年代後半、プリンストン大学大学院在学中に教えを受けたトーマス・S・クーン教授である。彼の哲学ブランド名は、「歴史的科学哲学」(Historical Philosophy of Science) である。科学について省察するさいに、歴史的アプローチを本質的とする企図にほかならない。私の数学史上の指導教員は、若き数学史家のマイケル・S・マホーニィであった。だが、学問的ゴッドファーザーというべき科学史・科学哲学上の師はクーン教授であった。クーン先生とは、大学院生時代というよりは、一九八六年春に学術講演のために訪日され、東京大学でさまざまなことをお世話する役割を果たさせていただく過程で、しごく親しくなった。ウィトゲンシュタイン哲学についての議論を中心に、政治思想のことについてまで会話することができた。それ以来、交換した書信はかなりの数になる。ポストモダニズム思潮に対する非同調の姿勢なども私と先生とでは期せずして一致していた。私は、クーン教授とジェハン夫人に面と向かって、「私はクーンの科学思想の支持者（a Kuhnian）である」と言ったことがある。先生は、うれしそうであった。彼の科学哲学の考えを、数学史と東アジア科学史にまで拡張するだけではなく、政治的にも、より根源的なので、「ラディカル・クーニアン」と自称することもある。

プリンストンの私の恩師たちは、主要に、マホーニィ、クーン、それから、制度的な科学史プログラムの創設者チャールズ・C・ギリスピーからなるが、ギリスピー教授は大学院主任として、私にとっては「慈母」のような存在であった。母校のことを「アルマ・マテル」（alma mater）と呼ぶが、それは文字通りには「慈母」を意味する。私のアルマ・マテルであるプリンストンの「厳父」のごときクーン先生は一九九六年、マホーニィ先生は二〇〇八年、そして「慈母」ギリスピー先生は二〇一五年十月七日に九十七歳でこの世を去った。私の科学史・科学哲学上のアルマ・マテルの恩師たちは、すべて逝ってしまったのだ。

とまれ、私の科学哲学的拠点は、クーン教授の「歴史的科学哲学」なのであるが、二〇一二年秋から中国科学院大学人文学院の教壇に立とうとするとき、私の心中にその科学哲学のプログラムを中国科学にまで学問的プロジェクトとしての射程を拡張する考えが思い浮かんだ。そのプログラムは「文化相関的科学哲学」(Intercultural Philosophy of Science) と呼ばれる（中国語では「跨文化視野中的科学哲学」)。本年度で、その大学で大学院生たちを相手に講義すること四年目になるが、私の中心的講義題目のひとつとなっている。

　中国科学院大学は、理科系中心の大学院生を教育する高等教育機関である（二〇一四年秋から学部生も採用し始めた）。現代の中国人の知識青年たちは、「科学的」＝“scientific” ということばを、普通、近代西欧自然科学を含意させて用いる。あたかも、クーンのことばを用いて表現すれば、“paradigm-free”、換言すれば、“padadigm-laden” ではない、自然科学の営みが成立するかのようにである。北京での教員生活が進むにつれて、私は、そのような思想的態度に極度の違和感をもつようになった。近代西欧自然科学の基本は、機械論的ということである。クーンは、ガリレオ以降の自然科学の営みを絶対視することなく、アリストテレス的自然哲学の意義をも、しっかりと認容すべきことを説いた。私は、同様のことを、東アジア科学についてもなそうとしているのである。クーン先生は、彼の科学哲学のプログラムのゆえに、「相対主義的」とのそしりを受けたが、私も同様の批難を浴びせられるかもしれない。だが、私の新規の文化相関的科学哲学の企図は、クーンの晩年の哲学論文集『構造以来の道』（拙訳、みすず書房、二〇〇八）をひもとく者は、クーン科学哲学の自然な延長にあることを悟るに相違ない。

　本書は、原子力テクノロジーの〝痛み〟をもっともよく経験した政体のひとつである近代日本を出自とする学徒によって、クーン科学哲学を拡張しようとする企図、いわば「自然哲学の多文化主義的転回」(Multiculturalist Turn of Natural Philosophy) に即して成長して出来たものである。

本書の構成を概観しておく。

本書の序論「「ヨーロッパ諸学の危機」認識からの出発」においては、私の哲学上の出発点であるエトムント・フッサールによって始められた現象学の学問的目論見の私なりの理解が叙述され、さらに、ジャンバッティスタ・ヴィーコの歴史哲学的なパースペクティヴにおける自然哲学が説かれる。自然と人間、それから人間の人為的知識としての自然科学が截然と識別されるであろう。

第一章「文化相関的科学哲学のイデーン」では、先述の「歴史的科学哲学」のプログラムを、私なりの仕方で、東アジア科学にまで拡張しようとした「文化相関的科学哲学」の基本的考えが披瀝される。「イデーン」(Ideen) は、ドイツ語の「理念」(Idee) の複数形である。

第二章「ベイコン主義的自然哲学の黄昏」は、英国の後期ルネサンスの政治家にして哲学者フランシス・ベイコンの学問的企図が原子核物理学の根底にあるのであり、フクシマ以後の学問的状況にあって、その企図それ自身を歴史的に相対化する重要性が説かれる。東日本大震災後、『思想』二〇一一年十一月号に原掲され、今回改訂した。

第三章「近代ヨーロッパ機械論自然哲学への懐疑——数学的自然学と原子論哲学」においては、ルネ・デカルトによる数学的自然学の企図が再構成され、その射程を占う。さらに、ピエール・ガッサンディによるエピクロス的原子論哲学の新定式化を紹介し、そのうえで、ロバート・ボイルやアイザック・ニュートンらの粒子哲学的自然学が、どのように理解されるべきかについて論究した。ガッサンディやボイルの粒子論哲学が意外に遠大な射程をもつことが了解されるであろう。

中間考察「原子核科学から原子力テクノロジーへ——自然科学・不自然科学・反自然科学」には、かなり大きなスペースを割いたが、ガッサンディ以降の原子論自然哲学のその後の歩みを概観したうえで、二十世紀から本格化した量子論の自然哲学的境域を再確認し、さらには、一九三〇年代になって原子核物理学が専門的学科として成立したあと、原子爆弾製作の試みが始まり、戦後の原子力テクノロジーの時代の到来までを概観した。原子爆弾と原子力発電を、私は、高木と同様、概念的に区別せず、連続的にとらえる。その自然哲学的含意と原子力テクノロジーとしての特異性を簡明に叙述した。

第四章「東アジア伝統自然哲学の可能性——エコロジカルな自然観と伝統中国医学」においては、古代中国で生まれた、伝統的自然観の可能性を、もっとも根源的な『荘子』のテキスト読解を通じて解き明かそうとした。さらに、いまでも生きた医療行為として存続している伝統中医学の科学論的理解を展開した。中心的な哲学的観点は、後期のウィトゲンシュタインから得られている。

第五章「東アジアにおける環境社会主義——ブータン的文明と現代日本資本主義の破局的未来」は、アジア諸国の文明の在り方を、もっともエコロジカルな「幸福の国」ブータンの文明と、現代日本の資本主義文明を対照させる形で論じてある。

結論「東アジア科学技術文明の在り方の大転換を！」は、本書における自然哲学的考察を、東アジアの科学技術文明、とりわけ原子力テクノロジーの在り方をめぐって総括的に生かそうとしている。

私は、米国の大学院で四年間の科学史・科学哲学の教育を受け、そのうえで、東京大学で三十年間、教壇に立ち、その後、四年間、北京で科学史・科学哲学を中国の若者たちに教えてきた。いまは、中国での教職歴の最終学年にいる。多少は日本の外の事情にも通じたような心根を宿すようになっている。

現代の中国で、日本で一般に通じているような原子力に関する理解が通用すると考えてはならない。二〇一五年八月六日に広島での原爆犠牲者追悼式典に公式政府代表を派遣しなかった唯一の主要核保有国家は中国であった。もし私たちが、広島や長崎での被爆体験の悲惨さに言及しようとするなら、ふつうの中国人は日本軍の南京虐殺や、その後の重慶の無差別爆撃のことを持ち出すであろう。私が講義中に、放射能という制御困難な物理現象を伴う原子核物理学や原子力テクノロジーの特異な性格に言及したところ、聴講していた女性の院生は「私たちはそういったことに単純に無知なのです」と告白したものであった。このような科学的知識の現状が、現代中国の原子力発電大国化の背景として厳として存在していることを私たちは知っておく必要がある。

そうであるがゆえに、本書は現代日本人にしか書けないような科学哲学書なのではないかと私は考えている。チェルノブイリの原子力発電所を大事故が襲ったとき、その地の哲学徒は、「チェルノブイリの事故が起きたのは哲学者を生むため」と述懐したらしい（スベトラーナ・アレクシエービッチ『チェルノブイリの祈り――未来の物語』（松本妙子訳、岩波現代文庫、二〇一一）、一〇八ページ）。そしてチェルノブイリ汚染地からの移住者で農村の教師はこう述べたという。「私たちになにが起きたのか？　私たちの前になにがあらわれたのか？　もう一度書きます。私たちに起きたことは、コリマよりも、アウシュビッツよりも、ホロコーストよりもなにかもっと恐ろしいことです。でも、わが国の知識人たちはどこにいるのでしょう？　作家や、哲学者は？　彼らは、どうしてくちを閉ざしているのでしょう？」（前掲訳書、二〇六ページ）。引用文中の「コリマ」とはロシア・シベリアの土地名で、強制収容所の在処として著名であった。現実にチェルノブイリから「哲学者」が生まれたかどうか私は知らないが、ヒロシマ、ナガサキ、フクシマをもつ日本からは、しかるべき科学哲学者が出現しなければならない。

本書は、「希望の科学者」高木仁三郎と「希望の詩人」栗原貞子の反原子力への「希望」への遺志を受け継ぐ形で、やはり、自然哲学上の未来の「希望」を謳い上げる意図のもとに構想された。こう述べたうえで、私が、学問思想的〝物心〟がついたときから、原子力の政治的-学問的理解の点で、先鋭な原子核物理学者の水戸巌（一九三三―一九八六）とごく近かったことを註記しておかなければならないかもしれない。周知のように、彼は双子の息子の共生君、徹君とともに剱岳登山中に八六年暮れに遭難死した。遺著『原発は滅びゆく恐竜である』（緑風出版、二〇一四）が最近公刊され、改めて、彼の学問思想が私に強く影響していたことを再確認した。夫人の水戸喜世子は、「物理学者として一流であることと筋金入りの〝反原発派〟であることは、実は同じことなのだ」（「特別寄稿」、三二二ページ）と漏らしているが、同感である。

本書の基本的思想が、東日本大震災直後の広島で育まれ、開陳されたことを述べておかなければならない。換言すれば、私は、二〇一二年二月二十六日午後、広島市において、岡本非暴力平和研究所・環境社会主義研究会の共催で組織された集会で、講演「反原子力の自然哲学」を試みた。まさしく本書の標題とまったく同じ標題の講演であった。私の講演は、平和研究所の岡本三夫教授の長年のお仕事を締めくくるにあたって、環境社会主義研究会事務局長の久野成章が中心的組織者として執り行なわれた。本書のもっとも原初的な端緒は、その講演で開陳された。聴衆は私の話の筋が通っていると納得してくれたものだ。このとき、私が広島で講演すると会場に足を運んでくださった栗原眞理子さんの姿はなかった。同年一月二十三日に亡くなってしまっていたのだった。

福島の原発事故による多量の放射線の被害を受けただけでなく、政府の無責任な判断によって事故から発生した放射性指定廃棄物最終処分場建設の候補地となったわが郷里宮城県加美町は、現在、猪俣洋文町長を先頭として町民が一丸となって脱原子力の町をめざして闘いを進めている。幼いころから駆け巡った野山が暴虐極まる近代科学技術政策による放射性物質汚染地となるのはしごく悲しい。逆に、生まれ育った郷里の町民の不退転の闘いの志からは巨大な勇気を与えられる。本書が加美町の人びとを鼓舞できるものであることを祈っている。

本書の編集作業は未來社社長西谷能英氏自らの手になる。僥倖のいたりというほかない。

本拙書は、終始私を温かく迎えてくれる広島市民のみなさん、並びに郷里の宮城県加美町のみなさんへの感謝の心情を背景として、原子力技術理解にとってのわが師、高木仁三郎の追憶のために献げられる。

二〇一六年三月一日　亡き母の命日に

中国科学院大学人文学院の雁栖湖校区における研究室にて

佐々木　力

序論　「ヨーロッパ諸学の危機」認識からの出発

「神における真理は事物の立体的な像であり、彫塑のようなものである。人間におけるそれは、輪郭だけの、もしくは平面的な像であり、絵画のようなものである。」

Giambattista Vico, *De antiquissima italorum sapientia* (1710), Con traduzione italiana a fronte, a cura di Manuela Sanna (Roma: Edizioni di storia e letteratura, 2005), p. 16. 上村忠男訳『イタリア人の太古の知恵』（法政大学出版局、一九八八）、三五ページ。

「技芸は自然をその驚異なことどもを産出することにおいて手助けするかもしれないが、自然に反する仕事をなすことはできない。」
“Art may *aid* Nature in the production of her marvels, but cannot work against her.”

Andrew Pyle, *Atomism and Its Critics* (Bristol: Thoemmes Press, 1995), p. 332.

「自然はあらゆる幸福の源泉である。」
“Nature is the source of all happyness.”

ブータンのタクツァン僧院の登り口にある地元高校生が書いた看板から。

人はときに「青春の書」というべき書物をもつものらしい。私は、東北大学理学部数学教室で数学徒として教育を受け、そこを一九六九年春に卒業したあと、ただちに同大学院理学研究科数学専攻に進学し、プロフェッショナルな数学者として生きるべく考えていた。そのような時分に出会い、真剣に読んだのが、エトムント・フッサールの『ヨーロッパ諸学の危機と超越論的現象学』であった。同書の中央公論社《世界の名著》版が刊行されたのは一九七〇年四月のことで、私は修士課程の第二学年目に在籍し、線型代数群の分類理論についての修士論文を準備している最中《さなか》であった。同じ七〇年十二月には岩波書店の月刊学術雑誌『思想』に近代科学の認識論的批判についての拙論が掲載された。翌七一年四月には前記群論についての修士論文をもとに博士課程に進学したのであったが、その時分での私の学問的関心は、数学の哲学、そして次第に数学史に移っていた。実際に博士課程で真剣に学んだことは、数学教室の建物の向かいにある大学院文学研究科での細谷貞雄教授のヘーゲル・ゼミナール（『精神現象学』と『論理の学』のドイツ語原典読解）に出席することと、数学史研究のための古典ギリシャ語、ラテン語、イタリア語の授業を履修することであった。フッサールの前記『危機《クリージス》』書が、この学問的転換に大きな役割を果たしたことに疑問の余地はない。通常、熱心な読書といっても、教養のためか専門的学業の一環としてであろうが、私のその書への取り込みの姿勢はちがっていた。自らの将来の学問の方向を占うための、いわば「学問的人生の岐路」をしっかりと定めるための読書なのであった。私の二十三歳にしてのまさに「青春の書」が、フッサールの『危機』書であったわけなのである。

その書のなかで、私が衝撃的に心惹かれたのは「ガリレイによる自然の数学化」についての長い一節（第九節）であった。そこで、フッサールは、ガリレオ・ガリレイによる自然の全面的数学化の試みを自明に正しい学問的アプローチとはとらえず、一度突き放して、数学化をそのままアプリオリに（先験的に）正当な学問的手順なのではなく、一定の歴史的環境のなかで定着していった――たとえいかに強力で注目すべき方法であるとはいえ――飽くまでひとつの学問的試行として理解する。

「数学と数学的自然科学」という理念の衣――あるいはその代わりに、記号の衣、記号的、数学的理論の衣と言ってもよいが――は、科学者と教養人にとっては、「客観的に現実的で真の」自然として、生活世界の代理をし、それを蔽い隠すようなすべてのものを包括することになる。この理念の衣は、ひとつの方法にすぎないものを真の存在だとわれわれに思い込ませる。☆1

フッサールは、ガリレオによって本格的に始動した自然の数学的理解の意義を認めないというわけではない。自然を理解するのに数学的方法のみが有効なただひとつの手順であるという、方法論上の不当な「専一支配」に意義を唱えるのである。

フッサールは議論をさらに進める。

☆1 Edmund Husserl, *Die Krisis der europäischen Wissenschaften und die transzendentale Phänomenologie*, *Husserliana*, Bd. VI (Haag: Martinus Nijhoff, $_2$1962), S. 52. 細谷恒夫・木田元訳『ヨーロッパ諸学の危機と超越論的現象学』（中公文庫、一九九五）、九四ページ。強調は原文。以下同様。

物理学の、したがってまた物理学的自然の発見者ガリレイ、彼の先駆者たちを無視したくないというのなら、彼らの仕事を完成した発見者と言ってもよいガリレイは、発見する天才であると同時に隠蔽する天才でもあるのだ。彼は、数学的自然、また方法的理念を発見し、無限の物理学的発見者と発見のために道を切り拓いた。彼は、直観的世界の普遍的因果性（世界の不変の形式としての）に対して、それ以後端的に因果法則と呼ばれるようになったもの、すなわち「真の」（理念化され数学化された）世界の「アプリオリな形式」を発見し、また理念化された「自然」のあらゆる出来事が精密な法則に従わねばならないとする「精密な法則性の法則」を発見した。これらはすべて、発見であるとともに隠蔽でもあるのに、われわれはこれらを、今日まで掛け値のない真理として受けとってきた。これは新たな原子物理学のがわから、「古典的因果法則」に対する哲学的とも言われるような革命的批判がくわえられたとしても、原理的には少しも変わりはしない。というのは、こうしたすべての新たな事情があるにもかかわらず、やはり原理的に本質的な点はそのまま残っているように私には思われるからである。すなわち、それ自体において数学的な自然、式として与えられる自然、式からはじめて解釈される自然、という考え方はそのまま残っているのである。☆2

フッサールは、引用した文章において、ガリレオ以降の数学的自然学の試みの本質には、たとえ量子力学の登場によって古典的因果法則にかなり抜本的な修正が加えられたとしても、変更

☆2 *Husserliana*, VI, S. 53. 前掲邦訳書、九五—九六ページ。

はないと主張しているのである。ここで科学史的註釈を加えておけば、ガリレオ以後の近代ヨーロッパにおいて新規だったのは、自然総体の数学化が企てられたことであった。古代ギリシャにおいて理論的数学は誕生していたのではあるが、自然が全体として数学的に記述できるとする思想は、幸か不幸か、生まれ出なかった。

それでは、どのようにして、以上のように定式化された「ガリレオ問題」に取り組んだらよいというのだろうか？ 「それがいかなる意味においてなのかということは、われわれがさらに立ち入って、歴史的展開のもっとも内奥の衝撃力を解明するところまで進んだ時に、はじめて明らかに示されうるであろう」☆3。フッサールの問いがかなり謎めいているとすれば、回答への手がかりの提示もまた謎めいている、と言えはしないであろうか？

フッサールの哲学的問いは、現代数学の成立過程とほぼ軌を一にして育まれた。彼がベルリン大学でカール・ヴァイヤーシュトラースのもとで高等解析学を学び、ウィーン大学から変分法に関する論文で学位を所得したことは知られているし、また、同じウィーンで哲学を本格的に学んだあとのハレ大学の若き哲学教師時代に、集合論の創設者のゲオルク・カントルの同僚だったことも周知である。けれども、フッサールの問いかけがいかに真摯なものだったにせよ、それが明解で、理解しやすいものだったとはとうてい言えないであろう。現象学が問いかける哲学的問題が心ある人を魅してやまないのは、おそらくフッサール自身が現実に提示した回答の試みによるのではないだろう。そうではなく、問題の意義それ自体が、その現象学的問いかけを持続的たらしめているのだ。

☆3　*Ibid.*, S. 54. 邦訳、九七ページ。

フッサールによるじつに真剣な現代数学の哲学的理解の試みが本格化するのは、一九〇〇―〇一年刊の『論理学研究』をもってである。だが、今日、彼の名前とともに語られる「現象学」(Phänomenologie)という思潮ブランド名が本格的に離陸するのは、一九〇七年のゲッティンゲン大学における講義『現象学の理念』とともにであったことは確認されておかれるべきだろう。そこでは、数学をはじめとする精密学問の営みが、哲学思想的に批判的に見られるべきことが明確に唱われることとなる。現実にある学問の形態に、「現象学的還元」を施してみる極度に批判的立場の明確な表明は画期的意義をもっていたものと見なされうる。このさい、「エポケー」(判断保留)という古典ギリシャ語起源の哲学的用語が、古代の懐疑主義哲学特有の語彙であったことが省みられる必要があるだろう。数学史的観点からみて、ちょうどラッセルのタイプ理論とツェルメロによる公理的集合論の最初の試みが公表されたときであった。

そのあとの著作でひもとかれるべきは、一九二九年刊の『形式論理学と超越論的論理学』であろう。その書物は、『論理学研究』の第一巻「プロレゴーメナ」、第二巻の超越論的諸研究の構成を保持しながら、その後の約三十年間の研究の歩みを集大成した趣きである。とくに、その序論は『危機《クリージス》』書の思想を予示している。『ヨーロッパ諸学の危機』の刊行書版の本文からは排除された『幾何学の起源』(一九三九年刊)についての部分は、モーリス・メルロ＝ポンティの形容するところによれば、「現象学の極限にあるフッサール」の姿をかいま見せてくれる遺稿であった。ジャック・デリダが、全文をわざわざフランス語訳し、長文の序論をものしたゆえんであろう(一九六二)。だが、そこのフッサールの文面は明晰だとはとても言えないだろう。

けれど、私見によれば、『幾何学の起源』の古代ギリシャ的始原についての基本主張は、『形式論理学と超越論的論理学』の「序論」のなかで、すでにいくぶんかは語られている。そこでフッサールは書いている。「プラトンの論理学は、ソフィストたちの懐疑による学問全般の否定に対する反動として成立した。そのような懐疑が〈哲学〉ないしは学問一般の原理的可能性を否定したのに対して、プラトンは、まさにその原理的可能性を検討し、そしてそれを批判的に基礎づけねばならなかった。学問全般が疑問視されている以上、事実としての学問を前提することは当然許されなかった」[☆4]。プラトンの懐疑主義的思潮に対する対決の身構えが記述されているのである。さらにフッサールは書いている。「プラトン弁証法の厳しい論考に始まる論理学は、すでにアリストテレスの分析論によって堅固に形成されたひとつの体系的理論を結晶させており、そしてこの理論はエウクレイデースの幾何学とほぼ同程度に二千年余の歳月に耐えて存続している」[☆5]。無論、「エウクレイデースの幾何学」とは、アレクサンドリアのエウクレイデースの『原論』の数学にほかならない。一般には「ユークリッド幾何学」として親しまれている。全体として、プラトンによって着想されたといわれる「分析」–「総合」の対概念に拠る公理論的方法が、高弟アリストテレスの『分析論』、なかんずく『分析論後書』となって結晶し、さらに、それがエウクレイデースの『原論』として体系的公理論数学として体現させられた過程の骨格が見事に描かれていると言うことができよう。フッサールの慧眼というよりは、むしろ十九世紀初頭以来の古代ギリシャ思想についての——フッサールという現代哲学者の記述に具現された——近代ドイツ人の文献学的–哲学史的研究のレヴェルの高さを知るべき

☆4 Husserl, *Formale und transzendentale Logik: Versuch einer Kritik der logischen Vernunft*, *Husserliana*, Bd. XII (Den Haag: Martinus Nijhoff, 1974), S. 5. 立松弘孝訳（みすず書房、二〇一五）、四ページ。

☆5 *Husserliana*, XII, S. 12. 前掲邦訳、一〇ページ。

だろう。

簡単に再説すれば、フッサールによって近代ヨーロッパ数学－自然科学に向けられた哲学的問いかけは、私見によれば、『現象学の理念』の時期から、『形式論理学と超越論的論理学』を介し、『ヨーロッパ諸学の危機』を草したいわゆる最晩年の時期まで首尾一貫していると見ることが可能であろう。

もっとも、フライブルク大学を退任したあと、一九三三年にヒトラーが政権を確立し、その政権が発動し、同年四月七日に発効した「職業公務員階級の再建に関する法律」によって、体制への敵対者または「非アーリア人」に分類された者は、大学のキャリアから閉め出されることとなった。退職した身であったとはいえ、ユダヤ人のフッサールも影響を被らざるをえなかった。彼は大学教授の公認名簿から除籍されただけではなく、大学構内への立ち入りさえ禁止されたという。彼のもっとも才能に恵まれた弟子のマルティーン・ハイデガーは、直後にフライブルク大学の学長にさえ就任した。フッサールは、著書の出版をドイツ国内では新刊であれ、再刊であれ、禁止されただけではなく、雑誌掲載も禁止された。それで、『危機』の第一部・第二部を公刊したのは、アルトゥール・リーベルトが主宰してベルグラード（ユーゴスラヴィア）で発行しようとしていた雑誌『フィロソフィア』の創刊号中においてであった。私は、その雑誌のその号の現物を、ほんの偶然の機会から駒場の古書店で入手して所持している（図0—1）。雑誌標題の下には「現代の哲学者たちの総体的声」（Philosophorum nostri temporis vox universa）なる呼び声が記されている。あたかも、ナチスに排除されたユダヤ人学者も排除されてはいないと敢

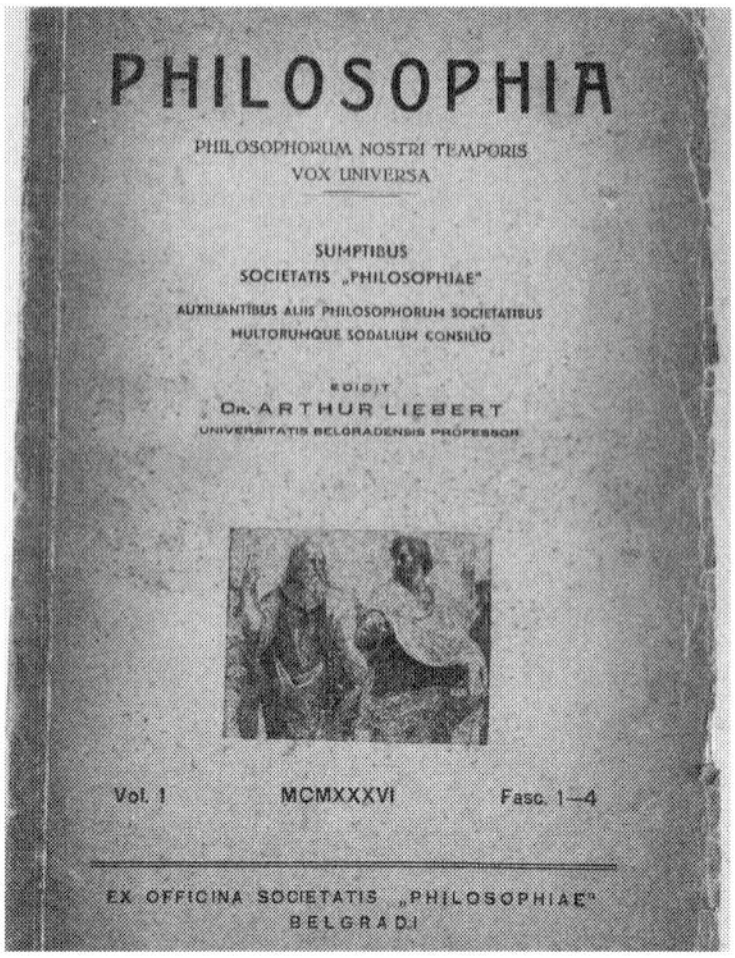

図０・１　フッサール『ヨーロッパ諸学の危機と超越論的現象学』の第一部・第二部が印刷された『フィロソフィア』（1936）の表紙

えて断っているかのように！　そして表紙の図柄は、ヴァティカン博物館「ラファエッロの間」収蔵の、天を指差すプラトンと、地に指を向けるアリストテレスを描いた「アテーナイの学堂」から採られている。『ヨーロッパ諸学の危機』のなかにみえる「諸学」（Wissenschaften）には、ガリレオを鼻祖のひとりとする近代ヨーロッパ自然科学だけではなく、ハイデガーが先頭になって担っていた哲学もが含まれていたと私は予想する。『危機《クリージス》』書は、自らにふりかかった学問的‐政治的迫害の時期の苦難を撥ねかえさんとする思いをも込めた抵抗の書物でもあったわけなのだ。

フッサールの「超越論的現象学」という謎めいた思索の手順は、人を魅惑もし、人を遠ざけもした。むしろ、科学史研究の個別的諸事実に迫る学問的手順が、フッサール的問いへの実り多い成果を生み出した、と私は考えている。

『危機《クリージス》』書のフランス語訳はジェラール・グラネルの手によって作成され、ガリマール社から一九七六年に日の目を見た。その訳者の注目すべき序文には、フッサールのその書をマルクスの『資本論』と類比的にとらえ、時代の「危機《クリーズ》」を深く認識し、その根源を剔り、未来の行く末を「若返らせる」(rajeunir) 志向の点で同一の意図を見てとっている。[☆6] 同感である。

もっとも、フッサールによる「科学の危機」の認識が、彼から始まった企図であるとは言えないであろう。周知のように、フランスのポール・ヴァレリーは第一次世界大戦直後の一九一九年に「精神の危機」なるエッセイを公にし、「ヨーロッパ文化という幻想がはじけ、知識では何も救えないという知識の無力さが証明された。科学はそのモラル的野心において致命的な痛手を負ったし、その応用の無惨さにおいて、いわば辱めを受けた[☆7]」と喝破していた。第一次大戦は、科学を利用した国民の総力戦として戦われた本格的な最初の戦争であった。ヴァレリーらヨーロッパ知識人らの「危機」の認識は、数学や自然科学を含む知力一般として理解された。それにしても、フッサールの危機認識は、ひときわ悲痛と言わねばならない。

*

本書がこれから論じようとする問題は、私が第一の専門とする数学史ではかならずしもなく、

☆6　E. Husserl, *La crise des sciences européenes et la phénomenologie transcendantale*, trduite de l'Allemand et préface par Gérard Granel (Paris: Gallimard, 1976), p. VII. ダニエル・ベンサイドは、その著『時ならぬマルクス』(佐々木力監訳／小原耕一・渡部實訳、未來社、二〇一五) の序論冒頭 (九―一〇ページ) で、この訳書序文を引いて、マルクスの『資本論』に体現された学問の企図もまた、危機の時代に対処する思想だったのだ、ととらえている。

☆7　Paul Valéry, "La crise de l'esprit" (1919), *Œuvres*, I (Paris: Gallimard « Bibliotèque de la Pléiade », 1957), p. 990. 恒川邦夫訳『精神の危機　他十五篇』(岩波文庫、二〇一〇)、一二ページ。

自然哲学についてである。私は、近世ヨーロッパで数学と自然科学が新たに生成された十七世紀の自然科学思想をも専門学問分野とする。奉職していた東京大学大学院では、プリンストンでの博士学位論文のトピックとなったルネ・デカルトの数学テキストについては言うまでもなく、毎年のように大学院セミナーで、ペトルス・ラムス、フランソワ・ヴィエト、フランシス・ベイコン、ガリレオ・ガリレイ、トーマス・ホッブズ、ピエール・ガッサンディ、ピエール・ドゥ・フェルマー、アイザック・ニュートン、ジャンバッティスタ・ヴィーコら十六―十七世紀の著名学者のラテン語で書かれたテキストを読解していった。定年直前の数年間には、ライプニッツの数学・中国論のラテン語テキストを入れ込んで読んだ。なぜであるかは明らかである。この時代においてこそ、今日の数学思想、それから自然科学思想が生誕のときを迎えたからにほかならない。その時代は、数学思想・自然科学思想にとって、いわば「十字路の時代」だったのである。

二〇一一年三月十一日午後、私の生地である宮城県の太平洋沿岸沖を震源とする東日本大震災のもととなる一千年に一度の規模と言われる大地震が発生し、翌日午後には福島第一原子力発電所で巨大事故が起きてしまった。旧ソ連邦のチェルノブイリでの原子力発電所事故とほぼ同等規模の大きさであった。私は即座に思った――東アジアの自然観の大転換が必要になる、と。この思いは格別に特異なものというわけではない。原子論哲学は、古代ギリシャで生まれたものだが、その近代的装いは十七世紀前半に与えられた。フランスのデカルトの同時代人ガッサンディが貢献するところ大きかった。いずれにせよ、私は近代自然観の大きな転回が必須になるとただちに考え始めた――私こそが、その転回の旗幟を先頭で担う旗手にならなければならぬ、と。

ヨーロッパで十六世紀中葉以後、諸方の大学を支配していたアリストテレス主義的スコラ学に対する批判の動きが起こり、ルネサンスのスコラ学の学堂で訓育された学徒は、ほとんど例外なく、まず人文主義的歴史文献の研究から、その急先鋒の懐疑主義的批判者に転じ、今度は、主要な人々が機械論的な粒子論哲学を支持する新自然哲学を唱道し始め、そして十七世紀後半に澎湃《ほうはい》として起こった近代科学学会の研究者に繋げる役廻りを演じた。幕末から明治時代の前半期を生きた福澤諭吉は『文明論之概略』(明治八年〔一八七五〕)の緒言で自らの半生を顧みて書いた――「あたかも一身にして二生《にしょう》を経《ふ》るが如く、一人《いちにん》にして両身あるが如し」、と。だが、学問思想の過渡期を生き、外発的な近代を迎え入れて「一身にして二生」を生きることを余儀なくされた福澤とは異なって、内発的な思想の模索をとおして近代ヨーロッパの学問思想を創造していった、たとえばガッサンディにとっては、「二生」どころではない、「三生」を生きたかのような、めまぐるしい学問思想の遍歴を経なければならなかった。そのような近世ヨーロッパ学問思想史に焦点を合わせようとする点で、本書は、私の〈近代科学史論〉三部作、『科学革命の歴史構造』全二冊(岩波書店、一九八五/講談社学術文庫、一九九五)、『近代学問理念の誕生』(岩波書店、一九九二)、『デカルトの数学思想』(東京大学出版会、二〇〇三)、なかんずく十七世紀科学思想史を主題とする『近代学問理念の誕生』の延長上の学問思想的省察として試みられる。

十七世紀ヨーロッパ人のような自然哲学的省察を試みようとしている私は、まず、この序論においては、自然についてのごく一般的な確認事項を記しておきたい。自然についての最重要確認事項は、ジャンバッティスタ・ヴィーコによって一七一〇年刊の『イタリア人の太古の知恵』第一巻「形而上学」篇において定式化された。ヴィーコによれば、「真なるものと作られたものとは相互に置換される」(Verum et factum convertuntur.)。すなわち、「真なるもの」(verum)の規準とは、「作ることそのもの」(ipsum facere)であるというのである。この真理規準については、カール・レーヴィットが「ヴィーコの基礎命題〈真なるものと作られたものとは相互に置換される〉——その神学的諸前提と世俗的諸帰結」なる一九六七年のヴィーコ生誕四百年を記念するハイデルベルクにおける講演で委曲を尽くした解説を試みている☆8。それによれば、その真理規準はヴィーコの独創になるものではまったくない。ローマン・カトリックの神学的伝統においては常識に等しい規準であった。十七世紀においては、英国のトーマス・ホッブズも同様の規準を書き記している。こういったことが、その真理規準の神学的前提である。ところが、十七世紀初頭のベイコン以降、その規準は、人間を「工作人」(homo faber)としてとらえる伝統が圧倒的になるとともに、世俗化して理解されるようになり、人間を自然ならびに歴史の主人となる方向で発展させられるようになる。これが「世俗的帰結」にほかならない。

この「真なるもの」とは、「作ることそのもの」であるという真理の規準は、ナポリ大学における一七〇八年の開講講演『われらの時代の学問方法について』(一七〇九年刊)でも幾何学的真理と自然学的真理の相違を指摘した個所において言外には開陳されていると解釈可能かもしれない。ヴィーコはそこで書いている。

☆8 Karl Löwith, *Vicos Grundsatz: verum et factum convertuntur: Seine theologische Prämisse und deren säkulare Konsequenzen* (1968), *Scämtliche Schriften*, 9 (Stuttgart: J. B. Metzlersche Verlagbuchhandlung, 1986). S. 195-227. 上村忠男・山之内靖訳『学問とわれわれの時代の運命』(未來社・フィロソフィア双書、一九八九)、所収。

幾何学的方法の力によって真理として引き出された自然学のことがら（physica）はたんに真らしい（verisimilis）だけのことであり、また幾何学からたしかに方法は得ているにしても、論証（demonstratio）を得ているわけではないのである。われわれが幾何学的ことがらを論証するのは、われわれが〔それらを〕作っているからである（geometrica demonstramus, quia facimus.）。もしかりに、われわれが自然学的ことがらを論証できるとしたら、われわれは〔それらを〕作っていることになってしまうであろう。というのも、事物の本性を形づくる真の形相はただ至善至高の神のなかにのみ存在しているからである。[☆9]

自然学に関する十全な真理を獲得しうるのは自然を創造しうる神だけであることが明確に論定されていることが見てとれるであろう。

だが、「真なるものと作られるものとは相互に置換される」と明示的に唱われ、全面的にその規準が解説を伴った形で披瀝されるのは一七一〇年刊の『イタリア人の太古の知恵』においてである。

ヴィーコはそこで書いている。

神における真理は事物の立体的な像であり、彫塑のようなものである。人間におけるそれは、輪郭だけの、もしくは平面的な像であり、絵画のようなものである。またちょうど神

☆9 Giambattista Vico, *De nostri temporis studiorum ratione*, a cura e con introduzione de Fabrizio Lomonaco (Napoli: Diogene Edizioni, 2014), p. 56. 本書は、ヴィーコの公刊初版本の写真版への著者書き込み本をもとにイタリア語訳を添えてなっている。ヴィーコ『学問の方法』（上村忠男・佐々木力訳、岩波文庫、一九八六）、四〇—四一ページ。

的真理が、神が認識しつつ配列し生み出すものであるのと同じように、人間的真理とは、人間が知りながら構成し、また作ることなのである。☆10

自然を「無」（nihil）から創造しうるのは神だけである。人間の業《わざ》は、まったくそうではない。ヴィーコはそうして言う。

人間における知識は抽象によるのであるから、諸学は物体的質料に浸っている度合が大きければ大きいほど確実ではなくなる。たとえば機械学〔力学〕は幾何学や算術よりも確実ではないが、それは機械学は運動を考察するが、機械の助けによって考察するからである。また自然学は機械学よりも確実ではないが、それは機械学が周辺的なものの外的運動を観察し、自然学が中心的なものの内的運動を観察するからである。〔……〕まさしくそれゆえ、自然学においては、考察されていることがらは何かそれに類似したものをわれわれが働かせている（operor）場合に承認される。そしてそれゆえ、自然学的ことがらについて思想がきわめて明晰であると見なされ、そしてあらゆる人々の最高の賛同をかちえるのは、われわれが実験にかけ、それによって何か自然に類似したものを作っている場合なのである。☆11

この文章の冒頭部分の「抽象による」（ab abstractione）は、むしろ「抽離による」という訳語がよりよいかもしれない。立体的な実体から何かしらを分離し、部分的地平だけを引き離すという

☆10 G. Vico, *De antiquissima italorum sapientia* (1710), Con traduzione italiana a fronte a cura di Manuela Sanna (Roma: Editioni di storia e letteratura, 2005), p. 16. 上村忠男訳、三五ページ。

☆11 Vico, *De antiquissima italorum sapientia*, p. 26. 前掲訳書、四四—四五ページ。

意味だからである。そのほうがアリストテレス主義的ニュアンスが伝えられるからである。引用文においては、自然についてのわれわれの幾何学や機械学とを介しての認識が、さらに実験を媒介として、世俗化してゆく機微までもが予知されているかのようである。

ヴィーコにおける以上の真理規準の論定は、ナポリ大学の学者にしてごく当然に可能ならしめたのかもしれない。まさしく南イタリアの都市ナポリにこそ、ローマン・カトリックのキリスト教の教義がもっとも深くに根づいて生きているからにほかならない。ヴァルター・ベンヤミンが「ナポリ」についての新聞記事（一九二五）のなかで書いているごとくに、「もしも地上からカトリシズムが消滅するとしたら、その最後の土地はローマでなくて、ナポリかもしれない」[☆12]。

私は、二〇一四年十二月、シチリア島のシラクーサを旅したあと、フェリーボートの深夜便に乗ってカターニアからナポリに着いた。到着は十二月十六日正午を過ぎていた。ナポリ大学の哲学・近代科学思想史研究所（Istituto per la storia del pensiero filosofico e scientifico moderno）を訪問し、そこでヴィーコ研究に従事する学者たちと学術交流を果たしたかったのである。そこは前はヴィーコ研究センター（Centro di Studi Vichiani）を名乗っていた。以前からわが国のヴィーコ研究の第一人者上村忠男氏が交流関係を確立していた。図0・2は、ヴィーコのナポリでの故居（via San Biago dei Librai）を示す標識であり、図0・3は、ナポリ大学の前記研究所に飾ってあったヴィーコを描いた画像の写真である。居宅に入ろうとする姿を描いたのであろうか。故居は、クローチェ通りの延長上にある賑やかな街中にある。勤務先であったナポリ大学からそれほど離れてはいな

☆12 Walter Benjamin und Asja Lacis, "Neaple," *Gesammelte Schriften*, IV. 1 (Frankfurt am Main: Suhrkamp Verlag, 1972), S. 307. 浅井健二郎編訳『ベンヤミン・コレクション③ 記憶への旅』（ちくま学芸文庫、一九九七）、一四三ページ。

図0・2　ヴィーコが住んでいた居宅跡を表示するプレイト

図0・3　ヴィーコがナポリの住居に入る姿を描いた銅版画

い。

もっとも、ヴィーコの真理規準を理解するのに、なにも神を引き合いに出す必要はないのではないか、という反論が提起されるかもしれない。もっともであろう。そのさいには、ヴィーコに先立つバルーフ・デ・スピノザの「神即自然」（Deus sive Natura）を想起すればよい。すなわち、ユダヤ教会から一六五六年夏、極刑としての「破門《ヘレム》」（cherem）の憂き目に遭ったスピノザの汎自然主義を、である。

スピノザの「自然」は、古代中国の「天」ないし「自然」と通底する。一般に、ヨーロッパでの「神」は、東アジアでは、とくに老荘思想の伝統においては「自然」に対応する。本書第四章において詳述するように、『荘子』における「天」は、ヨーロッパの「神」を想起させるところほとんどないが、どこかスピノザの「神即自然」とは似ている。

私たちは、自然諸科学の知識をもって、何かものを作成できるというように誤解してしまっている。だが、自然諸科学が私たちに教えてくれるのは、自然的事物の創造の仕方ではまったくなく——なぜなら自然ないし物質を無から創りうるのは神のみなのだから——、事物のエネルギー的内実を保持したままの、物質の様相の転換の仕方だけなのである。いわば、人間に許されていることは、自然を特殊な方法を介したアプローチによって地平的に知りうるのみである。ヴィーコ『イタリア人の太古の知恵』から引用して示したごとく、「神における真理は事物の立体的な像であり、彫塑のようなものである。人間におけるそれは、輪郭だけの、もしくは平面的な像であり、絵画のようなものである」。人は、物質を内包する自然をまるごと知悉しえたり、創造したりしうるわけではまったくないのである。

なお、ヴィーコが認識していたような自然学の在り方については、先述の『近代学問理念の誕生』と拙著『科学論入門』(岩波新書、一九九六)において、「決定不全性」(underdetermination)という、ケンブリッジ大学の科学哲学者のメアリー・B・ヘッシィらが用いた概念とともに詳述してある。

＊

今度は、自然への特殊な方法によるアプローチの仕方の地平性について問いかける順番である。そのことについては、ガリレオ以降の近代自然科学のアプローチについて記述したカントの『純粋理性批判』第二版（一七八七）序文が手がかりを提供してくれるであろう。近代自然科学者に一条の光が射した機微について、カントは書いている。「理性はひとり理性自身が自分の企図に従って産み出したものだけを洞察するということ、理性が恒常的な法則に従う自分の判断原理を手に先に立って、みずからの問いに答えるように自然を強制しなければならないのであって、自分の側が自然から、いわば歩み紐をつけられて、かろうじて歩まされるだけではない次第を把握したのである」[☆13]。すなわち、自然に対して、人がある種の網を投げかけるときにのみ、人には一定の漁獲がもたらされるというのである。

カントのいう「理性自身が自分の企図に従って産み出した」方法、魚がたくさんいるであろう川に向かって投げかけた網、とはいったい何だったのか？

近代自然科学にとって実り多い方法とは、省みれば、まず実験的方法であった。それは、フランシス・ベイコンによって提起された。ガリレオはそのうち機械学的実験に集中してかかわった。このイタリアのルネサンス人はまた自然学探究における数学的言語の重要性をも認識していた。この人は頻繁に計測的実験を試みた。

もうひとつ、スコラ学者によって支持されていたアリストテレスの知覚的認識論・存在論に

☆13 Immanuel Kant, *Kritik der reinen Vernunft* (Stuttgart: Reclam, 1966), S. 25 [B (1787), S. XIII]. 熊野純彦訳『純粋理性批判』（作品社、二〇一二）、一三ページ。原佑訳『カント全集四』（理想社、一九六六）、三八ページ。

代わって、ある種の粒子哲学が網打ちの手段として採用されるようになった。ガリレオはここでもその唱道者のひとりとなった。ある者は、その粒子は分割不可能な原子にまで到達できるはずであるとして、「原子論」(atomism)を提唱し、支持するようになった。

私たちが今日しきりに話題にしている「原子力」(atomic power、あるいはむしろ、nuclear power)といった概念は、十七世紀に成立をみた原子論自然哲学を前提としている。その自然哲学の復興と定着のために最大限尽力したのは、フランスの哲学者ピエール・ガッサンディ(一五九二―一六五五)であった。彼は、ディオゲネス・ラエルティオスの『著名哲学者列伝』第十巻に書き記された「エピクロス伝」を文献学的に仔細に研究し、その原子論哲学の内実を見定めて、キリスト教化し、近代ヨーロッパに適合的な自然哲学として、旧来のアリストテレス主義的哲学よりは妥当で実り多い体系として唱道し始めた。彼による原子論哲学は、十七世紀前半ではデカルトとホッブズの哲学体系に並び立つ地位を獲得するにいたった。ボイルやニュートンが受容した自然哲学とは、なによりもガッサンディ的形態の原子論哲学であった。

最近公刊されたガッサンディ研究書のうち、リン・スミダ・ジョイの『原子論者ガッサンディ――科学時代における歴史の弁護』(一九八七)はきわめて示唆してくれるところ大きい。著者のジョイは、ハーヴァード大学の中世史家ジョン・マードックのもとで博士号を取得した俊秀女性科学史家で、彼女が現代に投げかける問いもまた先鋭である。

ガッサンディは、南仏のディーニュで一五九二年に生を享け、アヴィニヨンで神学博士を取得した。エクス・アン・プロヴァンスで教職に就いていたが、アリストテレス主義的スコラ学を牛耳っていたイエズス会によって一時教職から遠ざけられ、迫害された。一六二四年に『アリストテレス主義者に対する逆説的演習』第一巻を出版し、懐疑主義的観点から当時支配的であったアリストテレス主義に抗する反論を開始、次第にエピクロス的原子論哲学体系への関心を深めていった。一六四五年にはパリのコレージュ・ロワイヤル（今日のコレージュ・ドゥ・フランス）の数学教授に就任し、一年間天文学を教授した。その教授職は病気のために退任を余儀なくされたが、四九年には長年のエピクロス研究を結実させ、『ディオゲネス・ラエルティオス第十巻への批判的所見』を公刊した。五五年にパリで病没したが、遺作として『哲学集成』（一六五八）が出版された。

アリストテレス主義的教育を受けたものの、それに飽き足らず、人文主義者が一般的に流布せしめていた懐疑主義的な思想態度を身に着け、オールターナティヴな哲学体系を模索し、結局、ギリシャ古典文献学を駆使して（ヘブライ語やアラビア語をも学んでいたらしい）、エピクロス哲学のアップトゥデイトな註釈を盛った伝記と教説を四九年に刊行、しまいには積極的な自らの哲学の試論『哲学集成』をも没後の一六五八年に公刊したというふうに、ガッサンディの学問的生は概括できる。アリストテレス主義的スコラ学の教育が盛んな学問思想状況のなかで、人文主義的文献学研究を体系的に成し遂げ、そのうえでボイルやニュートンにある種の原子論的自然哲学パラダイムを提供したというような、「一身にして三生を経る」がごとき生涯であったと形容することができるであろう。

ジョイ博士のモノグラフが教えてくれる最大のことは、十七世紀前半のフランスの思想家ガッサンディに仮託するかたちで、現代における科学史・科学哲学の果たしうる役割を堅実に押さえている点であろう。その「文化と自然のあいだ——ガッサンディは歴史家か、科学者か、経験主義者か？」と題された最終第9章において、彼女は、自然科学の基礎的研究において、論理的アプローチや実験だけでは充分ではないと論定し、ハンガリー出身の科学哲学者のポラーニ・ミハーイ（Poláni Mihali／英語表記はMichael Polanyi）とアメリカの科学史家のトーマス・S・クーンに言及している。「もしも、たとえば、マイケル・ポラニーやトーマス・クーンとともに、自然諸科学の理論転換の合理性を説明するのに、論理や実験だけでは充分ではないと主張するのなら、そのとき、われわれは、われわれの現代的カテゴリーのなかに欠落している最低ひとつの考えを見いだすにちがいない。それは、ガッサンディ的展望からの科学探究にアプローチするようなものであり、さまざまな拮抗している諸理論にあって最善のものの選択を正当化することを目的として、論理や実験に加えて、彼がなした種類の哲学史から歴史的議論を提供しようとすることではなかろうか？」☆14

一六六二年に王の憲章を授けられた英国ロンドンのロイヤル・ソサエティの標語は、「何びとのことばによってでもなく」（Nullius in verba.）だったという。特定の権威（たとえば、中世ヨーロッパの大学の最高の学問的権威のアリストテレス）に頼るのではなく、自然自身の声を実験を通して聴く、という含意がこの標語には込められているのであろう。この標語の精神は尊ぶべきかもしれないが、厳密に言えば、そんな営みは不可能である。自然自身が呼びかける声、並びに理論の論理性とともに、歴史学的研究から洞察される、最良の下部構造（Unterbau）、パラ

☆14 Lynn Sumida Joy, *Gassendi the Atomist: Advocate of history in an age of science* (Cambridge: Cambridge University Press, 1987), pp. 225-226.

ダイム、解釈学的基底を模索することもきわめて重要な学問的手順なのである。これが、ジョイ博士の卓越したガッサンディ論が示唆していることだろう。

　科学史・科学哲学を専門学問分野として半生を送ってきた私自身は、原子論自然哲学の歴史的前提をも、本書で改めて問題にしてみたいと考えている。いわば、ガッサンディ的な人文主義的問いを、現在の学問思想状況において新たに投げかけてみたいのである。

　人はあるいはひょっとして、十七世紀ヨーロッパ科学思想史を専門のひとつとする私がその時代に育まれた科学哲学思想を頭ごなしに否定し去るのではないかと思いなすかもしれない。まったくそうではない。十七世紀以来の近代自然科学思想は、現代に生きる私たちの知的遺産の枢要なひとつになっている。その遺産を今日の時点で、最大限厳格な判定規準で批判的に、どう理解し直し、さらにどのような発展の方向をめざすのか、この問題が私が目下、問いかけ、一定の回答を与えようとしていることがらなのである。

　本書を準備しようとする過程で、私は、ロベール・ルノーブルの佳作『自然の観念の歴史』をひもといた。ルノーブルは、マラン・メルセンヌというガッサンディの盟友にして、機械論的科学の振興を図った思想家＝カトリック神父の研究者として名高い（『メルセンヌ、機械論の生誕』一九四三）[☆15]。一九五九年初頭に比較的若くして亡くなったときに残されたのが、前掲書の素描《エスキス》であり、六九年に遺作として世に問われた。著者のルノーブルは、メルセンヌの研究者として、ほぼ同時代のベイコンやデカルトの科学思想に関しても当然高い見識をもっている。だが、ベイコンやデカルトとともに成立した機械論的な近代自然観以降の自然の観念だけが正しい思想に

☆15 Robert Lenoble, *Mersenne, ou la naissance de mécanisme* (Paris: Vrin, 1943).

裏打ちされているとする考えを「科学は新しい偶像になっている」(La science devient la nouvelle idole.) と喝破して、問題視している。[☆16] どうしてだろうか？　著者は書いている。「自然は科学の専一の対象になってしまった」。すなわち、科学に基づく技術が社会のなかで受容される過程とともにである——。著者は、科学者の自然観だけを善しとせず、画家や詩人の謳う自然観の意義をも正当な位置に据えようとする。それのみならず、本書には、「反自然」＝アンティピュシスなる語彙が、ギリシャ語のまま (ἀντιφύσις)、反復登場する。そのことは、ルノーブルの書が、かなりの現代的射程を有したままであることを示している、と私は信ずる。

私の中国科学院大学の同僚に、肖顕静《シャオ・シエン・ジン》 (Xiao Xianjing) 教授という科学哲学者がいた。同僚というよりも科学史・科学哲学系の主任であった。現在は、中国社会科学院の哲学研究所に移籍したが、学部学生時代に化学を学んだ彼には、『環境・科学——非自然・反自然と自然回帰』なる著作が存在する。[☆17] 私は環境問題に関心を寄せる彼のその著書、というよりは、「自然」、「非自然」＝「不自然」、「反自然」という概念からおおいに学ぶことができた。

本書の標題は『反原子力の自然哲学』である。人は、その標題から、これから展開される議論が、反原子論的な自然哲学を基に、原子力兵器や、原子力発電などに反対しようとするのではないか、と想像するのではないかと予想する。先にも述べたように、ほとんどまったくそうではない。十七世紀の近代自然哲学の根源に一度帰り、そのうえで、東アジアの伝統的自然観をも射程に収めて、二十一世紀初頭に生きるにふさわしい新規の包括的自然哲学を構築し直そうとするのである。

☆16　Robert Lenoble, *Histoire de l'idée de nature* (Paris: Albin Michel, 1969), p. 382.

☆17　肖显静《环境・科学——非自然、反自然与回归自然》(北京・化学工业出版社、二〇〇九)。

自然科学の在り方についての先の議論を踏まえて、以下の文面では、二十世紀に支配的であった「死のテクノロジー」から、二十一世紀には「生のテクノロジー」へと転換されるべきことが簡明に説かれる。

数学史家の私は、二十一世紀を迎えるとすぐ、『二十世紀数学思想』（みすず書房、二〇〇一）を公刊した。その第三章として、書き下ろしの「ジョン・フォン・ノイマン――数学者と社会的モラル」をも収録した。ハンガリーの富裕なユダヤ人銀行家の子息としてブダペストに生を享けたフォン・ノイマンは、少年時より、数学の才能にすぐれ、公理的集合論などについて研究をなし、量子力学の数学的基礎についての著作を世に問い、そうして新設のプリンストンの高等学術研究所（Institute for Advanced Study）に数学者としての終身職を得た。アルベルト・アインシュタインやヘルマン・ヴァイルらとともにであった。戦時中には、プログラム内蔵型コンピュータ一の開発に知的エネルギーのほとんどを傾注せしめた。高等学術研究所は、一般に実験設備などを必要としない純粋学問研究をもって知られるが、フォン・ノイマンによるこのコンピューター開発が唯一の実験的研究だったようだ。

＊

フォン・ノイマンは、簡単に特徴づければ、戦争にきわめて積極的にかかわる数学者であった、ということになる。テクノロジーで可能なものはなんでも「やってやろう」とする「テクノロジー・オプティミスト」としても知られた。

ここで、現代的テクノロジーについて省みる手がかりとして、一冊の本を紹介したい。スティーヴ・J・ハイムズ『ジョン・フォン・ノイマンとノーバート・ウィーナー――数学から生と死のテクノロジーへ』☆18である。第二次世界大戦遂行のための戦争テクノロジーと連携して自らの数学とテクノロジー研究の推進を考えたフォン・ノイマンに対して、彼とは別の方向に舵を切ろうと思い定めたノーバート・ウィーナーのテクノロジーを対照させたモノグラフにほかならない。私はいま、この書物を手がかりにして、ウィーナー的思想へと転換することが必要なのではないかと考えているのである。

ウィーナー（一八九四―一九六四）は、フォン・ノイマン（一九〇三―一九五七）よりも十歳ほど年長であるが、両者ともに、ユダヤ人家系の出身であり、幼年時から英才としての教育を受けた。ウィーナーは、数学ですら、実験科学としての性格をもつと考えたのに対して、フォン・ノイマンはダーフィト・ヒルベルトの形式主義的数学の信奉者であった。両者ともに、知識への関心は広かったのであるが、ウィーナーが総合的な知見の持ち主であったのに対して、フォン・ノイマンは分析的な先鋭さをもって自らの才能を〝売ろう〟とした。フォン・ノイマンも歴史好きだったが、歴史的事象の詳細を記憶する程度の段階にとどまった。そして両者ともに、西洋的言語の多くに通じていた。

二人の人間的特徴はおおいに異なっていた。フォン・ノイマンは、私の先述の本『二十世紀数学思想』での性格づけのことばを用いれば、「徳盲」だった。換言すれば、モラル的感覚を欠落させ、異常に子どもっぽかった。一九一九年にハンガリーには短期の社会主義政権が存在

☆18 Steve J. Heims, *John von Neumann and Norbert Wiener: From Mathematics to the Technologies of Life and Death* (Cambridge, Mass.: The MIT Press, 1980).

したことがあるが、そのとき、裕福な銀行家のフォン・ノイマン家を襲った不運について生涯恨みに思い続けたようである。他方のウィーナーは、日本の都市への原爆投下におおいに悩んだ。そして一般に、テクノロジーは、「応用倫理・社会哲学」(applied moral and social philosophy)でなければならない、と考えた。前記ハイムズの一文をもってすれば、「ウィーナーは、人びとの外に、有機体や環境を、人によって作られていると否とにかかわらず、自らの視野に取り込もうとしたので、彼の見地はエコロジカルとして特徴づけることができる」[☆19]。私は、ここに二十世紀に支配的であった「死のテクノロジー」から脱出して、二十一世紀のテクノロジーが進むべき方向が示されているのではないかと思っている。換言すれば、「生のテクノロジー」への方向である。

第二次世界大戦が終了するや、それまでとは異なった科学概念が提唱されるようになった。ひとつは、ウィーナーの『サイバネティックス――動物と機械における制御と通信』(一九四八)であり、もうひとつは、ルートヴィヒ・フォン・ベルタランフィの『一般システム理論』(一九六八)である。

私自身は、とりわけデカルトの数学を専門とする学徒なのであるが、デカルトは、数学的自然科学、機械論的自然観の提唱者として知られる。きわめて単純明解に特徴づければ、彼の自然観は、機械時計モデルに基づく機械論的還元主義で、そのための数学自然法則探究を目標とする。そのような自然観に対して、サイバネティックスも一般システム理論も、ライプニッツ的であることを特徴とする。たしかにライプニッツはデカルトの数学や自然科学思想の一定の

☆19 Heims, *op. cit.*, p. 302.

側面の継承者であった。だが、その段階で満足しなかった。つねに有機的生物の理解を目標として掲げ続けた。そのことは、最晩年の短篇の傑作『モナドロジー』によって明らかである。

ウィーナーの代表作は『サイバネティックス』である。「サイバネティックス」とは、ギリシャ語で「舵手」を意味する「キュベルネーテース」(κυβερνήτης)からの造語である。その科学を企図したウィーナーにとっても、どうやらその新科学の概念の外延的定義は明確ではなかったようだ。ただ、従来の狭い機械論的自然科学ではなく、生命活動にとって本質的なフィードバック的制御を盛り込んだ科学をめざしたことは確かなようである。

『サイバネティックス』「序章」によれば、「科学史のなかからサイバネティックスの守護聖人を選ぶとすれば、それはライプニッツであろう。ライプニッツの哲学の中心は、普遍記号法と推理の計算法の密接に関連した二つの概念である」[☆20]。そしてその「訳者あとがき」には、ある学者が、「ウィーナーの著書には新しいことは驚くほど少ない」と逆説的なことを述べた、とある[☆21]。この言明は、ウィーナーの科学思想について重要なことを教えてくれている、と私は思う。「パラダイム」とは、クーンが愛用して世間に拡まった概念であるが、彼の「パラダイム転換」とは、既成のさまざまな知見を総合的に用いながらも、観方そのものを根源的に変えることを意味する。斬新な科学やテクノロジーにとって、「新しいことは驚くほど少な」くとも、べつにかまわないのである。

おそらく同様のことが、フォン・ベルタランフィの一般システム理論についても言えるに相違ない。一九六八年刊の『一般システム理論』の献辞から明らかなように、その科学の「守護

☆20 Nobert Wiener, *Cybernetics: or Control and Communication in the Animal and the Machine* (1948; Cambridge, Mass.: The MIT Press, ₂1961), p. 12. ちなみに、ウィーナーは、ギリシャ語の綴り‘κυβερνήτης’を誤って、‘χυβερνήτης’と記憶してしまっていたようである。池原止戈夫・彌永昌吉・室賀三郎・戸田巌訳『サイバネティックス』岩波文庫、二〇一一年、四七ページ。
☆21 前掲訳書、三九三ページ。

聖人」のひとりはライプニッツであった。[☆22] ただ、その著作の最終第一〇章「カテゴリーの相対性」が明らかにしているように、フォン・ベルタランフィは、近代西欧科学のみならず、ヨーロッパ文化圏の外の文化圏にも思考の触手を伸ばしたかったようである。

フォン・ベルタランフィの一般システム理論とは別種の趣向ながら、類似の概念として、「複雑系」(complexity)が近年論議されるようになってきた。線型的で代数解析的な数学的アプローチが容易な「単純系」に対して、生命とか、地震やエコロジカルなシステムが今日話題になっているが、それらをどう理解するかに関して重要な手がかりを提供してくれる。[☆23] 現在のところ、近代自然科学的な標準的アプローチとの接点[☆24]やコンピューター利用の解析を介して理論化が進んでいる段階であろうが、もっと多様なアプローチが可能となろう。ワールドロップの『複雑系』において、たとえば「生命」は「カオスの縁」にある概念としてとらえられる。[☆25] そして地震発生の仕組みは複雑系理解の一環としてとらえられるであろうが、安易なアプローチを許さない。[☆26] また非西洋科学の考察にとっても複雑系は枢要な意味をもつであろう。

ライプニッツが一六九七年(第二版一六九九年)に刊行した著作に『中国最新事情』(*Novissima Sinica*)がある。私は東京大学教授在任中の最後の学期の二〇〇九―一〇年にその著作のラテン語原典を学生たちと読み進めた。なかでも、ヨーロッパと中国の学問文化比較論はとてもおもしろかった。彼によれば、ヨーロッパは、厳密な「論証技法」(ars demonstrandi)を備えた理論数学、および軍事科学にすぐれ、他方の中国はモラルと統治術においてヨーロッパを凌いでいるのだという。総体として五分五分である、と彼は結論づけている。私たち日本人は、ヨーロッパと中国

☆22 Lutwig von Bertalanfy, *General System Theory* (1968; London: Penguin Books, 1973). 長野敬・太田昌邦訳(みすず書房、一九七三)。

☆23 「複雑系の事典」編集委員会編『複雑系の事典』(朝倉書店、二〇〇一)が一般的相貌の理解を提供してくれるであろう。

☆24 たとえば、金子邦彦『生命とは何か・第二版――複雑系生命科学へ』(東京大学出版会、二〇〇九)を見よ。

☆25 科学ジャーナリストのM・ミッチェル・ワールドロップが執筆した『複雑系』(田中三彦・遠山峻征訳、新潮文庫、二〇〇〇)の第六章を見よ。原著は、M. Mitchell Waldrop, *Complexity: The Emerging Science at the Edge of Order and Chaos* (1992)。

☆26 この点に関しては、泊次郎の労作『日本の地震予知研究130年史――明治期から東日本大震災ま

の文化に等距離に位置している。その利を生かした学問創成に志すことができるのではないか、と私は現在考えるようになっている。

ライプニッツの自然観がそうだったように、既成の知見を多様に広範に学ぶことが必要である。ウィーナーは『エンサイクロペディア・ブリタニカ』を最低二度は通読したはずである。広範な学問的知見を身に着け、そのうえで、「生のテクノロジー」へのパラダイム転換をはかることが肝要なのである。

「生のテクノロジー」が向かうべき方向は明確であると思う。まず、ウィーナーのいうように、「応用倫理・社会哲学」に基づいた方向でなければならない。人々がモラルに適合すると思う方向でなければならない。戦争、すなわち、人間を殺戮することは、もっとも人倫に反する行為である。省みれば、「科学に基づくテクノロジー」が「死のテクノロジー」としておおいに働いたのが、二十世紀であった。

私は本書中で、ルノーブルと肖顕静教授の「反自然」(antinatural)という概念を頻繁に援用する。二十世紀になって、自然科学が「反自然」科学的様相を呈し始めた、と考えているからである。二十世紀二〇年代に成立した量子力学をもとに、一九三〇年代になって専門科学的体裁を整えた原子核物理学と原子核化学は、極度に「人為的」となり、「不自然」(unnatural)の段階を越えた「反自然的」相貌をも示すようになった。「反自然」科学としての原子核物理学と核化学は、一般に放射性物質についての知識、自然のままでは観測できない自然についての深刻なことがらを教えてくれるとともに、それがテクノロジーとして応用されると、「死のテクノ

で』(東京大学出版会、二〇一五)が多くを教えてくれる。

ロジー」として機能することが明々白々になった。それゆえ、「反自然」科学の人間社会への登場は、ヤーヌス的である。すなわち、一方の顔は、未知の自然についての知識を教えるのと同時に、他方の顔は、端的に死へと面しているわけなのである。「科学に基づくテクノロジー」は、二十一世紀に生きる私たちにはきわめて明らかなように、「反自然」の科学とテクノロジーと決別し、エコロジカルな「生のテクノロジー」の方向へと向かわなければならないのだ。

ここで「エコロジカル」と聞けば、人は科学的知見に反する単純な自然主義的思想を思い浮かべるかもしれない。だが、私はそのような単純な原理主義的発想には反対である。「エコロジカル」な方向は、反科学的であるべきではない。私は「緑原理主義者」ではないのである。

私たちが、たとえば、原子爆弾や原子力発電に反対したり、あるいは慎重な姿勢を示したりするのは、それらが科学的であるからと、反科学の態度を採るというのではなく、科学的に精確で厳格な判断を試み、そのうえで、テクノロジーとして利用してはならない、と考えるからなのである。たとえば、ニュートンの万有引力をそれが嫌いだから、斥けるというわけにはゆかない。林檎はやはり地球の中心に向かって引かれ、それで地上に落下するように見えるのである。それに対して、ニュートン力学の法則に沿って、人工衛星を打ち上げようとする場合、そのような試みは高額で、危険も伴うので止めろ、と反対することはできる。このように、科学とテクノロジー＝「科学に基づくテクノロジー」を概念的に厳格に識別する必要がある。

二〇一五年初春に、岩波文庫の一冊として、丸山眞男『超国家主義の論理と心理　他八篇』が、東京大学時代に同僚であった古矢旬教授の編集によって出版された。日本のファシズム思想に切り込んだ標題作ほかの力作群が集録されてある。その最後に収録された「現代文明と政治の動向」は、一九五三年の講演をもとにまとめられた論考であるが、二〇世紀後半の文明を規定する事項として、(一)テクノロジーの発達、(二)大衆の勃興、(三)アジアの覚醒、の三項目を挙げている。さすが丸山と感心させる思想が開陳されている。それぞれの項目の説明は読ませる内容になっているけれども、とりわけ、現代テクノロジーについての記述はいまでは決定的にアウトオヴデイトになってしまった。それを満足のゆくようにと要求するのは、「無いものねだり」というものであろう。なかんずく、原子力テクノロジーについての切り込みはほとんどまったく新しく試みられなければならない。

私は、一般的な方向として、エコロジカルな方向をめざすと同時に、「ハイテク」(先端科学技術)を全面的に活用する方向が正しいと思っている。もっとも、そのさいの「ハイテク」はモラル的に判断して、正当と認められねばならないであろうことは断るまでもない。包括的観点としては、エコロジカルな方向をめざし、ハイテクとの結合を促進するというのが、私の科学技術論的な基本的立場である。そして二十世紀に支配的であった、フォン・ノイマンが熱心にかかわった「死のテクノロジー」に代わる、「生のテクノロジー」をめざすべきであろう。その先鞭はウィーナーがつけている。彼は、総合的な科学的識見を備えると同時に、ソフトな社会主義者として、社会的な配慮をつねになした。

「生のテクノロジー」の創出をめざすべきだとはいえ、具体的・現実的にどのようなテクノロジーかという問題となると、現場にいる研究者との共同の判断に委ねるしかないだろうが、科学史家・科学哲学者として私が一般的に言えるのは、青年たちに希望をもたせるような科学と技術の教育が必須になっている、ということになるであろう。そのさい、掲げるべきスローガンは、「希望とともにある科学、夢あふれる技術」ということになる。

一九六〇年代末から青年のあいだで「理科離れ」が世界的に進んだ。地域によっては、「理科離れ」を食い止めた国もあったようであるが、日本ではその状況はいまだに深刻のようである。その理由は私には明らかであるように思われる。科学の在り方が、「希望とともに」在るわけではかならずしもないからであろう。そしてテクノロジーもまた「夢あふれる」形態にはなっていないからであろう。その一因は、日本の科学と技術が、二十世紀に支配的であった「死のテクノロジー」的拘束からいまだに脱出してはいないからであろう。

先に、ウィーナーが「生のテクノロジー」の指標になるかもしれないと示唆したのだが、しかしながら、彼がめざしたテクノロジーの方向は充分には理解されていないようである。ウィーナー自身がその方向を示唆したということまでは確実であろうが、鮮明にとは言い難いかもしれない。その方向を鮮明に描き直すことが私たちの課題となろう。

そのさい、もうひとり指標となるべき技術史家がいる、と私は考えている。ルーイス・マンフォード（一八九五―一九九〇）にほかならない。彼には、『技術と文明』[☆27]といった早期の代表作から、アメリカがヴェトナム戦争におおきく傾いた時代の『機械の神話――機械と人間の発達』[☆28]と、その続篇『権力のペンタゴン』[☆29]といったもっとアクチュアルな著作もある。とくに後者の二部作は、軍事に荷担するテクノクラートに対する批判の意思が満ち溢れている。私は科学史

☆27 Lewis Mumford, *Technics and Civilization* (London: Routledge & Kegan Paul, 1934). 生田勉訳（美術出版社、一九七二）。

☆28 L. Mumford, *The Myth of the Machine: The Development of Machine and Man* (London: Secker & Warburg, 1967). 樋口清訳（河出書房新社、一九七一）。

☆29 L. Mumford, *The Pentagon of Power* (London: Secker & Warburg, 1971). 生田勉・木原武一訳、河出書房新社、一九七三）。本書は、前注の『機械の神話』第一巻『技術と人類の発達』の第二巻目に相当する。

という学問に専門家としてかかわる以前に英語原典と邦訳書の双方を読んだのだが、読了したあとの鮮明な印象はいまだに脳裏に染みついている。[☆30]

私が現在、展開しようとしている学問思想的プログラムは、「文化相関的科学哲学」(Intercultural Philosophy of Science) である。そのプロジェクトは、クーンの「歴史的科学哲学」(Historical Philosophy of Science) を非西洋文化圏、とりわけ中国の科学技術史にまで拡張しようとする企図のもとに、抱懐されたものである。この学問的プログラムのゴッドファーザー的学者は、クーンであるとともに、『中国最新事情』を綴って公刊したライプニッツである。私は、東北大学で数学者として専門的学業を授けられたあとで、一九七〇年代後半の四年間、アメリカで西洋科学史家としての訓練を受けた。そして東京大学で三十年間教職を経験したあとに、中国の北京で中国科学院大学の教壇に立った。東西文化の文理の学問を身をもって体験したことになる。それも約四年間ずつである。

二〇一五年春、私は中国哲学の古典中の古典『荘子』を集中的に繙読し、その根源的な自然思想を深く学ぶことができた(第四章第二節参看)。近代ヨーロッパにはないエコロジカルな自然思想だと思う。

デカルトを数学的自然学、機械論的自然科学の哲学者として規定できるとすれば、ライプニッツのほうは「パラダイム・プルーラリスト」(paradigm-pluralist) として特徴づけられる。「プルーラリスト」とは、複数主義ないし多元主義を支持する者の意味である。私の唱道している「文化相関的科学哲学」は、パラダイム・プルーラリストの観点からの科学哲学の展開なのであ

☆30　私は、『機械の神話』と『権力のペンタゴン』のエッセイレヴューを、一九七三年四月、『東北大学新聞』に書いている。拙著『科学史的思考——小品批評集』(御茶の水書房、一九八七)、三二三—三四四ページ。

図0・4　ゴットフリート・ヴィルヘルム・ライプニッツ（1646-1716）（Andreas Scheits によって1703年に描かれた）

図0・5　ライプニッツの遺骨（Ossa Leibnitii）が納められた教会内の墓（ハノーファーのルター派・聖ヨハニス教会，2015年6月6日午後撮影）

る。

私は本書をもって、クーン科学哲学の影響上に、「科学哲学の文化相関的転回」(Intercultural Turn of Philosophy of Science) を定式化せしめ、ライプニッツの精神で、「自然哲学の多文化主義的転回」(Multiculturalist Turn of Natural Philosophy) に志そうとしているのである。

私がいま、もっとも畏敬している学者は、東西文化に広く深く関心を寄せた数学者にして哲学者、というよりも、「万能人」(uomo universale)、ライプニッツである（図0・4／図0・5）。

未来の東アジアの青年たちは、「希望とともにある科学、夢あふれる技術」を身に装するようでなければならない。二十世紀に支配的であった「死のテクノロジー」に代えて「生のテクノロジー」の担い手でなければならない。そのためには、「反自然科学」からは脱出すべきである。二十一世紀初頭の現代においては、十七世紀に始まった近代自然科学の興隆の時代が転換期を迎えている。十七世紀ヨーロッパの科学思想をアメリカの大学院で専門的に学んだ学徒が東アジアから新規のエコロジカルな自然哲学を発信すべき位相にある、と私は自らの学問的課題をとらえている。その意味で、本書は、時局的な論著なのではなく、もうひとつの「科学時代における歴史の弁護」、深く学問思想史的書物なのである。

モーリス・メルロ＝ポンティは、一九五六年から、コレージュ・ド・フランスで、「自然の概念」について講じた。しかしながら、ルノーブルの先述の書の程度にまで構想は煮詰まらなかったようである。だが、こういう所見を述べている。「まず不思議に思われるのは、マルクス主義の哲学者たちが、本来彼らのものであるべきこの問題にほとんど注意を向けないということである。彼らのもとでは、自然の概念はほんの束の間の閃光のように姿を見せるにすぎない」[☆31]。だが、カントやフッサールだけではなく、シェリングとか、ホワイトヘッドにも言及していることが注目される。「シェリングが述べていたように、自然のうちには、神にたいしてでさえ、その活動の無制約的条件としておのれを押しつけるように仕向けるような何かがある」[☆32]。

フッサールから、ヴィーコを経て、さらに、メルロ＝ポンティの鼓舞に促されて、新しい自然哲学構築のための、学問的旅に出ることとしよう。

☆31 Maurice Merleau-Ponty, *Résumés de cours: Collège de France 1952-1960* (Paris: Gallimard, 1968), p. 92. 滝浦静雄・木田元訳『言語と自然』（みすず書房、一九七九）、六七―六八ページ。菊川忠夫編訳『自然の哲学――自然の中の人間と人間の中の自然』（御茶の水書房、一九八一）にも邦訳が収録されている。後年、かなり包括的な講義ノートも出版されている。M. Merleau-Ponty, *La Nature: Notes, Cours du Collège de France*, Établi et annoté par Dominique Ségard, suivi des Résumés de Cours Correspondants de Maurice Merleau-Ponty (Paris: Éditions du Seuil, 1994). 引用個所は、p. 355.

☆32 *Ibid.*, pp. 95-96. 前掲邦訳『言語と自然』、七〇ページ。Merleau-Ponty, *La Nature*, p. 357.

第一節　クーン科学哲学の基本的立場

トーマス・S・クーンは今日二十世紀後半の最大の科学史家・科学哲学者のひとりと見なされるようになっている。彼は自らの学問的立場を「歴史的科学哲学」と呼んだ。クーン教授は、私の一九七〇年代後半のプリンストン大学大学院時代の恩師であるが、彼の西洋物理科学中心の歴史研究を、私は、一方で、自らの専門学問分野である数学史に外挿して適用させようとし、他方で、自らの出自である東アジアの自然科学思想を考察した場合にいったいどうなるのかについて考えてきた。

一九九八年秋に最初に中国を訪れて、いくつかの講演を試み、その後、中国人の科学史研究仲間とは頻繁に学術交流を行なうようになり、毎年のように、中国の大学・研究所を訪れるようになった。二〇一二年九月からは、中国科学院大学人文学院の科学史・科学哲学（二〇一四年からは「歴史学系」に改組）教授に就任し、その秋学期には「クーン的観点からの科学論」を講じた。クーンの科学史・科学哲学の著作群を中国の大学院生たちと一緒に精読するにつれて、私はクーン自身の「歴史的科学哲学」とは別の方向への学問的発展が可能ではないかと考えるようになった。

本章は、中国科学院大学の教職に就いて以来、首尾一貫して考察してきたことがらについての科学哲学的省察である。「イデーン」（Ideen）とは「イデー」（Idee = idea）の複数形で、一群の「構想」を含意する。フッサールの一九一三年刊の著作の標題に倣う意図もある。すなわち、クーンの「歴史的科学哲学」が時間軸に沿って通時的に西洋の科学的発展を考察したのに対して、私は、西洋世界とは異なる文化をもつ世界の数学や自然理解の在り方を科学哲学的に見直してみる必要があるのではないかと見なすようになった。こうして私は人文学院創設十周年を記念する最初の学術講演の講師として十月十九日午前、演壇に立ち、「クーンと中国科学」を講じた。本章は、その講演で開始させた論点をもっと一般的に彫琢し直して、簡明な学問的プログラムの形にしたものである。

1　クーンのアリストテレス経験

クーンの科学哲学の原点については、彼自身、自らの原初的経験を告白している。それは、一九四七年夏のアリストテレスの『自然学』のテキストを読んださいにもったある種の違和感から発したものであった。当時、彼はハーヴァード大学の大学院で量子力学に関する博士論文を執筆する一方で、文科系学生のための科学のコースを教えようと準備していた。彼は、ガリレオやニュートンによって基礎づけられた近代力学的諸概念をもってアリストテレス『自然学』のテキストと取り組んだ。そうして、「アリストテレスがほとんどまったく力学を知らなかったということ」[☆1]を発見し、驚いた。普通の人なら、アリストテレスの近代力学に関する無知や未熟のせいとするところであろうが、そうではなく、クーンは通常の近代の機械論的自然観をもった人とは相異なった考えをもつようになり、その考えを発酵させることとなった。

この特異な体験を、われわれがその後のクーンを通じて学んだごく普通にいう仕方で表現するとすれば、アリストテレスの自然哲学と、ガリレオ以降に定着するようになった力学的・機械論的自然哲学とは、相異なる「パラダイム」（paradigm）を根底にもち、それら両者の自然観は、相互に「通約不可能」（incommensurable）なのではないか、ということであった。

クーンは、『科学革命の構造』を一九六二年に公刊したあとで、「パラダイム」概念の多様性と両義性を指摘され、一九七〇年に出版されたその第二版では、その概念を放棄すると公言するにいたった。ところが、一九八〇年末には、その概念を定義し直し、再度、用い始めた。

2 「歴史的科学哲学」の特性

クーン自身が、自らの科学哲学の観点を、彼が専門学問分野とした物理諸科学の歴史を再考察するなかから構成した事実は明らかである。彼は、『科学革命の構造』において、こう書いている。「ヘレニズム・ギリシャを継承した文明だけが、しごく未発達の科学以上の科学をもった。科学的知識の大部分は過去四世紀のヨーロッパの所産である。ほかのどんな場所と時代も、科学的生産力を生み出す非常に特殊な集団を支持したことはない」[☆2]。これは慎重に筆を選ぶクーンにしては大胆な筆致と言わなければならない。しかしクーンが考察の対象とした数学

☆1 Thomas S. Kuhn, *The Road Since Structure: Philosophical Essays, 1970-1993, with an Autobiographical Interview* (Chicago: The University of Chicago Press, 2000), p. 16. 拙訳『構造以来の道』（みすず書房、二〇〇八）、一七ページ。

☆2 Kuhn, *The Structure of Scientific Revolutions*, 50th Anniversary Edition with an Introductory Essay by Ian Hacking (Chicago: The University of Chicago Press, 2012), p. 167.

的物理学が行なわれた所と時については基本的に正しいと評されるべきであろう。中国と日本にしても、近世西欧科学文化を移植してはじめて、その形態の科学文化が本格的に花咲きえたことを忘れないようにしよう。

ともかく、クーンの「歴史的科学哲学」は、それ以前の論理経験主義などとは異なって、現実の科学の在り方に「自然主義的」に近く、歴史的考察のなかに心理的要素や社会的次元などをも含め、より実際に近くに、たどった科学の姿を再構成しようとする企図であった。[☆3] その科学観の説明するところでは、パラダイムをしっかりもった「規範的科学」ないし「通常科学」(normal science) が危機に陥り、尋常ならざる「革命的科学」を経て、新たなパラダイムをもった新しい科学が生まれ、科学は進化発展を遂げてゆく。科学の発展はとめどもなく続き、かならずしも累積的にではなく、ときに革命的飛躍を遂げながら、不断に進化してゆくこととなる。

そういった時間軸に沿った科学の発展観を展開した論考が「科学革命とは何か?」なのであった。この標題の講演は、一九八〇年代初めからなされ、一九八六年四月末には東京でも行なわれた。そのとき、クーンの日本講演旅行のなかで東京周辺に出向くとき、彼に付き添っていた私もその講演を聴講している。

第二節　クーン科学哲学の文化人類学的拡張

1　レヴィ＝ストロースとギアツの文化人類学的観点

ところで、クーンの『科学革命の構造』は一九六二年に公刊され、その書物は、今日すでに五

☆3　James A. Marcum, *Thomas Kuhn's Revolution: An Historical Philosophy of Science* (London/New York: Continuum, 2005), p. 138.

十周年を経過しているわけであるが、同じ年に同様に画期的な本が出版された。フランスの文化人類学者クロード・レヴィ＝ストロースの『野生の思考』にほかならない。クーンの前記書物が科学観をおおきく変えたとすれば、文化の在り方の観方をおおきく変えたのが『野生の思考』であった。レヴィ＝ストロースは近代西欧文化とはおおいに異なる文化に独自の価値を付与することによって、文化観を変容せしめた。両者がともに、ある種の「相対主義者」と見なされたのはけっして偶然ではなかろう。

一九六二年には、ほかにも画期的著作が出版されている。レイチェル・カーソンの『沈黙の春』☆4とエドマンド・C・バークリーの『コンピューター革命』☆5である。この年までには、地球のエコロジー的危機が明確に認識されるとともに、今日のコンピューター時代が始まっていたことがわかるであろう。

レヴィ＝ストロースの『野生の思考』は、歴史学者とは異なる民俗学者（l'ethnologue）の独自の在り方に註記してこう書いている。「民俗学者は歴史を尊重するが、特権的価値を与えることはしない。民俗学者にとって歴史学は民俗学と相補関係にある学問である。一方は多様な人間社会を時間のなかで考察し、他方は空間のなかに展開する。その差は見かけほどおおきくはない」☆6。

レヴィ＝ストロースがたくさんの歴史書を愛読したことはよく知られている。

歴史家が人間社会を時間の変異のなかで考察するのに対して、文化人類学者はそれを空間の変異とともに考察しようとする。そのような知的考察をとおして、現代文化の在り方に反省を

☆4 Rachel Carson, *Silent Spring* (Boston: Houghton Mifflin, 1962). 青柳簗一訳『沈黙の春』（新潮文庫、一九七四）。本書が警告を発しているのは、主としてDDTであるが、怠りなく放射能についても言及している。カーソン伝としては、Linda Lear, *Rachel Carson: Witness for Nature* (New York: Henry Holt & Company, 1997); リンダ・リア『レイチェル――レイチェル・カーソン「沈黙の春」の生涯』（上遠恵子訳、東京書籍、二〇〇二）、を見よ。

☆5 Edmund C. Berkeley, *The Computer Revolution* (Garden City, NY.: Doubleday, 1962). コンピューター科学史研究のパイオニアのマホーニィによって援用されている。Michael S. Mahoney, *Histories of Computing*, Edited with an Introduction by Thomas Haigh (Cambridge, Mass./London: Harvard

迫る。そのような思想的考察は、現代の西洋的文化を至上の存在としてあがめる人々をしばしばいらだたせる。クーンは、現代ギリシャの科学哲学者たちと論議したさいにこう発言している。自分の科学観が「相対主義であったとしたら、レッテルを貼る前に考える必要があったのは、興味深い種類の相対主義だったということです[☆7]」。

レヴィ＝ストロースよりもっとラディカルな発言をした文化人類学者がアメリカにいた。クリフォード・ギアツにほかならない。ギアツは、インドネシアのバリでフィールドワークを試みた歴史人類学者として著名で、プリンストンの高等学術研究所のメンバーであり、私が所属していたプリンストン大学歴史学科にも大きな影響力を及ぼしていた。クーンは、その研究所の長期メンバーであった時分に、ギアツと交友があった。クーンは先ほどのギリシャ人たちとの対話のなかで、「大きな重要性をもったものは、人類学者クリフォード・ギアツとの交流だったと思います[☆8]」と述懐している。そのギアツは、『ローカル・ノレッジ』のなかで、つぎのような意義深い発言をしている。「いまやわれわれはみな原住民(natives)である[☆9]」。われわれ現代〝先進〟社会に生きる者の文化を特権化することなく、つねに、少なくとも「方法論的」に相対化してみる文化人類学者のおもしろい観方がここに心憎いまでに語られている。

2　「歴史的科学哲学」の人類学的拡張の萌芽

ところで、クーンも一九八〇年代末になると文化人類学的知見を自らの科学史・科学哲学的議論に取り込むこととなる。それは、はじめ『解釈的転回――哲学・科学・文化』と題された論

University Press, 2011), p. 214, n. 2.

☆6　Claude Lévi-Strauss, *La pensée sauvage* (Paris: Plon, 1962), p. 339. 大橋保夫訳（みすず書房、一九七六）、三〇八―三〇九ページ。

☆7　Kuhn, *The Road Since Structure* (n. 1), p. 307. 拙訳、四一三ページ。

☆8　Kuhn, *ibid.*, p. 320. 拙訳、四二八ページ。

☆9　Clifford Geerz, *Local knowledge: Further Essays in Interpretive Anthropology* (New York: Basic Books, 1983), p. 151. 梶原景昭ほか訳（岩波書店、一九九一）、二六四―二六五ページ。

文集のなかに収録された「自然科学と人間科学」という論考に現われた。[☆10] この講演に由来する論考は、カナダの解釈学的哲学者チャールズ・テイラーの解釈学的知見が人間科学や社会科学には適用できても自然科学にはできないとする観点を反駁し、批判している点に特徴がある。テイラーは、人間の行為の意味を理解するためには「解釈学的解釈」(hermeneutic interpretation) が必須であると説く。だが、彼は、天文学の対象である「天は、あらゆる文化、たとえば日本文化とわれわれの文化で同一であると主張する」。

テイラーによるこのような見解をクーンはナイーヴだとして斥ける。その点で、クーンはカントの『純粋理性批判』の立場を堅持するのである。ところで、とクーンはテイラーの観点との相異について、語り始める。「彼にとって天は文化から独立しているのですが、自然世界ではそうではない、と彼が主張する段になると、私たちは袂を分かちます。彼にとって天は文化から独立しているのですが、私にとってはそうではありません」[☆11]。クーンによれば、「人間諸科学に劣らず、自然諸科学でも、個体群——対象であれ、行為のであれ、が記述されうる、なんらかの中立な、文化から独立した一群のカテゴリーは存在しないのです」[☆12]。

クーンは、さらに『科学革命の構造』での議論を呼び戻している。「私がここでギリシャ人の天をわれわれの天から分かつものとして記述してきた断絶は、私が以前、科学革命と呼んだことがらから帰結するほかないものです。われわれ自身の天を記述するのに必要な概念用語でギリシャ人の天を記述するさいに出てくる歪曲や誤伝は、私がそこで通約不可能と呼んだことがらの一例なのです。そして彼らの概念的光景をわれわれ自身ので代替することから生ずる衝

☆10 Kuhn, "The Natural and Human Sciences," in *The Interpretive Turn: Philosophy, Science, Culture*, edited by David R. Hiley, Jamese F. Bohman, and Richard Shusterman (Ithaca: Cornell University Press, 1991), pp. 17-24; n. 1 にCh. 10として収録。

☆11 Kuhn, *The Road Since Structure*, p. 219. 拙訳、二八四ページ。

☆12 Kuhn, *ibid.*, p. 220. 拙訳、二八五ページ。

撃は、私が、彼らから異なる世界で生きていることにどんなに不充分にであれ、帰した衝撃なのです。われわれは、ほかの文化の社会世界が問題になっているところでは、われわれ自身の根深い自民族中心主義的抵抗に照らし合わせて、衝撃を当たり前のものとして学んでいます。われわれは自然世界に対しても同じことを学べるし、また学ばなければならない[☆13]」。この文面には、クーンの科学哲学で枢要な、「科学革命」(scientific revolution)とか、「通約不可能性」とかの重要な概念が出ている。それのみならず、「われわれの根深い自民族中心主義的抵抗」(our own deep-seated ethnocentric resistance)といった注目すべき語句もが使用されている。クーンは近代西欧世界とは異なる世界における自然科学をも自らの科学哲学の考察の対象にし始めているわけである。

クーンは包括的に自らの観点をまとめて述べている。「私のこれまでの論点は、どんな時代の自然諸科学も、現行世代の従事者がすぐ前の世代から継承する一群の概念に基づいているということです。そういった一群の概念は歴史所産なのであり、現行の従事者が訓練によって手ほどきを受ける文化に埋め込まれており、部外者にとっては、歴史家や人類学者がほかの思考方式を理解するようになる解釈学的技法を通してでなくては手に入れにくいものなのです。私はときどきそれを特定時期の科学の解釈学的基底として語ってきましたし、あなたがたもそれが私がかつてパラダイムと呼んだことがらの意味のひとつにかなり似ていることに気づかれるかもしれません。近年では私はその用語を、まったく制御がかなわないものなので、めったに用いないのですが、ここではときに簡単のために用いることにいたしましょう[☆14]」。この引用文では、歴史家とともに、人類学者が引き合いに出されていることが注目される。さらには、ク

☆13 *Ibid.*, p. 221. 邦訳、二八五—二八六ページ。
☆14 *Ibid.*, p. 221. 拙訳、二八六—二八七ページ。

ーンが頻用し、批判の的になった「パラダイム」が「解釈学的基底」(hermeneutic basis)として、解釈学的哲学の用語によって再定義されてすらいる。

しかしながら、自然諸科学は、人間諸科学のように徹頭徹尾「解釈学的解釈」に依存する知的営みとは相異し、「解釈学的企図なのではない」、とクーンはいう。なぜなら、精密な自然諸科学は、「通常的」=「規範的」(normal)な「パズル解き的研究を維持しうるパラダイム」を普通もつのに対して、人間諸科学ではかならずしもそうではないからである。そのような境界設定=線引きはかならずしも容易ではないとも註記されているが、クーンの議論はここで終わっている。

いずれにせよ、ここではクーンの「歴史的科学哲学」が文化人類学的考察対象にまで外挿され、拡張されようとしていることに気づかされる。そのさいに、たしかに「科学革命」という枢要概念は援用されないかもしれないが、「解釈学的基底」と再解釈されたパラダイムはじつに重要な意味をもたらされているし、さらにまた、時間軸に沿って起こる「科学革命」にとってきわめて本質的な役割を与えられていた「通約不可能性」という概念が、時間的にではなく空間的に文化の相異する世界での科学にとって依然として役立ちそうな含みをもたせられている。

以上の考察から、クーンによって提起された科学哲学が、クーンが主として問題とした時間に沿った発展のみならず、空間的=地理的に相異なる文化を基底とする科学的営為にまで、適用される可能性が示唆されたことになる。

それでは、このような科学哲学についての考え方はクーンによってはじめて示唆されたのであろうか？　私はそうではないと考える。

第三節　「文化相関的科学哲学」の三人の先駆者――ライプニッツ・ニーダム・クーン

クーンは自らが主唱した科学哲学の企図を「歴史的科学哲学」（Historical Philosophy of Science）と名づけた。ある科学哲学者は、クーンの思想を「理論的科学史」（theoretical history of science）と呼んだほうがより適切だと指摘したが[☆15]、その主張にも一理はある。しかし、クーンは自らを科学哲学者と呼ばれたがっていたし、私はクーン教授の一九七七年春学期に開講された「科学哲学入門」（Introduction to Philosophy of Sciene）という学部学生向けの講義を聴いている。それゆえ学問名称にはこだわらないことにしたい。いずれにしても、クーンの科学哲学は歴史的に科学史の手法で展開された。それを「歴史主義的転回」（historicist turn）と呼ぶ人もいる[☆16]。

1　「文化相関的科学哲学」という学問的プログラム

クーンとちがって、西洋の一部分ではない東アジアの日本を出自とする私は、クーンの新科学哲学の学問的プログラムを地理的＝空間的に外挿して適用させ、西洋文化とは異なる文化を背景にもつ数学や自然の理解を積極的に「多文化主義」（multiculturalism）的に評価した「文化相関的科学哲学」（Intercultural Philosophy of Science）なる学問的プログラムをここに提唱しようとする。

多文化主義的観点から数学や自然科学の人間的営みを見直そうとした西洋の思想家で私が先

☆15　Alexander Bird, *Thomas Kuhn* (Princeton: Princeton University Press, 2000), p. 29.

☆16　Kuhn, *The Road Since Structure*, p. 309. 拙訳、四一六ページ。こう規定したのは、ギリシャの Aristides Baltas である。

駆的に学んだ人は三人いる。十七世紀から十八世紀初頭のドイツを出自とするゴットフリート・ヴィルヘルム・ライプニッツ（Gottfried Wilhelm Leibniz 1646-1716）、二十世紀英国の中国科学技術史について浩瀚な著作を世に問うたジョセフ・ニーダム（Joseph Needham＝中国名・李約瑟 Li Yuese 1900-1995）、それにわがクーンである。その外にも言及すべき思想家は、とりわけ中国にいるはずであるが、ここでは意図的に除外したい。[☆17]

2 「多文化主義」の鼻祖ライプニッツの『中国最新事情』

まず、ライプニッツであるが、彼は、科学革命が起こった十七世紀のドイツに、三十年戦争末期の一六四六年に生まれ、ヨーロッパの学問、宗教、政治の在り方全般について思索した。彼の「万能人」とも形容される全生涯は、一言で言えば、「総合のための闘争」（struggle for synthesis）であった。[☆18] 彼の思考対象の領域はヨーロッパを越え、東アジア、とくに中国にまで拡がり、一六九七年（第二版一六九九年）には『中国最新事情』を世に問うた。

　注目すべきは、その書物に附したライプニッツの読者に宛てた序文である。「運命のなんらかの特異なはからいによって、人類の最高の文化と装備が、今日、われわれの大陸の両端、ヨーロッパとチーナ（中国）にあたかも集められているかのようではないかと私には思われる」[☆19]。こうライプニッツは人類文明史上の中国文明の枢要性についての議論を切り出す。「ところで、中華帝国であるが、耕土の大きさにおいてヨーロッパに匹敵し、人口においては凌駕しさえしており、あるときには勝り、あるときには負ける、ほぼ同格の戦力をもって、われわれと張り

☆17　ただここでは、『一般システム理論』（一九六八）の著者で、オーストリア出身のルートヴィヒ・フォン・ベルタランフィ（Ludwig von Bertalanffy 1901-1972）の名前だけは挙げたおいたほうがよいであろう。フォン・ベルタランフィは、ライプニッツやゲーテの思想の信奉者だった。とくに、『一般システム理論』最終第10章にも収録されている「カテゴリーの相対性」は、きわめて重要な論考である。初出は、"An Essay on the Relativity of Categories," *Philosophy of Science*, 22 (1955), pp. 243-263. 彼は、そこで述べている。「人間の他の文化や、人間と異なる知性の世界では、実在の他の側面を私たちのいわゆる科学的世界像と同程度あるいはそれ以上にさえ反映する、根本的に異なった種類の「科学」が可能かもしれない」（長野敬・太田邦昌訳『一般シス

合うような他の多くのことをもっている。〔……〕生活の用が必要とする諸技術、および自然的ことがらの経験においては、精細に調整すれば、われわれはほぼ互角であり、また、それぞれの側が他に利益をもって伝えうるものをもっている。しかし、省察の深さと理論的諸学科においてはわれわれが優っている。なぜなら、われわれにとっての本領であり、当然にも優っている論理学と形而上学、それに非物体的ことがらの認識に加えて、たしかに、精神によって質料から抽離される形相、すなわち、数学的ことがらの思索においては、中国人の天文学をわれわれのと競わせてみるとき、実際にどのように確認されたとしても、われわれははるかに卓越しているのである。というのは、彼らは、精神のかの偉大な光、論証技法を知らず、われわれのあいだでは、職人たちがやっているような、なにか経験幾何学のようなものに満足してしまったように思われるからである。軍事的学識においてもまた、彼らはわれわれに遅れをとっているのであるが、無知からというよりはむしろ、彼らのなんらかの熟慮からであり、もし彼らが、人間の間で粗暴なことをなすか、あるいは生み出しかねないどんなことをも斥けるとするなら、ある者たちが小心さと悪く受け取られるようなことをなすとしかねない、キリストのもっと高遠な教えに倣うことから、戦争を遠ざけているのである。もし地球に彼らだけが居るというのなら、たしかに賢明にも〔そうしていることになる〕。現状では、事態は、善人ですら、彼らに侮辱するいかなる力をも行使しないように、不幸な諸技法を手に入れることが必要になるようなことになっている。それゆえ、これらの点で、われわれは優越しているわけなのである」☆20。

ここでライプニッツは、ヨーロッパ人の「論証技法」(ars demonstrandi)、アリストテレス『分析論

テム理論』みすず書房、一九七三、二四〇ページ)。この観点は、中国医学を見るときに大きな意味をもつ。

☆18　実際の書物の標題として、こう特徴づけられている。Leroy E. Loemker, *Struggle for Synthesis: The Seventeeth Century Background of Leibniz's Synthesis of Order and Freedom* (Cambridge: Mass.: Harvard University Press, 1972).

☆19　G. W. Leibniz, *Novissima Sinica* ([Hannover], 1697; 2da editio, 1699), 2da ed., f. 2r. 今日の西欧語'China'の起源は、最初の統一王朝である「秦」(Qin)にある。

☆20　Leibniz, *Novissima Sinica* (1699), ff. 2v-3r.

後書』で詳述されているような論証の仕方、厳密な演繹法を備え、公理論的に整序された、エウクレイデースの『原論』を規範とするようなギリシャ数学を始原となす西洋数学の特質を構成する論証法に言及し、中国数学には、その技法が欠落しているのだと指摘している。このライプニッツの論点には今日では多少の修正が必要かもしれない――たとえば『九章筭術』注を書いた劉徽には、一段深い「理」(rationales)を求めての、ある種の論証があった――が、大要は首肯されるであろう。

このようにライプニッツは西洋の学術が卓越している点を称賛するだけで終わらない。ヨーロッパ人は、道徳哲学、統治の技法においては、中国人にはるかに及ばない、とも書いている。総合的に判断すれば、ヨーロッパと中国はその文明の長短において五分五分で同格だというのである。要するに、ライプニッツの中国論の要点は、ヨーロッパのすぐれている点を中国に与え、中国のすぐれている点をヨーロッパが学ぶということにある。

マリア・ローサ・アントニャッツァは近著『ライプニッツ――思想的伝記』において書いている。「ライプニッツの『中国最新事情』への序文は、国際共同体が他の諸文化から学び、利益を得るという多文化主義への賛歌であった」[☆21]。多文化主義を唱道するにあたって、ライプニッツが中国文明を引き合いに出して議論していることは特記すべきであろう。

3 「中国を愛した男」ニーダム

つぎはニーダムであるが、彼については、多くの協力者とともに書き進め、一九五四年から出

☆21 Maria Rosa Antognazza, *Leibniz: An Intellectual Biography* (Cambridge: Cambridge University Press, 2009), p. 360.

版した『中国の科学と文明』に言及するだけで充分であろう。☆22 彼の中国科学史研究に捧げた生涯に関しては、サイモン・ウィンチェスターの『中国を愛した男——中華王国のミステリーを解明した風変わりな科学者のファンタスティックな話』☆23が詳細な情報を提供してくれている。

ニーダムの科学観については、次節で立ち入ってかいま見ることとするが、ここでは、彼が中国科学史研究に本格的に志す前に生化学者であり、彼が結局は西欧近代科学と中国伝統科学技術をひとつのシステムとして統合した形態での「全人類共有の科学」(oecumenical science)をめざしていたことに、ある種の時代的制約があったと指摘したい。私はむしろ、多様な科学的営為を多元主義的に共存させたり、結合したりする世界の科学の在り方を提唱したい。

その点で思想的に相補的な役割を演ずるであろうと私が考えるのが、クーンの科学観なのである。なるほどクーンは、中国科学のみならず、東アジアの科学を主題的に研究した経歴はほとんどまったくない。その点では、ニーダムとは対極的な科学史家であった。けれども、「パラダイム」=「解釈学的基底」や、科学理論相互間の「通約不可能性」といった概念を駆使しながら、科学の在り方に転回を迫った彼の科学哲学は大きな可能性を秘めている。

クーンの時間軸に沿った「歴史的科学哲学」を、われわれは、空間=場所的変化をもった「文化相関的科学哲学」へと観方を変え、そのうえで、科学観をもさらに「多文化主義的」に変容させようと企図する。近代西欧科学を中心的に据えた現代の科学観を、それと対照的な伝統中国科学をも射程に収めた形態に変えてみたい。そのために、ニーダムによる西洋科学の発展史を中国科学の発展史と比較対比せしめた考察を手がかりとする。

☆22 Joseph Needham et al, *Science and Civilisation in China* (Cambridge: Cambridge University Press, 1954-). 私は、二〇一四年五月下旬から六月初旬にかけて、ケンブリッジ大学のNeedham Reserch Instituteのacademic visitorとして同研究所に滞在し、ニーダムによる中国数学史研究の原史料などについて調査する機会に恵まれた。

☆23 Simon Winchester, *The Man Who Loved China: The Fantastic Story of the Eccentric Scientist Who Unlocked the Mysteries of the Middle Kingdom* (New York: Harper Perennial, 2008). 刘钝・王国忠审校になる中国語訳、文思淼《李约瑟》(上海科学技术文献出版社、二〇〇九)が出版されている。

第四節　ニーダムによる西洋科学発展史と中国科学発展史の比較考察

1　ニーダムによる中西科学比較のダイアグラム

ニーダムは、一九六六年に「全人類共有の科学の進化におけるヨーロッパと中国の役割」という刺激的な講演を試み、それは、のちに『中国と西洋の学者と工匠』という標題の論文集に収録された。[☆24] その論考で興味深いのは、中国の科学技術の発展史を古代ギリシャから現代までのヨーロッパの科学史とグローバルに対照させて、それぞれの科学史の分野の両方の文化の出会い（「横断点」）と統合（「融合点」）について考察し、包括的なダイアグラムの形にまとめあげている点である（図1・1）。[☆25]

西洋科学史で特異なのは、古代にひとつのピークがあり、長い中世の低迷のあと、ルネサンス期に興隆に向かい、ガリレオの時代から急速に、中国との出会いを経験して、中国の科学的発展を追い抜いた様子が描き出されていることである。他方、中国は、航海用羅針盤、火薬、印刷といったベイコンの「三大発明」を宋朝時代に成し遂げただけではなく、ヨーロッパに先立って機械時計の発明をも、その歴史に刻印したことが確認されている。

ニーダムのダイアグラムには大きな難点がある。まず古代ギリシャと近代ヨーロッパの科学の成果を繋げてよいのかという問題がある。また中国人が伝統的に科学と技術をそれほど截然とは区別しなかったとはいえ、テクノロジーの達成をも科学の成果ととらえていることなどは、当然、問題視されるべきであろう。それから各学問名を近代ヨーロッパのそれでくくって

[☆24] Needham, "The Role of Europe and China in the Evolution of Oecumenical Science," in *Clerks and Craftmen in China and the West* (CCCW) (Cambridge: Cambridge University Press, 1970), pp. 396-418; Also in *Science and Civilisation in China* (SCC), Vol. 7, Part II: *General Conclusions and Reflections* (Cambridge University Press, 2008), pp. 24-42. 山田慶児訳「東と西の学者と工匠」下（河出書房、一九七七）、十九章。牛山輝代編訳『ニーダム・コレクション』（ちくま学芸文庫、二〇〇九）にも収録されている。

[☆25] Needham, *ibid.*: CCCW, p. 414; SCC, vol. 7, pt. 2, p. 28. 邦訳・ちくま書房、三七〇ページ。ちくま学芸文庫、一四九ページ。

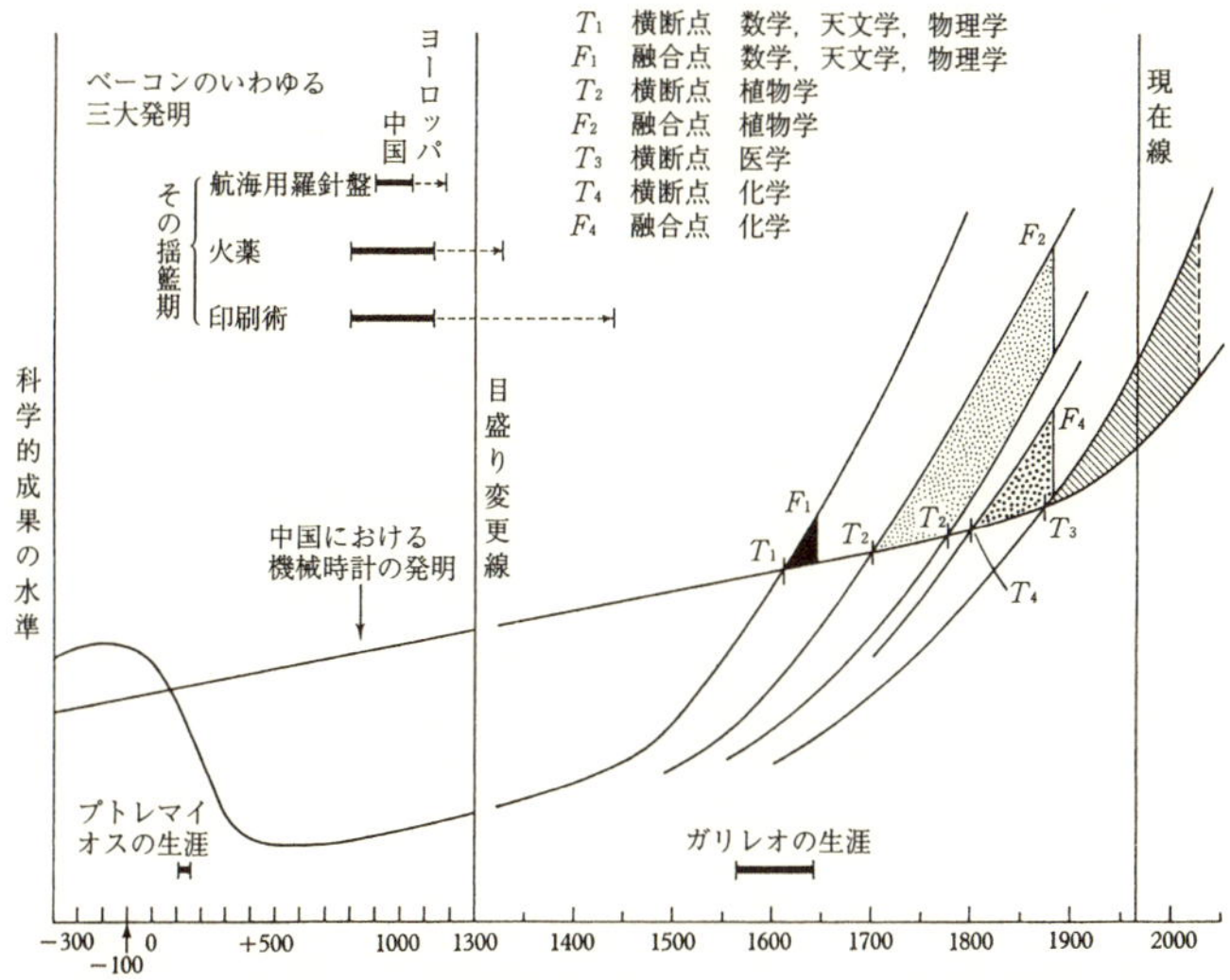

図 1-1　万人共有科学の発展におけるヨーロッパと中国の役割を図式化したダイアグラム

整理していることにも問題点が指摘されるべきでろう。もっとも、横断点、融合点の時期確定ないし推定についても、今日の観点からもっと精細になされるべきことは言うまでもない。そのように多くの問題はかかえているものの、大胆な考察への手がかりを提供している点では、やはり評価するに値する。

そこで、ニーダム・ダイアグラムをもっと仔細に点検してみることにしよう。

ニーダムは、数学・天文学・物理学をひとまとまりとし、それらが一六一〇年ころに中国にもたらされ（「横断」）、それから三十年ほどして、中国で受け容れられた（「融合」）と見ている。そして植物学は、一七〇〇年ないし一七八〇年に出会い、それから一八八〇年ころに統合されたとする。ところが、医学においては、西洋医学が一八〇〇年、一八七〇年、ないし一九〇〇年に伝統中国医学の優位に立ちはしたものの、依然として融合はなされていないとする。

数学史にかんしてであるが、横断点が印されている一六一〇年は『幾何原本』の訳者のひとりのマッテオ・リッチ（利瑪竇）が北京で亡くなった年である。ニーダムの融合点についてであるが、私自身は早すぎると考えている。梅文鼎ら清朝前期から中期までの中国数学者の数学思想を見てみると、彼らは依然として伝統中国数学の観点ないし枠組から西洋数学を見ており、十九世紀半ばの李善蘭の時期まで融合点は訪れていないという印象を私はもっている。

ニーダムは、まず「融合点」を考察し、それについて、こう述べている。「川が海へ流れこんだとき、および、全面的な混合が起こったときの河口です。ここで、私たちは、物理諸科学と生物諸科学において生じたことのあいだにある著しい相違に気づきます。物理的側面では、西方と東方の数学、天文学、物理学は、最初に一緒になると、たちまち一体化しました」[☆26]。

ところが、医学になると様子は異なる。「医学に眼を移すと、東方と西方の純粋と応用の諸科学の融合が起こっているような状況は未だ見られません」[☆27]。「多くの人たちは、今日の中国医学を考える場合、それをある種の「民俗医術」(folk medicine)、奇怪な、まるで時代遅れの、意味のない珍奇なものの類と思っています。しかし、こういった考えは、真実は、中国医学に対するまったく不当な反撥なのです。それは非常に偉大な文化の所産であり、複雑さと精妙さにおいてヨーロッパの文明に匹敵する文明である、と言わなければなりません。それは、中世の理論の本体を保持する一方で、よく考慮してみなければならない豊富な経験主義に基づく体験という財産を含んでいるのです」[☆28]。医学の分野では、ニーダムによれば、中国の事例がヨーロッパに先んじていることが多い。

中国医学と西洋医学が相互に翻訳される場合について、ニーダムは述べている。「医学になると、翻訳者は自分がまことに困惑する立場に置かれていることがわかります。医学書は、西洋語にはその相当語句がないような専門用語に満ち充ちています」[☆29]。さらにニーダムは重要事項を指摘している。「高度に体系化された医学哲学のキーワードは、もっとも難しいのです。というのも、中国の編集された辞書類ですら、敢えてそれらを定義しようとしなかったからです。すなわち、医者は、長い徒弟期間にそうした用語の正しい用法を身につけることになっていたのです。たしかに中国の伝統医学の諸学派が生み出した多くの業績があります。それは、もちろん用語を翻訳する助けにはなりませんが、それを説明する助けにはなっています」[☆30]。

☆26 Needham, *CCCW*, pp. 397-398; *SCC*, p. 25. 邦訳・河出書房、三五一ページ。ちくま学芸文庫、一二二ページ。

☆27 *CCCW*, p. 401; *SCC*, pp. 30-31. 河出書房、三五五ページ。ちくま学芸文庫、一二八ページ。

☆28 *CCCW*, pp. 401-402; *SCC*, p. 31. 河出書房、三五五―三五六ページ。ちくま学芸文庫、一二九ページ。

☆29 *CCCW*, p. 403; *SCC*, p. 32. 河出書房、三五七ページ。ちくま学芸文庫、一三一ページ。

☆30 *Ibid.* 河出書房、三五八ページ。ちくま学芸文庫、一三二ページ。

2　ニーダムの考察のクーン的語彙による解釈し直し

ニーダムによるこの記述は、私から見れば、ほとんどクーン的科学哲学の概念的基礎のうえに立って書かれている。「高度に体系化された医学哲学のキーワード」とは、医学存続を支えるパラダイムにほかならない。クーンは述べていた――自然諸科学の「一群の概念は歴史所産なのであり、現行の従事者が訓練によって手ほどきを受ける文化に埋め込まれており、部外者にとっては、歴史家や人類学者がほかの思考方式を理解するようになる解釈学的技法を通してでなくては手に入れにくいものなのです」、と。パラダイムは、クーンによれば、特定の科学遂行のための規範的事例を提供する一方で、その主体的な共同体的基礎をもっている。私の観点から見れば、中国の伝統医学もそういったパラダイムを有した営みなのである。

そしてまた、中国医学には、「西洋語にはその相当語句がないような専門用語に満ち充ちています」。このニーダム的表現は、中国医学と西洋医学の間のクーンのいう「通約不可能」な事態にほかならない。

中国医学と西洋医学は、融合点に未だに到達していない。「結合」（combination）が試みられている。これは、「中西医結合医療」（Chinese-Western Combined Medicine）を言い表わしているのであろう。

ニーダムは、考察を締めくくるにあたって「全人類共有性発生の法則」（law of oecumenico-genesis）を提唱しようとして、語っている。「その法則は、ある科学の内容が有機的になり、取り扱う現象の統合の水準が高くなるほど、ヨーロッパとアジア文明のあいだに見られるように、横断点と融合点の間を経過する時間が長くなる」[☆31]。そうして、植物学と化学のそれぞれの横断点と融合点について自らの所見を提示している。

以上のようなニーダムの包括的考察を、クーン的語彙を用いた、われわれの「文化相関的科学哲学」の語句で、また適宜、図をも用いて表現し直してみよう。

クーンの科学理論を図式化すれば、図1・2のようになるであろう。「科学理論」をグレーで彩れば、その下位には、科学理論を支える諸「パラダイム」が存在し、その上位には、いくつかの応用がある。

東西の科学文化を比較してみた場合、数学・天文学・物理学などの抽象的な諸科学においては、相互のパラダイム的基礎はかなり接近し、「通約不可能」の度合いは「小規模」(small scale)にとどまる。化学や植物学においては、「通約不可能性」の大きさは「中規模」(medium scale)となる。医学においては、「通約不可能性」の度合いは「大規模」(large scale)で、融合し難い。これらを相互のパラダイムの重なり合いの規模で表現したのが図1・3である。

中国伝統医学と西洋近代医学のあいだのように、相互に融合がなされていず、「結合」されて実践されている様子を示したのが、図1・4である。

こうして、われわれの「文化相関的科学哲学」においては、ニーダムの「全人類共有の科学の進化におけるヨーロッパと中国の役割」を示すダイアグラムは、クーン的科学哲学の用語で解説し直すことができるのである。もっとも、それぞれの考察には不充分な点が少なからず存在するであろう。だが、われわれの問題提起は未だ挑戦されるべき学問的プログラムの段階に

☆31　CCCW, p. 415; SCC, p. 40. 河出書房、三七〇ページ。ちくま学芸文庫、一四九―一五〇ページ。

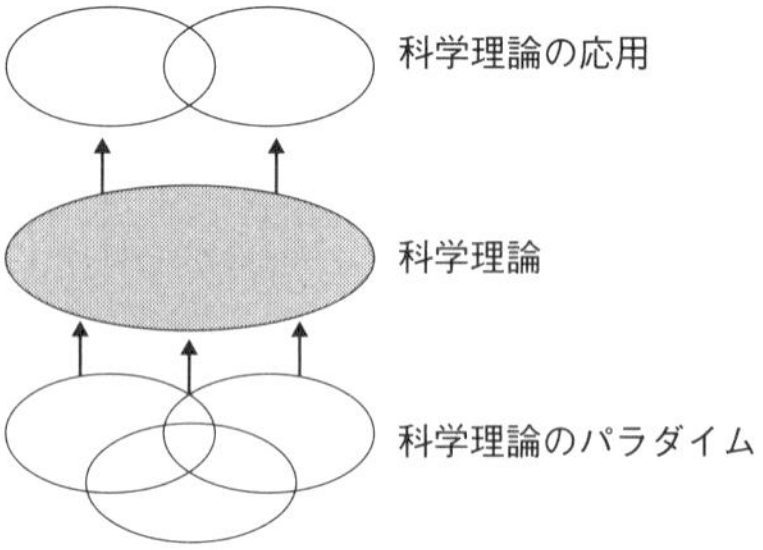

図 1-2　パラダイム―科学理論―応用

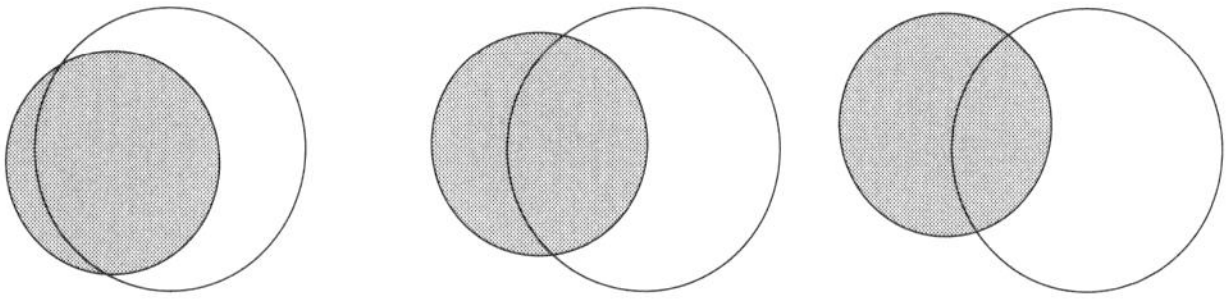

(1)小規模の通約不可能性　(2)中規模の通約不可能性　(3)大規模の通約不可能

図 1-3　通約不可能性の種類の図示

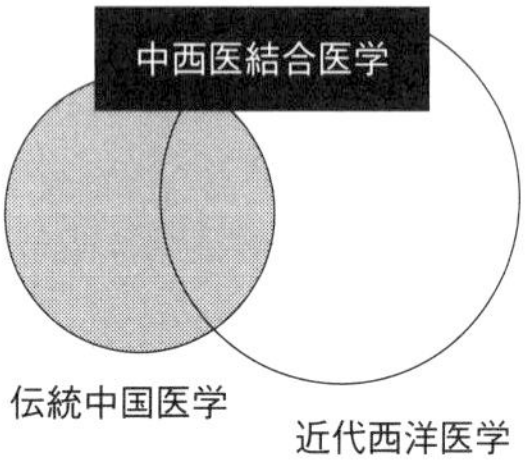

パラダイムが相互に通約不可能な科学技術体系

図 1-4　伝統中国医学と近代西洋医学の関係図

あるのであるから、そのような不充分性は、いまは許容されるであろう。

ここで、クーン－ニーダム的に定式化された「文化相関的科学哲学」のプログラムにおいては、ライプニッツ的「多文化主義」が鼓舞されるということに注意されたい。それゆえ、「文化相関的科学哲学」は「多文化主義科学哲学」とも言い表わされうるかもしれないが、私としては、多くの文化間の相互対話が重要であることをも訴えたいために、「文化相関的」（intercultural）という語彙に敢えてこだわりたいと思う。

第五節　「文化相関的科学哲学」の学問的プログラムが抱える諸問題

こうしてクーンとニーダムから学んだ「文化相関的科学哲学」のプログラムの骨格的部分を提示したわけであるが、この学問的企図が抱える諸問題と現在の私が考えていることがらの若干をも提起しておきたい。

われわれの「文化相関的科学哲学」は、クーンによる、方法論的に近代西洋物理科学を中心に、しかも通時的に発想された「歴史的科学哲学」を、ニーダムの中国科学史研究から試みられた中西科学技術史比較研究より得られた洞見に適用しようとして企図された学問的プログラムであった。それは、近代西洋科学を中心としてみるヨーロッパ中心主義的科学観を克服する観点から試みられた。そのさい、考察のために援用されたのは中国科学についての省察にほかならなかった。

現代の科学哲学者のなかには、クーンには「認識論的相対主義」（epistemological relativism）の萌芽があったと考えたり、[☆32]「エクスターナリスト認識論」(externalist epistemology)とかの可能性を指摘する声も聞かれる。[☆33]このような問題提起は貴重だが、科学哲学的示唆は本格的な科学史的研究と結合したかたちで実行されるべきであろう。

1　永遠に「仮説」のままにとどまる自然科学的パラダイム

クーンの科学観で新規で、独創的なのは、やはり彼の「パラダイム」概念であった。その概念の意味を深くとらえ直すさいに、自然科学的仮説(Hypothese)についての哲学者エトムント・フッサールの所見を見てみることにしたい。彼は、一九三六年の『ヨーロッパ諸学の危機と超越論的現象学』のなかの「ガリレイによる自然の数学化」について論じた個所で、こう述べている。「ガリレイの理念はひとつの仮説であり、しかもそれはきわめて注目すべき性質の仮説である。そして数世紀にわたって検証を行なってきた現在の自然科学も、それに劣らず、注目すべき性質をもったひとつの検証なのである。ここで注目すべき性質というのは、仮説はそれが検証されるにもかかわらず依然として永遠に仮説であり続けるからである。検証(それがこの仮説にとっては考えうる唯一のものであっても)とは、多くの検証の無限の歩みである。無限に仮説であり続け、無限に検証であり続けるということが、自然科学に固有な本質であり、アプリオリに自然科学の在り方なのである」。[☆34]

これは重要な言明である。ここで、ガリレオによる自然の数学化という近代物理学の基本的発想がとらえ直され、その仮説が、「注目すべき性質の仮説」であったと高く評価されながら、

☆32　Bird, *Thomas Kuhn* (n. 15), p. 240.
☆33　*Ibid.*, p. 245.
☆34　E. Husserl, *Die Krisis der europäischen Wissenschaften und die transzendentale Phänomenologie* (Introduction, n. 1), S. 41. 細谷恒夫・木田元訳、七八—七九ページ。強調は原文。

「検証されるにもかかわらず依然として永遠に仮説であり続ける」と理解されている。フッサールの「仮説」なるものは、科学的言説の「下部」に在る「解釈学的基底」としてクーンのパラダイムの一事例としてとらえられるのでないのか？　そして近世ヨーロッパで始まった数学的物理学の学問的企図がフッサールにおいても、それからクーンにおいても、注目すべきであるにしても、その方法を絶対視してはならないことに注意が払われている。このような自然科学的「仮説」の在り方については、より立ち入ったかたちで、中間考察の科学的実在論について論じた個所、並びに、第五章第三節において、意味規定を深める。

2　「癒しの術」としての医学

それから、以前のわれわれの議論においては伝統中国医学の特異な在り方に格別の注意が促されたのであったが、そのさい、一般に医学が、根元的には、科学としてよりは、「癒しの術」(art of healing) の意味をもっていることを忘却してはならないであろう。すぐさま、中国の伝統医学がただの技法であるのに対して、近代西洋医学は科学である、少なくとも近代自然科学が提供した普遍的自然法則のうえに行なわれる科学であろう、と反論が返ってくる可能性がある。そうではない。近代西洋医学は「注目すべき」医療技術ではあろうが、それもまた人間の心身を癒やす目的の「癒しの術」である点で相異はないのである。両者の得失は、医療効果によって判定される。私が知るかぎり、近代西洋医学で癒しえずして、伝統中国医学で癒しえる医療技術はたくさんある。

伝統中国医学は、「陰陽五行説」などという「迷信」のうえに構築された、根拠がおおいに怪しい医療技術の集成でしかなく、その技術体系は、近代西洋医学の下位に、「医術」のレヴェルにとどめ置かれるべきである——このような声も現実に発せられている。しかしながら、このような言明は基本的に偏見に基づくものであり、もっと真剣な医学哲学によって慎重な再検討が求められる。伝統中国医学の身体観は古代からある種の「唯物論」に拠っており、「陰陽五行説」も虚妄の自然哲学説なのではかならずしもない、という今日人びとのあいだで受容されている意見は正しいと私は考える。[☆35] 近代西洋医学思想との比較の観点からの中国医学への序論的解説も試みられている。[☆36] ただし、現代中国で西洋医学との比較がなされる場合に、ギリシャで生誕した古代西洋医学と、デカルト以後の近代西洋医学とを区別しない傾向には批判的注意がなされるべきである。しばしば指摘されるように、伝統中国医学思想と古代ギリシャ医学思想にはかなりの類似点がある。この点については、第四章第三節・第四節で多少詳しく論じられるであろう。

3　政治的迫害に抵抗した近代日本漢方医たち

近代日本の医療制度についても註記される必要がある。周知のように、明治新政府は、近代西洋医学、とりわけドイツ医学の採用に方向を定め、江戸時代に確立された日本漢方による医療を圧迫する方針を打ち出した。[☆37] 伝統的な漢方医学界は、このような狭隘な方針に抵抗した。たとえば、江戸時代の古方派漢方医学を確立した吉益東洞の学統を受け継ぐ和田啓十郎は『医界

☆35　私の伝統中国医学の学説的理解は、多くを以下の書物に負っている。*Fundamentals of Traditional Chinese Medicine*, written by Yin Huihe and others, edited & translated by Shuai Xuezhong (Beijing: Foreign Languages Press, 2010); 印会河主編・帥学忠編訳《中医基礎知識》（北京・外文出版社、2010）。

☆36　*Contemporary Introduction to Chinese Medicine in Comparison with Western Medicine*, by Xie Zhufan with Xie Fang (Beijing: Foreign Languages Press, 2010); 謝竹藩・謝方編著《打開中医之門：針対西方読者的中医導論》（北京・外文出版社、2010）

☆37　この点については、新村托編『日本医療史』（吉川弘文館、二〇〇九）の「六　西洋医学の確立」を参照。

之鉄椎』なる良心の書を一九一〇年に世に問い、漢方医学の復権を呼びかけた。[☆38] 著者の和田はけっして近代西洋医学を軽視しているのではなく、私の解釈では、ある種の「漢洋医結合医療」の現代的確立を呼びかけていた。本書標題中に見える「鉄椎」とは、中国の秦による天下統一がなるや、誰もが抵抗の意思を示しえなかったときに、張良なる旧貴族出身の気骨ある人物が大鉄椎を作り、秦の始皇帝の車に向かって、投擲せしめた故事にちなむ。和田は勇気を振り絞って『医界之鉄椎』をものし、近代西洋医学に一元化しつつあった明治の医学界に鉄椎を投げかけようとしたわけなのであった。

一九三四年晩秋に出版された深川晨堂輯著『漢洋醫學闘争史　政治闘争篇』は、日本の近代漢方医たちが自らの医学派の試験制度のなかでの復興を呼びかけた運動について記録した痛快な歴史書である。[☆39] この著書の学問的レヴェルにはたしかに問題はあるであろう。著者が、日本漢方の政治的復権を追求して運動する医師たちに対する共感とともに、近代西洋医学と伝統漢方医学が、医学哲学的に「通約不可能」な関係にあるというクーン的考えを知っていたら、記述ははるかに説得力をもっていたにちがいない。近代日本の政府は、漢方医たちを充分な科学的・哲学的根拠をもって斥けたわけではない、最終的には、政治的に決定がなされた点が認識されてしかるべきである。

伝統中国医学の本拠でも同様の研究はなされている。アヘン戦争後、近代西洋医学の中国への伝流は盛んになった。その伝流の経緯と、それに抵抗した中医師たちを中軸とする抵抗運動、また熾烈な論争の歴史は、趙洪鈞『近代中西医論争史』[☆40] に記述されている。

☆38　和田啓十郎『漢洋医学比較研究　医界之鉄椎』（中国漢方医学書刊行会、一九七一）は第三版にあたる。今日では、その復刻版だけではなく、現代日本語訳も出版されている。和田啓三郎『復刻　医界之鉄椎』、和田啓三郎原著／寺澤捷年・渡辺哲郎注釈・解説『完訳　医界之鉄椎』。いずれも、たにぐち書店、二〇一〇年刊。

☆39　深川晨堂輯著『復刻版　漢洋医学闘争史　政治闘争篇』（医聖社、一九八一）には矢数道明による有益な解説が附されている。本書の下巻の刊行予告もなされたが、結局、出版されないままに終わった。

☆40　趙洪鈞《近代中西医論争史　第二版》（学苑出版社、二〇一二）。本書は、深川の著書を引き合いに出しているが（第二七六―二七七頁）、刊行年をまちがって一九二七年としている。実際には、一九三四

朝鮮は一九一〇年に帝国日本の植民地となったが、そのさい、朝鮮民族は、日本のもたらした近代西洋医学を「覇道」の医学としてとらえ、彼らの「漢医学」を「王道」（『孟子』の枢要用語）に基づく医学と位置づけて、抵抗手段として用いたことが知られている。

私はここで、なにも近代西洋医学を貶めようとしているのではない。私はその医療技術は高度に発展されるべきであると願っている。それは伝統医学と両立可能である。政治的思惑に基づいて伝統医学を排撃し、迫害することに科学哲学的観点から反対しているのである。

4 相異なる概念的基礎のうえに立った自然諸科学のあいだの理論選択

クーンは、不断に精細な思考姿勢をもち、厳密な概念を操って、ものを考えた。彼は、厳密には「相対主義者」などではなかった。われわれの考察している問題に関しては、『本質的緊張』に収録された論考「客観性、価値判断、理論選択」がまず参照されるべきであろう。[☆41] けっしてパラダイムは、恣意的に主観的に選択され、存続するわけではない。精密性、論理整合性、展望、単純性、豊饒さといったさまざまな規準によって、理論は進化してゆくと考えられた。

さらに、今日頻繁に議論されている「通約不可能性」についても、「翻訳不可能性」、「比較不可能性」、「意思疎通不可能性」とかとは概念的に厳密に区別された。そのことは、論文「通約不可能性・比較可能性・意思疎通可能性」[☆42]によって明らかである。

クーンが生前書き残したほとんど最後のエッセイは、「通約不可能性と翻訳についての註記」であるが、彼はそのなかに、「言語学習者は、欠落している語彙を付加することによって元々

年である。

☆41 Kuhn, "Objectivity, Value Judgment, and Theory Choice," *The Essential Tension: Selected Studies in Scientific Tradition and Change* (Chicago: The University of Chicago Press, 1977), Ch. 13, pp. 320-339. 安孫子誠也・佐野正博訳『本質的緊張』下（みすず書房、一九九二）、第十三章。

☆42 Kuhn, *The Road Since Structure* (n. 1), Ch. 2.

の言語を豊富にすることができる。豊富にすることによって通約不可能性は消滅したであろう[☆43]」という注目すべき言明を遺している。概念間の「通約不可能性」は動かしえないものと考えてはならないのである。[☆44]

伝統中国医学のよりよき理解のために、クーンの通約不可能性概念を援用する試みは、中国中医薬学会に所属する医師、李致重による「中国・西洋医学の不可通約性を論ず」[☆45]の原初的試み以来、少なからずなされているようである。

科学的概念の多様な在り方に光をあて、その概念間の変化に着目した『概念的革命』[☆46]の著者として著名なカナダの科学哲学者ポール・サガードは中国人協力者の助力を得て、針治療の効果性について、近代西洋医学と中国伝統医学の概念上の比較を試みている。[☆47]この試みからは学ぶところ少なくないが、「相互に翻訳不可能」(mutually untranslatable)であることを「弱く通約不可能」(weakly incommensurable)と言い換え、これが両方の医学体系の相互関係であり、けっして「強く通約不可能」(strongly incommensurable)、すなわち「相互に理解不可能」(mutually unintelligible)ではないとしている。この研究は鍼治療という個別医療法についての研究であり、即断は避けなければならないが、もっと精細で包括的な議論が必要であるとの思いを余儀なくさせる。

近世ヨーロッパで近代科学が勃興して以来、すなわち十七世紀の科学革命以後、世界の自然科学はヨーロッパの数学的、機械論的自然科学に一元化される方向に向かった。そして十九世紀前半のアヘン戦争が起こってから、中国は塗炭の民族的苦難の時代を迎えるにいたった。いま、その不幸な時代が終わり、中国民族の再興という声が正当にも聞かれる時期が到来してい

☆43 Kuhn, "Remarks on Incommensurability and Translation," in *Incommensurability and Translation: Kuhnian Perspectives on Scientific Communication and Theory Change*, edited by Rema Rossini Favretti, Giorgio Sandri, & Roberto Scazzieri (Cheltenham, UK/Northampton, MA.: Edward Elgar, 1999), pp. 33-37, at 35.

☆44 Howard Sankey, *The Incommensurability Thesis* (Adelshot/Sydney: Avebury, 1994) などによって、クーンとファイヤアーベントによる「通約不可能性」概念の検討はなされているが、少なくとも、このメルボルン大学の科学哲学者によるクーンの概念理解は充分ではない。

☆45 李致重「論中西医的不可通約性」、《中医薬学刊》(二〇〇一年第十九巻)、pp. 540-543.

る。この声を私はうれしく聞くことができる。論者によっては、中国からこそ「第二の科学革命」が起こるのではないかと予想しているようにも思われる。☆48

私は、ヨーロッパ中心主義の対極に立つ中国独自の自然科学を唱道しようとする声——「自然国学」という概念もが使用される——を理解しえないわけではない。だが、自らの民族文化再興にあたっては、まずライヴァル関係にある文化を包括的に深く理解しなければならない。

科学革命の時代としての十七世紀は、数学的‐実験的自然哲学が生まれ、機械論的自然観が誕生した時期であった。この近代の自然観は今日エコロジー重視の自然観に取って替わられつつある。私は、そのための自然哲学的省察として、「ベイコン主義自然哲学の黄昏」（本書第二章）を唱え、そして二〇一一年三月に起きた東日本大震災への思想的対応をなした。☆49

中国科学院大学の同僚だった肖顕静教授も刺激的な環境哲学を唱道しており、心強い。私の意見では、原子力技術は、肖教授のいう「反自然」の段階にいたっている。福島の原子力発電所事故以来、進歩的な日本人で、原発支持の人はほとんどいなくなった。

私が身近に接した印象では、クーン教授も自然観の転回の必要性を感じていたと思う。彼は、自らの科学進化観を「ポスト・ダーウィン的カント主義」と規定している。☆50 そうであることにまちがいはないが、一般的な思想傾向は歴史的思惟を重視したヘーゲルに似ていた。☆51 実際、彼は私に、ユルゲン・ハーバマースへの共感を漏らしたことがある。私から見れば、クーンは明確な左翼思想家であった。

☆46 Paul Thagard, *Conceptual Revolutions* (Princeton: Princeton University Press, 1999).

☆47 Paul Thagard and Jing Zhu, "Acupuncture, Incommensurability, and Conceptual Change," in G. M. Sinatra and P. R. Pintrich (eds.), *Intentional Conceptual Change* (Mahwah, NJ: Lawrence Erlbaum Associates, 2003), pp, 79-102.

☆48 朱清時・監岩《東方科学文化的復興》（北京科学技術出版社、二〇〇四）。著名な数学者の呉文俊教授が「序」を寄せている。

☆49 Chikara Sasaki, "The great East Japan earthquake disaster and ecological socialism," *International Critical Thought*, Vol. 1, No. 4, December 2011, pp. 365-375.

☆50 Kuhn, *The Road Since Structure* (n. 1), p. 104. 拙

5 相異なる科学諸文化のあいだの「光の交歓」をこそ

クーン教授は、私がプリンストン大学に提出した博士論文「デカルトの数学思想」を最初に本格的に理解してくれた科学史家・科学哲学者であった。そうして、それが公刊されるようにと鼓舞してくれさえした。その拙著は長年の準備のあと、日本とオランダから出版された。[☆52] 私はその拙い著作をクーン教授の追憶のために献呈した。

クーン教授は、私が彼の科学革命論を数学史に適用するにあたり、私の未熟な所見を熱心に読んだうえで、学問的にじつに真摯な註釈を寄せ、一九七七年初夏にこう書いている。「これはとてもよいトピックである。また、私は貴君が述べたことに関心をもった。〔……〕私は、数学における革命は存在するに相違ないと思う。だが、私は、数学がその旧い諸定理をすべて保持するように見える程度に関してほかの誰よりも途方にくれている」。[☆53] クーンは、そのように私の数学史に関する見解に高い識見を漏らしてくれたのであった。

私は、自分の専門学問分野の数学史を超えて、彼の「歴史的科学哲学」を東アジア固有の科学技術文化に適用する「文化相関的科学哲学」のプログラムを抱き、中国人同僚の学問的協力をも仰ごうとしている。

近代日本の土壌で、倫理学という学問を構築しようとした和辻哲郎の学問的プログラムがある。私は数学修業時代に岩波全書の一冊『人間の学としての倫理学』（初版一九三四）を繙読する機会を得て、おおいに感心させられたことがある。その後、『風土』を単行本（初版は一九三五年、戦後の一九六三年に改版）で読んだ。初版の序言にはこう書かれている。「自分が風土性の問題を考えは

訳、一二九ページ。

☆51 Bird, *Thomas Kuhn* (n. 15), pp. 124 & 129-130.

☆52 Chikara Sasaki, *Descartes's Mathematical Thought* (Dordrecht: Kluwer Academic Publishers, 2003). 拙著『デカルトの数学思想』（東京大学出版会、二〇〇三）。

☆53 原文は以下のとおり。"This is a very good topic, and I'm interested in what you've said about it. [...] I think they [revolutions in mathematics] must exist, but I am as puzzled as anyone else to account for the extent to which mathematics seems to preserve all its old theorems." Chikara Sasaki, "What Are Revolutions in Mathematics? Mathematical truth in the light of Thomas S. Kuhn's philosophy of science," *Mathesis* III 51 (2010; actually published in 2013), pp. 1-38, at 32. 私はクーン教授の科学革命概念

じめたのは、一九二七年の初夏、ベルリンにおいてハイデッガーの『有と時間』〔『存在と時間』〕を読んだ時である。人の存在の構造を時間性として把捉する試みは、自分にとって非常に興味深いものであった。しかし時間性がかく主体的存在構造として活かされたときに、なぜ同時に空間性が、同じく根源的な存在構造として、活かされて来ないのか、それが自分には問題であった」☆54。私がこの文章にはじめて眼を通したのは渡米前の一九七五年一月のことだが、二〇一五年秋に改めて読み返す機会を得て、和辻倫理学にとってのハイデガーそしてマックス・シェーラーは、私の科学哲学にとってのクーンなのだと思った。

ハイデガーの解釈学的哲学の最重要概念は「世界-内-存在」(In-der-Welt-sein)であった。存在者=人間が、生息している「世界」を超越した生き方はありえない、という含意がその概念にはある。クーンの科学哲学の最重要キーワードは、やはり「パラダイム」であろう。意味を「下部」から支え、根源で担う「パラダイム」のない超越的な科学の営みは不可能、という含意がクーンの「歴史的科学哲学」には厳としてあるのである。パラダイムをもたない科学的営為など有り得ない(There are no paradigm-free scientific activities.)——これが、私が理解するかぎりでの、クーン科学哲学の要諦である。クーンは、「パラダイム」の歴史規定性を強調したのだが、私は、さらに空間的、地理的、文化規定性を重視する。

『人間の学としての倫理学』上梓後、和辻は、畢生の大著『倫理学』と、その姉妹篇『日本倫理思想史』を世に問うこととなる。その学問的企図の根底に、西欧近代に対して渾身の思想的姿勢で、近代日本天皇制を自己正当化しようとする和辻の姿があったことは、この場で指摘す

を数学史においても用いている。

☆54　和辻哲郎『風土——人間学的考察』(岩波書店、改版一九六三)、一ページ。岩波文庫版(改版二〇一〇)、三—四ページ。

るまでもないだろう[☆55]。

この「文化相関的科学哲学」の試みのことを知ったら、クーンはどう思われるであろうか？ 私には終始心優しい眼を注いでくれたクーン教授は、微笑《ほほえ》みながら、私の新しいかなり大胆《キューン》な学問的挑戦に温かく見守ってくださっているものと思う[☆56]。

最後に、多文化主義の鼻祖ライプニッツが、一六九七年十二月二日に、中国からの情報をねだって書いた書簡からの一節を紹介して本章を閉じることにしたい。「というのも、それは光の交歓だからなのです。それはわれわれに彼らの数千年もの仕事を一挙に提供してくれる可能性があり、そしてわれわれのを彼らにもたらす可能性もあります。さらに、いわば、われわれの真実の財貨をたがいに倍加させることができるかもしれません。それこそ想像しうるもっとも偉大ななにものかなのです[☆57]」。

相異なる尊重すべき科学諸文化のあいだの「光の交歓」(commerce de lumiere)〔lumiere は原文のまま〕、これこそ、「文化相関的科学哲学」のもっとも枢要なスローガンにほかならないであろう。

☆55　この点については、子安宣邦『和辻倫理学を読む――もう一つの「近代の超克」』（青土社、二〇一〇）を見よ。

☆56　本章で展開されたこの学問論的プログラムの英語版を読んだニューヨークの友人は、ドイツ語では「大胆だ」(kühn)、と言ってくれた。もちろん、クーン教授の名前とかけたある種の洒落である。

☆57　“Leibniz an Antoine Verjus S. J. Hannover, 2. (12.) Dezember 1697,” in G. W. Leibniz, *Der Briefwechsel mit den Jesuiten in China (1689-1714)*, hrsg. von Rita Widmaier (Hamburg: Felix Meiner Verlag « Philosophische Bibliothek », 2006), S. 126.

第二章　ベイコン主義自然哲学の黄昏

はじめに——東日本大震災の自然哲学的教訓

「ミネルヴァの梟《ふくろう》は暮れそめる黄昏《たそがれ》をまって飛び立つ」——ヘーゲル『法の哲学』(一八二一)の序文に見える著名なことばである。ミネルヴァはローマ神話のなかの知性の守護神で、梟はその聖鳥である。ここでヘーゲルは、哲学的認識は、その時代が黄昏時を迎えようとするとき、その終わりを告げるものとして立ち現われるのだと言いたいのである。この一文に先だって、序文は告げている。「哲学が自らの灰色を灰色で描くとき、生の姿はすっかり古びたものになってしまっているのであり、灰色に灰色を重ねてみてもその姿は若返らず、たんに認識されるにすぎない」、と。また、こうも述べている。「哲学は世界の思想である以上、現実がその形成過程を完了して、おのれを仕上げたあとではじめて、哲学は時間のなかに現われる」。

近代ヨーロッパの哲学を規定する仕方は多様であるにちがいないが、私にとっては、ジャン＝ジャック・ルソーが『学問芸術論』のなかで書いたつぎの文章が印象に残っている。

精神は知らず知らずに、それを捕らえている対象に比例するのであり、偉大な人間を作るものは偉大な機会なのである。〔……〕おそらく、哲学者のなかでもっとも偉大であったのは、イングランドの大法官であった。[☆1]

「イングランドの大法官」とは、後期ルネサンス英国の政治家にして哲学者フランシス・ベイコン（一五六一―一六二六）にほかならない。

他方、近代西欧哲学の黙示録というべきホルクハイマーとアドルノの『啓蒙の弁証法』には、つぎの文言が読める。

昼寝から突然驚いて目覚めたパーンのように、人間は、普遍者としての自然の姿に気づいて愕然とする。かつてのパーンの驚きに対応しているのは、今日いついかなる瞬間に突発するかもしれないパニックなのだ。人間は、彼ら自身でありつつも彼らの意のままにならない普遍者の手によって、出口なく世界に火が放たれることを期待している。[☆2]

ここに出てくる「パーン」はアルカディアの牧人の神で、下半身山羊《やぎ》、上半身人間の半獣神とされ、野山を駆け巡る。昼は木陰で眠り、それを妨げられると怒って人や家畜に荒れて廻る。これが今日のヨーロッパ語の「パニック」（panic）の語源にほかならない。

プルタルコスの『倫理論集《モラリア》』には「神託の衰微について」についての章があるが、それによると、「大いなるパーンは死せり」（Πάν ὁ μέγας τέθνηκε.）（419CD）[☆3]。古代ギリシャ文明の衰退とともに、

☆1 Jean-Jacques Rousseau, *Discours sur les sciences et les arts* (1750); *Œuvres complètes*, t. III (Paris: Gallimard « Bibliothèque de la Pléiade », 1964), p. 29; 山路昭訳『ルソー全集』4（白水社、一九七八）、四一ページ。この文章は、拙著『近代学問理念の誕生』（岩波書店、一九九二）の「結論　テクノロジー科学の離陸――フランシス・ベイコンと科学論の第二の航行」のエピグラフとして引用してある。

☆2 Horkheimer und Adorno, *Dialektik der Aufklärung* (1947): Max Horkheimer, *Gesammelte Schriften*, Bd. 5 (Frankfurt am Main: Fisher Tatschenbuch Verlag, 1987), S. 51-52; Theodor W. Adorno, *Gesammelte Schriften*, Bd. 3 (Frankfurt am Main: Suhrkamp, 1981), S. 46. 徳永恂訳『啓蒙の弁証法』（岩波文庫、二〇〇七）、六

その文字どおり牧歌的な有機的自然観の象徴パーンは死んでしまったものと考えられていたわけである。

ホルクハイマーとアドルノの『啓蒙の弁証法』は、ベイコンの哲学的企図の破産こそが近代西欧哲学そのものの蹉跌を象徴すべきものととらえた。しかしながら、その理解は、ほとんどのベイコン学者によって、精確ではない、誤解である、ととらえられた。今日でもベイコンの歴史的解説では権威ある位置を保持しているイタリアの碩学パオロ・ロッシしかり、そしてロッシの著書の訳者であるわが国の前田達郎しかりである。

十七世紀科学思想を学んできた私自身、彼ら秀逸なるベイコン学者たちに賛同しえないわけではかならずしもない。しかし、ベイコン的な学問的企図を包括的に省みた場合、やはり『啓蒙の弁証法』の黙示録的予見には非凡な洞察が盛られていたと考えざるをえない。

本章では、現実に存在した歴史的なベイコンと、彼の思想を継承して成った「ベイコン主義」(Baconianism)をいちおう、区別してとらえる。そしてベイコンの自然哲学を始原とする「ベイコン主義自然哲学」(Baconian natural philosophy)が黄昏のとき、大きな転換期を迎えていると論定しようとする。次章以下の文面でも、本章での主張は繰り返されるであろう。しかしながら、基底となる主張を包括的に提示しておくことも必要であろう。なぜなら、ベイコン主義的自然哲学こそが、善きにつけ、そうではないにしろ、近代科学の基底に奥深く横たわっているからにほかならない。

二〇一一年三月十一日午後、東北地方の太平洋岸を襲った大震災は、まさしく「パーン的現

五ページ。

☆3 Frank Cole Babbitt, *Plutarch's Moralia*, Vol. V (London: Heinemann, Loeb Classical Library, 1936), pp. 400 & 402. プルタルコス『モラリア5』(丸橋裕訳、京都大学学術出版会・西洋古典叢書、二〇〇九)、二七〇ページ。

象」＝「パーンが驚愕によって突然目覚めるような現象」＝「パニック」であった。私は、東北は宮城県人であり、今回の東日本大震災と無縁ではないが、しかし、大地震を直接経験してはいない。ちょうどその時期は、フランスの科学アカデミーから要請された数学史講演のため、パリを訪問していた。そしてその講演の対象であり、ちょうど生誕二百年を迎える数学者エヴァリスト・ガロワの生地であるパリ南郊外のブール・ラ・レーヌでガロワ関係事蹟をその日の午前に廻って投宿していたホテルに帰還して地震があった事実を告げられた。☆4 その日の午後は、カルティエ・ラタンの書店で出版されたばかりの仏文の小冊『フランシス・ベイコンの哲学』☆5を購入すべきどうかおおいに逡巡した末に、結局、買い求めた。いつかベイコンについて本格的に議論するために利用する機会があるかもしれないと考えて、購入したのであったが、しかし、これほど早く利用する機会が到来するとは、正直言って思っていなかった。

以下の所論では、まず、ヒロシマからフクシマを経験した日本にとっての原子力文明の意味を考察し、ベイコン自身の哲学思想の現代的提示を試みる。そのうえで、ベイコン主義自然哲学が、その後、とりわけフランス革命後、どのように展開していったのかを科学史的・技術史的観点から省みる。その帰結として、欧米諸国による東アジア支配の意味をとらえ直す。さらに、現代の原子力テクノロジーの科学史的・技術史的位置づけを試みたい。最後に、総体として「ベイコン主義自然哲学」が世界史上にもった意義を科学史的にとらえ、そのような理解の延長上に、とりわけ、東アジアの科学技術文明にとって原子力がいかに理解されうるか考察してみたい。

☆4　そのときの講演を題材にした拙著は、公刊されている。『ガロワ正伝——革命家にして数学者』（ちくま学芸文庫、二〇一一）。とくに、巻末の「後記」参照。

☆5　Michel Malherbe, *La philosophie de Francis Bacon: Repères* (Paris: Vrin, 2011).

東日本大震災、なかんずく福島での原子力発電所の大事故を踏まえた議論が現代日本で活発になされている。このことは、もとよりおおいに歓迎されるべきことである。だが、私に課されるであろう学問的課題は、その範囲にとどまらない。日本人の戦後は、ヒロシマとナガサキの意味を問いかけることから始まったと言っても過言ではない。いまは、フクシマの意味を考察してみる秋《とき》であろう。そのことを踏まえ、「ベイコン主義自然哲学の黄昏」を深く認識したうえで、東アジア科学技術文明には大転換が要請されていることを訴えたい。

私はこれまで哲学を語ることを意図的に忌避してきた。学問的作業を歴史的研究に限定しようと身構えてきたからであった。同時に、東アジア人、日本人である立場を表立っては出さず、普遍的な国際人であろうと学問的言説をなしてきた。いまは、そのようなときではない。私は本書で、とくに本章において、比較史的に、科学哲学、とりわけ東アジアの自然哲学を語ろうと考える。ここでは議論の中軸として、直接の師であるクーンの科学哲学的遺産を継承しようとするが、もうひとつ、ジョセフ・ニーダムの科学史的遺産の継承者をも任ずることとしたい。換言すれば、第一章で提示した「文化相関的科学哲学」の観点から、近世ヨーロッパで胚胎されたベイコン主義自然哲学の現代的評価を試みてみたいのである。

現代日本は、一八六八年の明治維新、一九四五年のアジア・太平洋戦争での敗戦時に匹敵する大きな転換期を迎えていると言われることがある。私もこの機会に、ヒロシマとフクシマの自然哲学的含意を日本人、なかんずく一個の東北人の観点から最大限、省察してみたい。

1　ヒロシマ・ナガサキからフクシマへ

二〇一一年の東日本大震災は、日本の近未来に短期的に大きな影響を及ぼすだけではない。長期的にも、とりわけ東アジアの科学史・技術史にとって、大きな問題を提起していると私は考えている。十五年間も続いた「アジア・太平洋戦争」後の世界にとって、ヒロシマとナガサキは巨大な意味をもった。今度は、フクシマが二十一世紀の科学技術文明の在り方に深刻な問題を投げかけていると思う。

三月十一日午後、日本の東北地方の宮城県沖を震源とする大地震が起こり、さらに巨大津波が東北・関東地方の太平洋沿岸に押し寄せ、二万人に近い人命を奪ってしまった。現在でも、避難住民は十万人以上に及んでいる。それのみならず、福島の第一原子力発電所では、炉心溶融が起こり、日本政府は、その事故の規模が、一九八六年四月末に旧ソ連邦のチェルノブイリの原発で起こった事故と同等のレヴェル7である旨、宣言した。

福島の原発で起こった事故は終熄していないどころか、深刻な事態が続いている。放射線に汚染された空気は四方に飛び散り、福島の多くの農民が故郷を捨ててしまうことを余儀なくされている。放射線汚染水は、海に流れ出て、深刻な影響を漁業者たちに与えている。影響は日本の漁民にとどまらないであろう。農産物や魚に蓄積された放射性物質は、食物摂取によって体内被曝を引き起こす危険性大である。原発に近い福島県の沿岸部分は遺棄され、ゴーストタウンになってしまうこと必至であろう。原発の所有者である東京電力と日本政府は、被害実態を覆い隠そうとしているが、放射線汚染は、福島に限定されることなく、はるかに広範囲に及んでおり、また、及ぶであろうと推測される。事故が起こった原子炉は廃炉になることが決定されているが、廃炉処理までには数十年は必要と目されている。その後も事故の深刻な痕跡は残り続けることであろう。

日本国民は、一九四五年八月六日と九日、それぞれ、広島と長崎で原子爆弾を投下されるという憂き目に遭ったのであるが、このたびは、福島が原子力文明の巨大なリスクの有りようを人々に教えてしまったわけなのである。日本はかつてはヒロシマとナガサキで原爆の洗礼を浴び、このたびは、フクシマで、原発がいかに人間に大きな災厄をもたらすかを経験してしまったことになる。大量殺人兵器としての原爆と、発電用に「平和利用」される原発は、概念的に区別されなければならないであろうが、人体に深刻な健康被害をもたらす、統御が著しく困難な放射性物質が放出されるという共通性によって一緒に議論されうる要素をもっている。

ヒロシマの深い意味を、私は個人的には被爆詩人の栗原貞子らを通じて学んだ。このたびは、フクシマの意味を、同時代的に学んでいる最中《さなか》である。ヒロシマからフクシマへと、日本人は原子力文明の災厄を経験したわけであるが、いまや、そのような原子力文明の現実にどう対処すべきが論じられる必要があるであろう。日本の街頭、否、世界の街頭では「ノーモア、ヒロシマ・ナガサキ」だけではなく、「ノーモア、フクシマ」が叫ばれる時代が到来しつつあるわけなのである。

2 パンドラの箱のなかの原子力

原子力エネルギーはそれが発する放射線と密接不可分にとらえられる。第二次世界大戦の終末期にあっては、そのテクノロジーを保有している側が全体主義陣営に勝利するという大義名分がその使用を正当化したかもしれない。また電力という「平和利用」に切り替えられるさいに、安堵の胸を撫でおろした科学者もいたかもしれない。しかし、放射性物質の有効処理の仕方は、結局、わからずじまいのままにとどまっている。

現在、原子力発電に対する識者の対応は、二つの方向に分岐しているように思われる。ひとつは、原子力文明から即時、全面的に離脱を決めるのが最善という観方である。放射線への対処の仕方が解明されていないかぎり、百%の安全保障はできないからというのがその理由であろう。もうひとつは、原子力が有力なエネルギー源であり続けていることは確かであろうから、その技術的安全性を可能なかぎり高め、他方で、多様な自然エネルギーの開発をも進め、次第に後者への依存率を高めてゆく、という方向である。いずれにせよ、原子力発電を一定期間容認する立場である。

私自身は、第一の選択肢が正しいと考えるが、しかし人によっては、第二の選択肢でも当面はやむをえないと考える立場もありうるかもしれない。私としては、後者の選択肢を採る場合に、それでは原子力発電所の巨大なリスクある立地をどこのだれが引き受けるのかという問いを発せざるをえない。そして核の排泄物にどう対処するかという原子力テクノロジー最大の問題の解決がまったくなされていない。それどころが、私の生家がある宮城県加美町がその最終処分場の有力候補になってしまっている（第五章第二節参看）。日本国内にあって一貫して差別されてきた東北人の意地から、私は強い抵抗の意思を押さえきれないでいるのである。

ギリシャ神話にパンドラという女性名が登場する。地上で最初の女であるとされ、プロメテウスが天上の火を盗んで人類に与えたことに怒ったゼウスが、復讐のためにひとりの女性を創った。そして女神のごとく美しく、優雅で魅力的で、学芸全般に卓越した「すべての賜物を与えられた女」＝「パン＝ドーラー」＝パンドラという名前を授けた。パンドラは天上からすべての禍をそのなかに閉じ込めてある箱ないし壺をもって地上に向かったが、地面に着くやいなや、好奇心からこの箱ないし壺を開いた。すべての禍はたちどころに飛び出したが、急いで閉じたために、ただひとつ「希望」のみが留まったという。

なにか原子力は、パンドラの箱ないし壺に閉じ込められた存在物に似ている。それは人間にとっては災禍でしかない放射線を伴っている。だが、なにかしら、はかない希望を託せる存在ではあり続けるかもしれない。そのはかない希望に依存し続けるかどうか、いまや人類は選択を迫られているのである。フクシマ以後の人間は、原子力文明について、このような学問思想的状況に置かれていると言うことができるであろう。

原子力文明の前記のような危機的状況のなかにあって、私は、ベイコン以来の科学と技術の歴史をたどり直し、そのうえで、科学技術文明の大転換が要請されていることを論定したいと考える。

第二節　自然哲学思想史のなかのフランシス・ベイコン

1　ベイコンの生きた時代

まず、フランシス・ベイコンの生きた時代の英国の歴史状況を概観してみることとしよう。彼は、エリザベス女王の治世が始まってから二年後の一五六一年に、大法官職にあったニコラス・ベイコンの子息として生まれた。現代日本なら首相、戦前日本なら内務相に相当する人物の子であった。父に連れられてエリザベス女王に謁見した八歳のフランシスは、女王に「何歳か？」と聞かれたとき、「御盛代より二歳若《わこ》うございます」と答えたという。その才気に感心した女王は、「年若い国璽尚書」と呼んだと言われる。

ベイコンが生きたのは、イタリアからルネサンスの息吹が伝わり、さらにエリザベスの父ヘンリー八世のもとでプロテスタント国家として始動した国家体制のもとでテューダー王朝の基礎が固まり、飛躍してゆこうとしていた時代であった。

十六世紀の最強西欧国家はスペインであった。スペインは中央および南アメリカの広大な領土をも支配する一大海洋帝国でもあった。ところが、英国は弱小国家であるとはいえ、北アメリカに毛織物でもって交易を行なう海洋国家としての地位を固めはじめ、ヘンリー八世の時代には王立海軍をも常備するまでになっていた。

トリヴェリアンの『イングランドの歴史』の第三編第六章「イングランド海上権の起原」が教えるところによれば、「スペイン人は、国力の全盛期においては偉大な軍人であり、植民者であったが、船乗りとしては優れたところはなく、商人としても進取性に欠け、政治家、支配者としては大変な嫌われ者であった。彼らはカトリック的狂信のために、自分たちに新しい貿易のチャンスをつかまえさせてくれたかもしれない階級と民族とをイベリア半島から追放したり、絶滅させてしまったのである」[☆6]。ところが、一五八八年、英国海軍はスペインの無敵艦隊を負かしてしまった。「スペイン無敵艦隊の運命は、全世界に、海洋の支配が地中海住民から北欧民族の手に移ったことを明らかにした。これは北欧における宗教改革が充分に決定的とはいえないまでも、おおきく存続しつづけることを意味しただけではなく、新しい大洋時代における北欧民族の世界指導権をも意味するものであった」[☆7]

もっとも、この海戦における勝利が英国の決定的優位を刻印したわけではなく、さらに、英国には十七世紀の宗教的内戦もが控えていたこともまた確かであった。しかしながら、世界地図の末端に位置した島国の英国が、栄光の近代へと離陸しようとしていた事実にまちがいはなかった。

2 ベイコンの全体像

ベイコンはこのような時代にあって、なによりもまず、父同様、政治家として行動し、そして哲学者、歴史家、科学思想家としても思索し、大きな足跡を遺した[☆8]。エリザベス女王治下では、それほど高い行政官としての地位を得ることはできなかったが、一六〇三年に始まるジェイムズ一世の治世下では、一六一七年に父同様、国璽尚書に任ぜられ、翌年には、大法官の地位に

☆6 G. M. Trevelyan, *History of England* (London: Longmans, 1960), p. 344; 大野真弓監訳『イギリス史』2（みすず書房、一九七四）、七七ページ。

☆7 *Ibid.*, p. 355; 同、八八ページ。

☆8 ベイコンの法曹家・政治家としての伝記としては、塚田富治『ベイコン』（研究社・イギリス思想叢書、一九九六）が秀逸である。哲学者としてのベイコンについては、花田圭介『ベイコン』（勁草書房・思想学説叢書、一九八二）、科学思想家としては、坂本賢三『ベーコン』（講談社・人類の知的遺産、一九八一）を参照。

登りつめるだけではなく、ヴェルラム男爵にもなった。最終的には、セント・オルバンズ子爵になった。政治的・社会的地位としては、英国最高位の栄華を極めたわけである。

ベイコンというと今日では、一六〇五年の英文著作『学問の進歩』、一六二〇年のラテン語著書『ノヴム・オルガヌム』などの科学史・科学哲学関係の本が注目されるが、それ以上に政治家・政治哲学者としての思想家像がゆめ忘れられてはならない。最近のベイコン論の最高傑作のひとつB・H・G・ワーモルドの『フランシス・ベイコン――歴史・政治・科学、一五六一―一六二六』が書いているように、ベイコンが主としてかかわったものはふたつであるが、「それは法律というよりは国政術（statecraft）であった。それからまた、自然の宇宙（universe of nature）であった」[☆9]。

ベイコンは、古代・中世西欧哲学に圧倒的な影響をふるったアリストテレスを全面的に超克しようとした思想家としてとらえられる。実際、『学問の進歩』には、アレクサンドロス大王付き哲学者として、大王の政治的企図を側面から支えたアリストテレスをかなり意識した文面が見られる。アリストテレスの論理学関係著書は、総称的に「オルガノン」と名づけられるが、その学問的著作への対抗を意識して『ノヴム・オルガヌム』＝『新オルガノン』をものしたことが、ベイコンの学問的野心の在り方を端的に物語っているであろう。

ベイコンの没後、宗教的背景を色濃くもった革命的内戦が勃発したが、実験科学の担い手たち、医学の革新に賭けた人々が、ベイコン主義の使徒をもって任じたのは偶然ではない。さらに、一六六二年にロンドンのロイヤル・ソサエティが創設されたさい、その守護神的地位にベ

☆9 B. H. G. Wormald, *Francis Bacon: History, Politics & Science, 1561-1626* (Cambridge: Cambridge University Press, 1993), p. 145.

イコンが祭り上げられたのは、最晩年、収賄罪で罪人の境遇に置かれたとはいえ、やはり、大法官という英国行政官最高の地位にあったがゆえであろう。

ガリレオやデカルトと相違して、ベイコンは数学や科学において独創的発見を成し遂げたわけではない。しかし、その政治哲学と連携した大胆な自然哲学は、一六二三年に、『学問の進歩』のラテン語増訂版＝『学問の尊厳と進歩』が刊行された時分には、ヨーロッパの知識人のあいだでほとんど不動のものになっていた、と言ってよいであろう。

まさしくベイコンは、アリストテレスになり代わる近代西欧の思想家と見なされるようになってゆくわけなのであるが、それは、ベイコンの政治家・学問思想家としての全体像によっているわけなのである。

3　ベイコンの描いた偉大な国家像

ベイコンの『エッセイズ』の一六一二年刊第二版には、「王国と国家の真の偉大について」という標題の章が収録されている。一六二五年刊の第三版においても、最長篇の章と言ってよいかもしれない。政治家としてのベイコンがいかなる国家を偉大と見ていたかがよくわかる文献である。

ベイコンがめざす国家は、「王国と国家の真の偉大について」のなかのことばで言えば、明らかに、「幹は小さな寸法しかないけれども、大君主国の基礎になりうる国家」[☆10]であった。さらに、「どんな国家においても偉大であることの要点は、勇敢な兵士となる国民をもつことであ

☆10　XXIX "Of the True Greatness of Kingdoms and Estates," *The Works of Francis Bacon*, ed. by James Spedding, R. L. Ellis, and D. D. Heath, Vol. VI (London: Longman etc., 1861), pp. 444-452, at 445; *Francis Bacon: The Oxford Authors*, ed. by Brian Vickers (Oxford/New York: Oxford University Press, 1996), pp. 397-403, at 398; *The Oxford Francis Bacon* • V: *The Essayes or counsels, civill and morall*, ed. by Michael Kiernan (Oxford: Clarendon Press, 2000), p. 90; 渡辺義雄訳『ベーコン随想集』(岩波文庫、一九八三)、一三二ページ。

る、と判断してまちがいないだろう」。フランスとの比較で、英国のすぐれた点は、立派な兵士を産み出すことである。「戦いに強く豊かな国土」を築く基礎を据えた国王は、テューダー王朝の開祖ヘンリー七世である。「何よりもまず、帝国となり偉大となるためには、国民が軍事を自分の第一の名誉、努力目標および職業として認めることがもっとも重要である」。ベイコンは、英国を富国強兵国家とすることが現下にあって何より肝要なことだと主張しているのである。ちなみに、彼は、一六二二年に『ヘンリー七世王の統治史』を刊行している。ヘンリー七世の子、ヘンリー八世の治世に関する草稿も遺されたが、ほんの断片で、完成されることはなかった。

さらに英国が海洋国家である点に着目しなければならない。「海上を支配することは、君主国の要綱である」。ベイコンは、さらに言う。

> たしかに今日、ヨーロッパのわれわれにとって、海上勢力の有利な地位（これは大ブリテン王国の主要な天恵のひとつである）は大きい。ヨーロッパの王国の大半はまったくの内陸国ではなく、周囲の大部分を海が取り巻いているからであり、また東西両インドの富は大部分、海上の支配権の付属物にすぎないように思われるからである。☆11

ベイコンは以上のような英国国家像を、なんのコンテクストも無しに提示しているわけではない。ステュアート王朝の鼻祖にして、イングランドとスコットランドを統合する王者ジェイ

☆11 *Works*, VI, p. 451; *The Oxford Authors*, pp. 402-403; *The Oxford Francis Bacon*・V, p. 98; 邦訳、一四二ページ。

ムズ一世に宛てて書いているのである。彼は、ヘンリー七世の血をも引いたスコットランド王であったことに注意されたい。

ベイコンは政治哲学者としてマキァヴェッリを畏敬していた。『ディスコルシ』（一五三一）、および『君主論』（一六三二）から引用をなしている。『学問の進歩』の有名な文章だけを引いておこう。

われわれはマキァヴェッリやその他の、人間はどんなことをするかを記して、どんなことをすべきかは記さなかった人々に負うところ大きい。というのも、ヘビの性情を残らず正確に知っていなければ、その卑劣さと腹ばいそのうねり歩きとすべっこさ、その嫉妬と毒牙など、すなわち悪のすべての種類と本性を心得ていなければ、ヘビとハトの素直さを兼ね備えることはできないからである。[☆12]

ベイコンは、また、政治はマキァヴェッリが説いているように、歴史とか伝記から学ぶべきであると書いている。「あらゆる著作形式のうちで、この仕事の処理という移り変わりやすい主題にもっとも適した著作の形式は、マキァヴェッリが統治のために選んだのが賢明であり、適切であったような形式、すなわち歴史あるいは実例をもとにした叙述である」。[☆13] 彼は、まさしくマキァヴェッリの政治思想の継承者、近世西欧の「国家理性《レゾン・デタ》」の英国的担い手であった。それゆえ、「戦争と平和に関する問題について、ブリテン支配の拡張のために首尾一貫して、

☆12　*Works* III (1859), pp. 430-431; *The Oxford Authors* p. 254; 服部英次郎・多田英次訳『学問の進歩』第二巻二一・九（オックスフォード一八六八年版の章節表示）、『世界の大思想』6（河出書房、一九六六）、一四九ページ。*The Oxford Francis Bacon*・IV: *The Advancement of Learning*, ed. by Michael Kiernan (Oxford: Clarendon Press, 2000), pp. 144-145. この最後の版本は、文献学的には画期的であろうが、本論考の議論には大きな影響はないであろう。

☆13　*Works*, III, p. 453; *The Oxford Authors*, p. 270; *The Oxford Francis Bacon*・IV, p. 162; 前掲邦訳『学問の進歩』第二巻二三・八、一六六ページ。

ベイコンの態度は全面的に、力の政治（Machtpolitik）の配慮によって支配されていた」☆14。もっとも、ベイコンは、ワーモルドによれば、「無恥の反道徳的国家理性《レゾン・デタ》を拒絶した」☆15。彼は道徳性が社会を改良することを信じ、社会が道徳を改良することを信じた。そしてふたたびワーモルドによれば、厳密な意味で、「ベイコンはマキァヴェッリ主義者ではなかった」☆16。マキァヴェッリ的政治思想が、どのようにベイコンによって受け容れられ、変容を遂げたのかについては、塚田富治によって追跡されている☆17。

　ジェイムズ一世の統治が始まると、ベイコンは、英国の発展のために、海上権での支配だけではなく、もっと別の次元、学問の革新による発展をもくろむようになる。一六〇三年ころに書かれた草稿は『時代の雄々しい誕生』と題されていたが、ベイコンが新王の即位に大きな希望と野心を抱いた様子が感得される☆18。

『学問の進歩』は、自らの学問的革新の企図をこう唱《うた》っている。

> ときにつきものの特性によって、真理はたえずますます明らかになってゆく――を思い浮かべてみると、きっと元気づいていてこう確信せずにはいられないにちがいない。この第三の時期は、ギリシャとローマの学問の時期をはるかに凌ぐであろう☆19。

『学問の進歩』の一覧表には、国家の統治のための方策として、「国家膨張の技法」（Art of enlarging a State）と「法律の源泉」が掲げられている☆20。ベイコンは、この自らの企図を「大革新」

☆14　Perez Zagorin, *Francis Bacon* (Princeton: Princeton University Press, 1998), p. 159.

☆15　Wormald, *op. cit.* (n. 9), p. 128.

☆16　Wormald, *op. cit.* (n. 9), p. 323.

☆17　塚田富治『カメレオン精神の誕生――徳の政治からマキアヴェリズムへ』（平凡社、一九九一）。

☆18　この著作の執筆年代についてはつぎを見よ。Daniel R. Coquillette, *Francis Bacon* (Stanford: Stanford University Press, 1992), p. 326.

☆19　*Works*, III, p. 477; *The Oxford Authors*, p. 288; *The Oxford Francis Bacon*・IV, p. 181; 前掲邦訳『学問の進歩』第二巻二四、一八六―一八七ページ。

☆20　塚田富治『ベイコン』（注8）、一〇六ページ、に原典が印刷されている。

(Instauratio Magna) と名づけることとなる。同時代の医学者のウィリアム・ハーヴィはベイコンの哲学について、「彼は大法官のような哲学を書いている」と評したと言われるが、実際、そのとおりであったように思われる（オーブリー『名士小伝』の「ハーヴィ」）。

先に引用した『エッセイズ』中の「王国と国家の真の偉大について」という章と同種の文章として「ブリテン王国の真の偉大さについて」という草稿もが書かれており、ジェイムズ一世に献呈されている。そこには、つぎの一文が書かれているが、そこで「西方」＝「西洋」(Occidens) とは、どこよりもベイコンの祖国であるブリテン国が念頭に置かれていたはずである――「私は西方に日が昇るのを見る」(Video solem orientem in occidente.)[☆21]。

4 「大革新」――魔術から科学へ

ベイコンの学問上の「大革新」は、きわめて要約的に言えば、中世西欧社会で興隆した「機械的技芸」(artes mechanicae)、並びに、ルネサンス期に行なわれていた「魔術」(magia) を脱魔術化して合理化し、総体として「自然の解明」(interpretatio naturae) を大々的に成し遂げて、人間知識の増大を図ることであった。ベイコンの新哲学の意義は、まず、認識関心の対象を、ソクラテス以前のギリシャ哲学者のと同じく、自然哲学に移動させ、さらに、思考の道具として、アリストテレス以来の論証法ではなく、普遍的自然法則の定式化をめざす批判的帰納法を彫琢したことであった。

ベイコンのこのような学問的企図に関して、これまで世に問われた最良の著作は、ほぼまち

☆21 "Of the Greatness of the Kingdom of Britain," *Works*, VII (1861), pp. 47-64, at 47.

がいなく、パオロ・ロッシの『フランシス・ベイコン――魔術から科学へ』[☆22]であったように思われる。ロッシのその書の卓越性は、ベイコンが思考の素材として身につけた文献群を、英国に限定することなく、ルネサンス期ヨーロッパ総体から渉猟したことにある。イタリア・ルネサンス史の碩学であったロッシが本書をものしたのは偶然ではなかった。

ロッシは、第一章「機械的技芸・魔術・科学」において、まず、中世においては職人業でしかなかった機械的技芸がベイコンにとってもった意義を確認する。古代ギリシャ・ローマとちがって、キリスト教中世は、職人芸を重視した。しかし、職人という社会層にとってもった地位にふさわしい仕方で。ところが、ルネサンスになって、職人から知識人となった「高級職人」もが出現するようになった。理由のひとつとして、軍事的必要のためであったと言われる。画家のレオナルド・ダ・ヴィンチはそういったひとりであった。

もうひとつ、ロッシが注目したのが、ベイコンの知的革新の源流として、ルネサンスに隆盛・流行した「魔術」であった。なるほど、最終的に、ベイコンは魔術に同情的だったわけではかならずしもない。魔術はさまざまな分類がなされるが、彼がとりわけ関心を寄せたのは「自然魔術」（magia naturalis）であった。いかがわしい妖術的な「黒魔術」ではなく、自然の驚異を合理的にとらえうると考えられ、「白魔術」とも別称される。十六世紀の自然魔術を、ハインリヒ・コルネリウス・アグリッパの『諸学芸の不確実さと空しさについて』（一五二七）の第四十二章「自然魔術について」はこう定義している。

☆22　Paolo Rossi, *Francesco Bacone: Dalla magia alla scienza* (1957; Torino: Piccolo Biblioteca Einaudi, 1974); 前田達郎訳『魔術から科学へ』（みすず書房、一九九九）。

自然魔術は、自然の知識の最高の力以外の何者でもないと考えられ、それゆえ、自然哲学の頂点であり、そしてそれの絶対的総仕上げと呼ばれている。また、それは、自然哲学の活動的部分であるべきことから、自然の諸力の支えによって、それら相互の力から、驚異のあらゆる理解を超えた、応用として有益な技を成し遂げる。[☆23]

自然魔術が、自然の驚異を発現する、自然哲学の頂点として理解されていることがうかがえる。ベイコンは、アグリッパだけではなく、著名なデッラ・ポルタの主題的な『自然魔術』[☆24]などの著作をも博捜したものと考えられる。

われわれの魔術に関する理解は、二十世紀になって、格段に増大し、変容した。世紀前半期には、リン・ソーンダイクによって、浩瀚な『魔術と実験科学の歴史』全八巻（一九二三―五八）が世に問われ、科学以前の魔術の様相が記述され、それが実験科学に変貌してゆく過程が跡づけられた。わが国では、近代の実験科学の精神史的根源には魔術の精神があったのではないかという洞察が下村寅太郎によって先駆的に打ち出されていた。[☆25]

戦後になって、魔術の在り方の理解は、飛躍的に深化・拡大した。イタリアの歴史家、並びに、英国ロンドン大学ワールブルク研究所のダニエル・P・ウォーカー[☆26]、そしてその弟子フランセス・A・イエイツの貢献が大きい。[☆27]

ベイコンは、そのようなルネサンス魔術思想を部分的に継承し、同時にまた、対抗して偶像破壊的学問思想を構築しようとしたものと見なされる。その意味では、デカルトほど徹底的で

☆23 H. C. Agrippa, *De incertitudine et vanitate scientiarum atque artium* (Cologne, 1527): *Operum pars posterior* (Lugduni, per Beringos fratres, [1600?]), p. 90.

☆24 G. Della Porta, *Magia naturalis*, 4 vols. (Napoli: 1558); 澤井繁男訳『自然魔術』（青土社、一九九〇）は、後年のイタリア語版からの抄訳である。

☆25 『科学以前』（一九四八）と「魔術の歴史性」『思想』所載（一九四二）を見よ。それぞれ、『下村寅太郎著作集』1・2（みすず書房、一九八八・九二）に収録されている。参考文献から推して、下村はソーンダイクを参照している。

☆26 Deniel P. Walker, *Spiritual and Demonic Magic: from Ficino to Campanella* (London: Warburg Institute, 1958); 田口清一訳『ルネサンスの魔術思想』（平凡社、

はなくとも、ベイコンはカウンター・ルネサンスの思想家として思想史上に位置づけられる。

彼は、『学問の進歩』において、自然魔術に対する自らの位置について、こう書いている。「自然に関する実践的知識に対して（あるいは少なくともその一部に対して）、自然魔術という誤用され濫用された名称を復興し、再建することを許されたいと要求しようと思う。この名称は、それから空虚なものと、迷信を取り去った古義に解すれば、本当の意味では、自然に関する知恵、あるいは自然に関する実践的な知識にほかならないのである」[☆28]。

それでは、知識一般、とりわけ自然に関する知識はいったいどのように分類され、階梯づけられるのであろうか？　『学問の進歩』のつぎの文面は、きわめて重要である。

知識はピラミッドのようなものであって、歴史がその基礎である。自然に関する哲学についてもそうであって、基礎は自然誌であり、基礎のつぎの段階は自然学であり、頂点に近い段階は形而上学である。頂点にあたる「初めから終わりまで神のなせるわざ」、すなわち、自然の最高法則について言えば、人間の探求がそれに到達することができるかどうかはわからない。[☆29]

人間の知識の根底に歴史を据えているところなどは、後年のジャンバッティスタ・ヴィーコを想起させる。実際、ヴィーコは、ベイコンを畏敬していた。

ベイコンは、「自然魔術、別名、大作業的自然学」（NATURALIS MAGIA SIVE PHYSICA OPERATIVA MAJOR）

一九九三）。

☆27　Frances A. Yates, *Giordano Bruno and the Hermetic Tradition* (London: Routledge and Kegan Paul, 1964); 前野佳彦訳『ジョルダノ・ブルーノとヘルメス教の伝統』（工作舎、二〇一〇）。

☆28　*Works*, III, p. 351; *The Oxford Authors*, p. 193; *The Oxford Francis Bacon*・IV, p. 80; 二・七・一、邦訳、八五ページ。

☆29　*Works*, III, p. 356; *The Oxford Authors*, p. 197; *The Oxford Francis Bacon*・IV, p. 85; 二・七・六、邦訳、八九ページ。

について、つぎのように述べている。「先に形而上学の不備を指摘したなら、それと関連のある自然魔術についても同様のことをしなければならないわけである。というのは、自然魔術について言えば、それは現在、書物にも語られ、そこには、共感と反感と隠された性質とについての、ある種の軽信的で迷信的な想念や所見、それ自身においてよりもまやかしによって珍しい、ある種のたわいない実験が記載されているが、そうしたものが、自然の真相という点で、われわれの求めるような知識とおおいに異なっている[☆30]」。ここで言及されている「書物」とは、たとえば、デッラ・ポルタの『自然魔術』であったものと見なされる。

ベイコンは、現にある「堕落した自然魔術、錬金術、占星術など」まがいものには容赦しないが、他方、自らの手元にもたらされたそのような知識の合理的形態での「復興」と「再建」の試みにも敢えて挑戦しようとするのである。

5 「大革新」の第二部『ノヴム・オルガヌム』の自然思想

ベイコンのより成熟した自然哲学構想は、大著作計画「大革新」の第二部『ノヴム・オルガヌム』(一六二〇)において開示されている。

「大革新の序言」は、古代ギリシャ的知識をつぎのように批判している。「われわれが主としてギリシャ人から得てきている知恵は、いわば少年期の学問のように思われるのであって、少年の特性である、しゃべるのは得意であるが、子を生むには無力で未成熟であるという特性をもっている。すなわち論争は盛んに起こすが、成果は生み出さないのである[☆31]」。

☆30 *Works*, III, p. 361; *The Oxford Authors*, p. 201; *The Oxford Francis Bacon*・IV, p. 89; 二・八・三、邦訳、九三ページ。

☆31 *Works*, I (1858), pp. 125-126; *The Oxford Francis Bacon*・XI: *The Instauratio magna, Part II: Novum organum and Associated Texts*, ed. by Graham Rees with Maria Wakely (Oxford: Clarendon Press, 2004), pp. 10-11; 服部英次郎訳、二〇七ページ。

ベイコンが、将来の知識にとって規範的と見なすのは、「機械的技芸」にほかならない。「それらの技芸は、さながら生命の気息とでもいったものにあずかるように、日々成長し、完成されてゆくのであり、そして最初に考え出されたときにはたいてい粗雑で、のろくさく、不格好に見えるが、しかし、のちには新しい性能といっそう便利な構造をもつようになるのであって、それらの技芸がその完成の頂上に到達するよりも先に、人々の熱意と欲望はそれに対してはなくなって、別のものに向かうほどである」[☆32]。そのような機械的技芸の事例は、印刷術、羅針盤、火薬、絹糸、紙などであった（『ノヴム・オルガヌム』第一巻一一〇）。

自然の解明のためには、「自然を分解する」ことが重要であって、「このことは、他の学派よりも自然を深くきわめたデモクリトスの学派がなしたところである」（第一巻五一）。ベイコンはこうして原子論哲学を格別重視するのであるが、原子論を形而上学的に絶対視したものとも思われない。スティーヴン・ゴークロジャーの『フランシス・ベイコンと近世哲学の転換』の「自然の支配」についての章[☆33]は、原子論哲学の重要性を指摘しているが、ベイコン自然哲学の堅実な基礎づけにとって、原子論仮説が枢要であることを教えてくれている（第三章第三節参照）。

また、ベイコンの学問上の「大革新」は、コロンブスの大西洋横断航海になぞらえられた（第一巻九二）。

近年のベイコン科学哲学研究のもっともすぐれた著作といえば、アントニオ・ペレス＝ラモスのものであろうが、それは、ベイコンの新規さを「製作者の知識」ととらえている[☆34]。私自身は、拙著『近代学問理念の誕生』において、ベイコンにおける科学の在り方を「テクノロジー

☆32 *Works*, I, p. 126; *The Oxford Francis Bacon*・XI, pp. 12-13; 邦訳、二〇八ページ。

☆33 Stephen Gaukroger, *Francis Bacon and the Transformation of Early-Modern Philosophy* (Cambridge: Cambridge Unievrsity Press, 2001), 6 "Domination over nature," pp. 166-220.

☆34 Antonio Pérez-Ramos, *Francis Bacon's Idea of Science and the Maker's Knowledge Tradition* (Oxford: Clarendon Press, 1988). Cf. A. Pérez-Ramos, "Bacon's Forms and the Maker's Knowledge Tradition," in *The Cambridge Companion to Bacon*, ed. by Markku Peltonen (Cambridge: Cambridge University Press, 1996), pp. 99-120.

科学」(technological science) ととらえた。現在では、機械的技芸だけではなく、もっと自然の「隠れた構造」にも分け入った自然魔術からも一定程度学んだ科学の形態なのではなかったか、とベイコンが依拠した自然哲学の基盤を以前よりももっと広く理解しなければ、と考えている。

ベイコンのアリストテレスを超え出る新自然哲学建設の道具は、批判的帰納法である。それは、プラトンとアリストテレスから学び、それからまた、ピュロン主義的懐疑主義や新アカデーメイア派などの手強い反論をもあらかじめ封じ込めうるように定式化された。このベイコンの帰納法についてであるが、単純枚挙のそれに近いとするカール・ポパーのような生半可な批判に応えうるような程度には精確に彫琢されていたものと考えられる。☆35「諸学芸の発見と証明に役だつ帰納法は、適当な排除と除外によって自然を分解し、そうしてから否定的事例を必要なだけ集めたのち、肯定的事例について結論を下さねばならぬのである」(第一巻一〇五)。

人が捕らえられやすい偶像(ギリシャ語でエイドーラ、ラテン語でイードーラ)の排撃の試みなどは、そういった批判性の表出と見なされる。

『学問の進歩』において言及された「自然魔術」については、『ノヴム・オルガヌム』では、その第二巻「自然の解明ないし人間の支配についてのアフォリズム」で解説される。そこでは、一般に「隠れた過程」と「隠れた構造」の解明がめざされる。「自然学の従属するのは機械学であり、形而上学の従属するのは、その及ぶ範囲が広く、自然に対して大きい支配力をもつがゆえに魔術(純粋な意味の)である」(第二巻九)。☆36

ベイコンは、自然の「隠れた構造」に深く分け入ろうとする。「自然を、もちろん、火によ

☆35 ベイコンの帰納法理解については、Peter Urbach, *Francis Bacon's Philosophy of Science: An Account and a Reappraisal* (La Salle, Illinois: Open Court, 1987) を参照。本書は、従来のベイコン的帰納法理解の不充分性を指摘したきわめて卓越した書物である。

☆36 *Works*, I, p. 235; *The Oxford Francis Bacon*・XI, pp. 214-215; 邦訳、三〇二—三〇三ページ。

ってではなく、神的な火である精神によって、完全に分解し、解体しなければならない」（第二巻一六）。もちろん、さまざまな実験の工夫と、自らの批判的帰納法を介してのことであったが、その現実の実り多い作業は、文人政治家であったベイコンのよくするところではなかった。しかし彼はしっかりと指標だけは示した。ベイコンは書いている。「そうすることによって必ず、人間の状態は改善され、自然に対する人間の力は拡大されるにちがいない」（第二巻五二）[☆37]。自然の支配という「野心」（ambitio）について、ベイコンは『ノヴム・オルガヌム』第一巻一二九において、こう書いている。

人間の野心の三つの種類と、いわばその段階を区別することも的外れではないであろう。その第一は、自分の勢力を祖国のうちに伸ばそうと欲する人々の野心であって、そのようなものは卑俗で下等である。第二は、祖国の権力と支配権を人類の間に拡げようと努める人々の野心であって、そのようなものは、品位はまさっているが、貪欲な点では変わりはない。ところが、人類自体の権力と支配権を宇宙全体に対して建て直しを拡げようとする努力する人があるなら、そのような野心（それを野心と言ってよいなら）は、他のものよりは健全で高貴なものであることは疑いない。ところで、事物〔自然界〕への人間の支配権は、ただ技術と学問にのみよっている。自然は、服従することによってでなければ、支配されないからである。[☆38]

☆37　*Works*, I, pp. 364-365; *The Oxford Francis Bacon* • XI, pp. 446-447; 邦訳、四一一ページ。

☆38　*Works*, I, p. 222; *The Oxford Francis Bacon* • XI, pp. 194-195; 邦訳、二九四ページ。

引用文中の「事物への人間の支配権」(hominis imperium in Res)は、別様に「自然界に対する人間の帝国」とも訳すことができる。

ベイコンにおいては、「知」(scientia)の増大は「力」(potestas)の拡大とほぼ同義にとらえられているわけなのである。

ベイコンは、機械的技芸と自然魔術から学んで、進歩発展する知識を、より豊饒で、堅実なものに鍛え上げようとして、一時代前のアリストテレスの包括的批判者ペトルス・ラムスや、その他の重要な学問思想家を跳躍台として、自らの学問観を構築していったわけである。それが、ロッシの『フランシス・ベイコン』の第二章以下が描いてみせた学問思想の画像なのであった。

先に私は『学問の進歩』の一覧表には「国家膨張の技法」が掲げられていたと記したが、その技法についての実際の記述は、一六二三年刊のラテン語版『学問の尊厳と進歩』第八巻第三章でなされることになった。その版の英語版も作成されたが、一六四〇年にオックスフォードから公刊された版は、チャールズ一世も所有していた。ピューリタン革命で処刑されたあのチャールズ一世である。その版で点検すると、その章は、「帝国ないし統治の技法」について割かれ、前半部は「帝国の境界の膨張の知識」となっている。実際には、『エッセイズ』に収められた「王国と国家の真の偉大について」の章と同様の議論が展開されている。印象的なのは、「いかなる王国ないし国家の偉大さは、軍人層をもつことである」[☆39]と大胆に唱われていることである。ベイコンの学問振興の根底には、英国を富国強兵国家にする意図があったことが、

☆39 Francis Bacon, *The Advancement of Learning* (1640): A Reproduction of the Copy in the British Library Owned by Charles I (Alburgh: Archival Facsimiles, 1987), p. 426. Cf. *De dignitate & augmentis scientiarum* (1623): *Works*, I, p. 794. 前者は、ラテン語原典からのGilbert Wats による英語訳である。

このことからもうかがえる。

近世西欧数学は、アリストテレス‐エウクレイデース的論証法とは異なる、むしろ逆向きの解析的発見法を、アラビア起源のアルジャブルと組み合わせて代数解析的伝統として定礎して構築されたものと考えられる。☆40 その建設者は、ヴィエトとデカルトであり、さらにニュートンとライプニッツであった。

近世自然哲学は、アリストテレスの論理学を超えて構築された。ベイコンがその主要な唱道者であった。ガリレオもそうであったが、貢献は個別的であった。ニュートンは彼らを後継し、開花させた。ベイコンにおいて、新規の自然哲学によって獲得される「知」は、自然支配と政治的隆盛の源泉にほかならなかった。ゴークロジャーのベイコン論は、近代哲学が始動することによって、文科と理科というふたつの文化の分岐が生じたと指摘して、そういった哲学の「最初のエンジニアはベイコンであった」☆41と締めくくられている。先にペレス＝ラモスのベイコンの学問像を「製作者の知識」ととらえる観方を紹介したが、「自然の支配」を「エンジニア」的観点から企図したベイコンの思想家像を見事にとらえているのではないか、と私は思う。

ベーコン的な実験哲学の現代的評価は、フィリップ・キッチャーによってなされている。☆42 さらに、現代の科学哲学者のあいだで、イアン・ハッキング『表現と介入』（一九八三）などで彫琢された「科学的実在論」についての議論が盛んであるが、私の観点から見れば、ハッキングのその秀逸な書物に典型的に示されているように、彼らの謂う所の「科学」とは、すぐれてベイ

☆40　この点については、拙著『数学史』（岩波書店、二〇一〇）の第五章を見よ。
☆41　Gaukroger, *Bacon* (n. 33), p. 226.
☆42　Philip Kitcher, *The Advancement of Science: Science without Legend, Objectivity without Illusions* (Oxford/New York: Oxford University Press, 1993), 7. "The Experimental Philosophy," pp. 219-302.

コン主義的自然科学にほかならない。そのことは、本書の中間考察と第五章第三節で多少詳細に議論されるであろう。

6　ベイコンは自然破壊思想の先駆けか？

それでは、ベイコンは今日のエコロジスト的著述家がよく喧伝してはばからないように、自然支配・破壊思想の持ち主だったのであろうか？

然り、而《しこう》して否。ベイコン自身の思想そのものに関して言えば、彼を自然破壊思想の持ち主であったとは言えない。彼の学問的企図が、特定的には主として歴史的に興隆しつつある英国のためであったとはいえ、「人間愛」（philantropia）のためであったこともまた疑いないだろうからである。それどころか、‘philantropy’という英語の定着・普及に、ベイコンは力があったと言われる。

ホルクハイマーとアドルノの『啓蒙の弁証法』が指弾したのは、ベイコンが「大革新」で披瀝しようとした「自然の支配」をもくろむ自然哲学の特異な在り方であった。彼らは、ヘーゲル主義的マルクス主義派と規定されるフランクフルト学派の代表的思想家であったが、もっと若い世代のマルクーゼやハーバマースにも同種の思想がある、と見なされる。[☆43]

わが国で、もっとも包括的にベイコン科学思想を擁護しようとしたのは、ロッシの著書の邦訳者の前田達郎の論考「ベイコンの科学思想」かもしれない。[☆44]

前田は、まず、ベイコンの科学論の実像を理解することが先決であるとし、「近代科学文明

☆43　その一例として、つぎの著作がある。C. Fred Alford, *Science and the Revenge of Nature: Marcuse & Habermas* (Gainesville: University of Florida Press, 1985).

☆44　前田達郎「ベイコンの科学思想——「知は力なり」という思想の意義」、花田圭介責任編集『フランシス・ベイコン研究』（御茶の水書房、一九九三）、第八章、一九七—二二五ページ。

の思想的源泉の一つとしてベイコンが指摘されることは正しい。しかしその否定面の責任まで負わされるべきかは、彼の科学思想の正確な把握を前提するだろう」と書いている。[☆45] 正論であろう。そしてベイコンの「知は力なり」の思想はけっしてベイコン自身から始まるわけではなく、プラトンにも同様の趣旨の記述があるとする。そうして現代の「反科学論」批判にまで議論を進める。

前田のように、プラトン的知の力とベイコン的知の力を同一視するのは、問題であろう。プラトンのは精神的力であり、ベイコンのは、主要に、機械的技芸に基づく力だろうからである。

前田は、ベイコンには立派に機械技師の横暴まで指弾した文章があるとする。前田がベイコンを擁護しようとして援用しているのは、『古人の知恵』（一六〇九）中に書かれた「ダイダロス――機械技師（Daedalus sive mechanicus）に関する所見である。

> 不幸にも不面目にも罪もない少年少女たちを貪り食ったあの怪物ミノタウロスが生まれたのは、ダイダロスの悪しき勤勉と有害な才能のせいだからである。さらに、彼は不正に不正を重ねてそれを隠し、この怪物を守るためにラビュリントス〔迷宮〕を考案し建造した。これはその目的からすると許されないものであるが、その巧みさからいえばすばらしい立派な作品であった。その後、反対に、悪しき技術だけを知られることのないように悪しき（装置だけでなく）救助策をも追求した。すなわち、この発明家は糸で巧みな工夫をし、

☆45　前掲論文、一九八ページ。

それをたぐってラビュリントスの迷路から抜け出られるようにした。このためミノスはダイダロスを厳しく念入りに吟味調査したが、彼は隠れ場所も逃走手段も案出した。最後に彼は息子のイカロスに飛ぶ術を教えたが、未熟だった息子は技術を見せびらかしたために空から海中に墜落した。☆46

ベイコンは、すぐれた機械技師は嫉妬を懐きやすいという警句をこのあとに書いている。なるほど、時代を超越しての卓越した技師への警告ではある。

『古人の知恵』の他の節には、「パーン――自然」など読みがいある文章がある。そこには、「都市や宮廷では自然は贅沢のためにひどく破壊されてしまい」といった注目すべき文面も見られる。牧神パーンに由来する「パニック」という語彙の語義にも言及されている。「クピド――原子」では、デモクリトスにちなむアトムの運動についても記述している。なるほど西洋古典に通じ、これからの近代西欧文化を切り開いてゆこうとしているベイコンらしい知恵が盛られた文章が、『古人の知恵』にはたくさん盛られている。

しかしながら、前田が引用しているベイコンの所見は技術に関してであって、ベイコンの科学思想についてでは必ずしもない。また、前田は、フェミニスト自然観の唱道を「反科学論」のなかに参入させてしまっているが、その学問的処理はいかがなものであろうか。

私は前田の所論はすぐれたものであり、おおむね正しいとして認めるのにやぶさかではない。ベイコンの科学思想が、それ自体として自律した意味をもつことに賛同はしえるにして

☆46 *De sapientia vetrum* (1609), *Works*, VI, p. 659; 坂本賢三訳、『ベイコン』(注7)所収、二四八―二四九ページ。

も、反面、その現代的意味とまったく切り離して存立しうるとも考えない。よく指摘されるように、歴史は、過去と現在の対話だろうからである。

ベイコンは、やはり、いかに彼が「人間愛」(philantropia)を唱道しようが、十七世紀初頭にあって、自然の深奥にまで人間の支配権を及ぼそうとし、同時にまた英国が地理的に拡大膨張するような学問－政治思想を唱道した思想家であった。そういった意味では、アルフレッド・W・クロスビーの『エコロジー帝国主義』☆47のなかに堅実に位置づけ直されるべき思想家でもあった。

カリフォルニア大学ロスアンジェルス校の卓越した中世技術史家リン・ホワイト・ジュニアは一九六七年に『われわれのエコロジー的危機の歴史的根源』と題するきわめて貴重な提言を試み、世界から注目された☆48。ホワイトによれば、西洋キリスト教の支配的な自然観においては、超越した神が人間世界を見下ろし、その下には、一段レヴェルが低い存在と見なされる動物が位置し、さらにその下には植物、最下部には、生命をもたない他の物質の世界が在ると考えられ、そのような階層的自然観が、今日のエコロジー的危機をもたらして歴史的根源となった。けれども、ホワイトによれば、中世キリスト教世界には例外的聖人がいた。アッシジの聖フランチェスコにほかならない。彼は、小鳥と語り合い、つねに自然の友として清貧の生涯を送り、修道会のフランシスコ会の創立者ともなった。現代に必要なのは、フランチェスコのような自然との交流である。

こういった観点から見直せば、ベイコンの自然観をそのまま、問題なしとして済ますことは

☆47 Alfred W. Crosby, *Ecological Imperialism: The Biological Expansion of Europe, 900-1900* (Cambridge: Cambridge University Press, 1986); 佐々木昭夫訳『ヨーロッパ帝国主義の謎——エコロジーから見た10～20世紀』(岩波書店、一九九八)。

☆48 Lynn White, Jr., "The Historical Roots of Our Ecological Crisis," *Science*, No. 155 (1967), pp. 1203-1207. このエッセイは、最初一九六六年十二月二十六日に講演として話された。また論考は、後年モノグラフとしても刊行され、青木靖三によって『機械と神——生態学的危機の歴史的根源』(みすず書房、一九七二)の標題で邦訳されて、公刊された。

できないであろう。彼は、海外膨張政治から、自然そのものから利得を獲得しようとする近代自然哲学への転回を図った学問思想家の原《アーキ》型《タイプ》を形作っている。

ベイコンの一六二六年の没後、たしかに革命的な内戦のさなかに、ベイコン的「大革新」の叫び声が消えたわけではなかった。[☆49] しかし、一六二七年刊の遺著『ニュー・アトランティス』におけるソロモン館の構想が、現実の日の目を見たのは、王政復古後の一六六〇年、公的には、一六六二年のロイヤル・ソサエティの創設によってであった。たしかに、科学研究の近代的制度化は、ベイコン的理念が開花した姿であった。[☆50]

7 ベイコン的自然観——近代「作業科学」(scientia operativa) の射程

ベイコンの『学問の進歩』、『ノヴム・オルガヌム』中に展開された「テクノロジー科学」と私が名づけたエンジニア的科学概念、そして「自然界に対する人間の帝国」を確立しようとする自然思想は、現代的評価をも伴った形で再考すべき思想の代表例であろう。適用される時代を現代にまで延長し、外挿するとすれば、明確に再考を求めている観点ではなかろうか、と私は思う。このような観点からみれば、パオロ・ロッシのベイコン論にも再考する余地はあるであろう。[☆51]

ベイコンの自然哲学思想の問題は、まことに自然に立ち向かうのに、中心的に「機械的技芸」をもって迫ったその特異な「方法」概念にある。その方法が主要な目的としたところは、まさしく「発明」ないし「着想」(invention) にあった。[☆52] したがって、ベイコンを「テクノロジー

☆49 その一斑は、つぎの書のなかで描かれている。Charles Webster, *The Great Instauration: Science, Medicine and Reform, 1626-1660* (New York: Holms & Meier, 1975)

☆50 Tore Frängsmyr (ed.), *Solomon's House Revisited: The Organization and Institutionalization of Science* (Canton, MA: Science History Publications, 1990) に集録された諸論考は、十七世紀以降の西欧諸国における科学の制度化について論じている。

☆51 Paolo Rossi, "Bacon's Idea of Science," in *The Cambridge Companion to Bacon* (n. 34), pp. 25-46.

☆52 Michel Malherbe, "Bacon's Method of Science," *The Cambridge Companion to Bacon* (n. 34), pp. 75-98, at 76. 私がパリの書店で日本で大地震が起こったその日に購入した本 *La philosophie de Francis Bacon* (n. 4) の著

科学」の唱道者としてとらえる私の観点はより正しくは、別様に、「作業科学」（scientia operativa）の概念を提起した学問思想家と規定可能であろう。この知識概念は、名詞的語彙では「仕事」（opus）、動詞「仕事する」＝「従事する」（operor）と関連し、古代の自由人ないし中世の大学人からは一段程度が落ちるものと軽侮されていた。いずれにせよ、この知識は、作業や労働と不可分に関係し、実践性がきわめて濃厚であることが枢要な点である。ベイコンの「帰納法」が、よし最大限批判的に定式化されていたとしても、十全な自然科学の立場から見れば、「決定不全性」を免れないのも、その方法概念のためなのである。ベイコン的自然観の目標は、「発明」を見いだすことにあり、「運用の方式」ないし「作業手順」（modus operandi）を探究することにあった。その本質は、ラムスからガリレオを経てデカルトまで、十六世紀からの近世ヨーロッパ人の知識について一般的に言えるように、「発見技法」（ars inveniendi）と規定できるものであった。「発見技法」は、アリストテレスが『分析論後書』でその在り方について厳密に論じ、エウクレイデース『原論』によって体現された「論証技法」（ars demonstrandi）とは性格を異にするものであったことが留意されるべきである。

けれど、『ノヴム・オルガヌム』のなかで言及されていた「自然魔術、別名、大作業的自然学」（naturalis magia sive physica oeprativa major）は慎重に展望されていたにしても、「反自然魔術」（contra-naturalis magia）を獲得しようとするほど、「自然界に対する人間の帝国」（hominis imperium in Res）を拡張しようとまでは思ってもみなかったと断言してさしつかえないだろう。ベイコンの「自然誌」、「実験誌」はかなり牧歌的段階にとどまったのだった。そこにロッシの学問思想的安堵の根拠

者は、まさに本論考の著者であった。

がある。

　思えば、一五六一年生まれのベイコンは、三年遅れの一五六四年生まれのガリレオとほぼ同時代の後期ルネサンス人であった。私は、拙作のガリレオ論に「ガリレオ・ガリレイ――近代技術的学知の射程」と銘打った。[☆53] 現代英国の科学哲学者のジョセフ・アガッシは『近代科学というまさしくその考え――フランシス・ベイコンとロバート・ボイル』[☆54]なる著作で、十七世紀英国における機械論的自然哲学の成立をもって「近代科学」のもっとも重要な構成要素と考えているが、ベイコンとイタリアのガリレオ・ガリレイをもって近代西欧自然科学に機械論という強力な刻印を捺した思想家ととらえるべきであろう。二十世紀前半において、もっとも重要な科学思想史の言説を発したアレクサンドル・コイレは、ベイコンを重視するなどは「冗談だ」と考えたと言われるが、私に言わせれば、この所見はまったくの短見である。コイレは、ほとんど最初にガリレオを科学思想史的に批判的にとらえ直そうとした学者であったが、残念ながら、彼はベイコンの学問思想を的確には理解できなかった。その理由のひとつは、コイレのフッサール理解が、中期の『イデーン』第一巻どまりで、後期の深い懐疑主義に同調していた学問思想には無理解にとどまったがためであった。そしてベイコンが、科学プロパーの思想家というよりも、機械的技芸に基づいた自然的知識の思想家であったためであった。ベイコンにおいても、ガリレオにおいても、「学知」(scientia)の増大は「力」(potestas)の拡大とほぼ同義であり、両者が増進を望んだのは、すぐれて「作業科学」(scientia operativa)にほかならなかった。

　ルソーは、ベイコンを「哲学者のなかでもっとも偉大であったのは、イングランドの大法官

☆53　拙著『科学革命の歴史構造』上（岩波書店、一九八五／講談社学術文庫、一九九五）に第二章として収録されている。初出は、『思想』一九八三年十・十一・十二月号所載。フッサール『危機』書のガリレオ論を、歴史学的により堅実にとらえ直そうとして執筆された。

☆54　Joseph Agassi, *The Very Idea of Modern Science: Francis Bacon and Robert Boyle* (Dordrecht: Springer, 2013).

ない。が、近代を支配した思想を紡ぎ出したという点では、ルソーの指摘したとおりだったかもしれ「であった」ということばで特徴づけた。どの程度、本音であったかは知りようがない

以下の議論では、フランシス・ベイコンの自然哲学の原型が、ベイコン主義として、いかなる変貌、展開を見せたのかを追究するであろう。

第三節　第二の科学革命とベイコン的科学

1　クーンによる「ベイコン的科学」の概念

世界史上、ベイコンの科学概念が大きな役割を演ずる時代は、フランス革命以降に訪れた。十七世紀の科学革命と対比して、フランス革命以降の科学の大変動は、しばしば「第二の科学革命」と呼ばれるが、ベイコンの実験科学の概念が成熟し、一人前の理論的科学になるのは、まさしく第二の科学革命とともにであった。

ここで、われわれが用いようとしている「ベイコン的諸科学」(Baconian sciences) という概念は、アメリカの科学史家クーンの用法に倣ったものである。クーンは、ほとんどつねに複数形の「諸科学」(sciences) と表記するが、われわれは適宜使い分けるものとする。

クーンが、「ベイコン的諸科学」という語句を用い始めたのは、私が知るかぎり、一九六一年の論文「近代物理科学における測定の機能」においてであった。広く読まれた一九六二年刊の『科学革命の構造』にも、「電気誌」などの「ベイコン的諸誌」(Baconian "histories") といった表

記は出てくるが、「ベイコン的諸科学」そのものは登場しない。「ベイコン的諸科学」の概念が、もっとも明確に定義されたのは、一九七四年の論考「物理科学の発展における数学的伝統 対 実験的伝統」においてであった。クーンは、その論文のなかで、物理科学の二つの型ないし伝統について、こう述べている。

十九世紀にいたるまで、古典的とベイコン的の二つの群は分離したままであった。荒っぽく言えば、古典的諸科学は「数学的」と分類され、ベイコン的諸科学は、一般に「実験哲学」、フランスでは「実験物理学」(physique expérimentale) と見なされていた。[☆55]

古典的科学の典型例は天文学で、古代ギリシャから数学的な形態で存在していた。クーンは、古典的諸科学の他の事例として、音階学、光学、静力学をあげている。純粋数学に対して応用数学、ないし中世的用語で言えば、「混合数学」(mixta mathematica) の諸学問分野にほかならない。ガリレオが研究に従事した機械学=力学も、この形態であり、ニュートンによって古典力学として集大成された。

ベイコン的実験物理学は、第一に、日常的には観測されず、ほとんど存在しなかった状況下で、高温熱、電気、磁気などの自然現象がどのように起こるかを観察し、そういった現象を原子論ないし粒子論哲学に基づいて基礎づけようとする。第二に、ベイコン自身が「ライオンの尻尾をひねる」と表現したように、自然を拘束し、人間による強制的介入なしでは実現できな

☆55 Thomas S. Kuhn, *The Essential Tension: Selected Studies in Scientific Tradition and Change* (Chicago/London: The University of Chicago Press, 1977), p. 48; 安孫子誠也・佐野正博訳『本質的緊張』1(みすず書房、一九八七)、六六ページ。

いような実験を基にしている。第三に、気圧計、空気ポンプなどの実験器械を頻用し、さらに顕微鏡、温度計、気圧計、電気量計などの実験装置を用いた計量を伴うようになった。このようなベイコン的実験諸科学は、英国やオランダでは十七世紀から一定程度根づいたが、フランスの王立科学アカデミーでは、この種の「実験物理学」の部門は、フランス革命直前の一七八五年まで制度化されなかった。それほども高度な数学化＝理論化は遅れたのであった。

ところが、フランス革命が起こり、科学の制度化が、数学的諸科学だけではなく、実験諸科学においても急速に進むや、十九世紀の前半、ベイコン的諸科学の数学化＝理論化が本格的になされることとなる。「十九世紀の最初の四半世紀において驚異的速さでいくつかのベイコン的諸分野の全面的な数学化」がなされた。[☆56] フーリエやカルノーによって熱学、アンペールによって電気学が体系化され、フレネルらは光学を高度な数学的理論になした。彼らの多くは、エコル・ポリテクニクに関係していた。エコル・ポリテクニクは、とりわけ対英戦争を勝ち抜く、軍事的＝産業的必要のために建学された。こうして、十七世紀英国で生まれたベイコン的実験科学の思想は、十九世紀初頭のフランスで、全面的に理論化された。英国やドイツもほどなく、そういった研究前線に参加するようになった。

第二の科学革命は、内容的には、ラヴォワジエ的化学、実験物理学の諸理論の登場によって特徴づけられる。数学も、同時期に、ライプニッツ＝オイラー的な無限小解析から、ボルツァーノ、コーシー、フーリエらの高等解析学へと変貌を遂げた。

☆56　*Ibid.*, p. 61; 邦訳、八四ページ。

2　「ベイコン的科学」理論化の歴史的意義

第二の科学革命とともに、ベイコン的諸科学が理論化されるようになったが、そういった新科学の勃興は、歴史的に大きな役割を果たすようになった。ここでは、二つのことのみに言及することにしたい。

　第一に、ベイコン的諸科学は、新しい形態のテクノロジーを誕生せしめることとなった。「科学に基づく技術」（science-based technology）にほかならない。代表例は、有機化学を利用した染色技術と、銅線を巻き付けた磁石を回転させるモーターから出てくる電気を利用しての電気技術であった。いずれも、本格的実用は、十九世紀の中葉以後のことである。十六世紀に登場したのは「テクノロジー科学」であり、その唱道者は、ベイコンとガリレオであった。十九世紀になって、ラヴォワジエ化学、ベイコン的物理諸理論を取り込んだテクノロジーが数多く出現するようになった。一般に、第二の科学革命以降、「テクノロジー科学」と「科学に基づくテクノロジー」の相互交流は、ごく普通になった。

　第二に、ベイコン的科学が理論化されることによって、そうして、フランス革命以後の西欧諸国間の戦争技術の高度化によって、欧米世界から地理的に遠い地域にあった東アジアは、近代西欧的な技術と科学の脅威にさらされることとなった。アヘン戦争前後以降の中国、そして幕末の日本は、そういった典型例であった。

　フランス革命後、科学者が科学的知識を利用して帝国主義的遠征を試みた事例は、ナポレオン指揮下の一七九八年から一八〇二年までのエジプト遠征が最初であった。革命的ジャコバン派の数学者として知られていたフーリエが科学者たちの遠征部隊を率いた。そのエジプト遠征は、十八世紀以前のキリスト教宣教師たちを先導者とした重商主義的植民地主義とは明確に異なっていた。チャールズ・ギリスピーによれば、フランスのエジプト占領は、「十九世紀的帝国主義の最初の事例であった」[☆57]。それは、啓蒙主義とフランス革命によって培われた「近代科学的精神」で武装した「文明化の使節」が、古代文明の象徴たるエジプトを支配下に収めようとする試みであった。その遠征の過程で「ロゼッタ・ストーン」が発見され、聖刻文字解読のきっかけになったことは周知である。

フランス革命後のエジプトでの近代科学の在り方が、その後の「科学帝国主義」(scientific imperialism)の十九世紀以降の展開の先駆となった[☆58]。エジプトを超えて、他の北アフリカ地域、果てはヴェトナムにいたるフランスの近代科学を利用しての海外膨張については、ルーイス・パイエンソンの『文明化の使節――精密科学とフランスの海外膨張、一八三〇―一九四〇』[☆59]において詳細に記述されている。私が知るかぎり、「科学帝国主義」という概念を最初に用いたのはパイエンソンであった[☆60]。

エジプトは、その後、オスマン・トルコ帝国のムハンマド・アリー総督の支配下で、近代西欧科学を制度化するようになった。その様相については、パスカル・クロゼーが、『エジプトにおける近代科学』で詳述している[☆61]。エジプトから始まった西欧の科学的膨張の影響は、日本の明治維新にまで及ぶのである。

十九世紀以降の欧米世界は、近代科学を利用しながら非西洋地域に支配の触手を伸ばしてゆ

☆57 Charles Coulston Gillispie, *Science and Polity in France: The Reolutionary and Napoleonic Years* (Princeton/Oxford: Princeton University Press, 2004), p. 599.

☆58 *Science and Empires: Historical Studies about Scientific Development and European Expansion*, ed. by Patrick Petitjean, Catherine Jami, and Anne Marie Moulin (Dordrecht: Kluwer Academic Publishers, 1992). とくに、Roshdi Rashed, "Science classique et science moderne à l'époque de l'expansion de la science européenne," pp. 19-30. ラーシェドは、考察の事例として、イランとエジプトを取り上げている。本書は、一九九〇年四月、パリのユネスコ本部で開催された国際会議をもとにしている。私も彌永昌吉教授らと出席した。Sasaki Chikara, "Science and the Japanese

くのであるが、そのさい、とりわけ、ヨーロッパから遠隔の地である東アジアへの勢力拡張にあたっては、ベイコン的諸科学、なかんずく、交通手段にとっての蒸気機関に理論的基礎を与える熱学、それから通信手段としての電信を科学的に支える電磁気学が重要な役割を演ずることとなった。たとえ未熟な段階の科学的理論としてであれ。

　クルト・メンデルスゾーンが喝破しているように、西洋の他地域支配にとって、「実験的アプローチに基づく自然哲学の強さ」☆62が枢要であった。十八世紀までの西欧諸国の航海法は、数理天文学に基づくものであった。ジョン・ハリソンによって発明された海上経度を測定するマリン・クロノメーターが航海の範囲を格段に拡げたが、それは、ベイコン的実験の精神で、ゼンマイを鍛え上げることによって作製されたものであった。

　十九世紀になると、ベイコン主義的精神が大英帝国を超えて拡大し、さらに、その精神は理論化され、数学化され、欧米諸国の非西洋への地球大の支配に連なった。ベイコン的諸科学が大きな役割を演じた様子が理解できるであろう。

　なぜであろうか？　近代西欧のベイコン的科学は、クーンの規定を肖顕静教授の語彙をもって再解釈すれば、「自然」科学というよりは、むしろ「不自然」＝「非自然」科学、「非日常的」科学、「作為的」(artificial)科学、という側面をもっており、基本的に自然的知識を所有する段階にとどまったままであった非西洋を制覇するのが容易だったからであった。清朝までの伝統中国科学は、数学や天文学の分野では、一定の成果を挙げえたにしても、ベイコン諸科学の領域においては、せいぜい自然誌ないし実験誌の段階どまりであった。たとえば磁石の認識に

Empire, 1868-1945: An Overview," *Science and Empires*, pp. 243-246.

☆59 Lewis Pyenson, *Civilizing Mission: Exact Sciences and French Overseas Expansion, 1830-1940* (Baltimore/London: The Johns Hopkins University Press, 1993).

☆60 Lewis Pyenson, "Science and Imperialism," in R. C. Olby, et al. (eds.), *Companion to the History of Modern Science* (London/New York: Routledge, 1990), pp. 920-933; 拙訳「科学と帝国主義」、『思想』第七七九号（一九八九年五月）、九一―一二八ページ。

☆61 Pascal Crozet, *Les sciences modernes en Égypte. Transfert et appropriation 1805-1902* (Paris: Geuthner, 2008).

☆62 Kurt Mendelssohn, *The Secret of Western Domination: How Science Became the Key to Global Power, and This*

関して、中国はあるいは西洋世界に先んじていたかもしれないが、そのベイコン科学的理論化に関しては、はるかに遅れをとった。別の観点から見れば、自然科学は、まさしく「自然」の領域内にとどまり、「不自然」な領域におおきく踏み込むことはなかった。

十九世紀末から、古典力学を超えるベイコン的諸科学の重要性は、もはや無視できなくなった。古典力学と電磁気学の統合のひとつの形式が、アインシュタインによる特殊相対性理論であり、さらに、熱学が飛躍的に高度化して形成されたのが、プランク以降の量子論、そしてハイゼンベルク、シュレーディンガー、ディラックらによる量子力学の創成であった。原子核物理学は、後者から種分化することによって生まれることとなる。その学問的特性は、不自然にというよりは、肖顕静のことばをもってすれば、むしろ「反自然的」に作為的なのである。そこにこそ、今日の原子力テクノロジーの抱えた最重要の学問的特性があるのである。

Signifies for the Rest of the World (New York: Praeger, 1976), p. 178; 常石敬一訳『科学と西洋の世界制覇』(みすず書房、一九八〇)、二四〇ページ。

第四節　植民地帝国主義から「自然に敵対する帝国主義」へ

1　古典的な植民地帝国主義

ここで、自然科学史ないし自然哲学史に関する議論から外れて、政治経済史的コンテクストに眼を転ずることにする。そのような新しいコンテクストづけを介することによって、われわれが歴史的に新規なベイコン主義的自然哲学をも超える科学技術的局面に直面していることを認識する必要があるからである。

まず、近代西欧資本主義が、マルクスの『資本論』(第一巻、一八六七)が分析した自由主義的な産業資本主義段階から、古典的な植民地帝国主義の段階を経過して、第二次世界大戦後にいかなる形態をとるようになったのかをしっかりととらえる必要がある。換言すれば、戦後資本主義論ないし戦後帝国主義論をめぐる問題である。

二十世紀初頭、ローザ・ルクセンブルクやレーニンらが、当時の資本主義認識として提起したのは、マルクスが『資本論』をもって分析した古典期の資本主義はいちおう終熄し、新しい高度な資本主義として「帝国主義」と呼ばれるべき段階が訪れているという考えであった。ローザ・ルクセンブルクの『資本蓄積論』(一九一三)・『同再論』(一九二一)、それから、レーニンの『帝国主義論』(一九一七)は、国民経済論としてよりも、徹底して世界資本主義論として議論が展開されていることが時代の特徴を物語っている。二十世紀前半の革命的社会主義運動の主要な担い手が、ロシアや中国などの帝国主義周辺部分から出ていることが注目されるべきである。

十九世紀末から二十世紀初頭にかけて、マルクス主義は混乱のさなかにあった。この混乱は、後知恵からみて、近代資本主義の批判的分析の方法を教えてくれたマルクスとエンゲルスが生きた「自由競争の王国」が様相を一変させる時代にあったことに由来していた。すなわち、それは、幕を開けようとしていた独占資本主義＝帝国主義に対応する理論的‐実践的鍵が見つからないがゆえの混迷であった。「自由競争の王国」の時代に有効に対応する概念装置はブルジョワジーとプロレタリアートの階級対立といった考えであったが、いまやもっと別の国際主義的分析道具が必要とされるようになった。世紀転換期のマルクス主義思想の混迷に一石を投じ、資本主義の新たな時代に明確な歴史的展望を打ち出しえたマルクス主義者は、疑いなく、レーニンやトロツキイらのロシアのマルクス主義者たちであった。トロツキイが「永続革命論」という歴史理論を武器にして対処した時代を、レーニンはマルクス主義的な政治経済学の概念装置で特徴づけた。その著作こそ『帝国主義論』であった。それは、国際資本主義の覇権を掌握し、未知の地域に新たな市場を求めて発展しようとする金融独占資本の所業を見事に描写している点で比類がなかった。レーニンによれば、帝国主義的資本主義は、ひとにぎりの「先進」諸国が世界人口の圧倒的多数を植民地的に抑圧し、金融的に圧殺する世界体制であり、自分たちの獲物の分配をめぐる彼らの戦争に全世界を引きずり込まずにはおかない。

時代は、ロシアのマルクス主義者たちが予想した以上に荒れ狂った。そのさい、科学と「科学に基づくテクノロジー」が決定的意味をもった。化学が第一次世界大戦の勝敗におおきく作用し、物理学が第二次世界大戦にとって巨大な意味をもったことがもっとも顕著なその例証である。

ここで、十九世紀前半の大英帝国と清朝中国とのあいだのアヘン戦争、十五年間の「アジア・太平洋戦争」の終末期に広島と長崎に投下された原子爆弾の歴史的意義づけだけは試みておかなければならない。それというのも、この事件が、古典的帝国主義と戦後の資本主義的帝国主義を区別する徴表《メルクマール》となったからである。

アヘン戦争の当事者である英国と清朝中国において、モラル的によりすぐれていたのは明確に中国側であった。にもかかわらず、ナポレオン戦争で戦争技術に習熟していた英国海軍は、中国を敗北させてしまった。完全に軍事技術の差異が勝利する側を決めたのであった。その敗北の結果として、中国は漸進的な西洋化に踏み出す。「洋務運動」にほかならない。現代中国語では、「古代」にはおおきく分けて二つの意味がある。ひとつは、ヨーロッパ史で「古代―中世―近代」と三時代区分するさいの、「古代」に相当する。もうひとつは、第二アヘン戦争とともに、西洋的価値観の導入を系統的に図った「洋務運動」以前の時代をいう場合である。後者の「古代」は伝統的とほぼ同義である。一般に、中国史の時代区分に西洋史の三時代区分を持ち込むのは不当である。

第二次世界大戦の末期、米英などの連合国側は、マンハッタン計画において開発していた原子爆弾を日本の二都市に見舞った。たしかに、戦時期の日本は全体主義的であり、軍国主義的であった。その軍国主義日本の野心は、米国の原爆投下によって罰せられてしまった。しかし、他方の当事者の米国側を無垢とすることはできない。この原爆攻撃という日本の非武装人民の大量無差別殺戮行為は、米国帝国主義と日本帝国主義の「野蛮の衝突」というべき側面があったことに注意する必要がある。

私は、東アジア諸国の運命をおおきく変えたアヘン戦争から太平洋戦争までの歴史には、欧米の科学技術帝国主義が色濃く影を落としていると考えている。

2　戦後の資本主義的帝国主義――マンデルの『後期資本主義』(一九七二)の認識

それでは、第二次世界大戦後の資本主義は、「自由競争の王国」の時代や、その後の「戦争とファシズムの時代」とどのように類似し、どのように相異しているのであろうか？　今度はこの問題への答えを模索してみることにする。

戦後資本主義の政治経済的分析を試みた論者は少なくない。しかし、その包括性とかかわりの根源性においてベルギーのマルクス主義経済学者エルネスト・マンデルの名前を想起しない人はいないであろう。マンデルは、戦後資本主義ないし帝国主義を資本主義体制の段階としては「第三の時代」にあるととらえた。実際、彼の一九七二年に日の目を見た主要な理論的著作のタイトルは、ドイツ語原典と英語版ではなるほど『後期資本主義』だが、フランス語版では『資本主義の第三の時代』となっている。[☆63] もっとも、フランス語の「第三の時代」ないし「第三期」(troisième âge) は、端的に「老齢」を意味し、「後期」と変わるところはない。マンデル自身は、原典序文のなかで、レーニンの『帝国主義論』がマルクスの『資本論』が存在してはじめて意味をもつように、自らの『後期資本主義』は、レーニンの『帝国主義論』の分析が基本的に妥当する歴史対象にかかわり、さらにその継続理論としての意味をもつことを明言している。これは、『後期資本主義』の『帝国主義論』との連続－非連続の関係を考察するさいにぜひとも念頭に置かれているべき言明である。

戦後資本主義ないし戦後帝国主義は、レーニンがその『帝国主義論』において分析対象とした古典的帝国主義の経済政策を継承し、批判的に総括するなかから生まれ出た。古典的帝国主義を導いたのは、金融独占資本主義であった。戦後帝国主義は、この特性を保持するが、しかし、かつての帝国主義とは異なる性格をも併せもつようになる。その萌芽は、古典的帝国主義

☆63　Ernest Mandel, *Der Spätkapitalismus* (Frankfurt am Main: Suhrkamp, 1972); *Late Capitalism*, tr. Joris De Bres (London/New York: Verso, 1975); *Le troisième âge du capitalisme*, tr. Bernard Keiser, Nouvelle éd. (Paris: Les Éditions de la Passion, 1997). 日本語版は、飯田裕康ほか訳『後期資本主義』全三冊（柘植書房、一九八〇―八一）。マンデルの伝記としては、つぎがある。Jan Willem Stutje, *Ernest Mandel: A Rebel's Dream Defferred*, tr. by Ch. Beck and P. Drucker (London/New York: Verso, 2009). 現代資本主義のマルクス主義的理解に関して、私は自らをマンデルの教え子であったと見なしている。

の時代にすでに生まれていた。すなわち、二十世紀初頭からアメリカを中心舞台として大量生産と大量消費といった用語で特徴づけられる生産－分配のシステムが登場するようになり、また一九二九年の世界大恐慌を契機として、一九三〇年代からは経済政策への国家介入が図られるようになった。前者の重要性はトロツキイやグラムシによって認識されており、そのシステムは「フォーディズム」(Fordism)と呼ばれるようになった。そして後者は、提唱者の名前を冠して「ケインズ主義」と名づけられた。さらに、戦後になると第二次世界大戦の苦い経験から、先進資本主義諸国間で一定の政策協調も図られるようになった。

もっと重要なこととして、戦後帝国主義は、旧植民地地域人民の抵抗もあって、露骨な形での政治的植民地主義を控える傾向性を打ち出すことを余儀なくされた。古典的帝国主義の時代を終焉させ戦後帝国主義を切り開いた人民の抵抗は、毛沢東の「人民民主主義」によって代表的に体現させられた。マンデルは、そのことをも考慮して、戦後帝国主義を「新帝国主義」と名づけ、それに随伴して形を変えた植民地主義を「新植民地主義」と呼んだ。マンデルによれば、古典的帝国主義が植民地運営によって法外な利益(超過利潤)を獲得していたとすれば、新植民地主義の一特徴は、「不等価交換」が収奪の主要形態になることである。『後期資本主義』の第十一章「新植民地主義と不等価交換」は教えている。「後期資本主義の時代になると、この関係は変わる。不等価交換が植民地収奪の主要形態となり、植民地超過利潤の直接的生産は副次形態となる」[☆64]。ここで「不等価交換」とは、「植民地や半植民地では傾向的に、宗主国の同一量の労働(ないし労働生産物)に対して、ますます多くの労働(ないし労働生産物)が交

☆64 『後期資本主義』II、一五八ページ。

換さねばならないということである[☆65]。この「不等価交換」の根底には、労働生産性の地域間の差異が横たわっている。そしてこの差異を作り出す一要素が科学技術格差にほかならない。

　マンデルは「後期資本主義」のイデオロギー的特性について、つぎのように述べている。「テクノロジーの全能さに対する信仰こそ、後期資本主義に特異なブルジョワ・イデオロギーの形態なのである[☆66]」。そして『後期資本主義』の卓越性は、なかんずく私のような科学史家にとっては、科学技術にかかわる諸概念をマルクス主義経済学の概念枠のなかで厳密にとらえ直そうとした点にある。テクノロジーをたんに哲学的に抽象的にペシミスティックにとらえて批判するフランクフルト学派は、この点でマンデルの足もとにも及ばない。マンデルを現代のマルクス主義の代表的論者ととらえるとすれば、フランクフルト学派はせいぜい現代のヘーゲル左派の思想レヴェルにとどまっている。実際、アドルノは、マンデルによる批判の主要な標的のひとりである。

　マンデルは、科学技術のマルクス主義的な分析の仕方をマルクスの『資本論』草稿、とりわけ一八五七―五八年に綴られた『政治経済学批判要綱《グルントリッセ》』から学んでいる[☆67]。その問題が詳細に論じられるのは、『後期資本主義』の第八章「技術革新の加速化」においてである。マンデルはマルクスの草稿から引用する。「すべての科学が資本に奉仕するとりこにされる。〔……〕発明がひとつの商売となり、また直接的生産への科学の応用それ自体が、科学にとって規定的な、またこれに刺激を与える視点となる」。マルクスはこういった事態をきわめて先駆的な目で見

☆65　同、一五七ページ。
☆66　『後期資本主義』III、一一五―一一六ページ。
☆67　マルクス『資本論草稿集』①・②「一八五七―五八年の経済学草稿」（大月書店、一九八一―九三）には、「科学力」(scientific power) といった概念が頻出する。

ていたのだが、科学のこのような状態が恒常化することこそ、マンデルによれば、「後期資本主義に特有なのである」☆68。

マルクスの時代＝「自由競争の王国」の時代＝産業資本主義の時代に、科学がどうして「資本に奉仕するとりこ」とされた、と言いうるのであろうか？　ここで、マルクスからもマンデルからも離れて、科学史的解説を試みておこう。

近代自然科学は、近世ヨーロッパの絶対主義体制の確立期に生まれた。その時代に、科学は資本との直接的関係をもつにいたってはいなかった。むしろ主権者である絶対主義王権のもとで、たとえばパリの「王立科学アカデミー」で科学研究は遂行された。その科学研究の成果が、第一次産業革命後の産業資本主義のもとでは、「資本のとりこ」になり始めるというのである。それは、マンデルも明らかにしているように、十九世紀に、科学が化学工業・電気工業に利用されて以後のことであった。先に導入した「科学に基づく技術」にほかならない。たんに「科学技術」と略称されることもある。マルクスは、科学の資本主義的生産への応用について、『資本論』のための一八六一―六三年草稿、略称「機械論草稿」において、もっと詳細に論究し、そして『資本論』第一巻の第四篇「相対的剰余価値の生産」、第十三章「機械と大工業」において抽象的に別の形で論じることになる。

それでは、産業資本主義期に生産過程に利用されるようになった科学技術は古典的帝国主義期にはいったいどういった運命をたどったのであろうか？　レーニンの『帝国主義論』は、この点にかんして一定程度の洞察力を示している。レーニンは、独占資本主義の時代の技術につ

☆68　『後期資本主義』II、三三ページ。マルクスからの引用は、『マルクス資本論草稿集』②『一八五七―五八年の経済学草稿』II（大月書店、一九九三）、四八八ページ。

いて、生産の社会化が著しく進み、技術上の発明や改善の過程も社会化されることを認識していた。他方、十九世紀末に生まれた独占資本主義が技術力をこれまでにないほど高める一方、恐慌や世界戦争がその力を未曾有の破壊力に転化する様子を印象深く書きとめている。要するに、高い科学技術力がはらむ巨大な可能性を巨大な破壊力に転じてしまう帝国主義を建設的な方向へと転轍しようとするレーニンの理論的‐実践的志向性が『帝国主義論』を成立させた動力のひとつであったことが理解されるのである。

マンデルの『後期資本主義』が科学技術にかんして説くことも、レーニン『帝国主義論』の所説の延長上にあると考えてよいかもしれない。第二次世界大戦後、各企業は過酷さを増す競争に勝ち抜くために、不断に技術革新を余儀なくされることになり、波状的な科学技術革命が推進され、科学的テクノロジーの力は古今未曾有のものとなった。この巨大な可能性に比して、巨大な所得は極私的に占有される。多国籍企業も日常茶飯事的に活躍するようになる。

先進資本主義諸国では、統制の効かない諸地域の抵抗に備えるために先端科学技術を利用した「永久的軍事経済」が恒常的なものになり、富が乱費される。「共生性」を重視する社会主義建設のための建材が充分すぎる以上に整う一方で、その建材の膨大で極私的な乱費――可能性と現実とのこのアンバランスが「後期資本主義」の特性となり、新鮮な感性と高い知性をもつ青年が叛乱へと身構える潜在的な社会的基礎となるのである。こうしてマンデルは喝破する。「この社会化された生産が私的に所有されるということは、人類のこの巨大な科学技術的「資本」が現実の諸資本の価値増殖条件に従属させられる、すなわち、何百万もの人々が故意に科学技術から取り残されたり、あるいはたんに歪曲された形、断片的な形でしかそれを手にすることができないという捨てておけない矛盾を生み出さずにはおかない。生産諸力が、私的所有、すなわち資本諸関係に適した覆いを脱ぎ捨ててしまうときにはじめて現代科学のなかにまどろんでいた革命的潜在力が、物質的、精神的、道徳的領域で、労働の解放、人間の解放のために充分に使用されることになるだろう」[☆69]。

マンデルは、科学技術力の悪魔的な作用のこともよく認識していた。彼は、『後期資本主義』が出版されてからあと、とりわけ環境と資源に関するマルクス主義的考察に情熱を注いだ。彼は私の前で、トロツキイが生きた古典的帝国主義の時代と「後期資本主義」の時代の相異は、象徴的に原子爆弾の存在によって表現できると語り、核兵器のみならず原子力発電所をなくすことが現代社会主義運動の主要な課題であるとまで述べた。マンデルによる現代科学技術のマルクス主義的理解は、二十一世紀の現実に生かされ、未来に継承されなければならない。

3 「自然に敵対する帝国主義」としての現代資本主義

マンデルの『後期資本主義』は、以上で論じたように戦後資本主義論の古典としての地位を占めるべき著書である。しかし、そのドイツ語原典が一九七二年に出版されていることに注意しなければならない。戦後資本主義体制が、いわゆる石油危機を契機にして、ケインズ主義的経済政策から転換し、市場における自由競争を至上とする新自由主義へと向かったは、その翌年、一九七三年のことであった。さらに、その経済政策のもとで驕る世界資本主義は、自然環

☆69 『後期資本主義』II、五五ページ。

境破壊へと急速に突き進むこととなる。

　現代資本主義が抱える主要問題の少なくともひとつは、資源と自然環境のエコロジー問題である。戦後帝国主義は、脱植民地主義をかなりの程度実現させたものの、自己の矛盾を新たな形で深化させてゆくこととなった。その矛盾を特記し、私は「自然に敵対する帝国主義」(Imperialism Against Nature) と名づけている。エネルギーとエコロジー問題の抜本的解決を新自由主義経済政策ができるとは私は思わない。「環境資本主義」といった政策プログラムも可能かもしれず、環境問題の解決はある程度までは市場に委ねうるとしても、その手だてには限界がある。その問題はもっと抜本的に地球的規模で計画性をもって解決されねばならない。一九七〇年代以降、一世を風靡したポストモダニズムはなによりもエコロジー問題への対処で挫折せざるをえない[☆70]。

　そして現代帝国主義のこの側面をもっとも顕著に表わしているのは、原子力テクノロジーが抱える問題である。とくに核兵器は現代帝国主義の矛盾の結節点である。ドイツの社会学者ウルリヒ・ベックが現代社会を「リスク社会」と呼び、そのリスクをもたらす科学技術の筆頭に原子力テクノロジーをあげて焦眉の警告を発しているのもゆえなしとしない。

　私が現代帝国主義を「自然に敵対する帝国主義」と規定するのは、つぎのような歴史的事実に基づいてのことである。十九世紀後半から二十世紀初頭、マルクス主義の理論陣営に修正主義論争が起こった。それは、つまり、帝国主義という新たな資本主義の段階の到来が先進資本主義国一国内でのブルジョワとプロレタリアの階級対立を国際化させたことから生じた。すな

☆70　この点で、啓発的なのは、George Myerson, *Ecology and the End of Postmodernity* (Cambridge: Icon Books, 2001); 野田三貴訳『エコロジーとポストモダンの終焉』(岩波書店、二〇〇七)、であろう。

わち、帝国主義段階の資本主義の発展は、先進資本主義諸国内部からではなく、世界資本主義の周辺部である植民地・半植民地への市場の拡大とその地域の収奪によってもたらされるようになった。ところが、戦後の後期資本主義＝新帝国主義の時代が到来するとともに、旧来の植民地主義政策は困難になった。労働生産力の地域間格差に基づく不等価交換、さらに新規に、フォーディズムの世界化とともに一般的になった地球規模での資源の乱費と自然環境破壊が、世界資本主義発展の不可欠の構成要素になった。古典的帝国主義期にあっては収奪の対象は、主として植民地・半植民地の被抑圧人民であった。いまや自然生態系が先端科学技術で武装した先進資本主義諸国による収奪と破壊の対象になっている。このようにして、「自然に敵対する帝国主義」は後期資本主義の本質的相貌であることが理解される。世界資本主義はその発展を十九世紀後半から二十世紀前半にかけては資本主義周辺部に膨張・拡大することによって成し遂げた。二十世紀後半になると、その発展は自然に敵対し、自然を収奪することによって行なわれるようになった。近年の先進資本主義諸国における地球環境問題をめぐる市民運動の高揚は、それゆえ、おおいに希望のもてる現象である。この広範な運動は、現代の「リスク社会」の存在様態からも要請されることがらである。

そして枢要なこととして、現代資本主義が依然として帝国主義体制であることは夢にも忘却されてはならない。新帝国主義の盟主は、不等価交換で後進地域から莫大な利潤をあげ、コンピューターを利用したばくち的金融操作によって一国の経済を破綻せしめ、さらに資源を収奪している。また、そういった利権の総体を原子力テクノロジーを駆使した先端軍事技術で武装することによって守護している。

反戦・平和は、国際主義的社会主義がもっとも重要視すべき目標である。われわれ日本人は、ヒロシマ・ナガサキという被爆都市をもっている。そしてこのたびは、チェルノブイリ原発事故に比肩されるフクシマの現実をも経験してしまった。そこから歴史的意味を汲み出すことこそ、戦後日本の科学史家の国際的な課題なのではないか、と私自身はかたく信じている。

4 日本帝国主義の植民地帝国主義からの移行の仕方

それでは、つぎに、このような資本主義の一般的な変容を東アジアを舞台に見てみることにしよう。

周知のように、東アジアにあって、急速な近代西洋化を成し遂げたのは、明治維新後の近代日本であった。日本資本主義は、一八九四―九五年の日清戦争（中国では、甲午中日戦争）のあと、台湾を植民地として領有し、さらに一九一〇年には朝鮮をも自らの帝国主義的領土として獲得した。そのあとには、中国東北地方を「満洲国」という名の半植民地として抱えるにいたった。ある種の科学帝国主義としての侵略であったと見てよいであろう。[☆71] 一九三一年以降の日本は、中国との全面戦争に突入し、その戦争はさらに拡大して、米英との全面戦争にまで拡大していった。十五年間のいわゆる「アジア・太平洋戦争」であった。この戦争の背景として、無資源国家である日本の自然資源と労働力の安定的獲得という目標があったことを忘れてはならない。「大東亜共栄圏」は、このような日本帝国主義の植民地帝国主義としての在り方が反映し

☆71 この点については、拙著『科学技術と現代政治』（ちくま新書、二〇〇〇）、第二章「西欧の科学革命と東アジア」において考察されている。中国語訳されている。烏雲其其格訳「西欧的科学革命与東亜」、袁江洋・方在慶主編《科学革命与中国道路》（湖北教育出版社、二〇〇六）、第三〇二―三四九頁。

ていたのであった。日本のこのような軍国主義的野心は、米国の原爆投下によって罰されてしまった。

戦後日本の資本主義の在り方にとって、米国資本主義が圧倒的な影響を及ぼした。日本の原子力技術は、一九五三年十二月のアイゼンハワー米国大統領の「平和のための原子力」(Atoms for Peace) の呼びかけとともに始動した。戦後日本の代表的保守政治家である中曾根康弘らは、この呼びかけに応じ、原子力研究予算計上を国会で決め、日本で最初の原子炉が茨城県東海村で始動することとなった。

こうして、日本の原子力研究は、東海村の原子炉建設とともに始動したのであったが、二〇一一年の大震災直前の段階で日本は五十四基の原子力発電所を所有し、電力の三〇%程度を原子力に依存するまでになった。米国とフランスに次ぐ、世界で第三位の原発大国になってしまっていたわけである。それのみならず、超猛毒のプルトニウムを利用する高速増殖炉を運用し続けている点で、その科学技術政策は国際的にきわめて特異なものとなっている。

日本の原子力発電の推進の仕方もまたきわめて特異である。その推進の仕方は、いわば「国策」としてであった。日本政府内でそれを推進してきたのは経済産業省官僚であり、地域電力を独占的に供給している東京電力をはじめとする電力会社であり、東京大学工学部などの「原子力村」と揶揄されるテクノクラート集団、そしてその企図に融資している大銀行である。「国策民営」といった推進の仕方が特異なのである。

戦前、日本の帝国主義軍隊は、超国家主義的に、人権を軽視する形で、誰も責任をとらない無責任体制をもって統括されていた、と指摘されることがある。その軍隊によって蹂躙されたのが、近隣諸民族であり、日本人民自身なのであった。

ところが、戦前日本の帝国主義軍隊のその超国家主義的形態は、戦後日本の原子力政策にもものの見事に継承されたように思われる。日本の科学技術政策において、もっとも力をもっているのは東京大学である。そこの技術者たちは原子力の「安全神話」をふりまき、さらにそれを電力会社が一般住民に伝播する、という形をとる。

日本の科学技術をめぐる国策を推進するのは「御用学者」である。私は、原子力問題に関しては、科学史家の立場から、ごく一般的に発言してきたにすぎないが、東京大学に席を置いていたがゆえか、私に対する監視は厳しかったと思う。とくに一般読者が多い新書類が公刊されるや、政府の官僚から呼び出しを受け、言論上の注意喚起があり、さらに、勤務先の東大教養学部の物理学者であった学部長からは学問的-政治的パージの予告を受けた。独立行政法人化されれば、パージは容易になるというのであった。私の反原子力の言論に起因するものであったと考えられる。☆72 戦前なら天皇制を批判すると、政治的にパージされたが、現代の日本では、原子力テクノロジー批判は、東大の学者にとって最大のタブーなのである。

戦後日本は、近隣の諸民族を支配する植民地帝国主義から「自然に敵対する帝国主義」に移行したのであるが、その帝国主義的な在り方は原子力政策に典型的に表われていると私は考えている。このような原子力政策の無責任な遂行の仕方は、福島の原発の大事故で破綻し、大きな転換を要請されると見なされているわけなのである。

☆72 このような経緯の詳細については、拙著『東京大学学問論——学道の劣化』(作品社、二〇一四)を見よ。

福島県出身の新進の社会学者の開沼博は近著『「フクシマ」論』☆73において、福島県浜通り地方が、戦後日本の経済成長とともに、首都圏の電力会社によって植民地主義的に「開発」されていった状況をリアルに描き出しているが、チェルノブイリ事故と同レヴェルの原発事故を引き起こした福島第一原発は、まさしく植民地帝国主義から「自然に敵対する帝国主義」への移行を象徴する科学技術的建造物《アーキテクチュア》であったのかもしれない。一度、原子力という「麻薬」を与えられた地域は、はてしなく「麻薬」を要求するようになる。

第五節　ウルトラ・ベイコン的科学としての核科学、そして原子力テクノロジー

1　原子爆弾開発の科学史的意味

ここで、再度、科学史・技術史、そして自然哲学の議論に立ち戻ることとする。

ベイコンは、十七世紀初頭、英国を富国強兵国家として強固にするために、海洋的膨張にとどまらず、「自然界に対する人間の帝国」の拡大をも企図することとなった。それが、クーンのいう「ベイコン的諸科学」の学問的プログラムであった。

二十世紀になって、ベイコン的科学の一領域としての核物理学が創成され、原子核分裂のさいに放出される巨大なエネルギーを利用した原子爆弾の開発が始まることとなった。その様相については、たとえば、リチャード・ローズ『原子爆弾の製造』が詳細に描いている。☆74 原爆製造計画が現実に始動したのは、「マンハッタン計画」とともに、一九四二年のことであった。当初は、ナチス・ドイツとの軍事的対抗上に企図された原子爆弾であったが、完成された時分

☆73　開沼博『「フクシマ」論――原子力ムラはなぜ生まれたのか』（青土社、二〇一一）。

☆74　Richard Rhodes, *The Making of the Atomic Bomb* (New York/London: Simon & Schuster, 1986); 神沼二真・渋谷泰一訳『原子爆弾の誕生――科学と国際政治の世界史』全二冊（啓学出版、一九九三）。

には、その政体は消滅していた。それで、投下先となったのが日本であった。その投下は、スターリン体制下のソ連邦に対する政治的優位性の確立のためになされた可能性が高い[☆75]。それのみならず、先述のように、日本への原爆投下は、アヘン戦争以来の東アジアへの西洋科学技術帝国主義膨張としての意味をもっていた、と私は考える。試験的投下などを試みることなく、そしてウラニウムを材料として砲撃法で爆発すべく製造されたリトルボーイが広島に、また、プルトニウムを材料として爆縮法で爆発すべきファットマンが長崎にと別々の型の原子爆弾がそれぞれ投下された事実が、その紛れもない証拠である[☆76]。科学的実験としての意味をもっていたと考えられるわけである。

　戦後になって、原子爆弾にとどまらず、水素爆弾までもが開発された。その企図については、リチャード・ローズ『暗い太陽――水素爆弾の製造[☆77]』が詳細に再構成している。米国とソ連邦の間の政治的対抗のための核兵器であったことは、もはや隠しようもない事実であった。一九五二年にはアメリカが、そして翌年にはソ連邦が水爆製造に成功した。「瓶の中の蠍」のような、米ソの冷戦下での科学戦争の最前線に水爆製造競争はあった。

　そのうち、ソ連邦から原子力を電力エネルギーのために利用する試みが提起され、米国をはじめ世界は追随するようになった。

2　制御不可能な放射能

原子力が当初は原子爆弾という武器として開発されたために、その科学的特性に多くの科学者

☆75　Gar Alperovitz, *The Decision to Use the Atomic Bomb and the Architechture of an American Myth* (New York: Knopf, 1995); 鈴木俊彦・岩本正恵・米山裕子訳『原爆投下の内幕』全二冊（ほるぷ出版、一九九五）。

☆76　原子爆弾開発に関して、私は、数学者フォン・ノイマンのプルトニウム爆弾設計について考察したにすぎない。拙著『二十世紀数学思想』第三章「ジョン・フォン・ノイマン――数学者と社会的モラル」（みすず書房、二〇〇一）、参照。ただし、その型の爆弾が投下された長崎の識者からは、高い評価をうることができた。

☆77　Richard Rhodes, *Dark Sun: The Making of the Hydrogen Bomb* (New York: Simon & Schuster, 1995); 小沢千重子・神沼二真訳『原爆から水爆へ――東西冷戦の知られざる内幕』全二冊（紀伊國屋書店、二〇〇

が注意を払わなかったという現実が、そのエネルギー活用にとって、きわめて不幸な事態を引き起こしてしまうことになった。長期間使用しているうちに、原子核分裂によって発生する放射線はそのうち技術的にうまく処理できるであろうとほとんどの専門家は考えていたにちがいない。ところが、そうではないことが冷厳な科学的事実として浮かび上がってくることになった。原子力利用によって発生する放射線は、かなり低レヴェルのものであっても、人体に深刻な影響を及ぼす事実が科学者たちによって次第に認識されてきた。ここでは、ただ一冊ジョン・W・ゴフマンの『放射線と人間の健康』[☆78]という一九八一年の著書の参照だけを求めておくことにしよう。ゴフマンは、最初、低レヴェルの放射線程度なら、人間の健康にさして悪影響を与えることはあるまいと予想して研究を始めた。しかしながら、研究が進展するにつれて、そうではない事実が判明した。そこで、この良心的研究者は結果を公表しようとしたところ、予定の研究費は削除されてしまった。科学研究と政治的思惑の相関関係の一斑がわかろうというものである。ゴフマンは、結局、研究所辞職に追い込まれることとなる。ゴフマン自身が吐露している言によれば、「今はたいへん悲しい状況にある。政府は真理を求めようとしない。彼らは職（job）と給料（salary）で研究者を管理し、有力大学に多額の研究費を与えている。誠実さ（honesty）は彼らの欲するところではない」[☆79]。

京都大学にかつていた気骨ある核科学者小出裕章が説いているように、放射能は知覚されず、低レヴェルの放射線被曝でも危険である。「安全な被曝」は存在しない[☆80]。いずれにせよ、放射能についての精確な核化学的知識を獲得し、知ることがきわめて重要である。

一）。

☆78 John W. Gofman, *Radiation and Human Health: A Comprehensive Investigation of the Evidence Relating Low-Level Radiation to Cancer and Other Diseases* (San Francisco: Sierra Club Books, 1981): 今中哲二ほか訳『人間と放射線――医療用X線から原発まで』（社会思想社、一九九一／明石書店、二〇一一）。

☆79 前掲訳書から引用。七六七―七六八ページ。

☆80 小出裕章『原発のウソ』（扶桑社新書、二〇一一）。

わが国では、原子力の平和利用が唱道されるや、日本の科学者の態度は、二分化していったように思われる。武谷三男のような物理学者は、当初は日本的な自主活用の姿勢だったようであるが、原子力に次第に批判的になっていった。なかには、明確に原子力発電のための利用をやめるべきであると考える科学者も登場するようになった。大阪大学の久米三四郎はそういったひとりであった。彼は二〇〇九年に亡くなったが、翌年に遺作『科学としての反原発』（中間考察、参照）が公刊され、その珠玉の書については序論で言及した。ここで、その本の標題に注目されたい。核科学に基づく原子力発電は、科学的に容認しがたい、と久米は主張しているのである。断じて「反科学」なのではないことが留意されるべきである。久米の専門とする核化学の観点から、放射能は統御不可能なのであり、それで原子力技術は認められないと言っているのである。彼は、原発立地予定地の住民のために講演し、住民と一緒になって裁判闘争をも闘った。

東京大学工学部原子力工学科の第一期生であった安斎育郎は、卒業後、東大医学部の助手になり、放射線防御学の第一人者になった。しかし、放射能の危険性を首尾一貫して訴えたために、東大内部での昇進は困難になった。原子力工学科設立十五周年記念パーティにあたっては、「安斎育郎を輩出したことだけは汚点」という発言すらなされたという。福島原発事故を受けて、直後に、安斎は『福島原発事故——どうする日本の原発政策』（かもがわ出版、二〇一一）を世に問うた。われわれが放射能をどのように認識すべきかに関する科学的良心作であり、東大から政治的－学問的に排撃されたことは、安斎の「勲章」だった、と私は考える。

日本の反原子力の思想と運動における最大の貢献者は、高木仁三郎であった。彼は、東大で核化学を修めたあと、民間の会社に勤めたが、そのうち、原子力そのものにいかがわしさを感じ出し、前記の武谷三男と一緒に原子力資料情報室を立ち上げ、そこの事務局専従者となった。高木には、核化学者としての実体験を踏まえた数多くのすぐれた著作があるが、ここでは、『市民の科学をめざして』[☆81]の第2章「専門的批判の組織化について」と、単行本としてはただ一冊『原子力神話からの解放』[☆82]の参照を求めておきたい。前者は、専門の科学者が、自らの専門とする学問分野に関していかなる社会的責任を負うべきかをきわめて説得的に訴えた卓越した論考である。後者は、高木の遺言的な包括的著作である。

3　ウルトラ・ベイコン的科学としての核物理学・核化学

原子力エネルギーを取り出すためには、一般の自然の世界では本来的に前提となっている原子核の安定性に挑み、核分裂を引き起こさなければならない。原子核の安定性を、不自然に作為的に切り崩すことによってしか、膨大なエネルギーを取り出すことはできないことが重要である。ここに、核物理学が教えてくれる重要な科学的真実がある。すなわち、膨大なエネルギーを大量殺人兵器として使用するのであれ、電力として活用するのであれ、人間の日常生活にとって脅威となる放射線が不可避的に発生するのであるが、その放射線は人間の健康にきわめて深刻な害悪をなす。放射線をどう処理するかはきわめて解きがたい難問であり、どう抜本的に解決すべきかの方策については、研究方法すら見つかっていないというのが実状であろう。

☆81　高木仁三郎『市民の科学をめざして』（朝日選書、一九九九）。『市民の科学』（講談社学術文庫、二〇一四）として再刊。
☆82　『原子力神話からの解放――日本を滅ぼす九つの呪縛』（講談社＋α文庫、二〇一一）。本書は、はじめ高木の没年の二〇〇〇年に世に問われた。

ここで、ベイコンの自然哲学の規準を想起してみることにしよう。彼は、たしかに、特異な実験装置を用いて、非日常的な「隠れた構造」に分け入って自然を支配すべきことを一般的に唱道した。そうすることによって、人間にとって有益なものごとを見いだす意義を訴えた。他方、普遍的に人間愛の堅持をも述べ、人間に損害を与えかねない機械技師の所業を「ダイダロス」の故事を参照することによって指弾し、抑止を示唆した。

たしかにベイコンによる自然哲学の企図を外挿的におおきく延長してみれば、現代のエコロジストなら批判して当然と考えるかもしれない側面が見いだされうるかもしれない。他方、先ほどの規準に照らしていえば、原子力テクノロジーは、ベイコン的判断規準をおおきく逸脱している。

古代ギリシャ神話では、人間に火をもたらしたのはプロメテウスであった。高木仁三郎は、先述の『原子力神話からの解放』において、放射性物質の性質から、原子力は「消せない火」をつくる技術であると喝破している。[☆83] その意味は、「放射性物質や廃棄物の放射能は消すことができない」からなのである。「それが消せない以上、原子力は、火をつける技術においては進歩したけれども、原子力から生まれた火を完全に消して無害化することはできない性格を持っている」。これでは、まったくの欠陥技術であろう。

高木の著作で、フランシス・ベイコンの思想に触れてあるものはそれほど多くはない。『核の世紀末』の第II部「来るべき世界への構想力」においては、「ACTIVISM から PASSIVISM」への自然観の転換について言及し、そこで、アクティヴィズムの自然観の提唱者としてベイコ

☆83　前掲書、四八ページ。

ンの名前を出している。[☆84] ベイコンは、自然を積極的に支配しようとする思想の持ち主であったとし、いまや、ベイコン主義に代わって、自然との共生を重視するパッシィヴィズムの自然思想こそが重要視されるべきことを高木は主張しているわけである。

高木は、また、『宮澤賢治をめぐる冒険』において、「科学、とりわけ実験室における科学は自然の一部を剝ぎとってきて、強引にそれに強いメスを入れる。そういうことによって自然を切り刻みますが、自然についてより多く知ることになっても、よりよく知るということにはなっていかない」[☆85]、と意義深いことを述べている。ベイコン的実験科学の閉塞を認識し、新しい自然哲学構築のための呼びかけのようにも読める文面である。

高木が転換点にあると明確に認識した核化学は、しかし、ベイコン的科学を超える性格をもっていた。原子力の基礎になっている核物理学は、たんに「不自然」＝「非自然」な水準にとどまっていたベイコン的科学をも超える、肖顕静のいう「反自然」、ルノーブルの ἀντιφύσις、の自然現象について教えてくれるウルトラ・ベイコン的科学と規定されるべきなのであり、そしてそういった科学的真理からリスクに関する教訓を学ばずに実行されている原子力テクノロジーは、ウルトラ・ベイコン的テクノロジーということになる。本章で検討してきたベイコン的語彙をもって表現すれば、「反自然魔術」(contra-naturalis magia) にも似た所行と言いうるかもしれない学問的モンスターなのであり、これが、二十世紀の半ば以降に人類が直面してきた科学論的・技術論的現実なのである。

原子力テクノロジーは、第二次世界大戦後の「自然に敵対する帝国主義」の核心的象徴であ

☆84 『核の世紀末――来るべき世界への構想力』（農山漁村文化協会、一九九一）、一一九ページ。

☆85 高木仁三郎『宮澤賢治をめぐる冒険――水や光や風のエコロジー』（社会思想社、一九九五）、九五ページ。

ると言っても過言ではないのである。

第六節 「自然に敵対する帝国主義」はいかにして馴致されうるか?

1 「環境社会主義」の政治的プログラム

われわれは、現代資本主義の在り方を「自然に敵対する帝国主義」ととらえたのであったが、この戦後の特異な帝国主義に真っ向から対決し、社会主義運動の大胆な復活をも企図するのが、「環境社会主義」(Ecological Socialism)の政治的プログラムにほかならない。人によっては、ソ連邦などの政体の失敗が明らかになった現在、「何が社会主義か!」と指弾する向きもいるかもしれない。私は、このような問いかけに対して、スターリン主義的体制のほとんど全面否定をもって応えてきた。私は、今日、中国共産党の創党者であり、中国トロツキイ派の頭目であり、また「根元的民主主義の永久革命家」というべき思想を終生唱えた陳獨秀の復権をもって、この問題に対応してきた。

私が、この形態の社会主義思想を知ったのは、ドイツ社会民主党左派のオスカー・ラフォンテーヌからであった。それを科学史家の知見をも併せて鍛え上げ、ソ連邦が解体した翌年の一九九二年から「環境社会主義」という語句を使用し始めた。中国では、私の独創ブランド名のように流通しているらしいが、そうではない(中国では、ほかに「生態社会主義」という呼称もある)。ただし、「自然に敵対する帝国主義」という表現は、英文表記まで含めて、私自身の創造したものである。省みれば、マルクスの生きた直後の時代には、ウィリアム・モリスのようなエコロジー思想重視の英国のマルクス主義的社会主義者がおり、そして明治期日本の社会主義者で、『谷中村滅亡史』を世に問うた荒畑寒村は、明確に「環境社会主義」の先駆者であった。

今日の北欧諸国やドイツの社会民主主義者で、エコロジー思想を重視しない人はいないと言っても過言ではないであろう。北欧諸国で、脱原子力運動をもっとも熱心に推進しているのは社会主義者であり、同時にエコロジストである人びとである。彼らのような政治傾向は、「赤と緑の連合」と呼ばれる。その連合の旗幟は、「環境社会主義」と言い換えることができる。

福島の原発事故を報じたドイツの権威ある雑誌『シュピーゲル』第十一号（三月十四日発行）は、きわめて鮮明に、三月十二日一五時三六分に水蒸気爆発する福島第一原子力発電所の写真とともに、「原子時代の終焉」（Das Ende des Atomzeitalters）の見出しを表紙に掲げた（表紙写真は本書「結論」、四四六ページ）。事故後、反原子力の綱領を掲げた緑の党は、ドイツ国民の大きな支持を集め、ドイツ政府は、二〇二二年までに全原発を廃炉にする方針を打ち出すにいたった。福島での事故以来、五月に入って、日本の世論も脱原子力が過半数を超え、現在では、それ以上であろう。東北地方だと、はるかにそれを超えるであろう。

私は、現代の科学技術論にとってエコロジー問題の解決への取り組みが最重要課題であることをいたく認識し、一九九〇年代初頭からもっとも熱心にその政治的プログラムを唱道してきたひとりであった。拙著『21世紀のマルクス主義』（ちくま学芸文庫、二〇〇六）においては、「環境社会主義」を二十一世紀の人間解放思想の基軸に据えた。その考えは、二十一世紀における自然科学とその基礎の上に成り立つ技術の問題への対処にとって枢要であり、同時に、社会主義運動の再建にとっても重要である、ということである。

ローザ・ルクセンブルクが二十世紀初頭に掲げた人類史がたどるべき選択肢的スローガンは、「社会主義か死か」であった。二十一世紀初頭のわれわれが掲げるべきスローガンは、「好戦的資本主義による破局的開発か、環境社会主義による持続的な生態系保護か」であろう。

環境社会主義の政治的プログラムは、けっして完成された形であるわけではない。とりわけ、東アジアでのその現実的定式化はきわめて重要であり、ひょっとすると数世紀を要する課題かもしれない。しかしながら、東日本大震災によって、その思想と運動は巨大な活力になって人びとを動かしてゆくであろう、と私は予想している。

福島の悲劇が現実となったいま、すぐさま、原子力から脱する理念を掲げ、太陽光、風力、地熱、潮力、バイオマスなどの自然再生エネルギーに転換するシナリオを、総力をあげて作成しなければならない。その方向性はつとに、福島の事故以前に、藤田祐幸によって『脱原発のエネルギー計画』[☆86]によって、それから環境エネルギー政策研究所(ISEP)の所長、飯田哲也によって包括的に提示されている。[☆87]飯田は、最近、映画監督の鎌仲ひとみとの対談『今こそ、エネルギーシフト』[☆88]において、その最近のもくろみを披瀝している。

もっと本格的に、政治経済学的に実行可能な政策を打ち出しているのは、大島堅一の『再生可能エネルギーの政治経済学』[☆89]である。大島はまた『原発のコスト――エネルギー転換への視点』(岩波新書、二〇一二)をも出版し、原発にかかるコストが巨額であることを政治経済学の視点から説いている。北欧諸国や、ドイツ・スペインなど自然再生エネルギーを推進している政体

☆86　藤田祐幸＝文／勝又進＝絵『脱原発のエネルギー計画』(高文研、一九九六)。

☆87　私は、飯田を高木仁三郎の後継者の有力なひとりと見なしている。佐々木力・飯田哲也「脱原子力運動の現在――高木仁三郎さんの没後」、『情況』二〇〇二年一・二月号、八―二七ページ。

☆88　飯田哲也・鎌仲ひとみ『今こそ、エネルギーシフト――原発と自然エネルギーと私たちの暮らし』(岩波ブックレット、二〇一一)。

☆89　大島堅一『再生可能エネルギーの政治経済学』(東洋経済新報社、二〇一〇)。

での試みを紹介しながら、自然エネルギーの鼓舞策、電力買い取り制度などの現実的方向を打ち出している。

目標とする国家形態は、むしろ反面教師国家をあげると理解しやすいかもしれない。二十一世紀初頭のブッシュ大統領時代のアメリカである。二十世紀のアメリカは、フォーディズムと呼ばれる特異な資本主義生産様式を採用し、大量採取─大量生産─大量消費─大量廃棄の浪費社会を作ってきた。その国家が史上最悪の軍国主義国家であったのはけっして偶然ではない。

現代中国のエネルギー供給状況について一言言及しておけば、大きな問題を抱えていると断言せざるをえない。郭四志は近著『中国エネルギー事情』において、原発「大国」から原発「強国」へ、と唱っている。原子力発電の強力な推進が経済成長著しい現代中国においては必須だと述べているわけである。「原発基地について、多少、運行の安全を懸念するが、住民たちは、まだ政府に対し、反発・抗議したことがない。その主因は、中国の社会主義体制によるものである。土地が国家・公的所有で、政府には、原発の立地・土地収用を任意に行う自由があるし、また民主主義国家である日米欧のように原発基地の周辺住民による猛烈な反対運動が起きる、といったことはみられない」[☆90]、などと書いている。社会主義と民主主義は反対概念のように理解されているのである。これでは、むしろこれからの中国の原発事情は大きな懸念題材である、と告白しているようなものである。郭はまた、安全性に一定程度配慮すれば、原子力エネルギーはクリーンなエネルギーであるとの認識を披瀝しているが、これは大きな科学的誤謬である。なるほど経済成長著しい中国では、巨大な電力供給が必要とされているかもしれ

☆90　郭四志『中国エネルギー事情』（岩波新書、二〇一一）、一九一─一九二ページ。

ない。けれども、国家目標が二十世紀のアメリカン・ドリームに酷似していないかどうか、問い直す必要があるであろう。[☆91]

わが国の論者には、かなり良心的な人物（たとえば、寺島実郎）まで含めて、中国の積極的原発推進政策を既定事実のように見なして、日本でも推進政策を容認する論拠となす者がいるが、視野が狭隘であると思う。

現代日本では、国策的原子力推進政策を「社会主義計画経済」の概念と結びつけてとらえる吉岡斉の議論が半可通の論客たちにも一定の影響を及ぼしているように見受けられる。けれども、拙著『マルクス主義科学論』で解き明かしたように、「社会主義計画経済」なる上意下達的経済政策は、一九二〇年代末に始動したスターリン主義官僚体制の産物であり、トロツキイは、そういった下からの民主主義的チェック機能を欠落させた政策を「冒険主義」であるとして厳しく指弾した。[☆92] それゆえ、民主主義と社会主義を隔絶させてとらえる思考法は、「スターリン主義的」と言ってさしつかえない。同じく、「マルクス－レーニン主義」といった概念もまた、スターリン主義体制の所産である。

二十世紀の国家はほとんど例外なく、大きな国民総生産（GNP）をめざした。ところが、それとは別の目標を掲げる国家がある。ヒマラヤ山脈麓の仏教国のブータンである。その小政体がめざすのは、「国民総幸福」（GNH = Gross National Happiness）である。ブータンの若き第四代国王のジグメ・センゲ・ワンチュックは、一九七六年に、こう宣言したという。「国民総幸福（GNH）は国民総生産（GNP）よりも大切である」。

☆91　私は、大震災直後の三月二十二日と二十三日の両日、広州にある広東外語外貿大学で、環境社会主義を唱道する二つの講演を行なったが、ほとんどが若い女性の聴衆は、私の主張に大賛成の意思を表明した。中国国民が政府御用機関の流す情報で一元的に統一されていると考えるのは早計である。

☆92　『マルクス主義科学論』（みすず書房、一九九七）、四〇九―四三二ページ。

ブータンは、きわめて先進的なエコロジー国家でもある。現代ブータンについての入門書としては、第四代国王の王妃のブータン紹介の小著[☆93]、仏教学者の今枝由郎の『ブータンに魅せられて』（岩波新書、二〇〇八）が推奨される。

ちなみに、岩波書店の月刊科学雑誌『科学』は、大震災後の6月号として、特集号「ブータン：〈環境〉と〈幸福〉の国」を刊行した。その号の編集後記は、述べている。「いのちと暮らしこそが優先され、経済も科学も、それを支えこそすれ妨げるべきではありません。電力には生活を支える社会的共通資本としての性格がありますが、それがよく理解されているのはむしろ、日本よりもブータンのようです[☆94]」。もちろん、小エコロジー国家ブータンとて、理想郷ではないであろう。けれども、エネルギー消費大国をめざしてきた現代日本の在り方に転回を迫る契機を与えるかもしれない点で、その国家の在り方から学ぶことは重要であろう。本書の第五章第一節は、ブータンにおける自然観について主題的に考察する。

そして旧ソ連邦解体後、その国家的支援を失ったキューバは、有機農業の大々的振興、またリサイクルの重要性を掲げ、いまや世界有数のエコロジー国家になっている。

オーストラリアの政治学者のロビン・エッカーレイは、その著『緑の国家』[☆95]において、民主主義を成熟させることによって、エコロジー問題の抜本的解決が可能であると考えている。その目標としている政体は、北欧のエコロジー国家の代表スウェーデンであるらしい。

私としては、もっと「赤」に近い、「赤と緑の国家」の目標を掲げ、戦争がなく、雇用が安定した、社会福祉と環境重視の社会主義的政体をめざしたい。前述の政治的–学問的プログラ

☆93 Dorji Wangmo Wangchuck, *Treasures of the Thunder Dragon: A Portrait of Bhutan* (New Delhie: Penguin Books India/Viking, 2006); 今枝由郎訳『幸福大国ブータン』（ＮＨＫ出版、二〇〇七）。

☆94 『科学』Vol. 81, No. 6 (2011), p. 607.

☆95 Robyn Eckersley, *The Green State: Rethinking Democracy and Sovereignty* (Cambridge, Mass.: The Massachusetets Institute of Technology Press, 2004); 松野弘監訳『緑の国家——民主主義と主権の再考』（岩波書店、二〇一〇）。

ムを推進する研究会として、「環境社会主義研究会」が二〇一〇年一月に広島で組織され、その会の『通信』も不定期ではあるものの刊行されている。[☆96]

2 「環境社会主義」に随伴すべき自然哲学

われわれの環境社会主義のプログラムは、政治的な意味だけをもっているわけではかならずしもない。私は東アジアを出自とする科学史家・科学哲学者として、その自然哲学的含意についても簡明に触れておくこととしたい。

先に言及した『シュピーゲル』が「原子時代の終焉」を唱っていたことは私にとってきわめて示唆的であった。私はその雑誌の表紙を、二〇一一年三月下旬に講演のために訪問していた広州で見て、きわめて大きな印象を胸に宿した。

今日の原子力テクノロジーの根源にある科学は、原子核物理学である。その学問は、きわめて深淵で、強力な自然についての知見を提供してくれていると同時に、その閉塞をも告げ知らせてくれている、と私は考えている。

近代物理学の根底には、数学的で実験的な自然哲学があるが、それは、十七世紀前半、英国のフランシス・ベイコン、イタリアのガリレオ・ガリレイ、フランスのピエール・ガッサンディらによって再生され、新らたに定式化されたものである。彼らは、すべてなんらかの意味で、粒子哲学の支持者であり、ある者は原子論者であった。原子論哲学は、古代ギリシャのデモクリトスに淵源し、[☆97]ルネサンスに復興し、十七世紀に大々的に開花した。ところが、そのよ

☆96　私が会長として「科学史的観点からみた原爆・原発問題」を二〇一〇年一月十七日に広島市内で講演し、研究会活動は始動した。研究会は、当初から、原爆のみならず、原発に反対する思想をうたっている。久野成章が事務局長に就任、広島市立大学広島平和研究所の田中利幸教授が主要な研究会メンバーである。

☆97　古代ギリシャの原子論哲学については、西川亮『デモクリトス研究』(理想社、一九七一)、同『古代ギリシアの原子論』(溪水社、一九九五)を参照。

うな自然哲学はいま、逼塞している。少なくともその再解釈が求められている、原子論、あるいはそれと類似の粒子論的前提を自然哲学的に再考することこそが要請されている、と私は考える。その現代的形態であるクォーク理論であれ、ひも理論であれ、実験的に検証することが原理的に不可能になっている。簡単に、ヴォルフガング・パウリに倣って言えば、もはや「まちがってすらいない」（Das ist nicht einmal falsch.）。その自然哲学的特徴づけは第三章第三節で試みられるであろう。

現代物理理論が前提しているのは粒子論的前提であるが、それすらも盤石ではなく、多くの実り多い成果を生み出す前提であるにもかかわらず、究極的には、永遠に「仮説」であるにとどまる。その学問的地位は、エトムント・フッサールが『ヨーロッパ諸学の危機と超越論的現象学』において批判的に論じた「ガリレイによる自然の数学化」の企図に通ずる。その節のe「自然科学の根本仮説の検証のもつ性格」のなかのフッサールの言明は、前章第五節1で紹介した。「ガリレイの理念はひとつの仮説（Hypothese）であ」るとする言明にほかならない。先には自然の数学化についての「仮説」性の指摘として引用したのであった（第一章第五節）が、粒子哲学の仮説性についても同様である。元数学者であり、哲学に転じたフッサール晩年の深い学問的洞見がここには見られる。

ガリレオやデカルトによる数学的自然科学の理念と同様に、粒子論物理学の研究プログラムもまた、無限に検証されるにもかかわらず、無限に仮説であり続けるという学問的性質をもっていることが注意される必要がある。いまやそれ以上に重要なのは、フッサールがヨーロッパ近代諸科学の危機について哲学的に省察した一九三〇年代と同じような、否、おそらく、もっと深刻な、自然科学の在り方についての学問思想的状況が、フクシマ以降、到来しているということなのである。

私の科学史上の師はクーンである。彼は、科学理論は、絶対的に正しい確固とした形而上学の盤石の基礎の上に構築されているわけではなく、一定の前提的事項としてのパラダイムの上に乗っているのだ、と説いた。クーンは、私の科学史の盟友、ルーイス・パイエンソン同様、アインシュタインの「理論物理学」を畏敬していたが、それと似て非なる「数理物理学」に全面的称賛を惜しまないという態度は保留していたように思う。[☆98]

それゆえ、原子論という基礎の上に成り立つ近代自然科学と、たとえば中国の伝統的自然観を比較してみるに、前者は、それ自体として伝統的自然観よりも優越しているわけではない、という見方が出てくる。なるほど、近代工業のためには、機械論的自然観は文句なしに卓越しているが、エコロジー的観点から見れば、東アジアの伝統的自然観にも捨てがたい要素があるかもしれないのである。

医学について省みると、もっと明白な議論ができる。現今に一般に行なわれている近代西欧医学以外の医学で最強の伝統医学は中国医学である。それは、デカルト的な機械論的身体観に基づくものではなく、徹頭徹尾、有機的で自然主義的であり経験主義的である。それは、近代西欧医学と比較して単純に劣っているのであろうか？　私はそうは思わない。中国薬剤には、きわめて効力あるものが存在する。たとえば、肝臓に効く薬は、中薬にしか存在しない。小柴

☆98　Kuhn, *The Essential Tension* (n. 55), pp. 64-65, n. 32; 邦訳、pp. viii-ix. クーンに理論物理学と数理物理学の差異についての重要な示唆を与えたパイエンソンは、二〇〇九年五月の私との対話で、現代物理学における理論的側面の価値低下を指摘していた。彼によれば、現代の数理物理学は、もはや理論物理学と呼ばれうる側面を希薄にさせ、「神学」と似た様相を呈している。その制度的傍証として、かつてアインシュタインが拠点をおいていたプリンストンの高等学術研究所の物理学者たちの学問的権威の低下をあげていた。

胡湯がそれである。が、その処方の仕方をまちがえると、とんでもない災厄をもたらしてしまう。「辨証論治」の診断法によって、比較的強健な肉体の持ち主にしか処方してはならない。近代西欧医学が普遍的な自然科学の法則に基づく医療であるのに対して、中医学は「個の医学」なのである。発想のパラダイムがおおきく異なっているのである。クーンの科学哲学の用語を用いて表現すれば、両者は「通約不可能」なのである。われわれには、中医学から学ぶ点がおおいにある（第四章第三節を見よ）。ここで、「中医学」と江戸時代以降の「日本漢方」はおおきく異なっている点に注意を促しておく。

現代中国では、近代西欧医学の制度化はまだまだ遅れている。しかし、伝統中医学と近代西欧医学を結合せしめた「中西医結合医療」はきわめて豊かで、おもしろい発想であり、科学哲学＝医学哲学的に示唆的である。重要なのは、実際に効力があるかどうかを現実の個々の証拠・症例に基づいて確認し、そういった医療経験を蓄積してゆく作業なのである。一般的に言って、医療の科学哲学的探究が要請されている。

医学的にだけではなく、自然観に関しても、伝統的観方は現代に教えてくれるところ多い。現代中国で景観が美しいのは、伝統的景観を保持しているところである。美麗な山水を愛でる文学的言説は、六朝時代には成立していたものと考えられる。西洋で、このような言説が同時代に成り立ちえたかどうかはおおいに疑わしい。東アジア独自の自然観を侮ってはならない（第四章第一節を見よ）。現代中国の近代西洋的建造物は、率直に言って、しばしば醜悪である。

そもそも、ベイコンが『ノヴム・オルガヌム』で称賛した印刷術、羅針盤、火薬、絹糸、紙などの技術的成果は、その根源は、中国からもたらされたものであった。そのような事実は、英国のジョセフ・ニーダムらによって歴史学的に跡づけられた。近代西欧自然哲学、技術の優位性に関する先入権を捨て去り、虚心坦懐に東アジアの知的遺産を検証すべきであろう。

自然観について、R・G・コリングウッドは『自然の観念』をものし、古代ギリシャとルネサンス以降の近代西欧の自然観・自然哲学について、洞察力のある記述を残した。☆99 しかし、所詮、西洋世界の、しかも原子力以前の自然観についての省察であったことに注意する必要がある。

そしてホワイトヘッド哲学に関して卓越した知見をもつ上智大学の田中裕は、「キリスト教が人間のみを特別視して、他の被造物を顧みないと言うものがいるが、すくなくとも初期教会の使徒の言葉は、そういうものではない」☆100 と指摘し、被造物を含む自然、それから人と神との「共生《きょうしょう》」(convivium)の重要性を強調している。自然と人間との新しいかかわりについての方向づけがここでもなされている。

われわれの漢語「自然」の起源は『老子』にある。東西の自然観に関して、それから自然哲学に関して、さらに、自然科学の在り方に関して、根源的思索がなされる秋《とき》である。それこそ、ライプニッツが、一六九七年（第二版一六九九年）に『中国最新事情』においてなしたように（第一章参照）、そして最近では、ジョセフ・ニーダムが一九六九年刊の『大いなる滴定』☆101 においてなしたように。それぞれの文明に随伴した自然哲学を別々に孤立させて、窓のない「理解の鋳型」として見る観方は不毛である。それぞれの文明の光の交歓こそが求められている。☆102

☆99　R. G. Collingwood, *The Idea of Nature* (Oxford: Clendon Press, 1945); 平林康之・大沼忠弘訳『自然の観念』（みすず書房、一九七四）。

☆100　田中裕「二一世紀のホワイトヘッド哲学――共生《きょうしょう》の智の探求のために」、『理想』六九三号（二〇一四）、一三―一四ページ。

☆101　Joseph Needham, *The Great Titration: Sciecne and Society in East and West* (London: George Allen & Unwin, 1969); 橋本敬造訳『文明の滴定――科学技術と中国社会』（法政大学出版局、一九七四）。

☆102　この点で、つぎの著作は示唆的であろう。Franklin Perkins, *Leibniz and China: A Commerce of light* (Cambridge: Cambridge University Press, 2004).

いまや、独自の、伝統的・近代的自然観を結合させた斬新な自然観を確立することが枢要である。

3　東アジア科学技術文明の大転換を！

近代西欧の自然哲学は、先述のように、フランシス・ベイコンらの自然を征服しようとする企図、「自然界に対する人間の帝国」の拡大する学問的プログラムとともに生まれたと言っても過言ではない。ベイコンは、大航海時代に大西洋を「もっと彼方へ」(Plus ultra.) と勇躍してゆこうとする英国の植民地主義の企図を、自然を「もっと彼方へ」と機械技芸的に、魔術的に征服しようとする企図に転轍しようとした政治哲学者であった。

フランス革命後、新しいベイコン主義的実験科学で武装したフランスの科学者たちは、自らの科学技術文明をまず古代文明の担い手の中心エジプトにもたらそうとし、その地を「科学帝国主義的に」征服しようと考えた。その延長上に、大英帝国は、インドと中国を科学技術帝国主義的に支配しようとした。明治日本は、欧米の帝国主義的企図から自らを防衛したが、昭和の年代になり、第二次世界大戦の終結にあたって、原爆攻撃をもって科学技術帝国主義の手ひどい仕打ちを受けることとなった。

戦後になって、植民地帝国主義は地理的飽和状態に陥り、「自然に敵対する帝国主義」に姿を変えた。その象徴が原子力テクノロジーであった。その形態の技術は、もはや、ベイコン的科学の枠からも逸脱した「ウルトラ・ベイコン的科学」というべき特性のうえにできたテクノロジーであった。

いまや、「ベイコン主義自然哲学」は黄昏の時を迎えている。一般に、ベイコン主義的科学は、作為性のうえに成り立っているがゆえに、その本性からして、潜在的に、エコロジー的な問題を孕む。その形態の自然哲学に転回が求められていることを明確に認識し、ベイコンが十七世紀初頭に試みたような、新しい政治経済的現実に配慮した新しい自然哲学の建設へと、それこそ、東西思想の叡知を総動員して志すべき秋《とき》であろう。

私は、近代西欧科学の成果を否定し、その延長上にある現代科学技術を全面的に否定しようとするのではない。むしろ、その知見を尊重し、そのうえで、現代のわれわれが採用するテクノロジーを主体的に選択しなければならないと主張しているのである。原子力テクノロジーは、それが先端的科学に基づいているから採用してはならないというのではなく、科学的に放射能が統御不可能であり、人類に災厄をもたらすから、使用してはならないとするのである。論拠は徹頭徹尾科学的なのである。とりわけ、地震が頻発する日本において、原発を建設維持しようとするのはまったくの愚行である。一般に、地球上のどこにおいても、原発の安全性が百%保障される場所はない。

わが国の反原子力運動の旗手、高木仁三郎は、原子力というパンドラの箱に残された唯一の「希望」は、脱原子力を現実に成し遂げることであると言い遺して亡くなった。[☆103] 彼の思索の発想源のひとつは、東北は花巻の人宮澤賢治の生きざまであった。独創的思索は、そのような意外な思想の源泉から養分を汲み取ることから生まれるものなのである。

☆103　高木、前掲『原子力神話からの解放』（注82）、二九九―三〇一ページ。

原発所有諸国は、原子力テクノロジーに関しては、二〇二二年までに全面撤退を決断したドイツに倣うべきである。『シュピーゲル』が謳った「原子時代の終焉」という警句は、さすが哲学の国にふさわしい、と感心させられる。ドイツは徹底した民主主義的熟議の末に、脱原発の道へと踏み出した。これまで、原子力に注いだ巨大な科学的・技術的情熱は、自然再生エネルギーの開発に傾注すべきである。

　スイスも二〇三四年までに原発に訣別しようと決めた。イタリアは、二〇一一年六月十二日と十三日に行なわれた国民投票で、過半数が投票し、そのうち九四%以上が原発に否をつきつけた。画期的なことである。

『朝日新聞』は二〇一一年七月十三日朝刊で、異例の包括的な「社説　提言　原発ゼロ社会」を掲載し、「日本のエネルギー政策を大転換し、原子力発電に頼らない社会を早く実現しなければならない」と主張した。そして「核燃料サイクルは撤退」をも副次的に提言した。すなわち、技術的には大甘の高速増殖炉を断念し、青森県六ヶ所村に建設中の再処理施設にも否を呼びかける文面にほかならない。私の観点からは、不充分な点も免れていないが、国際社会に通用する、まずは理性的な立場と高く評価しなければならないだろう。

　私が本章で提起したかったのは、原子力文明から全面的に撤退する包括的な自然哲学のプログラムであって、東アジアの科学技術文明の大転換を誘うものである。そのような学問的作業は、十七世紀西欧の科学思想史を専門的に学んだ東北人学徒にとって必須のものと考えられたのであった。

省みて、原子力を批判的に見る私の思想は、東北大学大学院で数学を学んでいた一九七〇年時分に宮城県北部の女川に計画されていた原子力発電所への反対運動に遡源できるもののようである。最近、反原子力の論客として小出裕章が健筆をふるっているが、彼の佳作『原発のない社会へ』が教えてくれることとして、小出の思想的原点もまた彼の東北大学学生時代の女川原発反対闘争にあるらしい[☆104]。そして言うまでもなく、本考察にはいまは亡き高木仁三郎の志の一斑を理論的に継承する意思も若干働いている。

　われわれは、自然観に関しても、伝統的自然観の復活の可能性がないかどうか、再考すべきである。そのさい、近代科学技術を採用するか、伝統的なものを採用するか、あれかこれかの発想は不毛である。ハイテク技術と伝統的自然観を結合して、新しい豊かな自然環境と、質の高い生活を追求すべきなのである。ベイコン主義的科学を総体として遺棄すべきであるなどと考えるのは愚かなことである。選択的に、われわれの生の充実のために、活用すべきものは、当然、活用すべきである。選択の規準として、エコロジー的価値観を参入させることが枢要なのである。

　大震災後の今日、ハイテクと脱原子力のエコ・タウンないしスマート・シティといった構想が提出されつつある。私としては脱原子力の構想であるかぎり、推進されるべきであると考えるが、ただ、大企業が推進母体であり、「機械仕掛け」すぎることに懸念をもつ。

　二〇一一年の東日本大震災は、近代日本史において、明治維新と、第二次世界大戦における敗戦と並び立つほどに重要な歴史の転換期と見なされうる。ヒロシマ・ナガサキ、そしてフク

☆104　『原発のない世界』（筑摩書房、二〇一一）、一八六―一九〇ページ。このエッセイは「「反原発」は差別に抵抗すること」と題されており、小出の思想的原点として読ませるものがある。

シマの教訓から学び、「赤と緑の国家」の建設を目標として、全面的に原子力文明と訣別し、ハイテクと多様な地球環境保護策を重視した新しい科学技術文明を創成しなければならない。第二次世界大戦が終了した直後、原子力で武装した国家が最先進国家と見なされた時代が続いた。いまや、脱原子力の国家が最先進国家と見なされる時代が到来しつつあるのである。

われわれは先に、ベイコンが『ノヴム・オルガヌム』第一巻一二九のなかで、「人類自体の権力と支配権を宇宙全体に対して建て直しを拡げよう努力する人があるなら、そのような野心は、他のものよりは健全で高貴なものであることは疑いない」と書いているのを紹介したが、そのような野心は、いまや無条件で称賛されるべきものではなくなっている。自然支配の「野心」に根ざした「不自然」なベイコン的科学は、原子核科学の成立とともに、「反自然」のレヴェルにまで到達してしまっており、その場合には、撤退＝引き返しが求められるのであり、明確に転換を求められているのである。

脱原子力の新しい時代を先導する旗幟こそ、二十一世紀においては環境社会主義の旗とそれに随伴した自然哲学でなければならない。そのさいに、十七世紀初頭、政治思想的に、そして自然哲学的に、根源的に思索したフランシス・ベイコンの自然哲学がいまや黄昏も迎え、転換を要請していること、そしてその遺産のよきものをも継承した、新しい政治思想に依拠した新しい自然哲学が必須になっていることを認識することが肝要なのである。

第三章　近代ヨーロッパ機械論自然哲学への懐疑

――数学的自然学と原子論哲学

第一節　十七世紀西欧自然哲学思想転換の構図――懐疑主義的危機との格闘

現代自然科学の根源的基礎は十七世紀ヨーロッパの思想家たちによって据えられた。ベイコンとガリレオは、機械的技芸のうえに立った「テクノロジー科学」(technological science を本格的に始めた。それは、別様に「作業科学」(scientia operativa)とも言い換えられる。人によっては、総称して「機械論哲学」(mechanical philosophy)とも呼んだ。ベイコンは、その一般的な学問的意義を理解し、政治的にも唱道したのに対して、ガリレオのほうは、現実の自然科学的法則の発見に尽力した。この自然哲学思潮は、のちの世代をも、いわば基調低音のように、思想的下地として、捕らえ続けることとなった。

そして、中世知識人たちをとらえたアリストテレス主義的自然哲学に代わりうるもっと本格的なオールターナティヴとしての自然哲学は、ベイコンとガリレオのつぎの世代の哲学者たちによって提唱されたものと考えられる。フランスのルネ・デカルトとピエール・ガッサンティによってであった。ガッサンディも、それからまたデカルトも、十六世紀後半を席巻したフランスの深刻な宗教的危機の大きな影響を受けた。とりわけ、その後の一六二〇年代に起こった

「ピュロン主義的危機」(crise Pyrronienne)と呼ばれた懐疑主義的な思想的危機にまともに対峙したものと考えられる。☆1

そのような思想的危機とその余波と格闘しながら、デカルトは、自らの改革された数学と数学的自然科学のサンプルを思想的自伝付きで『方法序説および試論』(一六三七)として公刊したあと、数学的自然学の学問的プログラムを形而上学的に正当化しようと図った。『第一哲学についての省察』(初版一六四一)をもってであった。ガッサンディ(一五九二—一六五五)は、デカルト(一五九六—一六五〇)よりも四歳ほど年長であったが、デカルトの哲学的企図を一定程度は評価したにしても、デカルトの『省察』における思考には誤謬推理が含まれているとした第五反論を書いただけではなく、さらにもっと浩瀚な『形而上学的考究』をも一六四四年に世に問うた。

今日、ガッサンディの自然哲学がまともに言及されることは少ないが、それはひとつには彼の著作がほとんどもっぱらラテン語で書かれたからであり、直後の時代への彼の影響は軽視することはできない。英国のボイルやニュートンへの影響に鑑みれば、むしろデカルトのを上廻っていたかもしれない。ガッサンディは十六世紀中葉に復興した古代懐疑主義思潮に真剣に立ち向かい、その衝撃をけっして忘却はしなかった。デカルトはその克服に成功したと公言したのであったが、ガッサンディのほうはそうは考えなかった。依然として、古代の懐疑は有効であると考え続け、他方で、よりましな自然学体系を選択しようとして、原子論哲学のなかにあって、エピクロスの体系を選んで同時代的によりふさわしい思想形態に変容せしめ、キリスト教化をはかった。

☆1 この思想的危機こそ、近代ヨーロッパ思想の開始を刻印したという見方がある。Richard H. Popkin, *The History of Scepticism from Savonarola to Bayle* (Oxford/New York: Oxford University Press, 2003). 野田又夫・岩坪紹夫訳『懐疑——近世哲学の源流』(紀伊國屋書店、一九八一)は、一九六〇年刊の初版からの邦訳。

他方のデカルトは、自然学（physica）の対象としての「延長されるもの」（res extensa）を「純粋数学の対象」（objectum purae Matheseos）ととらえた。アリストテレスや他の自然哲学者が、曰く言い難い存在として重要視した「質料《ヒューレー》」（ὕλη=materia）をいとも簡単に斥けてしまったわけである。デカルトが、その確実性のゆえに、とりわけ重視した純粋数学の彼による形而上学的基礎づけの試みについては、第二節でその妥当性を論ずる。

ガッサンディは、古代の懐疑主義が有効であることを容認する一方で、デカルトが単純に斥けた物質概念が自然学的考察にとって依然として重要であることを認め続けた。古代ギリシャ世界において一世を風靡した原子論哲学、それもエピクロスの哲学体系を文献学的に再構成し、再解釈する手順を経てであった。

ここで、十六世紀中葉から十七世紀までの西欧で起こったアリストテレス主義的－スコラ的学問体系から、機械論的ないし粒子論的自然哲学への移行ないし転換について歴史的－哲学的註記を試みておく必要性が出てくる。アリストテレスの認識論は、われわれ人間主体の感覚ないし知覚に立ち現われる現象の質＝性質を考察し、そのうえで、性質からの想像を介して、自然世界を構成する要素をある種の元素として認識しようとする構図に依拠していた。私は、その構図を「認識論的道理」（ratio cognoscendi）に従う世界の観方と規定する。ところが、ガッサンディらの新しい粒子哲学的なものの考え方は、その観方とは対立するものであった。その構図は、「存在論的道理」（ratio essendi）に基づく世界の観方と呼ばれうるであろう。あるいは、「存在」（ens = esse）を別の語彙に置き換えて、「実体」（substantia）的観方とすることもできるかもしれない。

もっとも、エピクロス哲学は知覚的契機をも依然として重視するので、「認識論的道理」から「存在論的道理」への、ある種のゲシュタルト転換と見るべきであろう。ともかく、知覚や認識にまつわる仕組みは取り払ってしまって、端的に存在者や実体によって自然や世界についての正しい認識にいたろうとするわけなのである。

ここで、われわれは、しごく単純に、アリストテレス的「認識論的道理」のうえに立つ世界の観方が、より卓越した「存在論的道理」による新しい世界の観方に進化ないし発展を遂げた、あるいは進歩した、と考えてはならないであろう。

ここに印象的なあるエピソードを差し挟むことを許されたい。私が東京大学に勤務していた時分に科学史・科学哲学研究室において、もっとも親しい同僚としての間柄をもたせていただいたのは、科学哲学者の大森荘藏教授であった。教授が、アイルランドの哲学者ジョージ・バークリーによる「知覚一元論」の原則「存在することは知覚されること」(esse = percipi) の支持者であったことは広く知られている。私が教授との直接対話から得た感触では、量子論的世界にかかわる認識論を展開するさいに、バークリーの認識論がきわめて有効に思われたらしい。ところで、ごく通常的なジョン・ロック的認識論によれば、真に実在する物は、「一次性質」(primary qualities) によって規定される。それは、『人間知性論』(一六九〇) からの引用をもって表現すれば、「ある物体から固性・延長・形・可動性のどれにせよ、取り去ることはできない」とし、「こうした性質を私は物体の本源的性質ないし一次性質と呼ぶ」(第二巻第八章)。

私が大森教授を感心させずにはおかなかったエピソードとは、直前に読んでいたジャン・ビュリダンの『天体・地体論四巻問題集』にかかわる。ビュリダンは、そこで、「天には一次性質（primae qualitates）、すなわち、熱、冷、湿、乾が見いだされる」と書いていた（第1巻第9問）。☆2 周知のように、アリストテレスは、人間に感覚的知覚にかかわる「温・冷・乾・湿」の四つの性質こそ根源的性質であり、この考えを受け継いだイブン・ルシュド＝アヴェロエスの流れを汲むアルベルトゥス・マグヌスらスコラ学者たちは、それらに「一次性質」なる呼称を与えていたのであった。十四世紀パリ大学のビュリダンはこの用語を踏襲したにすぎなかったのである。☆3 バークリーのみならず、エルンスト・マッハやエトムント・フッサールの著書に親しんでいた大森教授は、単純に、アリストテレス主義的スコラ学者たちの「一次性質」なる用語に不案内なだけだったというわけなのである。

このようなスコラ学的概念が、機械論哲学の基本的支持者であったロバート・ボイルらを経て、ジョン・ロックらの一般的な哲学的概念として定着する経緯については、エドウィン・バート『近代物理科学の形而上学的基礎』（一九二五）☆4 が詳細に記述している。

ところで、先述の人間の認識構図を「認識論的道理」から「存在論的道理」に転換せしめたのは、ボイルなのではない。もっとも根源的にはガッサンディであった。彼は思想的遍歴をアリストテレス主義的スコラ学を学ぶことから始め、その哲学教師にすらなった。そのうち、ルネサンスの人文主義者たちの著作の読書を経て、なかんずく、ファン・ビーベス、ピエール・シャロン、ペトルス・ラムス、ジャンフランチェスコ・ピーコ・デッラ・ミランドラによって深い影響を受けた。そうして懐疑主義的反アリストテレス主義者として自己確立した。そのう

☆2 横山雅彦編『中世科学論集』（朝日出版社・科学の名著、一九八一）、四八ページ。原文は、*Johannis Buridani Quaestiones super libris quattuor De caelo et mundo* (ed., Ernest Moody, 1942), L. I. Q. 9. この部分の訳者は青木靖三である。

☆3 拙稿「一次性質／二次性質」、岩波『哲学・思想事典』（一九九八）、八〇一―八一一ページ。

☆4 Edwin A. Burtt, *The Metaphysical Foundations of Modern Physcial Science* (1925; Rev. ed. London: Routledge & Kegan Paul, 1932). 市場泰男訳『近代科学の形而上学的基礎』（平凡社、一九八八）。

ち、天文学説のなかで、コペルニクス説を支持するようになり、それから、古代ギリシャのエピクロス哲学体系の基本的支持者となり、結局、アリストテレス主義に代わる「より真らしくかつより堅実な哲学」(verisimilioris saniorisque philosophia)☆5の建設に努め、遺作としてキリスト教的エピクロス主義の哲学体系『哲学集成』を後世のために遺して、この世を去った。ここで、自らの哲学的企図を、「より真らしくかつより堅実な」というふうに、形容詞の比較級で言い表わしていることが注意されるべきである。自らのエピクロス主義的自然哲学についての評価も、アリストテレス主義よりは、「より真らしくかつより堅実な」哲学というだけで、最終的で絶対的な真理に到達したというような境地にはいたっていない。私が『哲学集成』(一六五八)の自然学についての文面を読解したかぎりでは、エピクロスの「原子《アトム》」をギリシャ語の厳密な原義どおり(ア+トモス=分割不可能)に「不可分者」(indivisibilis)なる「実在」と明確に解釈して提示した個所はない。もっとも、便宜的に「不可分者」に近い漠然たる意味でなら、「アトム」という語彙を用いた。彼にとって、エピクロス的原子論哲学は「仮設」(hypothesis)にとどまった。すなわち、彼は哲学者としては、永遠の懐疑主義者にとどまった。

　そもそも、古典ギリシャ語の通常「懐疑主義《スケプティケー》」(σκεπτική)と訳される語は、「探究する」を意味する動詞「スケプトマイ」(σκέπτομαι)に淵源する。懐疑主義思想を最終的に成功裏に排撃することに成功したと唱《うた》ったデカルトとちがって、ガッサンディは、文字どおりの意味で、永遠の「探究主義者」、「懐疑主義者」として自らの生を終えた。

　そしてアリストテレスが認容した「質料《ヒューレー》」(ὕλη=materia)を「純粋数学の対象」に還元できるな

☆5　一六二五年七月二十五日付のガリレオ宛書簡。P. Gassendi, *Opera omnia*, t. VI (Lyon, 1658), p. 5a. Barry Brundell, *Pierre Gassendi: From Aristotelianism to a New Natural Philosophy* (Dordrecht: D. Reidel, 1987), p. 108 (p. 208, n. 1) に引用されている。

どというふうには夢思ってもみず、しかし、根源的物質単位として、エピクロス的「原子」のような存在論的単位を、いわば作業仮設として認めて、自然科学的探究を続行した。このような物質観は、英国では、ベイコン主義的「作業科学」の使徒ボイルによって継承された。

それでは、アリストテレス主義的な「認識論的道理」からガッサンディ的ないし粒子哲学的な「存在論的道理」への転換は、それほど重要な転回の契機ではなかったのか？　そうではない。まことに枢要な転回の構成要素であった。「作業科学」＝「作業化学」としての機械論的自然科学を建設するにあたって、認識論的図式などはもはやどうでもよいものであった。というより、より適切には、そのような図式などは、もはや〝二の次〟の重要性しか与えられないものであった。むしろ、自然の「存在論的」な構造的秩序を体系的に解明し、人間の役に立つ「発明」を準備することが、とてつもなく重要な課題に据えられた。なぜなら、ベイコン主義的「作業科学」にとっては、そのような「発明」の契機こそが科学の目的であったからなのである。ガッサンディにとっても、デカルトにとっても、ベイコン主義的な自然哲学的基底は、当然の「下部構造」的前提となっていたと見てさしつかえないであろう。

ところが、原子論哲学ないし粒子論哲学は、ラヴォワジエ（一七四三―一七九四）からドルトン（一七六六―一八四四）にかけて、認識論的な省察の要素を喪失させ、ガッサンディやボイルにはたしかに存在した懐疑主義的思想を払拭して、実証主義化が進行すると、ある種のドグマティズム思想が圧倒的になった。そのような存在論的ドグマティズムは、十七世紀においては、デカルトにそのはしり的形態が認められただけであった。

まずは、中世のアリストテレス主義に代わる、新しいドグマティズムとしてのデカルトの哲学思想について省察してみることとする。

第二節　数学的自然学の最初の理論家としてのデカルト――基礎づけられない数学的知識

1　デカルト的数学の特性――「発見技法」としての代数解析的数学

デカルトの数学は、まず、アリストテレス的な「論証技法」を体現した『原論』の著者エウクレイデースの数学とは異なり、「発見技法」（ars inveniendi）として形成されたことに注目せねばならない。

デカルトが自ら語っているところによれば、自らの「方法」の起源は三つある。第一は、学校で学んだアリストテレス的論理学である。第二は、古代人の解析、すなわち、アレクサンドリアのパッポスの『数学集成』第七巻（「解析のトポス」と呼ばれる）が伝えたような幾何学的解析であった。第三は、近代人の代数、もっと具体的には、イエズス会コレージョ・ロマーノのドイツ人数学者クリストフ・クラヴィウスがローマで一六〇八年に出版した『代数学』（*Algebra*）をテキストブックとして学んだような代数学であった。

そのような数学改革の企図は、一六一八年秋にオランダを手始めに試みたヨーロッパへの旅行の過程で胚胎された。オランダ周辺で、デカルトは、おそらく、アドリアーン・ファン・ローメンの「普遍数学」（mathemsis universalis）概念について書かれた著作を見る機会をもったはずである。この数学学科概念は、とくに哲学的意味をもったものではない。インド－アラビア数字による計算技法と、算術と幾何学を統合する学科としての代数、を内容とするような新しい学科を意味していたと考えてよいであろう。そのラテン語語句の訳語としては「通用数学」がより的確かもしれない。☆6 こうして数年後には自らの『代数学』(*Algebra*)という標題をもった草稿を書き終えることとなる。これが、一六三七年に『方法序説および試論』を構成するもっとも重要な試論《エッセイ》として公刊されることになる『幾何学』(*La Géométrie*)の原型なのである。☆7

『幾何学』というオーソドックスな学問的標題に欺かれてはならない。もともとの草稿時での仮標題が『代数学』であることが示すように、記号代数についての書なのである。そもそも、代数=アルジャブルは、アラビア数学においては、算術的に遂行される解析技法を意味した。デカルト以前に、『解析技法序論』(一五九一)を世に問うたフランソワ・ヴィエトは自らの記号代数を「新代数」(Algebra nova)と呼び、そして本文中で、自らの解析技法のことを「数学におけるよき発見の教説」(Doctirina bene inveniendi in Mathematicis)と特徴づけた。すなわち、ヴィエトの「解析技法」も、デカルトの「幾何学」も、代数という記号計算技法をもってする数学的発見の技法、すなわち、代数解析技法であった。古代ギリシャの「論証技法」ではなく、「発見技法」であることは片時も忘れられてはならない。

換言すれば、ベイコンの新しい学問理念が、「発明」を目的とする「作業科学」であり、その方法が「帰納法」であったとすれば、デカルトの数学は、代数解析的数学だったのであり、その方法は、代数を言語的道具とする「発見技法」としての性格をもっていた。ベイコンとデカルトの両者には、共通の実践的な方向づけが見いだされるのである。

☆6 実際に、現代中国では、中国科学院数学アカデミーの数学史家の李文林教授によって、そう訳されて流布している。無論、私の影響がある。

☆7 拙著『デカルトの数学思想』(東京大学出版会、二〇〇三)を参照。その記述は、『数学史』(岩波書店、二〇一〇)において部分的に改訂されている。デカルトの『幾何学』のテキストは、原亨吉訳で読むことができる。ちくま学芸文庫の一冊として、二〇一三年刊。

れる。

2　数学的真理の超越論的基礎づけ――〈コーギトー〉の形而上学的意味

デカルトは、イエズス会のコレージュ在学中の少年期から数学を愛好し、純粋数学を特別視する志向をかなり早くからもっていた。そのことは、一六二八年ころに草されたと見なされている『知性を導くための規則』（従来『精神指導の規則』という標題で親しまれてきた）を読めば、明確に感得される。

ところが、『方法序説および試論』の時点から、純粋数学の真理はそのままでは真理とは見なされなくなる。別の第一真理が提示されるようになるのである――「われ惟《おも》う、ゆえにわれあり」（Je pense, donc je suis.= Cogito, ergo sum.）といった言明にほかならない。その哲学的意義が解説され、全面的に基礎づけされるのは、『第一哲学についての省察』においてである。

デカルトが数学的真理の「創造説」というべき考えについて言及し始めたのは一六三〇年四月十五日付のアムステルダムから送ったメルセンヌ宛書簡によってである。その書簡は、「自然学の基礎」（les fondamans de la Physique）を据えようと探究していた時期に書かれた。その考えにどのように到達したのかを追跡することは精確にはできないが、古代起源の懐疑主義文献を真剣に読んだり、神学上では、主意主義的神概念を知ったことが一定の意味をもったものと推測されうる。私が調査したかぎりでは、一六二一年にパリで刊行されたセクストス・エンペイリコスのギリシャ語―ラテン語対訳『現存著作集』を手にしたことは確実であるように思われる。☆8 当然、その版本には、『ピュロン主義哲学の概要』もが収録されており、ディオゲネス・ラエ

☆8　Sextus Empiricus, *Opera quae extant* (Paris: Petrus & Jacobus Chouët, 1621). この版は、パリの外にもジュネーヴなどで出版された。参照していることがほとんど疑いえないのは、デカルトが引用しているラテン語訳が、そっくりこの版本のものと一致しているからである。もっとも、他の版本をも参照している可能性はある。

ルティオスが『著名哲学者列伝』の「ピュロン伝」において、アグリッパに帰した「五つの方式《トロポス》」もが含まれている。そのなかでもっとも重要な今日の哲学者が「アグリッパのトリレンマ」と称している三つの方式は、純粋数学の真理性をそのまま信じていたデカルトにとって、もっとも重要であり、手強い反対論拠となったはずである。

「アグリッパのトリレンマ」とは、「判断保留」に導く三つの重要な方式《トロポス》のことをいい、（1）無限遡行に追い込む方式（in infinitum）、（2）仮設による方式（hypotheticum）、（3）相互依存（循環論）による方式（diallelum=circulus vitiosus=petitio principii）からなる。第三の「相互依存による方式」についてのみ解説を添えておけば、これは、「探求されている物事を確立すべきものが、探求されている物事に基づいて確信されることを必要とする場合に成り立つ。この場合には、いずれか一方を採用することができないから、双方についてわれわれは判断を保留する」。「判断保留《エポケー》」（ἐποχή）は、まさしくフッサールが復活させ、愛用した「現象学的還元」にまつわる重要概念にほかならない。

デカルトは、このような方式によく通じていた。そして「われ惟う、ゆえにわれあり」なる不可疑の第一真理を持ち出す。デカルトによれば、それは、「アルキメデスは、全地球を動かすために、確固不動の一支点以外には何も求めなかった」（第二省察）、そのような枢要な根拠なのである。デカルトは、こうして、特異な神学的論点を介し、数学的真理の恢復を図る。「私は幾何学の論証そのものについて疑っていた懐疑主義者たちを対置させて、彼らが当然そうであるべきように、神を認識していたとするならば、そうはしなかったであろうと断言いたします」（『省察』第五答弁）。彼が考案した「われ惟う、ゆえにわれあり」の真理とは、三段論法による演繹を介してではなく、「精神の単純な直観によって」（simplici mentis intellectu）真であることが認知されるような特異な言明である点で、数学的真理とは異なる。先述のアグリッパのトリレンマの罠にはかからないからである。

デカルトはこうして古代以来の全懐疑主義者に勝利を収めえたと思った。『省察』第二版（一六四二）に収録された第七答弁で、ブルダン神父に対して述べているように、「私は全懐疑主義者の懐疑をはじめて転覆せしめた」。

その後、デカルトは、いわゆる神の存在証明に挑む。私が思惟しているかぎり、私が存在していることは示された。その私が存在している原因として神は存在せねばならない。そして私は神の存在を明晰・判明に覚知しうる。存在しないとすれば、至知至能の神の定義に反してしまう。それでは、私が認知しうる数学的真理は「邪悪な守護霊」（genius malignus=malin génie）に導かれて虚偽とされるというようなことがありうるであろうか？ 数学的真理は明晰・判明に覚知されるのであるから、誠実なる神がその真理を虚偽とするようなことはありえない。それゆえ、数学的真理もまた保障される。それのみならず、数学的自然学も「純粋数学の対象」なのだから、その真理性もまた誠実なる神によって請け合われる。

けれど、人は、神の存在証明、そして誠実なる神に数学的真理だけではなく、数学的自然学の真理性を保障せしめるというデカルトの論議の進め方を受け容れることはできるであろうか？

なるほど、第一真理「われ惟う、ゆえにわれあり」の発見は非凡であった。私は、その論証論的地位について、『方法序説および試論』公刊から三五〇年後の一九八七年初春に思いいたり、デカルトの思索力に感銘し、「われ見いだせり《ヘウレーカ》」の雄叫びをあげた。そのとき、私はプリンストン大学に提出する博士学位論文『デカルトの数学思想』執筆の最終段階にあった。☆9

3 「純粋数学の対象」としての数学的自然学——「デカルトの螺旋」という難点

デカルトの全自然を数学化しようとする学問的プログラムは、一六一八年秋にオランダを手始めにヨーロッパに旅出て、イサーク・ベークマンと出会って以来の学問的夢であった。その学問的夢は、一六三七年にライデンから公刊された『方法序説および試論』において一定程度は果たされたものの、十全にではなかった。そのことは、三八年十月十一日付でメルセンヌ宛に発信された書簡から明らかである。そこでデカルトは、その年に出版されたばかりのガリレオの『新科学論議《ディスコルシ》』を念頭に置いて、ガリレオは「自然の第一諸原因を考察せずに、たんに特殊な結果の理由のみを求め、こうして基礎なしに建築してしまったのと同断なのです」と批判しているからである。

こうして刊行がもくろまれたのが、『第一哲学についての省察』（一六四一）であった。その同時代の有力な哲学者との論戦をも含めた書物は、まさしく形而上学的に数学的自然学の基礎づけをなそうとした書であった。彼の数学的自然学の学問的企図については、一六四四年刊の『哲学の諸原理』においても簡明に叙述されている。「私は自然学における諸原理として、幾何

☆9 拙稿「〈われ惟う、ゆえにわれあり〉の哲学はいかに発見されたか」『思想』一九八七年十月号所載。のちに拙著『近代学問理念の誕生』（岩波書店、一九九二）に第一章として収録。Chikara Sasaki, *Descartes's Mathematical Thought* (Dordrecht/Boston/London: Kluwer Academic Publishers, 2003);『デカルトの数学思想』（東京大学出版会、二〇〇三）で、以上の議論はさらに詳述してある。

学や抽象数学（Mathesis abstracta）における諸原理以外のものを認めないし、要求もしない」（第二部第六四項）。

同じ一六四四年に、ガッサンディは、四一年以来デカルトによる数学的自然学の形而上学的基礎づけの試みについて熾烈な論戦を闘わせてきた結果を『形而上学的考究』として出版した。ガッサンディが、デカルトを「精神」（Mens）と皮肉って呼びかけたのに対して、デカルトが切り返して「肉体」（Caro）とガッサンディを呼び返したことが、この論戦の激烈さを証《あかし》している。デカルトが存在者を二元的に分け、精神を「思惟するもの」（res cogitans）とし、物体を「延長されるもの」（res extensa）としたことはよく知られているが、その二分法をそれぞれの論敵に適用したのであった。

ガッサンディとデカルトとのあいだの論戦を圧倒的にどちらかが相手を打ち負かしたというかたちで事態が展開したというふうにはとらえられないかもしれない。自然の数学化の哲学的正当化に込めたデカルトの情熱という点を除けば、私にはガッサンディの議論のほうが、総体としては、まさっていたように見る。もっとも、ガッサンディがデカルトの言い分をすべて理解したとも私は思わない。

ガッサンディにとって、〈コーギトー〉を数学的自然学の形而上学基礎づけという戦闘の先頭に立てて、敵陣中に忍び込ませるデカルトの戦略は「トロイアの木馬」（Equus Trojanus）のように思われた（第一省察第一疑問第二項）☆10。この比喩はじつに的確である。デカルトは、〈コーギトー〉なる第一真理の木馬を導き入れたあとに、自らの存在のもっとも根源として神の存在を証明でき

☆10 Pierre Gassendi, *Disquistio Metaphysica seu Dubitationes et Instantiae adversus Renati Cartesii Metaphysicam et Responsa* (Amsterdam, 1644), Texte établi, traduit et annotée par B. Rochot (Paris: J. Vrin, 1962), p. 37.

るとして述べ、さらにその神の存在と、数学的真理の「明晰かつ判明」（clara, distinctaque）であることを楯に、そのような明晰かつ判明な真理を誠実なる神が誤謬に導くことはない、と論定する。このような議論の論法を評して、ガッサンディはデカルトを包括的に論難する。「神の覚知が明晰判明であるから神は存在するとし、また誠実であるとし、そして神が存在し、誠実であるから神の覚知が明晰かつ判明であると確証することにおいて、循環論法が犯されている」（第四省察第四疑問第二反論）[☆11]。これは、前項で言及したアグリッパのトリレンマの最後の「循環論法」（circulus）である。ガッサンディは遺著『哲学集成』の第二巻「論理学の目標」第三章「真理にかかわり、その判断規準についての懐疑主義者の判断保留の方式」なる文面で、通常アイネシデモスに帰せられる「十の方式」[☆12]に言及したあと、ピュロン主義が復活したあとで追加された規準として、われわれが「アグリッパのトリレンマ」と呼んだ三つの方式を取り上げて解説している[☆13]。デカルトの学問的企図は確証されてはいない、とガッサンディは主張しているのである。デカルトの論議の仕方の難点について指摘したのはガッサンディだけではなかった。同時代から、その循環論法とされた議論は「デカルトの循環」（circulus Cartesius = Cartesian circle）として知られるようになった。アンリ・グイエ（『デカルトの形而上学思想』一九六二）のように、そのままの数学的真理と、神によって真理性を保障されたその真理はやはり異なるのではないかという主張を入れて、「デカルト的螺旋」（Cartesian spiral）というべきでないかという提言もなされている（Anthony Kenny, 1983）。

ガッサンディの指摘は基本的には正しいと私は見なすが、多少現代的観点も加味すれば、よ

☆11　*Disquisitio Metaphysica*, p. 463: “Circulus commissum, probando, esse Deum, insumque veracem, quia clara, distinctaque est ejus notatia; et, Notitiam Dei esse claram, distinctamque, quia Deus est, ipseque verax.”

☆12　Julia Annas and J. Barnes, *The Modes of Scepticism: Ancient Texts and Modern Interpretations* (Cambridge: Cambridge University Press, 1985); 金山弥平訳『古代懐疑主義入門――判断保留の十の方式』（岩波文庫、二〇一五）で現代的解説がなされている。

☆13　Gassendi, *Syntagma philosophicum, Opera omnia*, t. I (Lyon, 1658; Reprinted version: Stuttgart-Bad Cannstatt, Friedrich Fromman, 1964), pp. 72b-76b.

り鮮明にデカルトの難点は定式化することができる。超越神としての神の存在と誠実性はデカルトの言うとおりに認めるとしよう。だが、神にその真理性を保障させようとする明晰かつ判明な数学的真理は、カテゴリカルにユニークに決まるものなのであろうか？　デカルトがよく引き合いに出す事例でいうと、「三角形の内角の和は二直角である」や「全体は部分よりも大きい」は、ほかの数学体系では真ではなくなる。そして明晰判明性は同等であろう。すなわち、前者は、非ユークリッド幾何学では真理ではない。そして後者は、カントル的無限集合論では正しい言明とは言えない。こう述べると歴史的にアナクロニズムではないかと批難されそうである。だが、現実の実体的数学体系でなくとも、論理的論難として、反駁の可能性として、オールターナティヴな数学理論体系が充分可能であることは古代から知られていた。だからこそ、数学的真理に関する懐疑主義的議論が古代ギリシャからかなり説得力をもってなされていたのであった。

デカルト生前の最大の論敵と見なされるガッサンディが、デカルトが『省察』を出版しようとしているときに、メルセンヌの依頼を受けて、提出した「第五反論」の全体的構図については先に言及したが、さらに踏み込んで、ガッサンディによるデカルトの数学的真理の正当化の試みへの反論を追究してみる。

ガッサンディは、第三省察第一疑問において、平行線の公準と考えうる命題について、「二つの線がたがいに次第に連続的に近づいて、それが無限に続けられるとすれば、結局は、それらは交差せざるをえなくなる」を真であるとし、「明晰にかつ判明に把握される」と思われた場面をいったんは認めたと想定する（ある種のリーマン幾何学では実際そうなる！）。「けれどもそのあとで、それと反対の帰結を、あたかもそのほうがより明晰にかつより判明に把握されるかのように、説得する論証が見いだされた」と考える。「そしていまや私は数学の諸前提の本性（Mathematicarum suppositionum natura）に注意を向けるとき、ふたたび疑惑の念を抱くのです」。ガッサンディはこうして結論的に述べる。「しかし、そうだからといって、それらがそれ自体で真であるということは確実には言明されません」[☆14]。数学的真理について習熟していない者にとっては理解し難い文面かもしれないが、ガッサンディはじつにうまくデカルトの弱点を衝いていたことになる。実際、平行線公準は、それ自体としては確定的な数学的真理とは見なされえない。

ガッサンディは、今度は、こう『省察』の著者に要求する（第四省察第四疑問）。「きわめて明晰にかつ判明に認識したと思われても、それにもかかわらず、われわれは往々にして誤ることがあるのですから。あなたもまた、そのことをあなた自身に対して反論なされたのです。そしてわれわれはいまもなお、そこにこそ主としてあなたが努力を向けられるべきであるこの技法（ars）あるいは方法（methodus）を待ち望んでいるのです」[☆15]。「技法」なり「方法」なりを深読みで解釈してはならないであろうが、後年のヒルベルトの「証明論」（Beweistheorie）のような試みと解釈したら、ガッサンディはとても深い洞察力を発揮していたこととなる。

デカルトによる数学的真理の保障の仕方は、「われ惟う、ゆえにわれあり」（Cogito, ergo sum.）なる不可謬の「第一真理」から始めて、神の存在から、神の誠実さを媒介としてであった。このような手順を批判し、古代ギリシャのピュタゴラス、プラトン、アルキメデス、エウクレイデ

☆14 *Œuvres de Descartes*, t. VII: *Meditationes de prima philosophia* (1641) (Paris: J. Vrin, 1973), p. 278. 所雄章訳『省察および反論と答弁』、『デカルト著作集2』（白水社、一九九三）、三三四ページ。Gassendi, *Disquistio Metaphysica, op. cit.*, p. 201.
☆15 *Meditationes*, p. 318; 邦訳書、三七九ページ。*Disquistio Metaphysica*, p. 459.

ースや、そのほかの数学者たちを引き合いに出しながら、ガッサンディは言う（第五省察第三疑問）。「彼らのうち誰ひとり、論証についてまったき確実性に達するために（ut demonstrationum certissimus fiat）、神について省察する者はいないと思われるのです[☆16]」。この一文には若干の皮肉が籠められているように思われる。

デカルトが、物質的事物をも、「純粋数学の対象」（objectum purae Matheseos）として認識されるかぎりにおいて存在する、と主張したことは、彼の哲学のもっとも根源的なことがらと見なされる。だが、ガッサンディは、この理解はまちがっていると主張する（第六省察第一疑問）。「物質的事物は、純粋数学のではなくて、混合数学の対象（objectum mixtae, non purae matheseos）なのである」。「点、線、面や、それらから構成される不可分なものや不可分な状態にあるもの等のごとき純粋数学の対象は、現実には存在しえないのです[☆17]」。引用文中の「混合数学」は、トーマス・アクィナスの語句で、多少とも質料が入った物質的事物をも対象とする数学の形態を指す。

ガッサンディも、デカルトも、懐疑主義的数学論駁の仕方に通じていた。そのことは、両者の「第五反論」とそれへの「答弁」から明らかである。ガッサンディのほうは、デカルトのやりかたでは懐疑主義的論駁に答えることができていない、と考えた。私は、基本的に、ガッサンディのほうが正しかったと考えている。

けれども、このような思想戦の構えは、デカルト自身承知のうえであった。彼が論敵としたのは、自然の全面的数学化の学問的企図を認めなかったアリストテレス主義者であった。アリストテレスは『形而上学』のなかで書いていた。「数学の精確さはあらゆる場合に要求される

☆16 *Meditationes*, p. 328; 邦訳、三九一ページ。*Disquisitio Metaphysica*, p. 509.

☆17 *Meditationes*, p. 328-329. 邦訳、三九一ページ。*Disquisitio Metaphysica*, p. 519.

べきではなく、質料のないものにだけ要求されるべきである。それゆえ、その方法は自然学の方法ではない、というのも、思うにあらゆる自然は質料をもつからである」(995a14-16)。デカルトは、友人のメルセンヌに対しては、『省察』なる書の思想的本音を明かしていた。一六四一年一月二十八日に書かれたと推定される書信は語っている。「このことはどうか他言なさらないようにお願いいたします。と申しますのも、それを聞けば、アリストテレスに与する人々は、おそらくいよいよもって私の省察の是認に難色を示そうとするでしょうから。この書をひもとく者が、知らず知らずのあいだに、私の原理になじんで、アリストテレスのそれを破壊しているとはついぞ気づかぬまま、私の原理が真であると信じこんでしまうことを、私は期待しているのです」。デカルト的自然学防衛の使徒は、この思想的本音の吐露を知ったうえでも、なおアリストテレスが発見した「質料」の意義を否定しさることができると吹聴し続けるであろうか?

だが、デカルト的物質の全面的否定に抵抗したのは、アリストテレス主義者に限られてはいなかった。エピクロス的原子論哲学をもって、デカルト的策略を見破ったガッサンディは、デカルトとは別のもっと経験主義的な自然哲学を提唱しようとした。もうひとりの、フランス人数学者‐哲学者のブレーズ・パスカルは、デカルトの自然学の企図をこう評したという——「自然についてのロマンス、ドン・キホーテの物語のようなもの」[☆18]。

しかし、もっとも根源的にデカルトのトロイアの木馬戦の戦略を見抜いたのは、ナポリのヴィーコであったように思われる。彼は、一七〇八年のナポリ大学開講講演『われらの時代の学

☆18 B. Pascal, *Œuvres complètes*, éd. Louis Lafumas (Paris, 1963), p. 641.

問方法について』において、デカルトの「延長されるもの」（res extensa）としてとらえられる物質について、こう指摘した。「われわれが幾何学的ことがらを論証できるとしたら、われわれが〔それらを〕作っているからである。もしかりにわれわれが自然学的ことがらを論証できるとしたら、われわれはそれらを作っていることになってしまう」（序論、四五ページ）。デカルトの数学的自然学の企図は、自然についての概念的把握をまったく見損なった錯誤なのである。

それから、もう一方の存在者の極、「思惟しているもの」（res cogitans）については、こう評した。「思惟していることの確実性は意識のそれであって知識のそれではない」[☆19]。言い直せば、「思惟している私」の存在は認められるであろうが、それは、「意識」（conscientia）の存在の確実性であって、なんらかの「知識」＝「科学」（scientia）についての確実性ではまったくない、というのである。いうのである。まことに先鋭で的確な評言と言えはしないであろうか。

まちがいなく、デカルトにとってもっとも手強い学問思想上の論敵はヴィーコだった。彼は後年、剴切にも、「デカルトの敵」と名指されることとなった。

こう批判的議論を展開したところで、数学的自然科学の学問的意義が軽減されるわけではない。ただ、そのデカルト的な超越論的基礎づけと学問論的専一化が正当化されないといった論点が確認されるだけである。自然認識への数学的アプローチの意義については、あとで、さらに論議することとする。

☆19　Vico, *De antiquissima Italorum sapentia* (1710), a cura di M. Sanna (Introduction, n. 10), p. 32. 邦訳、四九ページ。

第三節　原子論哲学という迷宮——ガッサンディからボイルへ

1　原子論自然哲学の科学思想史的有効性

本節では、今日の原子核科学、原子力テクノロジーなどの科学思想史的基礎となっている原子論自然哲学ないし粒子論自然哲学について論ずる。

「量子論のニュートン」とも称されたデンマークのニールス・ボーアが原子モデルを提出したのは一九一三年のことなので、すでに現代的原子物理学の歴史は百年以上を閲した。

その後、原子を構成するものとされる素粒子の探究が理論的‐実験的に熱心になされた。今日の原子力テクノロジーの基礎となる核分裂現象も一九三八年暮れに実験的に確認された。ところが、第二次世界大戦後になって、確認された元素の数よりも素粒子の数が多いということになってしまい、さらに、根源的な物質単位としてクォークについての理論が提起されるにいたった。現代の理論物理学を支配するのは、そのクォーク理論と、物質単位を粒子的にのみ見るのではなく波動的にも見る超弦理論、もっと簡明にはひも理論が支配的な勢いになっている。そしてその実験的検証をどうするかという自然科学にとって枢要な問題もが避けて通れない問題になっている。このような物理学の基礎理論の展開の仕方を顧みて、本来、物質の分割不可能な極小単位物質の探究であったはずの原子論哲学は、理論的に破綻してしまったのではないかとの声も聞かれるようになってきた。

もうひとつ、原子爆弾なり、原子力発電の物理学的根源となっている核分裂がもたらすエネルギーと放射線とをいかにして統御し、処理するのか、そもそも、そのような統御は技術的に可能なのかどうかが深刻に問われるようになっている。

以上の二つの科学思想、科学技術的に大きな問題に応えるためにも、原子論の自然哲学的背景について、大局的な見地から考察しておく必要があるであろう。

ここでは、最初の原子論自然哲学の問いに応えておくこととする。後者については、あとで主題的に考察することにしよう（中間考察と第五章第三節）。

原子論哲学は古代ギリシャで生まれ、育まれた。西欧世界における原子論についての包括的著作というと、クルト・ラシュヴィッツの労作『中世からニュートンまでの原子論の歴史』全二巻が知られる。その第一巻は「粒子論の再興」[☆20]、第二巻は「十七世紀の粒子論の頂点と衰退」[☆21]を内容とする。したがって、この労作は、古代ギリシャの原子論を主題的討究の対象とはしていない。十九世紀のドイツ文献学の隆盛を背景とした緻密な著述ではあろうが、いかんせん、アウトオヴデイトとなった憾みなしとしない。そして十九世紀末からの本格的な原子物理学の再興と彫琢以前の著作となってしまったことが最大の難点であろう。ラシュヴィッツの労作について注記しておくべき重要事項は、「原子論」（Atomistik）が著書標題中に用いられるにしても、「粒子論」（Korpuskulartheorie）なる呼称で呼ばれるべき理論がほぼ同等に議論されていることである。のちに見るように、実際、原子論と粒子論を厳密に区別して見る観方は不毛である。このことは、ことにロバート・ボイルにおいて確認されるであろう。

十七世紀末に自然哲学的探究を離れて自立するようになるまでのその理論の展開について

☆20 Kurd Lasswitz, *Geschichte der Atomistik*, Erster Band: *Die Erneuerung der Korpuskulartheorie* (Hamburg und Leibzig, 1890; Hildesheim: Georg Olms, 1963).

☆21 K. Lasswitz, *Geschichte der Atomistik*, Zeiter Band: *Höhepunkt und Verfall der Korpuskulartheorie des siebzehnten Jahrhunderts* (Hamburg und Leipzig, 1890; Hildesheim: Georg Olms, 1963).

は、労作モノグラフがある。アンドルー・パイルの『原子論とその批判☆22——デモクリトスからニュートンまでの物質の原子理論の発展に伴った問題領域』（一九九五）である。著者は、英国ブリストル大学の哲学史の研究者である。デモクリトスからニュートンまでということは、自然哲学と自然科学が分岐していず、原子論に伴った科学的研究が、クーンの語彙で表現すれば、「ノーマル・サイエンス」には未だなっていない二千年間にわたる時期の原子論自然哲学の学説史を記述していることとなる。おおきく時代区分して、第一巻が古代のギリシャとローマ、第二巻が中世からルネサンス、第三巻が十七世紀を論ずる。「巻」（Book）とあるが、分冊になっていることを意味せず、昔の本の巻物《スクロール》形態の名残である。むしろ「編」と訳されるべきかもしれない。さらに各時代について、それぞれ、1「不可分なるもの」、2「空虚」、3「物質、形相、性質」、4「機械論哲学」についての議論が紹介されている。三つの大きな時代についての四つの議論についてであるから、都合十二の章から成り立っている。附論も「物理的分割不可能性」をはじめとする六つからなる。「不可分なるもの」についての諸章を読めばわかるように、「原子論」と言っても、ある意味で便宜上そのような呼称があるだけで、「原子論」を唱えていた論者がすべて、物質の極小単位の実在を唱えていたわけではかならずしもなく、そのようなことを勘案するとすれば、現代物理学の粒子哲学的問題状況は、原子論仮説の破綻を意味しているわけではない。なるほど、逼塞ないし転換の時期にあるとは言えるかもしれないが、科学思想上は、ごく普通にある問題状況である、と私は言いたい。ともかく、現代の理論物理学者に本書の読書をぜひ推奨しておきたい。

☆22 Andrew Pyle, *Atomism and Its Critics: Problem Area associated with the Development of the Atomic Theory of Matter from Democritus to Newton* (Bristol: Thoemmes Press, 1990).

物質の極小単位が実在するかどうかの問題は、数学の「不可分者」（indivisibilis）概念と並んで難問である。無限小幾何学における「不可分者」は、ボナヴェントゥラ・カヴァリエーリの『不可分者による連続体の幾何学』（一六三五）によって本格的に導入された。その概念並びにその後継概念の「無限小」（infinitesimalis）の導入をめぐっては、大論争が巻き起こった。その十七世紀的展開については、モノグラフが刊行されている。[☆23] その思想的意味のいかんにもかかわらず、じつに実り多い数学理論が建設されたわけである。原子論自然哲学に関する賛成論と反対論の衝突の激しさは、それ以上だったかもしれない。けれども、その自然哲学的基礎の上に構築された物質理論は、まさに「近代」を形作ったと言っても過言ではない働きをなしたかもしれない。

原子論自然哲学の形而上学的基礎が据えられる経緯について知るために、アリストテレスから二つの文章を引用しておきたい。

まず、『形而上学』（985b5-10）から。エレアのパルメニデスが「存在するもの」と「存在しないもの」を識別したことはよく知られている。その識別に対して、原子論哲学の始祖として名前が残っているレウキッポスとデモクリトスについて、アリストテレスはこう書いている。

> レウキッポスとその仲間のデモクリトスとは、「充実体」と「空虚」とがすべての構成要素《ストイケイア》であると主張し、前者をあるもの〔存在〕だと言い、後者をあらぬもの〔非存在〕だと言った。すなわち、これらのうちの充実し凝固しているもの〔固体、すなわちいわゆる原子〕は

☆23 Amir Alexander, *Infinitesimal: How a Dangerous Mathematical Theory Shaped the Modern World* (New York: Scientific American/Farrar, Strauss and Giroux, 2014). 足立恒雄訳『無限小』（岩波書店、二〇一五）。著者の姓のAlexanderは、英語では「アレグザンダー」と発音する。

あるものであり、空虚〈で稀薄〉なものはあらぬものだとしている（だから彼は「あらぬものはあるものに劣らずある」とも言っている、というのも、空虚のあるは物体〔充実体〕のあるに劣らず、との意である）、そして、これらをすべての事物の質料の原因だとしている。[☆24]

ここには、エレア派の論理的な存在と非存在から、レウキッポスとデモクリトスが、すべての事物の構成要素《ストイケイア》を物質的アトムと空虚とを概念的に識別させて、原子論自然哲学を発展させてゆくこととなるきわめて原初的な過程が描かれている。「構成要素《ストイケイア》」はしばしば「元素」とも訳される語彙である。

つぎは、同じアリストテレスの『生成と消滅について』（317a13-17）からである。そこで、アリストテレスは、われわれの前に立ち現われる物質の離合・集散の様子を原子論的に記述するとどうなるかについてのもっとも原初的様相を記述している。

> したがって、集合と離散とは存在するのであるが、しかし、それは切断不可能なもの（原子）へと、また切断不可能なもの（原子）から、というのではないし（というのも、その場合には多数の不可能なことが生じてくるから）、またすべてのところで分割が生じるという仕方によるのでもないから（かりに点と点がたがいに接続していたとすれば、それもありえたであろうが）。むしろ、分割は小さいもの、そしてさらにより小さいものへと起

☆24 Aristotle, *The Metaphysics*, with an English Translation by Hugh Tredennick (Loeb Classical Library, 1953), p. 30. 出隆『アリストテレス全集12』（岩波書店、一九六八）、二〇―二一ページ。

こり、また集合は、より小さなものから起こるのである。[☆25]

アリストテレスはここで、「切断不可能なものども」（ἄτομα）＝「アトム」的小部分への「集合」と「アトム」的小部分からの「離散」について書いている。この引用文も、「アトム」と呼ばれるかもしれない比較的小さないくつかの物体の「集合」と「離散」とが、われわれの目の前に知覚的に存在している物体について起こっているもっとも原初的な様相を描き出しており、興味深い。アリストテレスが、生成と消滅についての自然現象に表層的な注意以上のものを向ける人がだれひとりいなかった状況で、「デモクリトスだけは別だ」と別格扱いしていたことが格別の注意に値する。『生成と消滅について』の最新訳を作成した金山弥平が「解説」において強調しているように、既成学説のなかで、アリストテレスが高く評価しているのは、原子論者たち、なかんずくデモクリトスなのである。

　金山は、このような議論を経たアリストテレスが、「いかなる形相ももたない第一の素材（質料）の概念にいたることになる」と註記している。「これが哲学史において伝統的に「第一質料（英語で prime matter, ラテン語で materia prima）」と呼ばれてきたものである。ギリシア語では、ヘー・プローテー・ヒューレー（ἡ πρώτη ὕλη）に相当する」[☆26]。ともあれ、アリストテレスの物質論が、デモクリトスらの原子論哲学を高く評価することによって成立を見たことが感得されるであろう。

　いずれにせよ、自然現象の記述が、複雑にかつ構造的に記述されるようになり、デモクリト

☆25 Aristotle, *On Coming-to-be and Passing-away*, etc., tr. by E. S. Forster (Loeb Classical Library, 1955), pp. 282-285. 金山弥平訳『アリストテレス全集5』（岩波書店、二〇一三）、二三〇ページ。

☆26 金山弥平「『生成と消滅について』解説」、前掲訳書、三八〇―三八一ページ。

スの時代には、1「不可分なるもの」、2「空虚」、3「物質、形相、性質」、4「機械論哲学」といった問題圏について、かなり充実した自然理論が成立することになっていた事態が判明するであろう。そしてヘレニズム時代初期のアレクサンドリアのエウクレイデースとほとんど同時代人と言ってよいエピクロスと、エピクロスの原子論自然哲学に依拠して『自然論』[☆27]をうたった紀元前一世紀のローマの詩人ルクレティウスの時代には、パイルが、原子論者のアトム概念にとって「大きさ、形状、重さ」は本質的なものであったと理解したような物質の階梯理論は実質的に成立を見ていたものと考えられうる。[☆28] もっとも、中世ヨーロッパの十四世紀のスコラ学者ビュリダンがなしたとして紹介した感覚的な「一次性質」－「二次性質」の概念装置による「物質、形相、性質」の理論は、無論、基本的に依然としてアリストテレス主義的な「認識論的道理」に基づいたものであった。後年の粒子論自然哲学を受容した論者による「一次性質」－「二次性質」といった対概念で表現されるような「存在論的道理」に基づく概念装置が胚胎するのは、ボイルとロックを俟たなければならない。そしてその転回には、ガッサンディによるエピクロス主義的自然哲学復権を介した「ゲシュタルト転換」を必要とした。

いずれにせよ、以上の註記において私が言いたかったのは、アリストテレスの認識論的道理から考案された形而上学ないし自然哲学が、けっして端的な謬論として斥けられたりする学説ではなかったということなのである。

後期中世・初期近代の粒子物質諸理論については、ジョン・マードックらによるすぐれた研究が参照されるべきである。[☆29] だが、十六世紀になると、アリストテレスの学説が充分な説得力

☆27　原標題は、*De rerum natura*. 普通は『事物の本性について』などと邦訳されるが、私は『自然論』ないし『自然について』が適訳だと考えている。ルクレティウスが依拠したギリシャ語の典拠はそのような標題であった。

☆28　Pyle, *Atomism and Its Critics*, *op. cit.* (n. 22), pp. 135-141, at 135.

☆29　*Late Medieval and Early Modern Corpuscular Matter Theories*, ed. by Christoph Lüthy, John E. Murdoch & William R. Newman (Leiden/Boston/Köln: Brill, 2001).

をもたないとする新しい自然哲学が高唱されるようになる。ヨーロッパの後期ルネサンスのベイコンやガリレオらが古代原子論の影響を強く受けて、有力な学説を唱道し始め、ロックやニュートンのもとで支配的な学説になり出す。とりわけ、その大転換にとって、オールターナティヴな自然哲学として有力視されたのがエピクロス的原子論哲学であった。今度は、そのガッサンディ的復権の様子を見てみることにしよう。

2　三つの学問的生を生きたガッサンディ

これまでも縷々記してきたように、ガッサンディは、相異なった学問的生を三つ生きた。第一に、中世的なアリストテレス主義的スコラ学を学生として学び、その後、その学問体系を教える教師にすらなった。第二に、第一の学問的生で身に着けた学問体系の懐疑主義的‐人文主義的批判者となり、一六二四年に『アリストテレス主義者に対する逆接的演習』[☆30]第一巻を世に問うた。そして天文学、自然学についての個別的、経験的研究を推進する一方で、破壊的批判者であることに飽き足らずに、建設的批判者としてアリストテレス哲学体系に対するオールターナティヴな哲学的体系として、原子論自然哲学に目をつけ、エピクロスの著作の文献学的研究を真摯になすようになった。その主たるソースは、一四一七年にポッジョによって全体のテキストが発見され、ルネサンス期に繙読されるようになったルクレティウスの『自然論』と、ディオゲネス・ラエルティオスの『著名哲学者列伝』の第十巻「エピクロス伝」であった。後者は、十五世紀以降、とりわけギリシャ語‐ラテン語の対訳版でよく読まれるようになってい

☆30 P. Gassendi, *Exercitationes paradoxae adversus Aristoteleos*, Lib. I (Grenoble, 1624), Lib. I & II: in *Opera omnia*, t. III (1658), éd. et tr. par Bernard Roshot (Paris: J. Vrin, 1959).

た。十七世紀末のある文献学者が試みに数えたところでは、一六一五年までヨーロッパじゅうで二十二以上もの版本が刊行されたという。[☆31] ガッサンディの研究成果は、手始めに、一六四七年の『エピクロスの生涯と特徴』[☆32]となって世に問われた。パリのコレージュ・ロワイヤルの数学教授職を一年間勤めあげ、健康上の理由で退任した直後のことであった。四九年には畢生の大作『ディオゲネス・ラエルティオスのエピクロスの生涯・特徴・教義についての第十巻への批判的所見』がリヨンから出版された。[☆33] ディオゲネス・ラエルティオス第十巻の約百ページからなるテキストに加えて、約七百ページもの註釈からなる大著であった。その著の要約版ともいうべき『エピクロス哲学集成』[☆34]もが同年出版されている。ボイルはその著作を読んだ。晩年は、パリのパトロンのアンリ＝ルイ・アベール・ド・モンモールの庇護のもとで過ごし、『哲学集成』の完成のために尽力した。が、五五年十月二十四日に卒した。その著作は、彼の没後、五八年に遺作として出版された。第一部は論理学、第二部は自然学、第三部は道徳哲学についてである。

注目すべきこととして、ガッサンディの思想は、イングランドでも生前にすでに知られていた。それは、一六五四年ロンドンから出版されたチャールトンという医師による『エピクロス＝ガッサンディ＝チャールトンの自然学』[☆35]によってであった。ボイルやニュートンはこの著作を読んでいる。フランスでは、フランソワ・ベルニエという人が、一六七四年にガッサンディ哲学の要約本を出版し、その後も増訂して刊行した。

要するに、ガッサンディは、第一の学問的生をアリストテレス主義的スコラ学の学問制度の

☆31 Lynn S. Joy, *Gassendi the Atomist*, *op. cit.* (Introduction, n. 14), p. 69.

☆32 P. Gassendi, *De vita et moribus Epicuri libri octo* (1647), in *Opera omnia*, t. 5.

☆33 P. Gassendi, *Animadversiones in decimum librum Diogenis Laertii, qui est de vita, moribus, placitisque Epiculi*, 3 tomes en 2 vols. (Lyon, 1649).

☆34 Gassendi, *Syntagma philosophiae Epicuri* (Lyon, 1649).

☆35 W. Charleton, *Physiologia Epicuro-Gassendo-Charltoniana: or, A fabrick of science natural, upon the hypothesis of atoms, founded by Epicurus, repaired by P. Gassendus, augmented by W. Charlton* (London, 1654).

図3・1　ピエール・ガッサンディ（1592-1655）

なかで送り、今度は、高等学問制度外の読書を通して学んだ人文主義者の著作から、懐疑主義者の先鋭に批判的な思考態度を身に着け、さらには、古代ギリシャ哲学史研究の果てに、エピクロス哲学体系の文献学的研究に熱心に従事した。☆36 そのような第二の学問的生と相即的に、第三に、自らの経験的な天文学、自然学研究を執り行なうと同時に、主としてエピクロスから学んだ哲学を発酵させ、成長せしめて、独自の原子論自然哲学を構築した。都合、三つの学問世界を生き抜き、キリスト教とのタイアップを試みつつ、独自の学問的生を生きていたアリストテレス主義的スコラ学を転轍せしめて、エピクロス的原子論とキリスト教の新しい学問的結びつきを新しい歴史の軌道へと乗せた（図3・1）。

　この学問的生の遍歴過程を通じて、イエズス会のアリストテレス－トマス主義の主流的学問の制度からは迫害を受け、また書き上がっていた『アリストテレス主義者に対する逆接的演習』第二巻の出版を自らの意思で手控えたり、さらに本音ではコペルニクス天文体系を支持し

☆36　このような哲学史的研究は、どこか、若きカール・マルクスが一八四一年三月に書き上げた、いわゆる学位論文「デモクリトスの自然哲学とエピクロスの自然哲学との差異」の学問的企図と似ている。その労作は、ガッサンディが一六四九年に世に問うたディオゲネス・ラエルティオスによるエピクロス哲学についての研究に拠っている。「学位論文」は、七冊の準備ノートとともに読解されるべきである。そのノートに記載された、ルクレティウスが強調したエピクロスの「直線的な道からの原子の傾き」(declinatio atomorum a via recta) の概念への注目、セクストス・エンペイリコスから学んだ懐疑派の「五つの方式」への着目、さらには、原子概念の捕らえにくさの告白などは、マルクスの哲学的才能の非凡さを示している。だが、古典ギリシャ語やラテン語の

ていたにもかかわらず、ティコ・ブラーエの天文学説を支持しているかのように装ったり、というような学問政治的な慎重な配慮をせねばならなかったことは留意されるべきことがらである。

　こういった誠実な学問思想的奮戦のなかにあって、エピクロス的原子論哲学思想の人文主義的研究への堅実な献身は特筆に値するであろう。このようなガッサンディの献身がなければ、近世ヨーロッパにおける原子論自然哲学の高揚もなく、ボイルの化学研究も、それからニュートンの自然哲学も現実に進行した形態ではなかったであろう。まことに、ガッサンディが提唱した原子論自然哲学は、「アリストテレス主義者のことばによった」スコラ哲学から、いかなる「解釈学的基底」もない、換言すれば、パラダイムなしの「何ぴとのことばによってでもなく」(Nullius in verba.)、自然それ自体を解明しようとした企図だったわけではなく、「エピクロスのことばによって」(Epicuri in verba.) であったと言うことができるわけである。

3　ガッサンディにとっての原子論哲学

ガッサンディの第一の学問的生がアリストテレス主義的スコラ学とともにあったことを先に指摘したが、アリストテレス哲学との彼の決別が、前者の理解なく、安易になされたかのように思いなすとすれば、それは単純な誤解というべきであろう。

　デカルトにとっては、「明晰にしてかつ判明な」「純粋数学の対象」としては捕らえ難いアリストテレスの物質概念はもはや無益なものであった。だが、ガッサンディにとってはまったく

哲学文書読解の能力を示した点は高く評価されなければならないにしても、私見によれば、学位論文の本体は、それほど高い創意を書き表わしてはいないように思われる。かつて、東京大学教養学部科学史・科学哲学研究室の同僚であった廣松渉とその論文のレヴェルについて語り合ったことがある。彼と私の評価は、「Bプラス程度であろう」ということで一致した。

MEW, Bd. 40 (Berlin: Dietz Verlag, 1968).『マルクス＝エンゲルス全集40』「マルクス初期著作集」(大月書店、一九七五)に、岩崎允胤によって苦心の邦訳が作成されている。その巻に収録された著作群を参照。Karl Marx/Friedrich Engels, *Exzerpte und Notizen bis 1842: MEGA*, IV/1 (Diez Verlag, 1976) には最新のテキストが収録されている。

そうではなかった。ガッサンディのアトム概念理解がもっとも明解に表明される『哲学集成』第二部「自然学」第一部門第三巻の最終第八章の標題は、「アトムは事物の物質的原理として、あるいは第一質料として、受け容れることができるように思われること」☆37である。標題中の「第一質料」（prima materia）とは、アリストテレスの枢要な概念であり（ギリシャ語では“ἡ πρώτη ὕλη”）、彼が師のプラトンに対抗するさい、おそらくもっとも重要と見なしたであろう考えを盛った用語である。ガッサンディは、おそらくアリストテレスとともに、そしてエピクロスとともに、物質概念を無碍に斥けたりはしない。その理解を十全になしたうえで、「第一質料」といったような、あいまいで支持する外延が広範囲すぎるようなものであってはならないと考えるのである。

そうかと言って、アリストテレスよりはデカルトと近く、数学的知識を重視する。ただし、「もしわれわれが何かを知るというのであれば、数学をとおして知る」☆38ことには同意しえても、本質的に数学者であったデカルトとちがって、数学を偏重することはない。

ガッサンディは、アリストテレス哲学に不満をもったので、ただちにエピクロスに学問的関心を移し、その哲学に乗り移ったと考えてはならない。ガッサンディは、ルネサンスの人文主義者が一般にそうであったように、博捜の読書家であって、それこそ、パルメニデスから、ミレトス学派の自然哲学者、デモクリトスのような原子論者、それから、ピュタゴラスとプラトンといったように、系統的に読書範囲を拡げていった。このような思索の遍歴について、バリー・ブランデルは書いている。

☆37 “Videri posse atomos pro materiali rerum principio, primave materia admitte.” *Syntagma philosophicum*, p. 279b.

☆38 “Per mathematicas scimus, si quid scimus.” *Opera omnia*, t. III (Lyon, 1658), p. 107a.

ガッサンディは、アリストテレス的理論に特別の注意を注いだ。アリストテレス的理論とエピクロス的理論が重要な諸点で類似しており、それで、エピクロス的理論は、アリストテレス的理論に全面的に適合的であり、そしてまたアリストテレス的なそれが批難に値しないというのなら、エピクロス的なそれもまたそうであると論じながらである。彼は、アリストテレスが第一質料の存在を教える理由があるとした――変化を説明するさいにその概念は必要とされた――ように、エピクロスはアトムを要請する同じ理由をもっていると指摘した。アリストテレスが、あらゆる事物が第一質料からまず生成し、しまいに第一質料に分解を遂げると教えたように、エピクロスは、あらゆる事物はまずアトムから発生し、しまいにアトムに分解すると教えた。アリストテレスのように、エピクロスは物質を生じさせられたり、消滅したりすることはないものと記述した。アリストテレスの第一質料がそうであるように、エピクロスのアトムもまた、不易なものとして理解された、すなわち、生成や消滅の過程の基体ではないとした。アリストテレスや他の古代の異教徒の自然哲学者のように、エピクロスは、彼の物体と変化の記述するのに基本的な教説を言い表わすのに、「無からは何も生じない」(ex nihilo nihil fit.) なることわざを受け容れた。☆39

アリストテレス的理論とエピクロス的理論の類似点の指摘は見事というほかない。アリストテレス主義からエピクロス的原子論への転回は、いわばある種の「ゲシュタルト転換」であっ

☆39 Brundell, *Pierre Gassendi, op. cit.* (n. 5), p. 55.

た。それは、先のわれわれのことば遣いでは、「認識論的道理」から「存在論的道理」への転回でもあった。アリストテレスにおける漠然として曖昧模糊たる「第一質料」は、存在論的に多様で豊饒な特徴づけが可能であろうようなアトムであるにちがいないと前提された。

それでは、肝心かなめのアトムなる枢要概念は、どのように特徴づけされるのであろうか？その仕事はまさしく『哲学集成』第二部「自然学」第一部門第三巻第八章で果たされることとなる。ガッサンディは、神がアトムを創造するのだ、とそこで書いている。

こういったことから、それゆえ、神は初めに、この全宇宙を造るのに必要なだけのたくさんのアトムを創造したと考えられうる。神がもろもろのアトムを、それらから世界が最終的に構成されるであろうますます大きな諸部分へと造り上げるように別々に創造することが必要であったというのではない。そうではなく、神は、微小物体（corpuscula）へと分解されうるような、それからまさしく、もろもろの微小物体、いかに小さくとも、究極的な諸断片、から世界が造り上げられるような物質の集積を創造するときに、それらの微小物体をその集積とともに創造したのだと見なされうるのである。それからまた、個々のアトムは、神から、創造時に、どんなに小さくとも、それらの嵩《かさ》なり大きさ、それから表現しようもなくさまざまな形状を、そして運動したり、その運動を他に授けたり、廻転したりするのに必要な力や、したがってまた、自らを解放したり、自由にしたり、跳び去ったり、他のアトムに打ち当たったり、また遠くへ押しやったり、それらから遠く動き去ったりする力を、同様に、たがいに捕まえたり、たがいにくっつき合ったり、結合したり、しっかりと結びつけたり、といったことをする力を、受け取ったものと考えられうるのである。こういったすべてのことを、神は、前もって定めたあらゆる目的と効果にとって必要と予見した程度になすわけなのである。☆40

デカルトの神は、数学的真理を自らが望むように成立せしめた主意主義的な神であったが、ガッサンディの神は、もろもろのアトムを現に存在する物質の集積の有りようが説明可能なように、自らの創造の意図に沿って、一緒に創り上げるほどの、それ以上に主意主義的な神なのである。ガッサンディは、こういった天地創造の根元的在り方についての自らの認識について、注意を促す。

しまいに、いまだに続いており、未来にも持続するであろう、生成と消滅のそのような連鎖は、その始まりを、もろもろのアトムのかの汲み尽くしえなく存在している堆積において、不断に、物体が造り出される物質と、それらが形造られる運動なり原因の両者を不断に供給しているものと考えられうるのである。☆41

ガッサンディは自らの神によるアトム創造の話を想像上――「考えられる《スッポーニー》」(supponi)なる動詞(受動相不定法)をもって表現している――のこととし、アトム創造の状況を「もろもろのアトム

☆40　P. Gassendi, *Syntagoma phlosophicum*, *Opera omnia*, t. I (Lyon, 1658), p. 280b.
☆41　*Ibid.*

のかの汲み尽くしえなく存在している堆積」(Atomorum congenies exsistens inexhausta) と形容していることがきわめて印象的である。

ガッサンディによるエピクロス原子論再解釈の文献学的現場に立ち入った『原子論者ガッサンディ』の著者リン・スミダ・ジョイは、「ガッサンディによる顕微鏡を援用した議論においておもしろいことは」、と書いている――「(a) ひょっとして、アトムの形状が、いつの日か、顕微鏡に似た器械を介した視覚に可能となるかもしれないし、それから (b)、このことが可能になるかどうかは別にして、やはり、中間的大きさの対象の観察可能なアトムの相貌と、観察可能ではないアトムの相貌とのあいだの類比が許されるようになるといったことを彼が示唆していることである」[☆42]。私は、この記述を読んだとき、江沢洋教授の『だれが原子をみたか』のなかの「電子顕微鏡」や「イオン放射顕微鏡」の話[☆43]を思い出した。

ガッサンディは、自らの原子論自然哲学の「仮説」がきわめて説得的であると自信をもって披瀝しながらも、同時に、エピクロス同様、自然学の知識が数学とは異なって蓋然的な段階にとどまるという考えをも保持した。そのことは、ジョイによって明確に確認されている。「ガッサンディは、エピクロスがつねに自然学の蓋然的真理と幾何学の必然的真理のあいだを識別していたことを理解していた。エピクロスは、と彼は述べている――自然学的諸原理が、幾何学者が論証を構成する諸原理で前提されている必然性の厳格な概念であると主張したことはけっしてない」[☆44]。自然学は、エピクロスにとっても、彼の学説を近世ヨーロッパに復活させたガッサンディにとっても、物質を論ずる自然についての蓋然的科学のレヴェルにとどまるのであ

☆42　Joy, *Gassendi the Atomist*, p. 175.
☆43　江沢洋『だれが原子をみたか』(初版一九七六/岩波現代文庫版、二〇一三)、三七四ページ以下。
☆44　Joy, *ibid.*, p. 172.

る。

今度は話題を転じて、近代の機械論哲学が保持するようになった「一次性質」－「二次性質」という対概念についてのガッサンディの所見を見てみることとする。その思想は、端的に結論的に言えば、意外と伝統的なアリストテレス主義的枠内にあったものと見なされうる。そうすると、ジョン・ロックの『人間知性論』中で開陳された「一次性質」－「二次性質」の起源は、ロバート・ボイルに遡及されることが確認されるであろう。

検討されるべき個所は、同じく『哲学集成』の第二部「自然学」に関する先に参照した第一部門第三巻第八章と第五巻第七章「合成事物の性質（qualitates）は、変異や変更によってどのような仕方で創り出されるのか」とである。

ガッサンディは、アトムがどのような質＝性質をもつか論じている。まず、アトムの特性について議論した第三巻第八章では、「一次性質と二次性質」という概念が言及されている。[☆45] ただし、この対概念は、アリストテレス主義的スコラ学においても、原子論哲学においても共通に用いられるのであって、ガッサンディが、後者の意味でそれを援用しているわけではない。近年、ガッサンディ哲学についてのモノグラフを出版したアントニア・ロロルドは、ガッサンディの「一次性質と二次性質」の術語の用法が、アリストテレス主義の枠内にとどまったのだと報告している。[☆46] 実際、「性質」についてのアリストテレス主義的－スコラ学的用法は、ロドルフス・ゴクレニウスの一六一三年刊の『哲学辞彙』に詳細に記載されているが、[☆47] ガッサンディはその標準的用法に従ったものと思われる。だが、その内実について論じられるのは第五巻第七

☆45 *Syntagoma phlosophicum*, *Opera omnia*, t. 1, p. 280a: “primae, secundaeque qualtitates.”

☆46 Antonia Lolordo, *Pierre Gassendi and the Birth of Early Modern Philosophy* (Cambridge University Press, 2007), p. 53, n. 31. 以下をも見よ。p. 210, n. 2 and pp. 217-226.

☆47 Rodolphus Goclenius, *Lexicon Philosophicvm, qvo tanquam clave philophophiae fores aperivntvr* (Francofvrti, 1613; Reptinted edition, Hildesheim/New York: Georg Olms, 1980), “Qvalitas,” pp. 911a-932b. この項目中には、アリストテレスの「温―冷―湿―乾」からなる「一次諸性質」(primae qualitates) から (p. 912)、「隠れた諸性質」(occultae qualitates) まで (p. 930)、詳細な記述がなされている。

章においてである。ガッサンディは、アトムは、「大きさ、形状、重さ、運動」以外の性質はもたないという。それ以外の「色、熱、味、臭い、無数のほかのことがら」は、アトム自体には属さないと見なされているのである。それらは複合的なアトムの離合集散の仕方から生み出される性質なのである。それゆえ、アトムとその複合体についての所見は、もはやアリストテレス主義的なものではなくなっていることがわかるであろう。

このような「性質」の理解の仕方の転換にかんして、ブランデルは書いている。

ガッサンディは、〔性質の〕リストをアリストテレス自身のものとはちがった仕方で構成した。アリストテレスの性質は、熱、冷、乾、湿という基本的性質から生成されて提示されたものであるのに対して、ガッサンディの性質は、アリストテレスの基本的性質を含んでおり、大きさ、形状、重さ（gravitas）のエピクロスの基本的性質から導かれたものとして提示されているのである。このリストでもって、ガッサンディは、エピクロスの性質の理論がアリストテレス的理論の適合的代替であるという議論を完成させたわけである。エピクロス的理論は、アリストテレス的な性質の理論によって説明されると考えられてきたあらゆるものを説明できる、と彼は結論づけた。エピクロスの説明はいくぶんかは異なっているにしても、アリストテレス主義の発想とほんとうに異質なものではなく、事実、アリストテレスは暗黙裏にエピクロス的理論に好意的だったのだ。実際、エピクロス的理論は、アリストテレス的理論をなんからの仕方で改良したものと考えられるかもしれないのであ

る。☆48

なるほど、ガッサンディの原子論哲学は、アリストテレス主義的な知覚理論的な「認識論的道理」を単純に原子論的＝機械論的な「存在論的道理」にゲシュタルト転換させただけだったのかもしれない。そのさいの中軸的考えは、「一次性質」と「二次性質」ということば自体は同一でも、「知覚理論的意味」を二次的なものに格下げし、主要に「存在論的意義」をもつ対照的な概念枠に転回を遂げていた。けれど、その転換は、近代的物質理論への巨大な一歩であった。ガッサンディ哲学は、デカルトの哲学とはちがって、広義の唯物論の方向に向かっていた。もっとも、ガッサンディ自身のカトリック的信仰への帰依は疑いえないのであるが。この方向でのガッサンディ哲学の唯名論的含意から、濃厚な唯物論的読解の可能性を示した労作が、一九七一年に公刊され戦後のガッサンディ研究に画期をなしたオリヴィエ・ルネ・ブロックの『ガッサンディの哲学――唯名論・唯物論・形而上学☆49』であった。

ちなみに、ガッサンディは、遺著『哲学集成』の論理学について論じた個所を読めば明らかなように、学問的初心である懐疑主義的な謙譲の精神を失うことはなかった。「論理学の目的」についての第二巻第三章「真理とその判断規準に関する懐疑主義者の判断保留の方式」においては、アイネシデモスによる「十の方式」、並びにアグリッパの「五つの方式」のうち「トリレンマ」にかんして詳述したことについては既述のとおりである（本章第二節3）が、「論理学教程」の重要な一部「方法について」においては、分析と総合の対概念について解説している。☆50

☆48 Brundell, *Pierre Gassendi, op. cit.* (n. 5), p. 59.

☆49 Oliviet René Bloch, *La philosophie de Gassendi: Nominalisme, matérialisme et métaphysique* (La Haye: Martinus Nijhoff, 1971).

☆50 Gassendi, *Syntagma philosophicum, Opera omnia,* t. I, pp. 120a-124b. 論理学教程に関する部分は、つぎの書物で英語訳され、研究されている。Howard Jones, *Pierre Gassendi's Institutio Logica 1658, A Critical Edition with Translation and Introduction* (Assen: Van Gorcum, 1981).

もっと精確に表現すれば、ドグマティズムと懐疑主義にあいだの経験主義的「中道」(via media)の道を歩んだことを意味した――「より真らしくより堅実な真理」を求め続けて。

なお、英国のトーマス・ホッブズは社会契約論に基づく近代政治哲学の鼻祖と見なされるが、彼の自然哲学はエピクロス的原子論に拠っている。ホッブズは一六三〇年代中葉のヨーロッパ大陸旅行中にガッサンディと会っている。田中浩は、「ガッサンディと親交をもつようになったことを」☆51、ホッブズのエピクロス主義的起源と見ているようだ。重要な指摘である。

ガッサンディの科学哲学的学説の的確な現代的評価は、ソウル・フィッシャーの『ピエール・ガッサンディの哲学と科学――経験主義者のための原子論』(二〇〇五)でなされたのではないか、と私は考えている。この現代的観点からのガッサンディ科学哲学についての包括的研究は、「まえがき」☆52が明確に示しているように、ポプキンの近世西洋懐疑主義研究についてのモノグラフと、『哲学エンサイクロペディア』の項目「ピエール・ガッサンディ」☆53を出発点とする。本書は、全四部から構成されている。第Ⅰ部の標題は「経験的知識の構成的懐疑主義理論」、第Ⅱ部は「科学的方法――「論証的後退」(Regressus Demonstrativus)と仮説的推論」、第Ⅲ部は「原子論仮説」、第Ⅳ部は「仮説としての、また経験的知識としての原子論」を標題とする。

フィッシャーの論著のポイントは、ガッサンディはなるほど古代のエピクロス的原子論哲学を文献学的‐哲学的考察から復権させ、基本的に支持しはするが、それはあくまで、自然の機械論的探究のための建設的仮説として援用したということになるであろう。そのことは、とりわけ第十二章の「原子論、機械論哲学、経験的生育力」において、もっとも顕著に解説されて

☆51　田中浩『ホッブズ――リヴァイアサンの哲学者』(岩波新書、二〇一六)、三六ページ。拙著『近代学問理念の誕生』(岩波書店、一九九二)の第二章「リヴァイアサン、あるいは機械論的自然像の政治哲学」はホッブズについて論じている。

☆52　本章の注1の文献の第七章「構成的または緩和的懐疑主義」を見よ。

☆53　Popkin, "GASSENDI, Pierre (1592-1655)" in *The Encyclopedia of Philosophy* (New York: Macmillan and the Free Press, 1967), Vo. 3, pp. 269-273; 2nd ed. (New York: Thomson/Gale, 2006), Vol. 4, 25-31.

いる。「研究仲間や機械論哲学の盟友たちのあいだにあって、ガッサンディは、原子論を含むあらゆる自然学的主張が維持しなければならない経験的基準を唱道するということで顕著な役割を果たす。自然学的世界についてわれわれが知るのは、事物の窮極的ないし内的本性というよりは、感覚を通してだけであり、そうして立ち現われの知識をなす。だが繰り返し、ガッサンディは、原子論的主張を防衛しようと、アプリオリ〔先験的〕な推論と歴史に基礎づけられる議論を誘う」[☆54]。要するに、ガッサンディの原子論哲学は、原子論それ自体の妥当性を先験的に確信していたからというよりも、むしろ、自然科学研究者がその仮説を援用することによって、豊饒な経験的結果を収穫することができるから、唱道されたということにほかならないのである。極端な原理主義的懐疑主義に固執するのではなく、そうかといって、無論、究極的真理に到達しえたとするドグマティズムの観点を採るのでもなく、「経験主義的中道」の路をたどることによる「建設的懐疑主義」の立場をガッサンディは、熟慮のうえで、選んだと言うことができるであろう。この建設的観点に立ったがゆえに、ガッサンディの原子論自然哲学は、その後、きわめて豊饒な後継者の群を見いだすことができたのであった。そういった後継者のひとりが、英国のヴィルティオーソのボイルであった。

4　「懐疑的化学者」ボイルと構造的化学

ガッサンディ的自然哲学の方向で、化学を機械論哲学の自立した学問分野にしたのは、英国のロバート・ボイルであった。ボイルの学問思潮の根本は、同国から生まれ出たベイコン主義で

☆54　Saul Fisher, *Pierre Gassendi's Philosophy and Science: Atomism for Empiricists* (Leiden/Boston: Brill, 2005), Ch. 12, "Atomism, the Mechanical Philosophy, and Empirical Viability," pp. 321-339, at 327.

ある。たしかにガッサンディ的原子論哲学の一定程度の支持者であったとはいえ、彼は、原子論的形而上学からはガッサンディ以上に距離をとった。ピューリタン革命が一六六〇年に終熄して王政復古がなされ、一六六二年に王の憲章を与えられたロイヤル・ソサエティの初期の科学思想をもっともよく体現したのは、ボイルだったかもしれない。事実、彼は、一六八〇年にロイヤル・ソサエティの会長職就任を要請されている。だが、結局、断っている。代わりに会長職に就いたのは、数学にひいで、また建築家として超一流の仕事をなした多才なクリストファー・レンであった。

ボイルの科学思想については、わが国では比較的よく知られているということができる。化学のもっとも基本的な法則である「ボイルの法則」が学校教育でかならず言及されるだけではなく、一六六一年刊の『懐疑的化学者』[☆55]、並びに、粒子哲学思想上もっとも重要な一六六六年刊の『形相と性質の起源』[☆56]が邦訳されているからである。

一般に、ボイルの名は、わが国では、原子論自然哲学の系譜に連なる実験化学者として流通していたのではないか。なるほど広義では、それほどまちがいではないのだが、前記『形相の性質の起源』の邦訳が一九八九年に出版されたころから、ボイルの科学思想のもっと精確な理解が必要なのではないかという考えが定着し始めた。粒子哲学をもとに機械論哲学を支持していたというボイルの基本姿勢に関するわれわれの理解は変更する必要はないであろう。だが、彼が、通常われわれが思っているような「原子論自然哲学者」とは特徴づけできないことは明確にわかってきた。

☆55　大沼正則訳『懐疑的な化学者』（河出書房新社・世界大思想全集、一九六三）、および田中豊助・原田紀子・石橋裕『懐疑する化学者』（内田老鶴圃、一九八七）。原典は、Robert Boyle, *The Sceptical Chymist: or Chymico-Physical Doubts & Paradoxes, Touching the Spagyrist's Principeles Commonly call'd Hypostatical, As they are wont to be Propos'd and Defended by the Generality of Alchymists* (1661), in *The Works of Robert Boyle*, ed. by Michael Hunter and Edward B. Davis, Vol. 2 (London: Pickering & Chatto, 1999).

☆56　赤平清蔵訳『形相と質の起源』（朝日出版社・科学の名著、一九八九）。「質」は「性質」とも訳される。本書の訳者赤平と吉本秀之の解説は両者とも労作である。原典は、*The Origin of Formes and Qualities* (1666), in *The*

私にとってのボイル自然哲学の理解は、クーンの名篇「ロバート・ボイルと十七世紀の構造的化学」[☆57]をひもといた経験と切り離すことはできない。科学史・科学哲学の研究者としてのクーンのイメージというと、「パラダイム論」とかの呼称で世間に流布した考えとともに軽薄に想起されることが多いかもしれないが、私にとってはまったくそうではない。実際に一九七〇年代後半のプリンストンで教授と大学院生との師弟関係をとおして学問的生をともにした体験から言うと、「堅実なアカデミッシャン」という印象がなによりも先に浮かぶ。もっとも、彼は私のアカデミック・アドヴァイザーというわけではなく、「傍系の師」にあたる。そうして、一九八六年春に講演のために来日したときに交わした学問的な対話から、クーンが、物理学徒として実体験した現代物理学に対する思いや後期ウィトゲンシュタインの読書を介した強烈な懐疑主義思想に裏打ちされた学問的態度を身に着けた思想家だとの思いが強く私の心中に刻印されることとなった。彼は、彼自身が告白していうには、ウィトゲンシュタインの最後の著作『確実性について』（*Über Gewißheit = On Certainty*）の熱心なファンなのだという。そしてこのエピソードは、彼のボイル論とも連なる。簡明に要約すれば、ボイルは、懐疑主義的化学者に終始したのであり、彼の化学は、適切には「構造的化学」と特徴づけることができ、さらに、クーンによれば、「ボイルは化学を操作的製造の技法とみる」[☆58]。この観点からみると、ボイルの自然哲学的背景の全容が説明できるのではないか、と私は考えている。

　ボイルは、本質的に数学者であったホイヘンスやライプニッツから見ると、かなり実験に集中的に入れ込むベイコン主義的経験主義者と映ったらしい。私はこの規定は正しいと思う。ボ

Works of Robert Boyle, Vol. 5 (1999).

☆57　Thomas S. Kuhn, "Robert Boyle and Structural Chemistry in the Seventeenth Century," *Isis*, 43 (1952), pp. 12-36.

☆58　Kuhn, *ibid.* p. 31: "Boyle views chemistry as an art of manipurative fabrication."

イルが世に問うた著作は多いが、それらの大半が実験化学についての報告集であり、理論的著作は、前記『懐疑的化学者』と『形相と性質の起源』に限られると言っても過言ではない。

『懐疑的化学者』の、当時の習慣に従ってその内容の全容を示した、全標題を書き記しておけば、以下のようになる――『懐疑的化学者、すなわち、大半の錬金術師が提起し弁護するような、ふつう根底的と呼ばれるスパギリストの原質に関する化学的－自然学的疑問と逆説[☆59]』（図

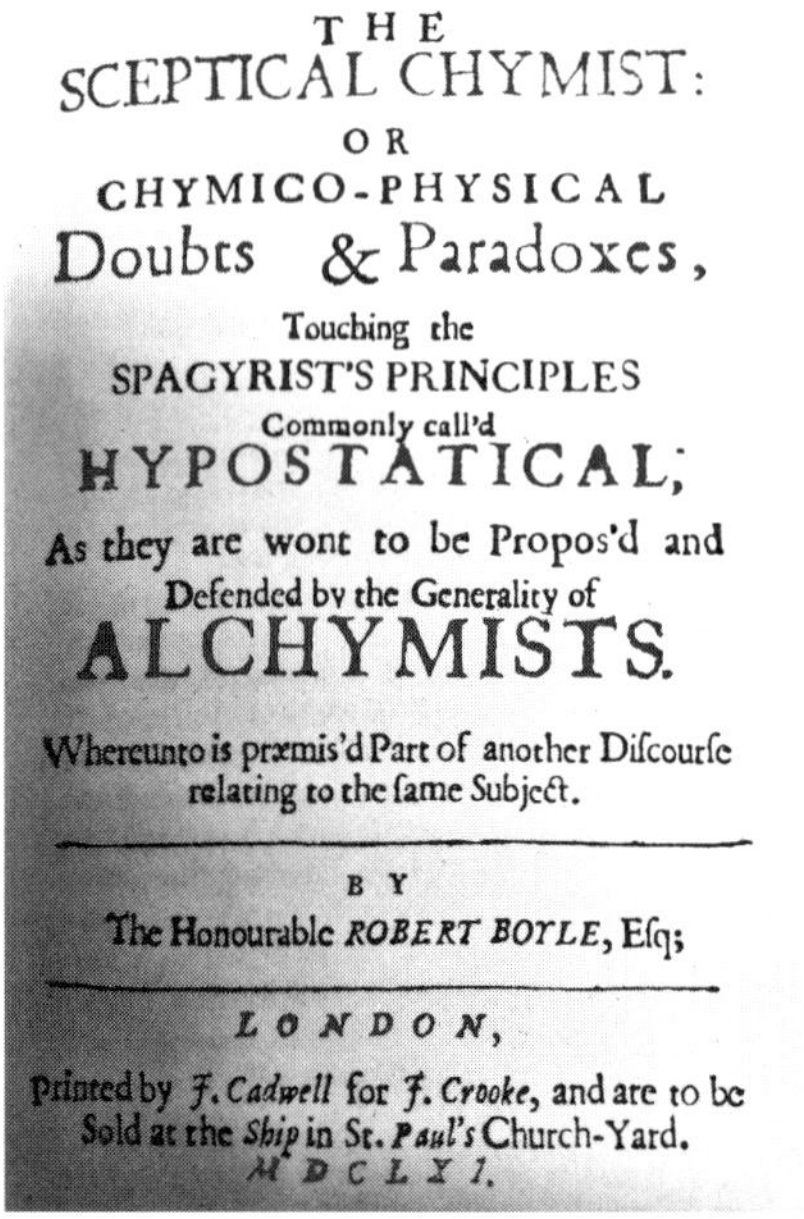
THE
SCEPTICAL CHYMIST:
OR
CHYMICO-PHYSICAL
Doubts & Paradoxes,
Touching the
SPAGYRIST'S PRINCIPLES
Commonly call'd
HYPOSTATICAL;
As they are wont to be Propos'd and
Defended by the Generality of
ALCHYMISTS.
Whereunto is præmis'd Part of another Diſcourſe
relating to the ſame Subject.

BY
The Honourable *ROBERT BOYLE*, Eſq;

LONDON,
Printed by *J. Cadwell* for *J. Crooke*, and are to be
Sold at the *Ship* in St. *Paul's* Church-Yard.
MDCLXI.

図3・2　ボイル『懐疑的化学者』初版扉（1661）

☆59　原題については、注55を見よ。もっとも、“Alchymist”を単純に一意に「錬金術師」と訳したり、“Hypostatical”を「根底的」と訳したりするのは問題かもしれない。

3・2)。

本文は、ボイルの分身と見なされうるカルネアデスが、逍遙学派ともいわれたアリストテレス主義の、熱、冷、乾、湿といった感覚的性質＝「一次性質」(prime qualities)を引き起こす物質的基礎と見なされる火、土、水、空気からなる「四元素」(four elements)についての四元素論を批判的にとらえ直し、さらに、パラケルススを筆頭とする、スパギリストと呼ばれる実験化学の手練れによる、塩、硫黄、水銀の混合からこの世界の物質が構成されたとする「三原質」(tria prima = three principles)に批判の刃を突きつけ、それらの学説の長短を論じながら、結局、自らの粒子論的機械論哲学が、さらなる探究は不可欠かもしれないが、より良い理論ではないかとして、議論は締めくくられる。

しかし、この書についてもっとも重要なのは、中心的な話し手であるカルネアデスの思想的態度自体であろう。実在した哲学者としてのカルネアデスは、紀元前二世紀中葉にアカデーメイアの学頭の地位にあり、そのプラトン創設の学園に前三世紀に懐疑主義的転回をもたらしたアルケシラオスとともに、古代ギリシャ哲学思想の懐疑主義的深化をもたらしたことで知られる。ボイルは、十七世紀後半の王政復古直後の時期に、英国自然哲学思潮に懐疑主義的批判の風潮を拡めようとしたものと考えられる。そのさいの「懐疑主義」とは、ギリシャ語の原義的ニュアンスを伴った「スケプティケー」、すなわち、安易に断定的結論を導き出すことなく、探究を持続させる思想的態度が肝要だとする。したがって、ボイル自身のよく丹念に思索された学説であってすら、「仮説」＝「仮設」的性格を保持するものととらえられるわけなのである。『懐疑的化学者』にはあとで、もう一度戻って論議する。
今度は、『形相と性質の起源』を瞥見してみることとする。そこでは、自然世界を構成するものとされる粒子が「大きさ、形状、運動をもっている無数の単独では感知できない」存在者としてとらえられる。「生成・消滅・変質について」論じた個所で、ボイルは書いている。

世界には大量の物質粒子が存在する。それらの各々はあまり小さくて、単独で存在するかぎりでは感知できない。しかも、完全で分割できないから、一定の形をもち、非常に固くなければならない。粒子は、思考のうえや神の至能によっては分割できるが、それは小さくて固いために、自然力で現実に分割されることはまずない。だから、粒子は、この点で、ミニマあるいはプリマ・ナートゥーラーリア（minima or prima naturalia）と呼ぶことができるであろう。

また、前述のミニマ・ナートゥーラーリアのいくつかが結合してできた多くの粒子が存在する。その大きさは非常に小さく、それらは緊密にピッタリと密着しているので、これらの小さな集塊、すなわち微粒子のクラスター（それらをそう呼んでよければ）の各々は単独では感覚で識別できない。もっとも、自然力で、それを構成しているプリマ・ナートゥーラーリアまで、あるいはその他の小さな破片までに絶対に分割できないわけではないが、先ほど述べた理由のために、現実にそれらが分解または破壊されることは非常に稀にしか起こらないので、多種多様の可感的物体中や、さまざまな形態や偽装のもとで、もと

のままの〔形〕を保持しているのである。[☆60]

ボイルは引用文のなかで、エピクロスやガッサンディなら「アトム」と呼んだであろう根元的物質を“minima or prima naturalia”と名づけている。これは、「自然的最小単位」、ないし「自然的端緒」とでも訳されるべきラテン語語句の複数形である。この用語はボイルが創ったわけではなく、中世後期のアリストテレス主義者のあいだで使用されていた概念である。きっかけ的起源はアリストテレス自身にあったとされるが、確実に遡及できる起源は、アリストテレスの著作のアラビア語註釈をもって知られるイブン・ルシュド、すなわちラテン語名でのアヴェロエスにある。

古代ギリシャでなされていた原子論自然哲学に関する理論は、古代世界の衰退とともに、忘却の淵に沈んでしまい、むしろアラビア語の世界で一定程度栄えた。そのような歴史的背景のもとで持ち込まれたのが、ラテン語で、「ミニマあるいはプリマ・ナートゥーラーリア」と呼ばれるようになる概念であったらしい。それは、アナクサゴラスの「最小のものなど存在しない。つねにより小さなものがあるだけだ」を否定する意図で、導入された。だが、『原子論とその批判者たち』の著者パイルによれば、「ミニマは、いかなる現実的で、独立し、自然学的な存在性もアイデンティティももたない。それは、純粋に可能的部分なのである。エピクロスのアトムのライフストーリーは追跡できるが、ミニムム・ナートゥーラーリスのは追跡できない」[☆61]。これは重要な註記である。いずれにせよ、「ミニマあるいはプリマ・ナートゥーラーリ

☆60 赤平清蔵訳『形相と質の起源』、五四—五五ページ。*Works*, Vol. 5, pp. 325-326.

☆61 Pyle, *Atomism and Its Critics*, p. 217.

ア」は、イブン・ルシュドのアリストテレス註釈がラテン語訳されたさいに、イブン・ルシュドのラテン語名のアヴェロエスのラテン語註釈テキストとともに、十三世紀以降のアリストテレス主義スコラ学者のなかに滲透してゆき、しまいに、ボイルにまで届いた次第なのである。アヴェロエスからルネサンスまでの、「ミニマ・ナートゥーラーリア」の継承史については、ジョン・E・マードックによって包括的に調査されている[☆62]。

　そこで、再度『懐疑的化学者』に立ち戻る。ボイルは、アトム=原子の存在を確定的に認めたことも、それから真空の存在を認めたこともない。彼はいかなる意味でもドグマティストの思想的態度を斥ける。『懐疑的化学者』の「先の論考にたいする逆説的附録」についての第六部において、さまざまな化学的複合体を構成すべきアトム的存在=元素《エレメンツ》（Elements）について、問題を提起している。「さらに、誤りを回避するために、私は、私が目下、元素ということによって意味するところをあなたにお伝えしておかなければなりません。私は、かの（医）化学派の人たちが、きわめて簡明に彼らの原質（Principles）ということで意味しているように、ある種の原初的で単純な、すなわち完全に混交的でない物体、を意味しているのです。それは、他のいかなる物体によっても、また、それら同士のあいだでも、造られておらず、完全な混合物体と呼ばれるものが直接にそれから合成され、究極的にそれへと分解されるところの構成要素（Ingredients）なのです。さて、あらゆるものにつねに見いだされるそのような物体がはたして存在するのかどうか、元素化された物体（Elemented bodies）と言われるようなものがはたして存在するかどうかが、私がいま疑問とすることなのです[☆63]」。こう問題を提起したあと、同時代に行な

☆62 John E. Murdoch, "The Medieval and Renaissance Tradition of *Minima Naturalia*," in Lüthy, Murdoch, and Newman (eds.), *Late Medieval and Early Modern Corpuscular Matter Theories*, *op. cit.* (n. 29), pp. 91-131. ただし、論文の内容は、包括的な調査報告であり、思想史的に言及すべき内実はほとんどない。

☆63 Boyle, *Sceptical Chymist*, *The Works of Robert Boyle*, ed. by Michael Hunter and Edward B. Davis, Vol. 2 (London: Pickering & Chatto, 1999), p. 345.

われていた、アリストテレス学派や医化学派以外のエピクロス的原子論哲学をも議論の俎上にのせる。そのうえで、暫定的にこう考えるべきではないかと提示する。「もしもこれらの物を造りあげている諸粒子の形状、大きさ、運動、位置、結合の変化が、その物体の組成を変えているということを考えるなら、自然がいつもわれわれが混合していると呼ぶことができる諸物体を成している元素をあらかじめもっているべきであるということはそれほど必要ないと、あなたが私と一緒にお考えになるようにとお勧めしたいのです」[☆64]。こう話したあと、ボイルを体現しているカルネアデスは、つぎのように結論的に述べている。「自然があらかじめ存在する諸元素として、すべての他の物をそれから合成しなければならないような、原初的で単純な物体が存在する、とわれわれがなぜ信じる必要があるのか、その理由が私にはわからないのです」[☆65]。引用文中の「原初的で単純な物体」(Primogeneal and simple Bodies)は、われわれが普通、元素ないしアトムと見なす存在にほかならない。ボイルは、このような存在が同定できるかどうか疑っているのである。このような疑念は、しかしながら、自らがかつて援用した「ミニマあるいはプリマ・ナートゥーラーリア」の在り方からして、予想されたことであった。だが、私に言わせれば、そのような概念的在り方は、いつもアトミズム、とりわけ、ガッサンディの定式化した原子論哲学に暗黙裏には隣り合わせに存在していた。ただし、私が知るかぎり、ボイルほど確言的に言い切った科学者はいない。

ボイルは、『懐疑的化学者』の結論を締めくくるにあたって、カルネアデスにこう発言させている。

☆64　*Ibid.*, p. 367.
☆65　*Ibid.*, p. 372.

それゆえに、検討されたふたつの所見、あるいは元素に関するいかなる他の理論も、合理的で、かつ実験的な基礎の上に、明晰に私に示してくれるとするなら、私は、疑う余地のない真理に変更させるのを甘んじないほどに、自分の不穏な疑念を愛しているわけではないということをあなたがおわかりいただけることを余儀なくさせるのではなく、不合理的にではなく、すると思います。そして（カルネアデスは微笑んで結論を述べる）、一懐疑主義者（a Sceptick）として、つぎのようにあなたに打ち明けても、たいして批難されることはないのではないでしょうか。これまでの論述によって、あなたは、ペリパトス学派とか、（医）化学派の、元素とか、原質とかの学説に私が満足していないとお思いでしょう。そしておそらく私の研究が私自身にも不満であったのとまったく同じように、他者の研究も私には不満であったことを認めざるをえないことに気づくことができた次第なのです。[☆66]

この結語は、一懐疑主義者、とりわけ建設的懐疑主義者にまことにふさわしい。まさしく、「懐疑的化学者」として規定されるボイルの化学は、「構造的化学」なのである。私に言わせれば、ガッサンディの原子論も「構造的原子論」としてはじめて理解可能である。

アンドルー・パイルは、ボイルの懐疑的化学を評してこう書いた。「かくしてボイルなら、原則として、ニュートンはそうではないが、クォーク、そうして研究がなされる（決定的に観測不可能な）「奇妙さ」とか「魅力」とかの性質をもった微粒子を受け容れ可能である」[☆67]。これ

☆66 *Ibid.*, p. 376.
☆67 Pyle, *Atomism and Its Critics*, p. 539.

はおもしろく意義ある評言と言わねばならない。十七世紀の懐疑主義思潮と連動した粒子哲学は、それほども奥が深いのである。

ボイルは、ガッサンディの思想を、主としてチャールトンによる解釈を介して学んだものと考えられる[☆68]。

ここで、ガッサンディからボイルまでの粒子論自然哲学の内容を省みて、その科学思想的特性をまとめておくこととする。その点で、参照規準として、念頭に置かれるべきなのは、ベイコンが原子論自然哲学を支持していたのかどうかという問題である。その問題については、原子論を「よき仮説」(a good hypothesis)としては支持したことがあったが、次第に放棄するにいたったといった解説が一般的であった。だが、その点について、シルヴィア・A・マンゾが「フランシス・ベイコンと原子論――再評価」と題する論考で[☆69]、かなり透徹した理解を提示した。マンゾによれば、ベイコンが後年強調するようになった「霊気論的(pneumatic)物質論」によって、原子論自然哲学支持を放棄したと見なす必要はない。両者は両立可能だからである。また、ベイコンは、原子論仮説を支持したからといって、「配置の諸相」(schematismi)とか、「構造」(textura)を重視する考えによって、その仮説を飽くまで「作業科学」の推進のために支持したことを忘れてはならない。こう考察してみると、ベイコンにとって、「アトム、精妙な存在者は、ベイコン科学にはほとんど役立つわけではない[☆70]」。換言すれば、たとえベイコンがアトムの存在を認容したにせよ、それは「仮説」として、機械論的操作科学に仕えるかぎりで、認容したと包括的にとらえることができる。「ベイコン的な知のプログラムは、科学的実践へと発見法

☆68 Antonio Clericuzio, "Gassendi, Charleton and Boyle on Matter and Motion," in Lüthy, Murdoch & Newman (eds.), *op. cit.* (n. 29), pp. 467-482 は、その伝承と内容の変容に光を投じている。

☆69 Silvia A. Manzo, "Francis Bacon and Atomism: A Reappraisal," in Lüthy, Murdoch & Newman (eds.), *op. cit.* (n. 29), pp. 209-242.

☆70 *Ibid.*, p. 236.

的に方向づけられているのである」[☆71]。ボイルは究極的には、ベイコン主義的自然哲学者である。彼は、こういったベイコン主義思想を継承したと言うことができるであろう。

ベイコンやデカルトからボイルまでの自然学的存在の認識論的‐存在論的本性といったものを、二十年間ほどの準備期間を経て、一六九〇年（実際には、八九年十二月には書店に出廻った）に、包括的に先鋭にまとめあげたのは、ジョン・ロックの『人間知性論』であった。その著の第二巻第八章によれば、物質の「分割は、ある物体から固性・延長・形・可動性のどれにもせよ、取り去ることはけっしてでき」ない、そのような「性質を、私は物体の本原的性質ないし一次性質（*original* or *primary Qualities*）と呼ぶ。この性質が私たちのうちに単純観念（simple *Ideas*）、すなわち固性、延長、形、運動あるいは静止、数（Solidity, Extension, Figure, Motion, or Rest, and Number）を産むことは、私たちに観察できようと思う」[☆72]。アリストテレス主義の「認識論的道理」にとって枢要と見なされていた感覚は、ロックにおいては、もはや二次的なものにすぎなくなる。「その事物の一次性質によって、すなわち事物の感知できない部分の嵩《かさ》・形・組織・運動によって、多種多様な感覚を産む力能であるにすぎないような性質であり、たとえば、色、音、味などである。これを私は二次性質（*secondary Qualities*）と呼ぶ」[☆73]。ライプニッツは『人間知性新論』（一七〇四年脱稿）、ロックのこのような性質論を、ガッサンディに拠るものと見なしたが、その思想の内実をガッサンディ起源と考えることはそれほどまちがいではないにしても、ロックの概念枠は、直接的には、ボイルから導き出されたものである。

ロック的な「一次性質‐二次性質」の新定式の哲学思想史的射程は意外に重要であろう。数

☆71　*Ibid.*, p. 235.
☆72　John Locke, *An Essay Concerning Human Understanding*, Edited with an Introduction, Critical Appatatus and Glossary by Peter H, Nidditch (Oxford at the Clarendon Press, 1975), p. 135. 大槻春彦訳『人間知性論』（一）（岩波文庫、一九七二）、一八七ページ。強調は原文。つぎも同じ。
☆73　*Ibid.*, p. 135. 前掲邦訳書、一八八ページ。

学的－物理学的存在の第一義性＝本源性が明確に認識され、さらに、物理学的存在根拠が淵源するところの、ベイコン的作業科学、ひいては、「テクノロジー科学」、その核心部が「基礎工学」として見ることのできる近代自然科学の在り方が潜在的に唱道されているからである。

こうしてみると、ベイコンにせよ、ガッサンディにせよ、それからもっとも透徹した粒子哲学を定式化したボイルにせよ、根底には、原子論の仮説性、構造性の強調、経験科学としての実践的方向性への志向が基調低音として鳴り響いており、かなりの共通性が見られると言うことができるであろう。

5　懐疑主義から〝解放〟されたその後の原子論科学

ここで、転じて、わずかに、ニュートンの粒子論的自然哲学について触れておけば、彼はアリストテレス主義やデカルト主義よりは、明確に原子論哲学を好んだことが確認されている。ケンブリッジ・プラトン主義の影響は否定できないが、ガッサンディ哲学の少なくとも間接的影響はあったであろう。それは、「(a)〔物質によって〕占有された空間と、真空な空間が存在し、世界は充満した存在ではない。そして(b)物質の究極部分は、「粒子」ないし「原子」すなわち堅固で不可分な物体からなっている」[☆74]というような形態であった。その粒子哲学の包括的様相は、『光学』(一七〇四)末尾の「疑問三十一」で開陳されている。「このようなあらゆることを考慮すれば、初めに神が物質を、固体で、嵩《かさ》張って、堅く、侵入不可能で、運動可能な微粒子を作成したことは、私には蓋然的であるように思われる」[☆75]。ニュートンが、物質理論につい

☆74　Howard Stein, "Newton's Metaphysics," *The Cambridge Companion to Newton*, ed. by I. Bernard Cohen and George E. Smith (Cambridge University Press, 2002), pp. 256-307, at 260.

☆75　Newton, *Optickes* (New York: Dover, 1952), p. 400. 島尾永康訳『光学』(岩波文庫、一九八三)、三〇〇ページ。

て、「蓋然的」(probable) ということばを選んで慎重に使っていることに注意されたい。ともかく、ニュートンの蔵書には、セクストス・エンペイリコスの一六二一年、パリで刊行された『現存著作集』があった。[☆76] 奇しくも、デカルトが読んだと推定されるのと同じ版本である。

よく知られているように、彼は『自然哲学の数学的諸原理』の一七一三年に出版された第二版の一般註解のなかで「われは仮説を捏造せず」(Hypotheses non fingo.) と唱った。[☆77] デカルト自然哲学に対する批判的メッセージだと解釈されている。「捏造」しないのであって、ニュートンは、このような公的宣言とは裏腹に、ときに仮説を用いて哲学したものと考えられる。だが、その用語は慎重に回避した。

周知のように、ニュートンは、光の理論に関しては「粒子説」(corpuscular theory) がもっとも妥当な理論だという考えを保持し通した。だが、先にも見たように、彼は自然科学理論には「仮説」の地位は望ましくはないと見なし、自らの粒子説に基づく光学理論を「仮説的」境遇からなんとしても脱出させたいと望んだ。だが、波動説を唱え続けたクリティアーン・ホイヘンスやロバート・フックの反撃は止むことがなかった。原子論の観点がもっとも問題となるのは光学の領域においてであるが、ニュートンの光学関係講義録などを編纂した科学史家のアラン・E・シャピーロはこう書いている。「ニュートンがアトムの存在を仮説として考えてなかったことは、彼が『光学』のために一七〇三年に草した序文から明らかである。だが、彼は出版しなかった。彼は、あらゆる現象を、四つの「一般的前提」、すなわち「諸原理」からのみ演繹する可能性を考えた。これらの諸原理は仮説ではなかった。それらは帰納から導出されるので

☆76 John Harrison, *The Library of Isaac Newton* (Cambridge: Cambrdige University Press, 1978), p. 237, # 1503. 本章の注8を見よ。

☆77 Isaac Newton, *Philosophiae naturalis principia mathematica*, ed. by Alexandre Koyré and I. Bernard Cohen (Cambridge, Mass.: Harvard University Press, 1972), p. 764. 河辺六男訳『ニュートン』(中央公論社・世界の名著、一九七一)、五六四ページ。

ある。というのも、確実性をもってなすそれ以外の道は存在しえず、一般的原理に到達するまでは、そうして実験と現象とから結論を引き出すわけなのである」[☆78]。しかしながら、ニュートンは、このような確信にもかかわらず、自らの粒子論的光学理論が、仮説の段階にとどまっているという考えをも捨て去ることはできなかった。実験科学についての『光学』は、強力な反論を提起し続けたフックが一七〇三年に亡くなって、はじめて公刊の運びとなった。そこで、『光学』の「疑問」には、そういった仮説についての議論が書き記されることとなる。

ニュートンは、よく指摘されるように、公私の区別を巧妙に使い分けた。換言すれば、出版文書での公的発言では、反対論に配慮して、無難な方向を選んだ。だが、私的な神学的-自然哲学的探究の場では、自らの支持する学説にとって不利になりそうなことは発言せずに、覆い隠した。結局、草稿を検討した後世の歴史家の手によってはじめて、私的領域での見解と、公的領域に浮かび上がる著作の二重構造が明らかにされることとなった。

だが、このような建前と本音の二重構造は、ニュートンにだけ目撃されうるというわけではかならずしもないであろう。啓蒙の時代であり、科学の神聖化へと向かう時代の十八世紀になると、科学的言説を一般に批判的に見る懐疑主義的識見は影を潜めるようになった。言い換えれば、自らの著作の表題に『懐疑的化学者』と銘打つボイルのような自然哲学者は現われ出ない時勢となった。

先に援用したクーンの「ロバート・ボイルと十七世紀の構造的化学」なる論考は、つぎのようなことばで締めくくられている――「十七世紀・十八世紀化学の歴史を回顧してみると、ラ

☆78 Allan E. Shapiro, "Newton's Optics and Atomism," *The Cambridge Comanion to Newton*, pp. 227-255, at 249.

ヴォワジエの化学革命の先祖は、必然的にボイルの反対者のあいだにあった」。フランス革命と同年出版のラヴォワジエの『化学原論』（一七八九）[☆79]が、ボイルにあった健全な懐疑主義思想とまったく無縁であったとは考えにくいが、いずれにせよ、啓蒙主義期以後の体制化された実験室科学の代表例と見なすことができるであろう。ジョン・ドルトンの『化学哲学の新体系』（一八〇八―二七）[☆80]についても同様のことが言えるにちがいない。十八世紀以後の化学は、自然哲学者の業《わざ》ではなくなり、実験室をもたない科学者には不可能な業になった。むしろ、ラヴォワジエも、それからドルトンも、自らの化学理論の説明力の強力さに〝酔い〟、「反対する力」を重視するという懐疑主義思潮の基本は無視ないし軽視するようになったというのが実情であろう。その意味で、クーンのいうしっかりしたパラダイムを備えた「ノーマル・サイエンス」に向かって〝解放〟された、と形容することができるであろう。

十九世紀後半のヨーロッパ辺境の地のロシアで、ドミトリイ・I・メンデレーエフは化学教科書『化学の原理』（初版一八六八―七一）を執筆する過程で、原子量によって相異なる元素の族が統合可能なことに気づいて、六九年三月、化学元素の周期律を発見した[☆81]。この教科書は、西欧主要言語にも翻訳されて世界的に普及するにいたった。メンデレーエフの『化学の原理』が不可疑の化学理論として世界じゅうに受容されるようになってほどなくして、それまでは、ほとんど想像できなかったような物理現象が観察されるようになった。そのきっかけが、一八九五年のドイツの物理学者レントゲンによるX線の発見であった。

さて、十七世紀のベイコンやガッサンディからボイルまでの原子論ないし粒子論自然哲学の

☆79 Antoine Laurent Lavoisier, *Traité elementaire de Chimie*, 2 vols. (Paris, 1789). ラヴワジエ『化学原論』（柴田和子訳、朝日出版社・科学の名著、一九八八）。

☆80 John Dalton, *A New System of Chemical Philosophy* (Manchester & London: Vol. 1, pt 1, 1808 & pt. 2, 1810; Vol. 2, 1827). 井山弘幸訳『化学哲学の新体系』（朝日出版社・科学の名著、一九八八）は、主要部の部分訳。

☆81 この発見の経緯については、梶雅範のすぐれた研究『メンデレーエフの周期律発見』（北海道大学図書刊行会、一九九七）を見よ。

成立の歩みを振り返ってみるとき、再度、その成立に伴う思想史的経緯の重厚さを再認識する必要があるように思われる。とりわけ、ガッサンディとボイルの科学哲学思想は奥深い。省みれば、ボイルは、自らも化学実験室をもち、かつ哲学的だけではなく、宗教的にも思索するちょうど端境《はざかい》の化学者であったのだ。

エックス線からプルトニウムまでの放射線にまつわる自然現象と不自然科学・反自然科学

私はいま、北京市北方の中国科学院大学の研究室で本書を執筆しているのであるが、現代の原子論科学思想を論ずるにはと、江沢洋『だれが原子をみたか』（岩波現代文庫、二〇一三／初版一九七六）を持参し、参照している。このようにわざわざ特定の科学入門書に言及するのは、断じて江沢教授の著書を腐《くさ》そうとしてのことではない。まったく反対である。江沢教授は、私が畏敬できる数少ない物理学者のひとりである。物理学のかなり広い分野に高く深い識見をもたれているだけではなく、物理学史家としての高見も相当なものであると私は見なしている。その書物は、ブラウン運動の物理科学的解説から始まって、ギリシャの原子論自然哲学に遡及し、そのうえでボイルから現代までの原子論自然諸科学の記述を試みている。したがって、原子論自然哲学の記述をほとんどボイルで終わらせている本書前半部を補塡する著作の意味をもっているわけである。

その少年向きの書の「はしがき」にはこう書かれている。

科学の歴史は、仮説と実験の試行錯誤の歴史である。それをたどってみて、人間というものはずいぶんいろいろのことを考えるものだと感心もし、おもしろくも思った。おもしろかっただけでなく、案外、この積み上げが西欧科学の伝統というものかもしれないと考えた。

その話をアメリカ人の友だちにしたら、中国の歴史はどうしたと問いかえされたが、私の力は、まだそこまではおよばない[☆1]。

少年たちには、江沢教授の『だれが原子をみたか』をぜひひもとくことを勧めたい。けれど、科学史・科学哲学を専門学問分野として半生を送ってきた私自身は、原子論自然哲学の歴史的前提をも本書では問題にしてみたいと考えて、第三章第三節の十七世紀原子論自然哲学に関する歴史記述を試みた次第であった。そこでは、ガッサンディ的な人文主義的問いかけ、ボイルによる構造化学的回答の試みを、現在の学問思想状況において、新たに提示した。

序論で、私はルノーブルの『自然の観念の歴史』に言及し、その著者が、ギリシャ語語彙で「反自然」(ἀντιφύσις)なる概念をも使用していることを紹介し、また、現代中国の科学哲学者の肖顕静《シァオ・シエンジン》教授の「非自然」ないし「不自然」、「反自然」概念にも説き及んだ。こういった概念を援用することによって、人はあるいはひょっとして、十七世紀ヨーロッパ科学思想史を専門のひとつとする私が、その時代に育まれた科学哲学思想を頭ごなしに否定し去り、一般にエコロジカルな性格をもった伝統的自然観に帰れ、と主張するのではないかと思いなすかもしれない。繰り返し言うが、そうではない。

☆1　江沢洋『だれが原子をみたか』(岩波現代文庫、二〇一三)、viページ。

じつは、序論で導入した「不自然科学」（unnatural science）とか、「反自然科学」（antinatural science）といった概念に相当することばは、私以前に日本人著作家によって使用されている。たとえば、近代日本で量子力学研究に重要な貢献をなした朝永振一郎は、一九七六年に開かれた「歴史と文明の探求」についての討論の集いのなかで、こう述べている。「今の吉川（幸次郎）先生のお話だと、今の自然科学というのは、むしろ不自然科学と言ったほうがいいのではないかという感じがいたします」☆2。さすが、朝永三十郎なるデカルト哲学について近代日本で最初に専門的に研究した学者の子息のことはある。また、吉川幸次郎という中国文学の碩学の発想と関連づけており、いっそう深い感懐がある。

そして「自然に反する」科学なる考えは、原子核物理学者の水戸巌によって、一九七九年に、スリーマイル・アイランドにおける原発事故の直後に、披瀝されている。「原発はいらない」という芝浦工業大学での講演のなかで、水戸はこういう所見を発している。「それこそ現代の科学技術を、我々はがむしゃらに推進してきた。いままでの科学技術のあり方というのは、あまりに自然に反している」☆3。原子力発電所に関連した言明であり、傾聴すべきであろう。

十七世紀以来の近代自然科学思想は、現代に生きる私たちの知的遺産の枢要なひとつになっている。その遺産を現在の時点でどう科学哲学的に批判的に厳格な規準で理解し直し、さらにどのような発展の方向をめざすのか、この問題が私が目下、問いかけ、一定の回答を与えようとしていることがらなのである。だが、このような自然哲学的省察を試みようとするさい、近代西欧的科学思想の伝統の延長でだけ考察して充分だと私は思わない。先に江沢教授の著書

☆2　『朝永振一郎著作集4』（みすず書房、一九九二）、一九五ページ。朝永振一郎（江沢洋編）『物理学への道程』（みすず書房、二〇一二）、三〇六ページ。
☆3　水戸巌講演・著作集『原発は滅びゆく恐竜である』（緑風出版、二〇一四）、八二ページ。

『だれが原子をみたか』を援用したのは、ほかでもない、本書においては、中国をはじめとする東アジアの自然観をも議論の俎上にのせるからなのである。伝統中国医学をも、まともな科学哲学の土俵に引き入れる（第四章第三節）。

ところで、一八九五年晩秋、ドイツの物理学者ヴィルヘルム・コンラート・レントゲン（一八四五―一九二三）によって、陰極線の延長上に、きわめて透過性の高い光線状の現象が実験的に確認された。その光線状の物理現象は、これまでに知られていない未知的様相を呈したために、記号代数で未知数を表現する慣用のX（エックス）を用いて「X線」と名づけられた。われわれには「レントゲン線」のほうがなじみかもしれない。今日のことばで言い換えると、電子の作用で放出されるある種の電磁波である。現在、医療行為の手段として頻用される、骨格のほかは透けて見えるあの著名な放射線にほかならない。この特異な物理現象の発見によって、レントゲンは、一九〇一年に創設されたノーベル賞の第一回物理学賞を受賞した。

翌年になると、レントゲンの発見に刺激されたフランス人科学者のアンリ・ベクレルが重い元素であるウラニウム（わが国では「ウラン」とも略称される）から発せられる放射線を発見、さらに、有名なピエール・キュリーとマリー・キュリー（一八六七―一九三四）の夫妻は、ウラン以外にもトリウムやラジウムといった元素が放射線を発することを見いだした。マリー・キュリーは、「放射線」（radiation = radial rays）を発する元素の特異な性質を「放射能」（radioactivité=radioactivity）と呼んだ。発見された新元素が「ラジウム」（Radium）と名づけられたのは、「放射線」を発する物質であるがゆえであろう。これが、現在、われわれに馴染みの「放射線」、「放射能」、「放射性物質」

（radioactive material）などの概念の起源にほかならない。ポーランド出身で、フランスで活躍した著名なマリー・キュリーの手は繰り返される実験によって惨めな障害をもっていたと言われるが、それはむしろ実験科学者の〝勲章〟のごとくに思われた。

私は、このような「放射線」などにまつわる解説について、とりあえず、かつての東京大学駒場キャンパスでの同僚であったであろう科学者を著者の一部とする『放射線を科学的に理解する』（二〇一二）[☆4]によって執り行なうものとする。この教科書が学問的に全面的に信頼できるとする私が考えているかというとかならずしもそうではない。「とりあえず」と敢えて断ったゆえんである。この教科書の記述によれば、「放射性物質が放射線を出す能力のことを放射能という」[☆5]。

第二次世界大戦中の一九四〇年暮れから四二年夏にかけて、米国の科学者のグレン・T・シーボーグらによって、自然界には普通存在しないプルトニウムなる新元素が発見された。人工的に生成され、普通は自然界には存在しないが、「きわめて微量ながら、天然に存在する」[☆6]。地獄＝冥府の神プルートーンに由来する名称で、超猛毒物質であり、一九四五年八月九日に長崎に投下された爆縮型原子爆弾の主要燃料として使われた超ウラン元素である。高速増殖炉の燃料としても使用される。私は少なくない高木仁三郎の著作のなかで、やはり最高の名作は『プルトニウムの恐怖』（岩波新書、一九八一）だと思うが、その著書で主題的に論じられた物質にほかならない。

レントゲンのX線から、ウラニウムを経て、プルトニウムなどの超ウラン元素は、放射線と

☆4　鳥居寛之・小豆川勝見・渡辺雄一郎著／中川恵一協力『放射線を科学的に理解する――基礎からわかる東大教養の講義』（丸善出版、二〇一二）。

☆5　前掲『放射線を科学的に理解する』、一一ページ。水戸巌によれば、「放射能は文字どおり、放射線を出す能力です。たとえていえば、電灯のワット数が放射能の大小にあたり、照らされている場所の明るさ（と時間の積）が放射線の大小にあたるといえましょう」（『原発は滅びゆく恐竜である』、四五ページ）。さらに、「ようするに、放射能＝放射性物質は放射線を出す「源」。放射線の強さは放射線の与える「効果」で測られると、「源と効果」の関係でとらえておけばよいでしょう」（同前、四六ページ）。

☆6　高木仁三郎『プルートーンの火』（一九七六）、『著作集4』（七つ森書館、

いう特異な自然現象ないし「不自然」現象を伴う。しばしば、人間に医学的に大きな被害を与えるので、「反自然」的現象とも規定できる物理現象を伴う物質である。私の手元には、レントゲンの生涯について書かれたF・L・ネーエルという人の手になる本がある。小説というジャンルに属する書と分類されているが、ほとんど巻末に、つぎのような文面を読むことができる。「レントゲン線にも犠牲者があった。レントゲン線の作用を先づ究め盡さねばならかつたから。他の凡ての自然力と同様に、X線の力も不断の監視を要し、効果的な療法の限度も究めておかねばならなかつた。ハムブルクの聖ゲオルク病院の前庭には、レントゲン療法とラヂウム療法の犠牲者の記念碑がある。百六十人の名を書き連ねた記念碑であつて、その下にはフランスのベックレル教授の、全醫學界の代表者に贈る言葉がある」[☆7]。この記述が事実に基づいていることは、キャサリン・コーフィールドが裏書きしてくれる。多様な被曝についての比類のない力作において彼女は書いている。一九三六年にドイツ・レントゲン協会が「放射線犠牲者」の碑をハンブルクに建て、「一六九人の名前」を刻んだ[☆8]、と。たとえこのように多くの犠牲者が出たとしても、彼らは科学研究という大義ないし使命のもとに殉じた人々なのだ、という理解なのであろう。

じつは、プルトニウムの発見者のシーボーグも同趣の発言をしている。高木仁三郎の紹介している『超ウラン元素』（一九五八）からの訳文をもって引用すれば、「実際の〔プルトニウム〕原爆の製造は、非常に独創的で輝かしい数多くの基本に関わるアイデアと、設計の詳細にわたる重要なアイデアを必要とした[☆9]」。

二〇〇一）、三八ページ。

☆7　F・L・ネーエル『レントゲン』（常木實譯、天然社・獨逸新興生産文学、一九四二）、四〇一―四〇二ページ。本書は当時の日本の同盟国ドイツとの友好関係を促進する意味で出版されたもので、独逸文化研究会の支援によっていた。原著についての情報の記載はない。

☆8　『被曝の世紀――放射線の時代に起こったこと』（友清裕昭訳、朝日新聞社、一九九〇）、三四ページ。原典は Catherine Caufield, *Multiple Exposures: Chronicles of the Radiation Age* (University of Chicago Press, 1990). 訳者が記しているとおり、本書は、レイチェル・カーソン『沈黙の春』の「放射能版」と特徴づけられるべきであろう。

☆9　「一九九七年ライト・ライブリフッド賞受賞講演」、前掲『著作集4』、四八七ページ。『プルート

ところが、日本の物理学者の理解は異なる。高木の説明をもってすれば、「放射能というのはどんなに少量であったも、その放出する放射線によって必ず少しは細胞に傷をつけます。ですから、少量だから安全だということはありません。「許容量」という言葉があります。これは「安全量」ではありません。武谷三男さんの言葉を借りれば、がまん量です。原子力を利用するからには、このくらいはがまんしなさい、と。しかもそのがまん量は私たちの納得ずくでないところで決まっています」[☆10]。放射線の許容量という意味での「がまん量」という概念は、一九七六年刊の武谷三男編『原子力発電』で使われた[☆11]。ちなみに、原発をしかるべき排泄物処理施設がないままで運用しているというので、「便所のないマンション」と形容したのは、その書中においてであった[☆12]。

原子核物理学を専門とした水戸巌の意見を聴こう。「医療用X線との比較は、X線の診断が有害だということを知りながら、その利益のほうをとってあえて放射線を受けているのですから、無害だという論拠にはまったくなっていません」[☆13]。水戸は、原子核分裂に伴って発せられる放射線を「大変な興奮状態」にある[☆14]、と形容している。自然界には一般には存在しない「不自然」ないし「反自然」的現象の有りようを見事に言ってのけた、というところであろう。

原子炉を燃やすことによって生成するプルトニウムには、さまざまな同位体《アイソトープ》があるが、それらは、アルファ線、ベータ線、ガンマ線などの放射線を発する。なかでも、プルトニウム二三九なる同位体の半減期は二四、一〇〇年である。われわれに馴染みの歴史の年代記には収まらない期間、その物質は半分にも減らないのである。超猛毒に加えて、ある同位体は、壊変過程

ーンの火』、『著作集4』、一九ページ、『市民科学者として生きる』(岩波新書、一九九九)、一四三ページをも参照。

☆10 『高木仁三郎著作集4』、五三四ページ。

☆11 武谷三男編『原子力発電』(岩波新書、一九七六)、七〇—七一ページ。

☆12 前掲書『原子力発電』、一八九ページ。

☆13 水戸巌、前掲書、四四ページ。

☆14 同前、一七ページ。

で透過性のきわめて高いガンマ線を放出する。レントゲンのX線は核外電子の作用によるが、ガンマ線は原子核現象に伴って放出される電磁波で、エネルギーがきわめておおきく、したがって、癌などを発生しやすく、人体に与える被害が絶大である。[☆15] まさしく、冥界《プルートーン》の元素なのである。

山本義隆は、『原子・原子核・原子力』において、放射性物質にかかわる実験的研究によって白血病に仆れたマリー・キュリー以降、少なくない科学者が比較的夭死している事実を記しているが、[☆16] その事実はわれわれの心にしっかりと刻印されておかれるべきであろう。

総じて言えば、放射性物質に関する科学は、通常の自然には有り得ない自然現象を人が作為的に実験を通じて造り出すがゆえに、「不自然」なベイコン主義的科学の営みの境域を超えた「ウルトラ・ベイコン主義的科学」と規定でき、人類が足を踏み入れたことのない「反自然科学」のレヴェルに達していると見なされうるのである。

原子核物理学から原子爆弾と原子力発電へ

現代の焦眉の議論の的となっている原子力テクノロジーは、「科学に基づく技術」(sciecne-based technology)の一種である。その技術の前提となっている科学的基礎は、量子論であるとともに、相対性理論でもある。

量子論のマックス・プランクによる始原的様相については、トーマス・S・クーンによる専門的叙述がある。[☆17] 一九四五年の米国軍の東京空爆によって仆れた、すぐれた物理学史家であっ

☆15 高木『プルトニウムの恐怖』、『著作集4』所収、一三八ページ。

☆16 山本義隆『原子・原子核・原子力』(岩波書店、二〇一五)、とくに、第3章「X線と放射線の発見」、第6章「原子核について」、第7章「原爆と原発」を見よ。

☆17 Thomas S. Kuhn, *Black-Body Theory and the Quamtum Discontinuity 1894-1912* (1978; Chicago/London: The University of Chicago Press, 1987). シカゴ大学からの版は、"Revisiting Planck" なる重要な「あとがき」を伴っている。

た天野清の『量子力学史』☆18は、量子論の登場によって起こった概念的転換だけではなく、十九世紀後半から展開された重工業の興隆を伴った第二次産業革命という社会的背景にも言及しており、名著だと思う。

量子論の原子論自然哲学的側面に関しては、朝永振一郎の「原子論の発展」（一九五九年講演／一九六二年公刊）が信頼できる。この史話は、十九世紀のドルトンから戦後の素粒子論の発展までたどったもので、第三章で展開した十七世紀の原子論理解を後続する話になっており、まことに好都合である。朝永自身による要約を引用しておく。

> まず、これこれのような事実から原子の存在というものが、だんだんに仮説の域を脱して真理である、真実であると考えられるようになったということ、その次にこの原子の内部構造はどうなっているか——原子は最小不可分の単位であると申しましたが、やはり内部に構造があるということがだんだんにわかってきた。つまり中心に原子核というプラスの電気をもった粒子があり、マイナスの電気をもった電子がそのまわりを回ってるというような構造をもっていることがわかってきた。それからさらに原子核の中に構造があることがわかってきて、ついに原子力の発見にまで到達した。☆19

原子の実在性に関しては、十九世紀末からの「科学的実在論」論争が、原子論の基本的支持者のアトミスティクとそれを肯んじないエネルゲーティクのあいだで展開され、それほど単純

☆18　天野清『量子力学史』（中央公論社・自然選書、一九七三）。初版は、京都の日本科学社から一九四八年に《天野清著作集》第一巻として公刊された。秀逸な論文集である第二巻とともに精読研究されるべきである。

☆19　『朝永振一郎著作集9』（みすず書房、一九八三）、四一ページ。江沢洋編『物理学への道程』（みすず書房、二〇一二）、九ページ。

ではないが、認識論史ではなく、もっと限定的な近代物理学史の観点からは、朝永の観点は受け容れることができる。

「原子のニュートン」＝ボーアによって一九一三年に提示された原子構造論は、原子核を中心とし、その周りを電子が廻転している仕組みが原子であるというのが基本的発想であった。「ボーア革命」について論じた江沢洋の歴史記述によれば、少なからぬ反対論が提起されたが、次第に「未踏の世界」がボーア理論を支持する形で切り開かれて、「ボーア革命」は受容され、定着してゆくこととなった（第4章「ボーア理論に対する反応」）。[☆20] その後、量子論の研究史においては、古典力学とは明確に異なる量子力学が、一九二五—二六年に、アルノルト・シュレーディンガーの複素数をも含む波動方程式の形で、またヴェルナー・ハイゼンベルクが演算の交換不可能性に着目して行列で物理的意味を表現した行列力学によって、成立をみた。英国のポール・ディラックは両者に統一的意味を見いだし、そのさい、工学ではなじみの「デルタ関数」を援用した。一般にブリストル大学で最初に工学を学んだディラックにおいては、数学的定式化と言っても、工学的ニュアンスが濃厚であった。ハイゼンベルクが、電子の位置確定についての思考実験を試み、その速度の誤差の範囲と位置の誤差の範囲に関する相関関係を「不確定性関係」として定式化してみせたのは二七年のことであった。同年、直観的な物理像に現われる粒子と波動は量子論では「相補性」という基本原理によって解釈できるとしたボーアの説が提示された。

一九三二年になると、電子と陽子のほかに電気的に中性の「中性子」の存在が確認され、さ

☆20　L・ローゼンフェルト〔著〕／江沢洋〔著・訳〕『ボーア革命――原子模型から量子力学へ』（日本評論社、二〇一五）を見よ。

らにプラスの電荷をもつ「陽電子」もが宇宙線中にあると論定されるにいたった。同年は、ジョン・フォン・ノイマンの『量子力学の数学的基礎』公刊の年でもある。ミュンヘン大学にあって原子物理学におおきく貢献したアルノルト・ゾンマーフェルトの学問的伝記にミヒャエル・エッケルトによる『原子理論の社会史――ゾンマーフェルトとその学派を巡って』があるが、その伝記中で、この年は、核物理学にとっての「驚異の年」(annus mirabilis)と呼ばれている。[☆21] ニュートンの数学的‐自然学的発見の頂点をなしたと見なされる一六六六年を「驚異の年」と呼んだのに倣った言い方である。

このように画期的な「驚異の年」の相次ぐ原子物理学上の発見によって、ノーベル賞の授賞規準も転換された。それまでは、理論物理学上の成果には慎重に構えて、安易に授賞はしない慣例があった。アインシュタインにしても相対性理論によって受賞したわけではない。もっと実験的に確認しうる業績によっての「別件」での受賞であった。ところが、三二年の相次ぐ発見は、理論上の貢献者にもノーベル賞を授賞すべきであるという規準変更をも導き、三三年十二月の物理学賞の受賞者は、シュレーディンガー、ハイゼンベルク、ディラックの三人の理論物理学者ということになった。[☆22] まことに豪華な顔ぶれであった。こうして、原子物理学は三二―三三年ころには大きな転換期を迎えることとなった。

このような転換の数年後に巡ってきたのが、核分裂の発見であった。素粒子の探究、原子核研究には、高額のサイクロトロンが使用される。研究は通常、グループでなされる。したがって、ふたたびエッケルトによれば、核物理学は「マンモス物理学」という特徴をもつこととな

☆21 金子昌嗣訳(海鳴社、二〇一二)、二五九ページ。原著標題は、Michael Eckert, *Die Atomphysiker: Eine Geschichte der theoretischen Physik am Beispiel der Sommerfeldschule* (Braunschweig: Wiesbaden Verlag, 1993).

☆22 グレアム・ファーメロ『量子の海、ディラックの深淵――天才物理学者の華々しい業績と寡黙なる生涯』(吉田三知世訳、早川書房、二〇一〇)、三一三ページ。原著は、Graham Farmelo, *The Strangest Man: The Hidden Life of Paul Dirac, Quantum Genius* (New York: Farber and Farber 2009). 本書によって謎多い数理物理学者の生涯に光が投ぜられることになった。おもしろいことに、著者は、こう書いている。「ある意味ディラックは、理論物理学におけるトロツキーだった。彼は、自分が専門としている科学分野が次々

る。先述のエッケルト『原子理論の社会史』によれば、原子物理学を中軸とする現代物理学は、「政治的・軍事的・経済的な力として意義が増大したこと、そして研究成果が高度に技術化され、ますます「人工的」な性格を帯びていることは見誤りようがない」[☆23]。戦後になると、「原爆に衝撃を受けると同時に「原子の平和的利用」の神話に感激した大衆にとって「原子物理学者たち」は、新しい「原子力時代」における高位聖職者のように映った」[☆24]。エッケルトの著作のほとんど最後のところには、「原子物理学者の神秘化」が起こったとして、つぎの感懐が記されている。

> 「原子」という概念は、原子核および素粒子物理学の話題の一般向け効果を高めるために引き合いが出されることが多かった。「原子物理学者」とか「原子科学者」という呼称には畏敬の念が伴ったが、それは原子爆弾の不吉な（黙示録的《アポカリプティッシュ》）な根源的暴力《ウーアゲヴァルト》性のイメージと、原子力発電による無尽蔵のエネルギーという託宣と結びついていたのである。[☆25]

　量子力学が一九二〇年代中葉に定式化されると相即的に、原子を構成している電子、それに原子核を構成する陽子などの素粒子がいかなるものであるのかが議論の焦点になっていった。わが国の仁科芳雄はボーアのコペンハーゲンの研究所で一九二三―二八年に新進の量子力学を学んだ物理学徒であった。仁科の尽力のお蔭で、一九二九年秋に、ハイゼンベルクとディラックが来日して講演した。湯川秀樹らはその講演によって大きな刺激を受けた。仁科は三一年五

と革命を経験するなかで、その都度、以前の状態より改善されて進歩してゆくのだ、と思い描いていた」。四二七ページ。トロツキィを永久革命の理論家として特徴づけての文面であろう。私は、ディラックが工学の教育を受けているのを知って、彼の使用する数学的背景などについて、かなり得心がいった。

☆23　前掲邦訳『原子理論の社会史』、三四五ページ。
☆24　同前、三四七ページ。
☆25　同前、三五六ページ。

月には、京都帝国大学でハンゼンベルクの理論に基づいて、集中講義を試み、その大学の湯川や朝永振一郎に大きなインパクトを与えることとなった。湯川は一九三二―三四年、原子核物理学のもっともフロンティアの問題に挑戦することとなる。湯川が詩情豊かに綴った自伝『旅人』の文章によれば、「私が取り上げたのは、陽子とか中性子とかいうような、原子核を組立てている素粒子の間に働く力、――いわゆる核力の本質は何かという問題であった」[☆26]。まったく新しい素粒子の存在を理論的に予見しての論文は、一九三四年秋には出来上がった。これが湯川中間子論の誕生の瞬間であった。その後、その素粒子の存在は、サイクロトロンによって確認されたとして、戦後の四九年にわが国では最初のノーベル物理学賞を受賞するようになったエピソードは周知である。

一九三八年暮れ、原子核分裂に関する実験的事実として重要なことが判明した。その発見から、原子爆弾が造られ、核の時代が到来するまでの歴史は、精確無比のジム・バゴッド著『アトミック――物理学の最初の戦争と原子爆弾の秘話、一九三九―四九』(二〇〇九)[☆27]によって語られている。

ベルリンのカイザー・ヴィルヘルム化学研究所のオットー・ハーンが、助手のフリッツ・シュトラスマンとともに、ウランという重い元素のある種の同位体の原子核に中性子が衝突すると、むしろ、質量の小さな元素が生成しているのが確認された。最初はラジウムとされたが、その後、バリウムという原子番号のおおきく異なる物質であることが確認された。ハーンは、オーストリア出身のユダヤ人女性のリーゼ・マイトナーと共同研究をなしていたのであった

☆26　湯川秀樹『旅人――ある物理学者の回想』(角川ソフィア文庫、改版二〇一一)、二六六ページ。

☆27　Jim Baggott, *Atomic: The First War of Physics and the Secret History of the Atomic Bomb, 1939-49* (London: Icon Books, 2009). 青柳伸子訳『原子爆弾 1938～1950――いかに物理学者たちは、世界を残虐と恐怖に導いていったのか?』(作品社、二〇一五)。邦訳の標題は、英語の原題とはおおいに異なっている。

が、当時、彼女は、ナチスから国外退去を余儀なくされ、スウェーデンに移住していた。だが、ハーンは、アインシュタインによって「ドイツのマダム・キュリー」と呼ばれたことのあるマイトナーに実験事実について書簡で問い質ねた。彼女は、原子核の分裂が起こった可能性が高いと答えた。ちょうどクリスマス休暇のその時分、マイトナーのもとへは、ボーアとともにコペンハーゲンで研究していた甥で物理学者のオットー・フリッシュが訪問していた。二人はハーンの実験的手腕を認めながら、思索を深め、結局、ウランの原子核は中性子の衝突によって二つの物質に分裂していることを確認した。この特異な物理現象については、フリッシュによって、ただちにボーアに伝えられた。それは、マイトナーらによって、細胞や水滴が縊《くび》れて二分する類例に倣って、「核分裂」(nulear fission)と名づけられた。[☆28]「フィッション」は、ラテン語の「フィッシオー」(fissio)に由来する英語語彙で、'fissio'は、「割る」とか「裂く」を意味する動詞「フィンドー」(findo)から導来する。自然科学では、生物学で使用されていた用語であった。

ハーンらの実験報告論文は、ドイツの自然科学雑誌(*Die Naturuissenschaften*)の一九三九年一月六日号に掲載され、マイトナーとフリッシュの共著論文は、英国の科学雑誌(*Nature*)の三九年二月十一日号に掲載され、フリッシュの実験報告が二月十八日号に続いた。したがって、ウランの核分裂の実験的発見の功績はハーンのものだろうが、理論的解明の功績はマイトナーに帰せられるとしなければならないであろう。ところが、ハーンは、功績を独り占めし、一九四四年のノーベル賞を単独受賞した。ともかく、ハーンによって発見されたウラン原子の分裂は連鎖反

☆28 Baggott, *ibid*., p. 9. 邦訳、二七ページ。

応を起こし、その連鎖反応に伴って、巨大なエネルギーが放出されることがわかった。そのエネルギーは、マイトナーをして、アインシュタインによって可能性が理論的に予見されていた転換公式を想起せしめた。すなわち、一九〇五年に提出されたアインシュタインの特殊相対性理論によれば、物質の質量（m）はエネルギー（E）に、$E = mc^2$の転換公式に従って転換される。ここで、cは光の速度を表わす。この物理公式が核分裂の発見を導出せしめたわけではないが、側面からその発見の物理学的意味を説明するのに役立つこととなった☆29。その公式を見ればわかるように、膨大なエネルギーは得られるが、それと引き替えに、一定の物質の質量は失われる。この過程で、放射能をもつ特異な物理学的・化学的性質を示すある種の物質が放射されることが明らかになった。

一九三九年一月、フリッシュとの討議後、ボーアは米国のプリンストンを訪れたが、核分裂の事実はプリンストンの物理学者にはボーアの同行者のレオン・ローゼンフェルトによって漏らされることとなる。カリフォルニア大学バークリー校の若手物理学教授にも知らされた。当初は、疑念を表明したものの、すぐにその実験的証拠に同意した。その教授の名前は、J・ロバート・オッペンハイマーといった。朝永振一郎は、一九三九年初め、ハイゼンベルクのいるライプツィヒ大学に滞在していたが、二月二十一日付の「滞独日記」に、「一学期最後のゼミナール。ベルリンからきたストラスマンのウランの分裂する話☆30」と記している。

ボーアはその後、中性子による核分裂にかかわるウラン同位体が、圧倒的多量のウラン二三八ではなく、少量しかないウラン二三五であることを確認した。フリッシュは、米国での原爆

☆29　この点については、山本、前掲『原子・原子核・原子力』、一九九ページ、＊4の重要な注記を参照。

☆30　『朝永振一郎著作集1』（みすず書房、一九八一）、二八〇ページ。『同著作集・別巻2』「日記・書簡」（一九八五）、一五五ページ、並びに江沢洋編『量子力学と私』（岩波文庫、一九九七）、一七八ページ、に同様の文面が見える。

製造に熱心にかかわった。

なお、放射線の危険性に関して、ハーンは、一九六八年刊の自伝中で、研究の初期には、放射能に対する防護なしに研究がなされていたこと、自ら「時折指が化膿し」たと告白している。[☆31] 彼は少なくない科学者が放射線の被害を受けたことを知ってはいたが、後年、その制限が厳格すぎるようになったとも述べている。

オットー・ハーンとリーゼ・マイトナーの貢献は、両者の確執と言える性格のものではなく、二人は友好性を失なうことがなかった。ハーンは、ある意味では、科学者として公正な規準に従ったと思う。だが、もっと厳正な規準から見れば、マイトナーの功績は充分評価されるべきであったろう。ハーンの科学的伝記は、クラウス・ホフマンによって書かれ、[☆32] マイトナー伝は、ルース・L・サイムによって世に問われている。[☆33]

こうして発見された核分裂は、膨大なエネルギーを放出するだけではなく、中性子をさらにいくつか造り出し、ねずみ算的に反応が続く。「その結果は、列状に連続して起こり、核エネルギーを大量に放出しうる連鎖反応（chain reaction）となる。連鎖反応を制御すれば、「原子炉」（nuclear reactor）が得られる。連鎖反応を制御しなければ、未曾有の破壊力をもつ爆弾となる」。[☆34]

戦中の日本で原子爆弾研究に携わった仁科芳雄は、敗戦の翌年の岩波書店の月刊雑誌『世界』の一九四六年三月号に、「原子爆弾」なるエッセイを寄稿している。その「原子爆弾の原理」に関する項目には、ウラニウム（U）に中性子（n）が衝突し、バリウム（Ba）とクリプトン（Kr）に分裂し、さらにいくつかの中性子（νn）が放出される化学式が、図（図I・1（a））

☆31　Otto Hahn, *Mein Leben* (München: Bruckmann, 1968). 山崎和夫訳『オットー・ハーン自伝』（みすず書房、一九七七）、一二三ページ。

☆32　Otto Hahn: *Stationen aus Leben eines Atomforschers*, Biografie von Klaus Hoffmann (Verlag Neues Leben Berlin, 1978), *Idem, Otto Hahn: Achievement and Responsibility* (Springer-Verlag, 2001). ホフマン『オットー・ハーン——科学者の義務と責任とは』（山崎正勝・小長谷大介・栗原岳史訳、シュプリンガー・ジャパン、二〇〇六）は後者の改訂英語版の邦訳である。第11章「ウラン原子の分裂」が核分裂について記述している。前者のドイツ語版は、東ドイツ時代のベルリンの出版社からの刊行。後者では、おおきく書き直されている。

☆33　Ruth Lewin Sime, *Lise Meitner: A Life in Physics* (The University of California

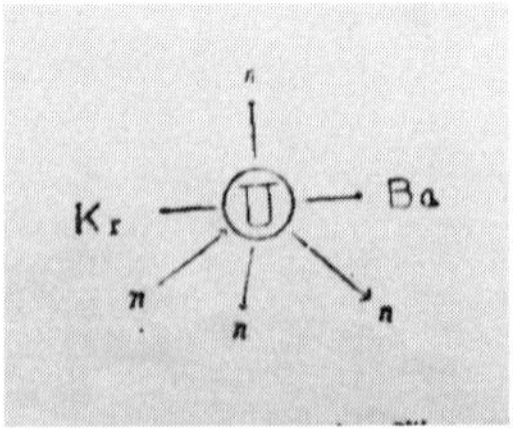

図Ⅰ・1（a） ウラニウム同位体235に中性子が衝突して核分裂が起きたときの仁科芳雄による模式図

（b）核分裂が連鎖反応になったときの図解

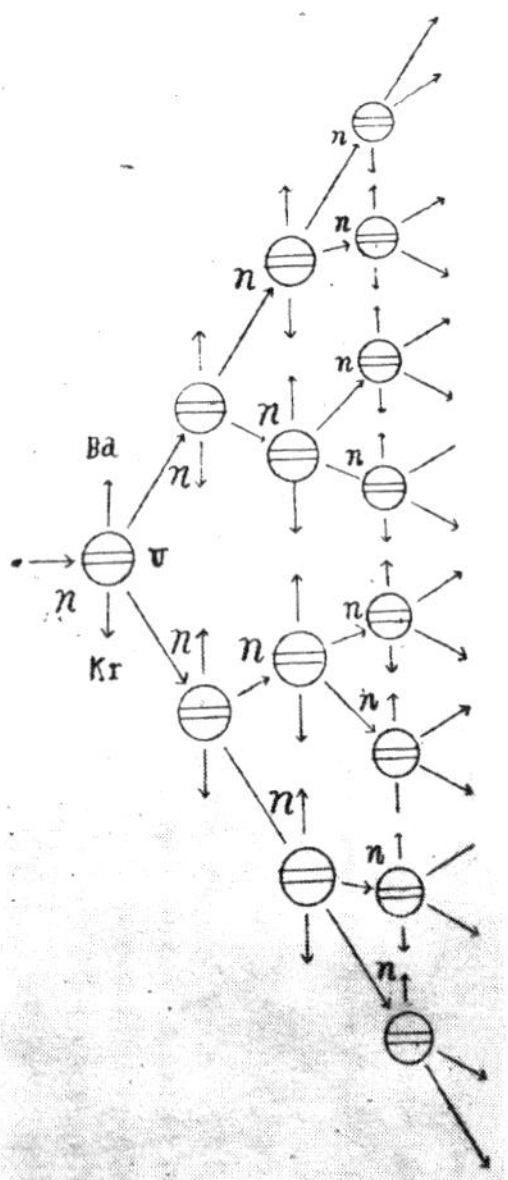

とともに記述されている。

$$U + n \rightarrow Ba + Kr + \nu n.$$

この核分裂が連鎖反応を起こす場合の図も描かれている（図Ⅰ・1（b））[☆35]。

私は二〇一五年六月初旬、数学史料調査のために、ドイツのゲッティンゲンを訪問していたのだが、六月四日木曜日の午後、ダーフィト・ヒルベルトの墓参りをしようとして、市民霊園を訪れた。ヒルベルトの墓は首尾よく発見できたのだが、周辺には、マックス・プランク、ヴェルナー・ハイゼンベルク、マックス・ボルンらの墓があって驚いた。さすが、「知を創る町、ゲッティンゲン」（Göttingen, Stadt die Wissen schafft）と称されるだけのことはある。ところが、さらに驚

Press, 1986). 米沢富美子監修・鈴木淑美訳『リーゼ・マイトナー——嵐の時代を生き抜いた女性科学者』（シュプリンガー・フェアラーク東京、二〇〇四）。

☆34 Biggott, *Atomic, op. cit.*, p. 11. 邦訳、二九ページ。

☆35 仁科芳雄「原子爆弾」、『世界』一九四六年三月号、一一六—一一七ページ。

いたことには、オットー・ハーンの墓石も発見できた（図I・2）。"OTTO HAHN"なる墓石の主の名の下には、"$^{92}U + {}^{0}n$….."なる化学式が刻まれていた。原子番号92のウラニウムに中性子（${}_{0}n$）が投射されて、核分裂が起きた現象発見を象徴する式なのである。そのあと、市のバスに乗って、大学近くの市内中心部に戻り、古書漁りをしていて偶然に破格の低価格で見いだしたのが、ホフマンによる一九七八年刊のハーンの伝記の東ドイツ版初版本であった。☆36

原子核分裂現象の発見が一九三八年末であったことがきわめて重要である。一年も経たないうちにヒトラーが、第二次世界大戦をポーランド侵攻によって始めたからであった。ハーンの発見直後から、核分裂によって放出される膨大なエネルギーが、爆弾として利用される可能性があることも知られた。ハンガリー出身の物理学者のレオ・シラードは、三九年夏、プリンストンに本居をもっていたアインシュタインを別荘に訪ね、ヒトラーの脅威に対抗するためには、アメリカが原子爆弾開発のためのベルギーのウラン鉱山管理に踏み出さねばならないと進言し、アインシュタインに米国大統領のローズベルト宛に公式書簡を発信せしめた話は有名である。アインシュタインの書簡☆37によれば、ヒトラーのドイツが原子爆弾を開発する可能性があるのは、誰よりも、ヒトラー政権下の外務政務次官のフォン・ヴァイツゼッカーの子息がベルリンのカイザ

図I・2　オットー・ハーン（1879–1968）の墓（ゲッティンゲンの市民霊園）（2015年6月4日撮影）

☆36　先の注32を見よ。
☆37　山極晃・立花誠逸編／岡田良之助訳『資料マンハッタン計画』（大月書店、一九九三）、四―五ページ。

ー・ヴィルヘルム研究所に属して研究しているからであった。この物理学者とは、二〇一五年一月逝去した、雄弁をもって知られたドイツ大統領であったリヒャルト・フォン・ヴァイツゼッカーの長兄のカールにほかならない。カールは、ハイゼンベルクの弟子格の物理学者にして、戦後はカール・ヤスパースのもとで哲学を専門的に学び、哲学研究者に転じた。一定の準備期間を経て、マンハッタン計画は、一九四二年に始動させられた。その研究プロジェクトの中心には、理論物理学者のロバート・オッペンハイマーが据えられた。

一九三九年のかなり早い時点で、「そうとも、爆弾の製造は可能だろう」とボーアは言い切った。「だが、国が総力をあげて取り組まなければならないだろう」[☆38]。そのとおりであった。米国と英国は協力して、文字どおり、総力をあげて原子爆弾製造に取り組んだ。ナチス・ドイツもそれなりの努力をなしたのであったが、結局、製造にはいたらなかった。スターリン支配下のソヴェト連邦は、「マンハッタン計画」に送り込んだスパイ網が功を奏し、戦後になってアメリカに追いつくことができた。戦争に踏み込んだ日本でも、仁科芳雄らが原爆開発にあたった。けれども、ごく初等的段階にとどまった。

放射能に関する核化学的知識は、無論、知られていたが、焦点を浴びることはそれほどなかったと考えてよいかもしれない。核分裂の研究に従事した原子物理学者のエンリーコ・フェルミ、サイクロトロンの発明者として有名な実験物理学者のアーネスト・ローレンス、それに原爆設計用にプログラム内蔵型コンピューター開発に情熱を燃やした数学者のジョン・フォン・ノイマンは、すべて五十歳代で死亡しているが、幾度かの原爆や水爆の実験を見物しており、

☆38　Baggott, *Atomic*, *op. cit.*, p. 15. 邦訳、三四ページ。

なんらかの形で放射線が影響している蓋然性が大きい、と私は考えている。それほども核分裂に伴う放射線発生の人体への悪影響などは軽視された。理由はまったく明らかであろう。軍事的利用のために開発しようとしているのに、放射能の影響などを考慮している余地などはほとんどなかったからにほかならない。科学的研究、というよりは、テクノロジーの研究は、一般に、プラスの効能は謳い上げられるが、マイナスの要素は無視ないし軽視される。

第二次世界大戦後の原子物理学は、一般に「神聖化」された。ちょうど、「懐疑的化学者」ボイルが一六九一年暮れに亡くなって、ニュートンが科学のヒーローとなり、数学的自然学が神秘化され始まったように、原子物理学を中軸とする現代物理学が「神聖化」されたことは覆《おお》いえない。そのさいにヒーローとされたのは、一九五五年にプリンストンで亡くなったアルベルト・アインシュタインであった。アインシュタインが、量子論研究の主流派であったボーアらの反対派であったのは、多少皮肉ではあったものの。現代物理学の内容は、ほとんどの人は理解しえない。とくに、直観的視覚化を斥ける原子物理学において、この傾向は著しい。だが、たとえば、アインシュタインが、ノーベル物理学賞受賞者であったり、またプリンストンの高等学術研究所の最初の常任研究員であった肩書きが、アインシュタインの仕事に〝後光〟を添える働きをなした事実も覆い難い。けれども、彼は、亡くなる時点で、有名な「ラッセル＝アインシュタイン宣言」に署名し、核廃絶平和運動の先駆けとなった。その先をどう進むかが人類焦眉の問題となっている。

〝科学としての反原子力〟の系譜——武谷三男・水戸巌・久米三四郎・高木仁三郎

さて、近代自然科学の一般的特徴づけをいちおうなし、歴史的にその延長上に位置づけられる現代の原子物理学の自然哲学的特性を瞥見したところで、今度はいよいよ、原子核物理学・化学と原子力テクノロジーの関係、とりわけ後者の評価をなす段取りであろう。省みれば、原子核物理学・化学は、十七世紀にガリレオやベイコンとともに生まれた実験的自然科学＝作用科学＝操作科学（scientia operativa）としての特性をまず備え、そのうえで、数学的自然学の一種とも解釈でき、そして原子論的ないし粒子論的自然科学としても位置づけられる。そうであるがゆえにこそ、第二章・第三章で、十七世紀ヨーロッパに生まれ出た自然科学思想についての自然哲学的省察を試みたのであった。

それでは、そのような自然哲学的省察をもって、私はそのような科学的企図は、虚妄だとか、無益だとか、ナンセンスだとかと論断して、学問の方向を別の方向に転轍しようとするのであろうか？

私の原子力テクノロジー理解は、序論で言及した高木仁三郎の「反原子力」ないし「脱原子力」技術の理解と同趣旨である。以下の議論の枠組みを設定するうえで、私が道標とした書がある。高木と並んで、わが国の反原発運動の先駆者にして、大阪大学で核化学の講師職に就いていた久米三四郎の『科学としての反原発』（二〇一〇）である。その書の初版は二〇一〇年刊ではあるが、私が実際に繙読した版は、大震災直後に出版された第二刷であった。[☆39] その書物は、現代科学としての核化学の精確な理解のうえに、現代の原子力発電所がその科学的知識が教え

☆39　久米三四郎『科学としての反原発』（七つ森書館、第二刷二〇一一）。その二刷冒頭に印刷された、小木曾美和子の「はじめに」はとてもよい文章である。

る方向に反する仕方で建設され、運転されている危険性を説得力をもって指摘している。たしかに多くの自然科学者の科学的知識の自然哲学的ないし形而上学的位置づけの仕方とは異なるかもしれないが、私の観点は、科学的知識が教えることに批判的に忠実に従おうとする現代の科学者たちと同様の理解の上に立っているのである。久米の遺作の『科学としての反原発』という標題に私が強い印象をもったゆえんである。

けれども、このような久米や高木の立場は、彼らから始まったものなのであろうか？　私はそうではないと考えている。その後、本書を書き進めてゆく過程で、私は、このような厳密な科学的観点からする原子力批判は、武谷三男（一九一一―二〇〇〇）から始まり、原子核物理学を専修した水戸巌（一九三二―一九八六）によってきわめて先鋭で有力な潮流となり、水戸によって原子力発電所建設反対の支援を要請された久米三四郎（一九二六―二〇〇九）によって受け継がれ、そうして、高木によって大輪となって花咲いたのではないか、という考えをもつようになった。

今日、一般に武谷三男は、「科学主義者」というレッテルをもって軽侮される傾向がある。だが、原子力認識に関して、このレッテルはアンビヴァレンツであろう。彼は、一九七五年に、高木らと原子力資料情報室を立ち上げ、その初代代表に就任し、岩波新書『原子力発電』を一九七六年に公刊して、原発慎重論を明らかにして以来、原子力テクノロジー利用に否定的になった。ほかならぬ、科学的根拠に拠ってであった。武谷による人間が許容可能な閾値を表現する「がまん量」という概念は、武谷自身によって原水爆実験反対運動の過程で考案された考えで、きわめて重要である。☆40

☆40　武谷編、前掲『原子力発電』（注11）を見よ。また、『武谷三男著作集2』、『原子力と科学者』（勁草書房、一九六八）収録の論考「「死の灰」と原子炉」、および『武谷三男現代論集1』『原子力――闘いの歴史と哲学』（勁草書房、一九七四）所収の「無謀な原発計画推進を批判」をも参照。

水戸巌は、一九八〇年に『技術と人間』から原子力に反対して闘うさいに読むべき著書の真っ先に武谷編『原子力発電』をあげている。[☆41] 生前の水戸は、省みれば、私が学問的‐政治的にもっとも共感していた科学者だったのではなかったかと思う。ランダウ‐リフシッツ《理論物理学教程》の基本的な『力学』に関する巻を廣重徹と一緒に翻訳したり、マルクス主義のエコロジカルな転回をほのめかしたり、と。

久米は、水戸の遭難死を悼んでの、一九八八年一月三十一日の追悼集会でこう語っている。「私も、水戸さんの影響を受けて反原発の道を歩み始めた者のひとりです」。[☆42] 原水禁国民会議主催の原発問題会議で、久米は、愛媛県の伊方原発反対の狼煙をあげた住民たちの支援を水戸から依頼され、伊方裁判支援に踏み出したのだという。

高木は、伊方原発反対運動を進めていた久米の訪問を一九七四年ころに受けた。『市民科学者として生きる』は書いている。「久米さんの言うには、プルトニウム問題は今や原子力問題の台風の眼的存在であるが、日本にはこの問題をきちんと扱う人が今のところ批判側にいない。私がその役割をやってくれないだろうか、というのだった」。[☆43] 久米による高木への劇的な要請だと言えはしないであろうか。

武谷から、水戸と久米を介しての高木への影響関係が一方通行だったと私は思わない。双方向であったのが実状だったかもしれない。以上のように、原子力テクノロジー利用に対する科学的反対論は、堅実な歩みをたどってきている。私も、そのような歩みの末流に自分を位置づけている。彼らの放射能に関する科学的理解は、たとえ低線量放射線であても閾値はないとい

☆41　水戸『原発は滅びゆく恐竜である』、二一六ページ。
☆42　前掲書、二九九ページ。
☆43　『市民科学者として生きる』、一四一ページ。

うもので、先に援用したキャサリン・コーフィールドの被曝に関する包括的著作と共通の認識を示している。☆44

この点で、私の観点は、吉本隆明の『「反核」異論』(深夜叢書社、一九八二)の奇妙な思想的態度とはまっこうから対立する。没後の二〇一五年一月になって、『「反原発」異論』が遺著として出版された。☆45「フクシマ以後」であるにもかかわらずである。その本の帯には、「本書は「悲劇の革命家吉本隆明の最期の闘い」だ!」、「吉本思想の到達点」と謳っている。後者には、亡くなる年に『週刊新潮』に掲載された「「反原発」で猿になる」という題名の小エッセイもが収録されている。『原子力文化』なる日本原子力文化振興財団の雑誌にも好意的に応じている(一九九四年十月)。そのナイーヴな議論の組み立てには驚く。吉本は東京工大で化学を学んだ経歴の持ち主である。敗戦直後に同大の数学者遠山啓助教授の「量子論の数学的基礎」なる講義に列し、数学や自然科学に憧れる身となったらしい。奥野健男の「自然科学者としての吉本隆明」(一九七二年初出)によれば、吉本は、「その後、まもなく遠山啓氏を訪ね、熱心に数学専攻に転科したいと何度も来たこと、遠山氏が数学では食えぬととめたことを、後年、遠山啓氏から幾度も聞いた。吉本はこの時期、より論理的、抽象的な科学である数学に、それが単純な因果律ではなく、主観的な〈直感〉と〈思惟〉が導入された数学に魅惑され、本気に志したのである」(「付論」として『「反原発」異論』に収録、二六二ページ)。

吉本が憧れたという遠山啓は、私が学んだ東北大学数学教室の同門である。同じ教室の出身であるだけではなく、代数学専攻である点でも同じなのである。わが数学の師淡中忠郎先生が

☆44 前掲『被曝の世紀』(注8)を参照。このモノグラフは包括的なうえに、きわめて質が高く、文庫版として再刊されることが望ましい。

☆45 吉本隆明『「反原発」異論』(論創社、二〇一五)。

生前漏らされていたところによれば、遠山啓は後年、数学啓蒙の功績で有名になるのであるが、東北大学在学中には代数幾何学についてすぐれた知見を示すほどの数学的才能の持ち主だったらしい。わが国の代数幾何学研究の先駆者として名前を残しうる数学者だった。遠山が東京工大で講義し、吉本らを魅したのは、ほぼまちがいなくフォン・ノイマンが一九三二年にシュプリンガーの黄表紙本の一冊として出版した『量子力学の数学的基礎』に基づいた理論であったであろう。波動力学と行列力学の数学的同等性を証明するだけではなく、コペンハーゲン学派が唱道していた非決定論的因果性解釈の正当性をも示した書として名高い。東京出身の遠山がどうしてわざわざ仙台の東北帝大の門をくぐったかというと、一九二九年に東京帝国大学数学科に入学したものの、「はいったとたんに幻滅を感じ」、「高校より程度の低い講義をする教授がいて、すっかりいや気がさ」し、二年間の在学で退学したためであった。ところが、B・L・ファン・デル・ヴァールデンの『現代代数学』(*Moderne Algebra*, 2 Vols., 1931-32)とヘルマン・ヴァイル(=ワイル)の『群論と量子力学』(*Gruppentheorie und Quantenmechanik*, 1928. 2 Aufl., 1931)を読んで、再度数学に志し、「当時、もっとも自由な雰囲気のあった東北帝国大学理学部数学科に入学」、「卒業のときは藤原松三郎先生についた」☆46。しかし、東大で、高木貞治教授の講義には感銘を受けたようである。独立心旺盛な学生であった〝はぐれ〟遠山が入学したい大学というと「傍系入学」の道を開いていた東北月沈原《ゲッチンゲン》しかなかったのかもしれない。こうして四年間の思索生活のあと、一九三五年に東北月沈原《ゲッチンゲン》数学教室に入り一九三八年春に卒業。ちなみに遠山は、戦後の一九四九年に「代数函数の非アーベル的理論」に関する論文で東北大学から理学博士号を取

☆46 『ひと』別冊『遠山啓 追悼特集――その人と仕事』(太郎次郎社、一九八〇)、「年譜」、二七八ページ。同追悼特集号には、吉本も「遠山啓さんのこと」を寄稿している(中央公論社の文芸雑誌『海』一九七九年十一月特別号所載、と同文)。佐々木重夫『東北大学数学教室の歴史』(東北大学数学教室同窓会、一九八四)、八一―八二ページをも参照。ワイル著『群論と量子力学』の山内恭彦訳は裳華房から一九三二年刊。

得。アンドレ・ヴェイユの影響の強い論文らしい。同年、東京工業大学教授に昇進している。

終戦直後、東京工業大学助教授の地位にあった遠山啓は、「食えぬ」から吉本の数学への転科を肯《がえ》んじなかったというが、数学専攻を簡単に安易に勧める数学教授などほとんどいない。「止めろ」と進言したにもかかわらず、敢えて数学に志す学生だけが数学を専門に学ぶ資格をもつのである。あるいは、遠山助教授は、数学の厳密な思考に不適合な吉本の素質を見て取っていたにちがいない。私は吉本の数学への「恋」は片想いだったと思う。

簡単に特徴づければ、吉本隆明による「反原発」異論は、世にいう「角の三等分主義者」と同種なのである。数学に志すある者は、ある種の角の三等分が可能であることを論拠に、任意の角が三等分できるに相違ないと思いなす。だが、その作図は、一般の三次方程式が定規とコンパスで解けない事実から、不可能なのである。☆47「いかに角の三等分主義者を撃退するか」というマニュアルが存在し、数学者のある者はそれを備えていることを数学マニアは知っておく必要がある。また、数学徒なら代数方程式についてのガロワ理論について聞いたことがあると思う。四次までの代数方程式の四則演算と冪根《べき》を用いての根の公式は存在するが、五次以上については、そのような解の公式は表現できない。このことを根の置き換えの群の性質によって論証してみせたのが、フランスの夭折した数学者エヴァリスト・ガロワの理論なのである。拙著『ガロワ正伝』は大震災直後の刊であるが、その「後記」で私はこう書いた。「統御不可能な放射能は、人間が原子力を利用してはならないという警告のサインにほかならない。使用不可能性を告げ知らせる冷厳な自然科学的真理の証《あかし》なのである。どこか、ガロワ理論と類比的

☆47　数学的には簡単に解説可能である。矢野健太郎『角の三等分』（ちくま学芸文庫、二〇〇六）、を見よ。

である」[48]。もっとも、五次以上の代数方程式の根の公式が存在しないからといって、解が存在しないわけではない。ガウスらが証明した代数学の基本定理から、超越的解なら存在する。

ここで、話の方向を変えて、序論でのフッサールのガリレオ評価を想起し直してみよう。フッサールは、こうガリレオの学問的企図を評価し、かつ指弾していた。ガリレオは「発見する天才であると同時に隠蔽する天才でもあるのだ」、と。これは、まことに謎めいた評言である。ガリレオが「発見する天才」であったことは、誰もが知っている事実である。けれど、彼が「同時に隠蔽する天才でもある」とはいったいどういうことなのか？　自然科学における「仮説はそれが検証されるにもかかわらず依然として永遠に仮説であり続ける」とも述べている。これまた、どういう意味なのであろうか？

そもそもフッサールは、自分で納得のゆく答えをもっていたのであろうか？　私は漠然たる答えは有していたかとも思うが、確然たる答えはもってはいなかったのではないかと思っている。中世スコラ科学史研究で著名なピエール・デュエムは、科学哲学者でもあって、彼には『物理学理論――その目的と構造』なる一九〇六年刊の著書がある。デュエムは、そのなかで、光学理論に関して粒子説と波動説のどちらが決定的にすぐれているかを示す決定実験のようなものはないのだと主張している。アメリカの哲学者クワインは、そのデュエムの洞見に依りながら、今日「デュエム－クワイン説」と呼ばれる考えを定式化した。私が以前披瀝した、自然科学の「決定不全性」という概念によっても解説されうる。ヴィーコの自然についての考えによって再説すれば、自然は神が創造したものだが、自然科学は人間が作ったものであり、地平

☆48　拙著『ガロワ正伝――革命家にして数学者』（ちくま学芸文庫、二〇一一）、二三三ページ。

性を免れることはできない、と表現し直すことができるであろう。

先の第二章で、われわれは、近代の自然科学は、製作知としての性格を色濃くもっている、と論じた。そして第三章では、数学的自然学と原子論哲学の双方の学問的企図の特徴づけを試みた。ともに、ルネサンスから十七世紀においては、自然科学的知識の仮設＝仮説性がよく認識されていたこと、懐疑主義的抑制といった思想的要素が強烈に存在していたことをも確認した。

以上で考察されたことは、主として二つのことを意味する。第一は、自然へのアプローチには、第二、三章で記述した近代ヨーロッパで生まれた三つの方法ないしアプローチ、すなわち、実験的方法、数学的方法、そしてその粒子論的基礎、のほかにも可能なものがありうるということである。たとえば、リン・ホワイト・ジュニアが示したアッシジの聖フランシスの自然に親しもうとするエコロジカルな姿勢がその代表例であろう。第二に、三つのアプローチのそれぞれが、たとえ「地平性」ないし「仮設性」を免れないにしても、その方法のもとで獲得された科学の成果は最大限尊重されなければならない、ということにほかならない。換言すれば、自然科学の「決定不全性」はけっして否定的にだけ解釈してはならない、ということである。構造的に最大限ポジティヴな意味に再解釈されなければならない。

以上のことは、数学基礎論についても言いうることである。一九三〇―三一年にゲーデルの「不完全性定理」が提出されたあと、厳密な専門学問分野としての数学基礎論は、ヒルベルト的「証明論」の〝挫折〟を織り込んだうえで、「構造的証明論」というべき形態に変容し、新たな着実な歩みに踏み出した。それと同断なのである。

このような学問的手順は、粒子論哲学についてボイルによって採用され、「構造的化学」の形態になっていることは第三章でみた。

そこで、原子核科学について再考してみよう。核分裂反応から放射能を伴った物質が放出されることが科学的事実として判明した。なんとしてもその科学的事実からテクノロジー的果実をもぎとりたい技術者は、その放射能のマイナス効果には目をつぶり、原子力テクノロジーとして利用しようとし続けるかもしれない。だが、そのような学問的態度は堅実な姿勢として評価することはできない。

私が信頼すべき原子核科学ないし核化学的知識源として高く評価している化学者二人について、このようなときにどう思考するか、予備的に考察してみよう。

高木仁三郎は、単純にいわば〝イデオロギー的に〟、反原子力ないし脱原子力の論陣で健筆をふるったのではない。彼は、通常のたとえば東京大学に籍を置く原子力工学者などよりは、はるかに優れた科学的な判断をくだし、そうして、現実的な技術的オールターナティヴを提示した。私は、そのような高木の専門的伎倆の秀逸さに接して、彼の学問的かつモラル的力に全幅の信頼を寄せるようになった。彼は、豊富な核化学についての現場での経験から、反原子力発電へと踏み出したのだ。

もうひとつ参照を求めたいのは、これまでも言及した久米三四郎の『科学としての反原発』所収のIII「反原発への道」である。そこでは、「自然放射能の危険性」について厳密な核化学的議論が展開されており、さまざまな「放射性核種の毒性」についての知識が示されている。[☆49]そこには信頼すべき科学的知識と、一般市民がいかに思考すべきかが示されていると思う。同様の経験は、広島大学の医学者を親しく訪問し、教授を受けたときにもした。

髙木も、それから久米も、大学では理学部で化学を修めた科学者であったことに注意すべきである。技術者ではなく、科学者であったということである。すなわち、われわれが過去に科学的知識として学んだ成果は最大限重視しなければならないということが教訓なのである。

そこで、今度は原子力テクノロジーの評価の問題が取り組まれねばならない。

英国で科学を学んだあとに政治学を専修した学者のジョン・ストリートに一九九二年刊の『政治と技術』なる包括的著書があるが、その第6章「テクノロジーを選択する」にはしかるべきテクノロジーの選択を控えさせる要因として、テクニカルな「知ることができないこと」(unknowability) なる理由があるとして、こう書かれていた。「現代の核爆発の効果について精確に知る方途はない。われわれの知識は、広島と長崎に投下された爆弾という証拠と、理論的外挿による推測に左右されることとなる」[☆50]。実際、著者は、原子力発電テクノロジーに関して、いくつかの疑問点は挙げても、態度決定は保留している。

私たち戦後日本人は、ストリートの言及している「広島と長崎に投下された爆弾という証拠」について、彼よりはよく知りうる立場にある。中間的な予備考察はこれで充分であろう。そこで、原子力テクノロジーについての結論めいたことは後論廻しにして、さらに科学哲学的な考察を若干なしておくこととする。

☆49　久米『科学としての反原発』、一六四―一七七ページ。

☆50　John Street, *Politics and Technology* (London: Macmillan, 1992), p. 121.

原子核科学を題材として「科学的実在論」について再考してみる

ここで、後半部に議論を進める前に、朝永の一九五九年講演「原子論の発展」が提示していた問題、言い換えると、原子の存在は、二十世紀半ばでは、もはや仮説にすぎないレヴェルにとどまってはいず、「科学的実在」として取り扱わなければならない、という提議にいちおうの回答を示しておく必要があるであろう。

　十九世紀末に、時代の支配的思潮となっていた原子論、とりわけその形而上学的基底に疑いを挟む「エネルゲーティク」が、原子論哲学の支持者と、いわゆる科学的実在論論争を展開する時代が到来した。原子論哲学「アトミスティク」の中心的唱道者はルートヴィヒ・ボルツマン、彼に対峙した「エネルゲーティク」の主要な支持者はヴィルヘルム・オストヴァルトとエルンスト・マッハとであった。彼らのあいだの認識論論争は、現代的な科学的実在論論争の本格的な入口と見なされるようになる。

　私は、戸田山和久『科学的実在論を擁護する』（二〇一五）を議論の出発点に置いて、思索し、この文面の執筆を行なおうと考えている。名古屋大学の戸田山教授は東京大学で哲学を専修した才気あり、誠実な哲学者である。当該書は、「科学的実在論」（scientific realism）に関する〈精神現象学〉といった趣きで、私は、なによりもまず、彼の科学的実在論についての記述から多くを学ぶことができたことを断っておかなければならない。

　だが、戸田山の「実在論」（realism）なる概念からはたくさん教えられたものの、充分に満足させられたかというとそうではない。「実在論」という日本語の哲学的概念には、主客二元論の認識構図が染み通っているように感じられる。認識される客体のなかに、しかるべき性質が「実在」する、といったようにである。そうかといって、「実念論」というと、中世スコラ哲学の概念を予想させる傾きがある。私は「現実主義」のほうを好むが、哲学的認識論にはなじまない印象もある。そこで、精細な議論においては、「リアリズム」を敢えて用いることにする。

戸田山の書には、イアン・ハッキングの『表現と介入』（一九八三）を引き合いに出しての「介入実在論」の定式化が紹介されている。「理論すること（theorizing）ではなく工学すること（engineering）が対象に関する科学的実在論の最良の証明である。自然に介入して、研究したいより仮説的な他の現象を引き起こすために電子についての事実に頼って装置を設計し、組み立てに成功する。このときにわれわれは、電子の実在性について完全に確信するのである」[☆51]。主張の〝気持ち〟はおおいにわかる気はするが、科学史家の私から言わせれば、ほとんどまったくベイコン主義的実験哲学の言明である。だが、現代の科学哲学の「理論すること」の根底部に「工学すること」なる「下部構造」が伏在していることを指摘しえている点で、さすがハッキングという印象である。ハッキング自身は腹蔵なく、こう漏らしている、「実験は産業革命の中心を占める技術の完成のために必要とされた想像力に富んだ試行だったのである」[☆52]、と。

私自身の考えは、戸田山が紹介している概念を援用して言えば、ギャリーの「観点主義的実在論」（perspectival realism）に近い[☆53]。私のは、ヴィーコの自然科学論を下敷きに置くので、「地平的リアリズム」（horizontal realism）と特徴づけることができるかもしれない。「立体的」自然そのものに

☆51　戸田山和久『科学的実在論を擁護する』（名古屋大学出版会、二〇一五）、一八八―一八九ページ。参照されているハッキングの著書は、Ian Hacking, *Intervening and Representing: Introductory Topics in the Philosophy of Natural Science* (Cambridge: Cambridge University Press, 1983). 渡辺博訳『表現と介入――科学哲学入門』（ちくま学芸文庫、二〇一五）。戸田山は、この文庫版への解説「『表現と介入』のどこがスゴイのか」を綴っている。

☆52　Hacking, *Intervening and Representing, op. cit.*, p. 164. 邦訳書、三一三ページ。

☆53　戸田山、前掲書、二八五―二八六ページ。ギャリーは、R. N. Giere, *Scientific Perspectivism* (University of Chicago Press, 2006) を世に問うている。

対して、ベイコン主義実験科学といえども、人為的介入による、せいぜい「平面的」な知識が人間の自然科学にほかならないからである（「序論」参照）。

　他方、「科学的」ということばの戸田山の用法にはほとんどまったく賛同できなかった。簡単に私の不同意点を述べれば、近代ヨーロッパ科学の歴史規定性を相対化する志向に欠ける。その意味で、「プレ・クーン」的な科学哲学の段階にとどまっている。戸田山の「科学的」(scientific) なる概念は、ほとんどベイコン主義的実験哲学の含意によって圧倒されている。その点では、ハッキングの『表現と介入』も同断である。戸田山には、ユルゲン・ハーバマースの『〈イデオロギー〉としての技術と科学』（一九六八）☆54をひもとくことをお勧めする。ハーバマースは〈イデオロギー〉という概念の使用に当たって慎重である。ともかく、理論的に「科学する」ことにも、その根底にある「工学する」技術にも、一定の社会的で、〃イデオロギー的〃な前提があるのだとハーバマースは言いたいのである。しかし、私は「実在性」＝リアリズムを頭ごなしに否定するのではない。

　私は一般的にハッキングの哲学には畏敬の念をもっている。私が現在、クーン以降の科学哲学者として高く評価しているのは、カナダのトロント大学で教鞭を執っていたハッキングである。彼は、クーンの『科学革命の構造』が二〇一二年に公刊五十周年を迎えたさいに出された第四版に秀逸な序論をものした、クーン自身も一目以上置いていた哲学者にほかならない。彼の現代の数学の哲学に関する卓越した論著は☆55、二〇一四年夏前、彼の英国の母校ケンブリッジ大学滞在中に購入し、読んだ。彼は、フランス史のわが師ナタリー・Z・デイヴィスの友人で

☆54　Jürgen Habermas, *Technik und Wissenschaft als ›Ideologie‹* (Frankfurt am Main: Suhrkamp, 1968). 長谷川宏訳（平凡社ライブラリー、二〇〇〇）。

☆55　Ian Hacking, *Why Is There Philosophy of Mathematics At All?* (Cambridge: Cambridge University Press, 2014).

あり、[☆56]また私自身の知己でもあり、彼には幾度か会ったことがある。しかし、ハッキングは才気ある科学哲学者だとはいえ、クーンがもっていた思想の広袤は期待できないし、深さもそれほどない。

つぎに引き合いに出そうとしているハッキングの書は、一九九九年刊の『何が社会的に構成されるのか?』[☆57]である。この書は、「社会構成主義」(social constructivism)を名乗ったさまざまな哲学的傾向を批判してなった。クーンの本としては拙訳の『構造以来の道』の一章をなす「歴史的科学哲学の難点」と同趣であると私は見ている。[☆58]その章は、一九九一年、ハーヴァード大学でなされた講演をもととし、私もその小冊子をクーン先生から寄贈された思い出深いエッセイが元となっている。エディバラ大学の科学社会学者のデイヴィド・ブルアらを批判すべくなされた講演と理解している。

二十世紀末に、近代自然科学の実在的意義を批判しようとして、社会構成主義とか、サイエンス・スタディーズとかの風潮が流行した時代があった。そのようなポストモダン的な科学の専門的理解などを軽蔑し去る風潮を批判しようとしてなったのが、クーンの「歴史的科学哲学の難点」といったエッセイであり、それに、有名な「サイエンス・ウォーズ」が起こった状況を背景に、ハッキングの『何が社会的に構成されるのか?』が書かれた。ハッキングは、その書の「はじめに」で、構成主義者の軽薄さに嫌気が差したことを漏らしている。私は「サイエンス・ウォーズ」の一方の陣営をアラン・ソーカルと構成している物理学者のジャン・ブリクモンと対話したことがある。彼は、告白して言うには、レーニンの『唯物論と経験批判論』

☆56　ナタリー・Z・デイヴィス教授は、夫君のトロント大学の数学教授のチャンドラー・デイヴィスとともに、私の年上の友人である。ナタリー・デイヴィスはなんの予告もなく、ハッキングの *The Taming of Chance* (Cambridge University Press, 1990) を私宛送ってくれたものだ。

☆57　Ian Hacking, *The Social Construction of What?* (Cambridge, Mass,/London: Harvard University Press, 1999). 出口康夫・久米暁訳『何が社会的に構成されるのか』(岩波書店、二〇〇六)。

☆58　拙訳『構造以来の道——哲学論集1970-1993』(みすず書房、二〇〇八)、第5章。

（一九〇九）の支持者なのだという。「サイエンス・ウォーズ」の一方の陣営が自然科学に無知なポストモダニストなら、彼らをとっちめた他方の自然科学者たちの一角は典型的な俗流唯物論のドグマティストだったのだ。

　ハッキングによる社会構成主義批判のその著は、教えてくれるところが多い。たとえば、超ウラン元素にして、超猛毒で知られるプルトニウムについて、彼はこう書いている。

> 無反応である（indifferent）ということは受動的であることを意味しない。プルトニウムという分類は無反応であるが、プルトニウムはまったく受動的ではない。プルトニウムで人が死ぬのであるから。他方、プルトニウムは人が作ったから存在している（じつはそれは正しくない。自然界において、ウランが超ウラン元素になる過程によって、プルトニウムができるということは、かつては考えられていなかった。実際には天然のプルトニウムが確認されている）。とすれば、プルトニウムと人間とはかなり妙な関係にある。つまり、人間はプルトニウムを作り、プルトニウムは人間を殺すのである。しかし、プルトニウムは、自らがプルトニウムと呼ばれていることを意識し、原子炉・原子爆弾・貯蔵槽等のプルトニウムとして扱われる場において、自らの存在を経験することによって、プルトニウムの観念《アイディア》と相互作用する、ということはない。だから私はプルトニウムという種類を無反応と呼ぶのである。☆59

☆59　Hacking, *The Social Construction of What?* (*op. cit.*), p. 105. 邦訳書、二四〇—二四一ページ。

天然的自然の実在と、人為的自然の典型例であるプルトニウムの存在性について、じつに緻密で微妙な科学哲学的論議を展開していると言ってよいだろう。

しかし、日本語の訳書では、遺憾ながら、重要な第六章「兵器研究」以下の三章を割愛してしまっている。その章は、核兵器にはじまり、コンピューターやレーザー光線をフル動員しての「戦略防衛構想」（SDI＝Strategic Defense Initiative）を批判する意図をもって書かれた。その書の末尾部分だけを邦訳し、紹介しておく。

> もし内容がわれわれが見ることのできるものであり、また形式が見ることは適わないが、見ることができるものの可能性を規定しているものなら、そのとき、われわれは兵器研究について憂慮する新たな原因をもつこととなる。それは、資金が付いた兵器だけといったものにすぎないのではない――よき意思をもてば、兵器は数年で取り除くことができる――、そうではなく、そういった兵器が発案される精神と技術の世界でもあるのである。その世界の諸形態は、兵器自体がなくなってしまったときでさえ、われわれのもとに現われ出るべく立ち戻ることができる。というのも、目的とする道具をもつ知識の諸形態をわれわれは創ってしまったのだから。たとえば、もっと多くの兵器をということである。[☆60]

要約的に言えば、ハッキングは、兵器それ自体と兵器を創ろうとする精神とが、まぎれもなく今後のわれわれの生活を現実に動かしうる「実在」してしまっているものとして在ることに

☆60 Hacking, *The Social Construction of What?*, p. 185.

憂慮の念を表明しているのである。ハッキングは、地元のトロントでは反戦活動家として知られている。こういったメッセージを宿した章を翻訳しないのでは、原著者の意図の重要な部分を伝達しないで終わってしまいかねないであろう。

クーンやハッキングは、けっして、科学する営みが一定の歴史的‐社会的な次元をもつことを否定しはしないと思う。彼らが強く抵抗するのは、科学的判断のある種の自立性＝自律性を否定し、科学的営みを社会的次元に還元してしまいかねないポストモダン的行き過ぎなのである。

私とて、クーンと同様に、科学の歴史性をきわめて重視する。それだけにとどまることなく、科学の文化規定性をも強調する。しかしながら、科学の自立性＝自律性をも、クーンとハッキング両人と同様に積極的に認容するのである。そのうえでの、「科学的実在論」、とりわけ戸田山が紹介している「構成的実在論」、なかんずく「観点的実在論」を積極的に認める――私自身は、「地平的リアリズム」という概念を使用したいのだけれども。このような理解の地平に立って言えば、原子の「実在」、そしてその構造についての認識は、放射性物質が出す放射線の科学的本性ともども、原子核物理学者、核化学者が教えるとおりに、私は認容する。

ハッキングは、ベイコン主義的自然科学の認識論的態度についての『表現と介入』において、こう書いている。「最近の科学哲学の多くは十七世紀の認識論に類似している」[☆61]。この所見は十七世紀科学思想史を専門とする私を鼓舞する。「理論化ではなく、工学が対象に関する科学的実在論の最良の証明である。科学的反実在論に対する私の攻撃は、マルクスの、当時の観

☆61 Hacking, *Intervening and Representing*, *op. cit.*, p. 130. 邦訳、二六〇ページ。

念論に対する猛攻撃と類似している」[☆62]。最後の文章に関しては、さらに仔細に以下の第四章と第五章で論じられるであろう。

☆62 *Ibid.*, p. 274. 邦訳、五一一ページ。

第四章　東アジア伝統自然哲学の可能性

——エコロジカルな自然観と伝統中国医学

はじめに——東アジア伝統自然哲学の排撃への抵抗

地理的に東アジアの一角を占める島国の日本は、二千年以上に及ぶ中国文明の足下の文明を経て、その後、明治維新前後に、近代西欧型文明へと、急速な、おそらく世界史上類例のないほどのドラスティックな転換を成し遂げた。

近代西洋文明、とりわけその科学技術文明の枢要な一部分としての百五十年ほどの歳月を閲した今日、東アジアの伝統的自然観、そして近代日本では伏流的医療として遂行されている伝統中国医学（現代中国では、「伝統中医学」、ないし、たんに「中医学」と呼ばれる）は、単純に時代遅れの知的遺産にすぎない営みなのであろうか？

この問題を考察することが、本章で論じようとしている科学哲学的問いである。著者は、東京大学在任時代、数人の博士号をめざす中国人および韓国人学徒と一緒に学業に奮励し、さらに四年間、中国科学院大学教授として科学史・科学哲学の教育研究を執り行ない、古代中国の自然哲学並びに伝統中国医学について多くのことを学ぶことができた。簡明に私の学問的思想態度をあらかじめ述べておけば、私たち日本人は、近代科学技術文明を推進する方向を設定し直すと同時に、近代とともに始まった「文化帝国主義」的姿勢を改めて、東アジア諸国科学技術文明一体化の方向を模索してゆかなければならないということである。

私の科学哲学的姿勢はきわめて明確である。近代西洋科学技術の成果を全面的に継承し、その方向でのエコロジカルな転轍を図らねばならない。さらに、東アジアの伝統自然哲学の生きた遺産、とりわけ世界的に稀有の智恵を盛った『荘子』の思想を復活せしめ、中医学の不当な排撃を止め、しかるべき正当な復権を成し遂げるべきであるということである。

第一節　現代中国自然観の二重性

一般に中国は自然景観に恵まれている。『中国国家地理』（*Chinese National Geography*）なる月刊雑誌があり、その編集者が、二〇一四年秋、中国科学院大学を訪問し、たくさんのスライドを見せながら、中国の自然風景について講演した。その最後の締めくくりのことばが「中国は世界でもっとも美しい国である」であった。講演時間は三時間にもなったのだが、私も熱心に聞き入った聴衆のひとりであった。講演者によれば、その月刊雑誌の売り上げは、ここ数年、鰻登りであるという。無論、講演者が中国人でもあり、お国自慢の要素はあるだろうが、私には、「中国は世界でもっとも美しい国である」という評言はかなり納得のゆく一文であった。

中国は北から南まで、ともかく地理的国土が広大である。気候もさまざまで、気温も場所によって相当の隔たりがある。にもかかわらず、天地水明、自然は美景である。だが、現代中国で景色が美しいのは、一般的に言って、伝統的景観を保持しているところである。一九九八年秋に訪れた安徽省の黄山、浙江省の杭州、それから二〇〇六年秋に旅した広西チワン族自治区の桂林、二〇一三年初夏に登山した山東省の泰山、そのあとに立ち寄った済南、その秋に鑑眞の史跡訪問のために滞在した江蘇省の揚州と、見事な自然景観をもっている。いまでも忘れがたいのは、済南の趵突泉《バオトゥーチュエン》公園の美しさである。そこの中心的泉の趵突泉では、鍾乳洞の裂け目からまさしく清水が大量に湧き出る。その泉は「天下第一泉」の名前を授けられ、そして済南は、そのような泉の多さから、泉城（City of Spring）なる別名を与えられている。私がその泉をわざわざ訪れたのは、宋代の女性詩人李清照《リ・チンヂャオ》がその泉の側に住んでいたことがあるからなのであった。実際、彼女にちなんだ紀年館が泉脇にある。私は李清照のファンなのである。

しかし、残念ながら、伝統的自然景観、伝統的都市景観は美麗でも、現代的都市は空気汚染を手はじめに汚れている。済南が典型である。「天下第一泉」のある趵突泉公園はまことに美麗なのであるが、周辺の都市景観はお世辞にも褒められたものではない。なかでも、おそらく北京市は世界で空気汚染がもっとも進んでいる都市であろう。この数年、中国政府は環境浄化政策に真剣に乗り出しているが、対策は未だ生ぬるい。明確に経済成長第一主義の政治経済政策が災いしているのである。日本もそうであるが、解決策は基本的に技術依存なのである。自然観、並びに社会の抜本的な在り方が問題だなどとはついぞ思わないのである。そして逆説的なことだが、自然景観に恵まれていたからこそ、現在の深刻な環境悪化を招いたのである。

美麗な自然景観を保持し、それを称えるといった思想はけっして自明なことなのではない。中国では、清麗な山水を愛でる文学的言説は、六朝時代には成立していたものと考えられる。☆1

☆1　この点に関しては、小尾郊一『中国文学に現われた自然と自然観——中世文学を中心に』（岩波書店、一九六二）を見よ。

西洋で、このような言説が同時代に成り立ちえたかどうかは疑わしい。宮崎市定はその著『中国史』において、宋朝時代の山水画について論じて、近世西欧の風景画に先立つこと数百年とし、「自然に対する認識は何と言っても東洋において先ず進歩したことの証左になるであろう」[☆2]と書いている。いずれにせよ、東アジア独自の自然観を侮ってはならない。それと対照的に、現代中国の近代西洋的建造物は、率直に言って、しばしば醜悪である。ごく一般的に言って、まったくの純粋な自然景観などはほとんどどこにも存在しない。なんらかの人の手が入っている。自然環境保全のために、人為との有効な結合の仕方を考えることが重要なのである。[☆3]

しかしながら、私は中国の都市景観、それから空気・水汚染は、近い将来、急速に改善されるだろうと思っている。ただし、原子力発電所は大増設がなされるであろう。「安全でクリーンなエネルギー」の切り札として！

第二節　『荘子』の自然哲学——〈天鈞〉の思想

1　『荘子』の懐疑主義的自然哲学思想

当然、中国の美麗な自然景観は、それに伴って深い自然哲学をも生み出さずにはおかなった。そもそも、今日の「自然」なる漢語の語彙の初出は、『老子』中にある。たとえば、老子が理想とした政治が実現し、人々はだれもが「自分はひとりでにこうなった」と自覚したような状態を「自然」という。原文では、「百姓皆謂我自然」[☆4]。金谷治の註釈によれば、「自然」は「おのずから然《しか》り」であって、「他の力に頼らずそれ自体でひとりでにそうであること」[☆5]をいう。

☆2　宮崎市定『中国史』下（岩波文庫、二〇一五）、八六ページ。『宮崎市定全集』1（岩波書店、一九九三）、二九一ページ。

☆3　つぎのエッセイを見よ。Yi-Fu Tuan, "Discrepancies between Eivironmental Attitude and Behaviour: Examples from Europe and China," in David and Eileen Spring (eds.), *Ecology and Religion in History* (New York: Harper Torchbooks, 1974), pp. 91-113. 近代ヨーロッパの自然環境悪化の原因を中国と比較している。議論は啓発的であるが、著述の時期はもう古い。が、学ぶ点は多い。

☆4　中華経典名著版《老子》（中華書局、二〇一四）、第十七章。

☆5　金谷治訳注『老子』（講談社学術文庫、一九九七）、六七ページ。蜂屋邦夫訳注『老子』（岩波文庫、二〇〇八）、七八、八一ページをも参照。

「自然」という語彙は、外にも『老子』のテキストでは、第二十四（版本によっては第二十三）、二十五、五十一、六十四章に現われる。だが、その語彙が〝nature〟と同義に通常解釈されるようになるのは、魏晋以降のことであったという[☆6]。それまでは、しばしば「天」が自然の意味で通用した。

一般に、とりわけ日本史と比較して、中国思想史はじつに早熟であったことに注意せねばならない。戦後の『荘子』研究に貢献した森三樹三郎は、「反省を失った文明の独走は、やがては人類の破滅にみちびくこともあるのではないか」というような危機感をもって形成されたのが老子や荘子の「自然主義的」な道家思想であった、と述べている。「このような古い時代に文化の自己反省があらわれたということは、いかに中国の文化が早熟であったかを物語るものといえよう[☆7]」。

最近、中国で公刊された『荘子』思想研究文献に、日本語の標題にすれば、『自然と自由荘子哲学研究[☆8]』と訳される著作がある。その著書の標題は荘子思想の本質を言い当てている。すなわち、「自然」は現代のエコロジー思想に通じ、他方の「自由」には、組織内の地位の上下関係をことのほか重んずる人間世界の憂き世を超越した健全なアナキズム的要素が表われている。実際、歴史上の荘子＝荘周も若い時分には漆園の役人という公的職務に一時は就いたことはあったらしいが、その後は自由な思索と著述中心の生を送ったようである。

古代中国の自然観をうかがい知るには、『老子』よりは、『荘子』のほうが教えてくれるところ大きい。どうやら中国の伝統的自然観が魅力的なのは、なんの根拠もなくそうなわけではな

☆6　笠原仲二『中國人の自然觀と美意識』（創文社、一九八二）、四〇ページ。著者は、王弼による『老子』注（第二十五章への）から引用している。「自然なるものは、無稱の言、窮極の辞なり」、同書、二八ページ。王弼は二十四歳で夭折した魏の註釈家で、『老子注』と『易注』をもって著名である。池田知久『道家思想の新研究――『荘子』を中心として』（汲古書院、二〇〇九年）の第12章「聖人の「無為」と萬物の「自然」」は、老荘思想における「天」と「自然」の概念に関する包括的な識見を提供している。

☆7　森三樹三郎『老子・荘子』（講談社学術文庫、一九九四）、一九ページ。

☆8　李大华《自然与自由庄子哲学研究》（商务印书馆、二〇一三）。

いらしい。金谷治の岩波文庫版の『荘子』訳注書の第三巻付録の「荘子のその後」にはこういう文面がある。「南朝で書かれた文藝評論の書『文心雕竜《ちょうりょう》』には「老荘退きを告げて、山水方《はじ》めて滋《さかん》なり」という有名なことばがある。南朝の宋の初め（四二〇―）の文学の状況として、老荘思想の流行が収まって新たに山水文学が盛んになったことをいうのである。もちろん、それは両者の内面的な連なりを含意しているのであろう☆9」。金谷が言うように、「老荘」思想と「山水」絵画の関係は密接なのである。

私は、二〇一五年春、『荘子』読解に熱中した。金谷訳のみならず、池田知久の力作訳業、さらに平易な福永光司・興膳宏訳をひもとくだけではなく、中国語の註釈本・研究書を二十五冊以上購入して、正しい読解のために学問的努力を傾注した☆10。外篇「秋水」第十七には、つぎの簡明にして先鋭な一文がある。「人為によって天の自然を滅ぼしてはならぬ」（无以人滅天）☆11。この一文こそ、『荘子』思想を簡潔に言い表わし、二十一世紀の現代に復活せしめる必要がある標語《スローガン》なのではあるまいか。そのあとに、文章は続く。「人の賢《さか》しらによって自然の本性を滅ぼしてはならぬ。人の天分を名利の犠牲にしてはならぬ」。

『荘子』の著者はどのようにして、以上のような先鋭な思想の境域に到達したのであろうか？全般的に緊張に満ちた『荘子』のなかでも内篇「斉物論」第二は緻密な読解に値する。そこには、特異な自然認識に到達するために思想的苦闘のあとをとどめている。池田による訳業は学問的にレヴェルの高い力作である。池田の『道家思想の新研究――『荘子』を中心として』☆12とともに繙読されるべきであろう。その力作訳業を読解する過程で、私は「斉物論」篇にはかな

☆9　金谷治訳注『荘子』第三冊（岩波文庫、一九八二）、三三三ページ。

☆10　拙稿「中国古代の懐疑主義哲学――『荘子』「斉物論」篇の一解釈」、『思想』第一〇九八号（二〇一五年一〇月）、二五―四九ページ、に結晶した。

☆11　方勇译注《庄子》（中华书局・中华经典名著、二〇一〇）、第二六二頁。方勇・陸永品撰《莊子詮評》増訂新版・上冊（成都・巴蜀書社、二〇〇七）、第五一五頁。福永光司・興膳宏訳『荘子』外篇（ちくま学芸文庫、二〇一三）、三二三ページ。「人（人為）によって天（自然）を滅ぼしてはならぬ」。金谷訳・第二冊（一九七五）、二六五ページ。池田訳・上、九九七ページ。続きの文章まで含めて、漢英版《大中華文庫》収録の《庄子》の英語訳をも示しておこう。*Zhuangzi*, tr. by Wang Rongpei, I (Hunan People's

り先鋭な懐疑主義的議論が展開されていることに気づいた。「斉物論」篇は、難解をもって知られる『荘子』中で、最古にして最難解なテキストとしても知られるが、その篇は古代ギリシャの思想を転轍せしめたピュロン的懐疑主義と類似的なメタ論理を通過したものだったことが確認できた。

『荘子』「斉物論」篇読解にとって必須なのは、歴史上の荘周の親しい知己でもあった名家の恵施の思想であり、それには格別の留意が必要であろう。馮友蘭によれば、「荘子の学は恵施からきわめて大きな影響を受けているように思われる」[☆13]。恵施＝恵子は『荘子』中にもっとも頻繁に登場してくる人物である。歴史的恵施ではなく、寓話中の登場人物であることがほとんどではあるものの。一般に名家の論理的に卓抜で先鋭な議論の仕方は、「斉物論」篇の文面にも貢献している可能性が大きい。名家の著作は、『公孫龍子』の一部のほかは大方は散佚してしまったが、彼らの観点は、ギリシャのソフィスト＝ソピステース（ソフィステース）と似ているところがある。そのような諸子百家の競合を超出する方向に荘子思想の在り方が関係してくることはまちがいないだろう。

名家の中国的論理学の基礎的理解については、加地伸行の労作『中國論理學史研究――經學の基礎的探究』が多くを教えてくれる。加地の中国論理学理解の卓越性は、西欧におけるアリストテレスの命題論理学以降の思想系譜と中国の論理学のそれを安易には同一視していないことにある。同書は、インド－ヨーロッパ諸語と中国の「はじめに物があった」的発想の形象性の高い漢字を基本とする漢語の言語的相異に充分に配慮したうえで、中国には西洋的形式論理

Publishing House, 1999), p. 273: “Don’t destoy the inborn nature with the enforced behaviours; don’t destory the destined fate with affectations; don’t damage the fame in pursuit of gains.”

☆12　池田知久『道家思想の新研究』（注6）。

☆13　馮友蘭『中国哲学史　成立篇』（柿村峻・吾妻重二訳、冨山房、一九九五）、二八八ページ。

学は存在しないこと、名前と内実を不断に問題とする「名實論」が発想の基礎にあることを念頭に置いて、『公孫龍子』のテキスト読解にかなりの程度成功している。[☆14]

一般システム論の提唱者ルートヴィヒ・フォン・ベルタランフィは、思考形態が言語的基底とそのカテゴリーによって拘束されていることを[☆15]説いた思想家であったが、その思想と同様の考えが加地の著作には開陳されている趣きがある。あるいは、科学史家のトーマス・S・クーンの「パラダイム」概念を駆使した歴史的科学哲学の発想とも通じるような印象をも与える。西洋の論理学と中国の論理的思想は、相互に比較可能で、翻訳も可能かもしれないが、クーンの科学哲学の語彙をもってすれば、結局、「通約不可能」になると表現できるであろう。そのことを認めたとしても、古代ギリシャの懐疑主義的議論の仕方を敢えて導入することによって、『荘子』「斉物論」篇の読解が深まるであろうというのが、本節の主張なのである。同時に、加地の中国的論理学に関する識見は、メタ論理的思索を試みた荘子についても適用されるであろう。

2 古代ギリシャの懐疑主義哲学――アグリッパの「五つの方式」

まず、古代ギリシャのヘレニズム期初頭の特異な哲学思想について言及しなければならない――ピュロンという思想家が現われ出で、本格的な懐疑主義哲学が始まったのである。ピュロンの懐疑主義哲学といっても彼に著作があるわけではない。彼の教説に惹かれたフリオスのティモンが著作となし、後世に伝わったのである。その点では、ソクラテスとプラトンの関係と

☆14 『加地伸行著作集I』（研文出版、二〇一二）。本書は、一九八三年に出版された同標題の著書の改訂版である。もともとは、一九八二年に東北大学に提出された学位論文（「公孫龍子の研究」、主査・金谷治教授）の大幅な増訂版。

☆15 Ludwig von Bertalanffy, "An Essay on the Relativity of Categories," *Philosophy of Science*, 22 (1955), pp. 243-262. 後年、つぎに収録。*General System Theory: Foundations Development Applications* (1968; London: Penguin Books, 1973), Ch. 10 "The Relativity of Categories," pp. 235-263; 長野敬・太田邦昌訳『一般システム理論』（みすず書房、一九七三）、最終第10章「カテゴリーの相対性」。

似ていると言ってよいかもしれない。ピュロンはアリストテレスよりも少し遅れた時代の人物と言ってよく、紀元前三六五年から三六〇年のあいだに生まれ、二七五年から二七〇年のあいだに没したと推測されている。アレクサンドロス大王のインド方面への遠征にも参加したことで知られる。インドからの帰還後、特異な思想の喧伝となったのである。インドの仏僧との出会いが、ピュロンの思索をおおいに刺激したという説がある。その可能性は高い。彼の言説が、ティモンによって記録され、その文書がさらにディオゲネス・ラエルティオスの『著名哲学者列伝』などに引き写されて、今日に伝わった。ティモンは、紀元前三二五年頃に生まれ、二三〇—二二五年のあいだに亡くなったとされる。[☆16] アレクサンドリアのエウクレイデースとほぼ同時代に生きた人であるが、長命でも知られた。

他方の荘子は、現代中国の堅実な年代推定によれば、紀元前三六九年以前に生誕し、二九八年と二八六年のあいだに卒したものと考えてよいだろう。[☆17] 戦国時代後期に活躍した人物なのである。無論、個人的並びに思想的交流などあるわけはないが、ピュロンとほぼ同時代の人と見なしうるのである。ただ、戦乱の世の直後に生きたという時代位相上の類似性はあるかもしれない。すなわち、ピュロン—ティモンは、戦争好きのアレクサンドロス大王の遠征が終了した直後、プトレマイオス王朝が始まったヘレニズム初期の時代に思索し、他方の荘子は、孔子や老子が、そして墨子が活躍した数百年後、未だ諸子百家の息吹が充分に健在で、秦の始皇帝による焚書坑儒の知識人弾圧がなされる以前の思想家であったという時代背景は知っておいたほうがよいだろう。

☆16 Tiziano Dorandi, "Chronology," in *The Cambridge History of Hellenistic Philosophy*, ed. by Keimpe Alga, Johathan Barnes, Jaap Mansfield and Malcolm Schofield (Cambrdige: Cambridge Unversity Press, 1999), pp. 31-54, at 46.

☆17 《图解庄子》《图解经典》编辑部编《图解庄子》(北京联合出版公司、二〇一五)、第二一頁。马叙伦の説に拠るという。

古代ギリシャにおいて、人間の思考法＝推論法に先鋭な批判の刃を突きつけたのは、ピュロン的な懐疑主義哲学であった。破壊的批判という側面もあったけれども、正攻法をもってする推論法の批判＝吟味であった側面が強い。今日の懐疑主義史研究の足がかりともなり、一時期、「聖書」的役割を果たしたヴィクトル・ブロシャールの『ギリシャの懐疑主義者たち』(第二版一九二九・第三版一九五九) は歴史記述の中身は古びたかもしれないが、古典としての貫禄は依然として保持している。[☆18] ブロシャールによれば、懐疑主義の先駆者には、まず、ホメロスからエレア派をはじめとするソクラテス以前の思想家たちが数え入れられる。つぎに来るのがソクラテスと彼の学派である。その著の第I巻においては、ピュロンの直接的先駆者と、ピュロン自身、そして後継者のティモンについて論じられる。第II巻では、プラトンの古アカデーメイアに対した新アカデーメイア(中期アカデーメイアを含むものとして扱われている) がとりあげられる。アルケシラオスとカルネアデス、とりわけ後者が詳細に論じられる。引き続くのは、「弁証法的懐疑主義」についてで、とくに「十の方式」を定式化したアイネシデモスに大きな紙幅が費やされている。私がとくに注目する「五つの方式」を定式化したアグリッパには独立した章が与えられているが、アイネシデモスの後継者のひとりとしてである。「経験的懐疑主義」の章も興味深く、医学における懐疑主義が論じられており、セクストス・エンペイリコスについても、ここで記述されている。

ブロシャールによれば、懐疑主義は何よりもまず哲学者の思想傾向であって、いかなる形態であれ、ドグマティズムを破壊することに執着する。それが懐疑主義の「破壊的側面」であ

☆18 Victor Brochard, *Les Sceptiques grecs*, deuxième édition (1887; Paris: J. Vrin, 1923), p. 331; troisième éd. (1959; Paris: Librairie générale Française [Le Livre de Poche], 2002), p. 344. わが国での本格的懐疑主義史研究は、出隆によってなされた。出隆の『懐疑論』(角川書店、一九四八) は「懐疑論史」『岩波講座 哲学』(一九三七) の単行本化である。出はブロシャールとともに、Albert Goedeckmeyer, *Geschichte des griechischen Skeptizismus* (Leipzig, 1905) を参照した。ちなみに、後者はフッサールによってもひもとかれ、本格的な現象学的哲学への転換のきっかけとなった。Paul S. MacDonald, *Descartes and Husserl: The Philosophical Project of Radical Beginnings* (Albany: State University of New York: 2000), pp. 45-46, & 154.

る。他方、たとえば、医学における懐疑主義は、たんにドグマティズムを攻撃するだけでは済まされない。その技法の建設的効力にも不断に目を向けなければならない。これが「建設的側面」にほかならない。注目すべきことに、プラトンが創設したアカデーメイアの思潮も、中期のアルケシラオスにおいて極度に懐疑主義的になり、そうして、その傾向は新アカデーメイア派のカルネアデスに引き継がれた。彼らは、このような批判的態度を、プラトンのソクラテス的対話篇から学んだ。こうして、懐疑主義思潮は、ピュロン的懐疑主義とアカデーメイア派懐疑主義の二潮流に分類されることになる。しかし、後者は、知識の成立を否定的に断定することから、否定的なドグマティストとされることもある。

「懐疑主義」の語源のギリシャ語 σκεπτική は、「注視する」とか「探究する」を意味する動詞 σκέπτομαι から出てきたものであり、日本語での「懐疑」の意味は顕示的にはない。精確に直訳的な意味をとって邦訳すれば、「探究持続主義」であろう。

ピュロン的懐疑主義の判断保留に導く「十の方式」は、前一世紀のアイネシデモスによって定式化されたと言われる。ディオゲネス・ラエルティオスの『著名哲学者列伝』に記録された、後述するアグリッパの「五つの方式」に先立つ有力な思考方式である。☆19

セクストスに従ったわれわれの懐疑主義の定義は、「判断保留《エポケー》」(ἐποχή)と「無動揺《アタラクシア》」(ἀταραξία)へと導くような「反対論を提示する力」(δύναμις ἀντιθετική)をもつ思潮ということであった。懐疑主義の先駆者と見なされる人たちは、「反対論を提示する力」を強調する傾向があったし、また、他方で、ピュロン以後の狭義の懐疑主義者は、批判的力を強調するだけではなく、「判断保留」

☆19 Julia Annas and Jonathan Barnes, *The Modes of Scepticism: Ancient Texts and Modern Interpretations* (Cambridge: Cambridge University Press, 1985); 金山弥平訳『古代懐疑主義入門——判断保留の十の方式』(岩波文庫、二〇一五)。

と「無動揺」へと導く精神的態度をも採用したように思われる。この精神的態度の在り方は、『荘子』における懐疑主義を論ずるさいに重要な論点となる。

近世西欧における古代懐疑主義の復興は、きわめて大きなインパクトをもたらした。リチャード・ポプキンのいまや古典となった近世西欧懐疑主義史（第三章第一節を見よ）は、その歴史に強烈な光を投じてくれる。ヨーロッパ地域で、懐疑主義は古代ギリシャと近代西欧で隆盛した。[☆20] 一般に、批判的思考の興隆の時期と一致する。

ところで、ギリシャの懐疑主義思想について、とくに注目しなければならないのは、「アグリッパの五つの方式《トロポス》」である。「五つの方式《トロポス》」は、セクストス・エンペイリコス『ピュロン主義哲学の概要』とディオゲネス・ラエルティオス『著名哲学者列伝』第九巻第十一章「ピュロン伝」に書き記されている。後者の「ピュロン伝」には、これらの方式が紀元後一世紀のアグリッパに由来すると記されている。ここではセクストス・エンペイリコスから引用する。

> 比較的新しい時代の懐疑派は、判断保留《エポケー》の方式として次の五つを伝えている。第一は、反目（διαφωνία）を論拠とする方式、第二は、無限遡行（τὸν εἰς ἄπειρον ἐκβάλλοντα）に投げ込む方式、第三は、相対性（πρός τι）を論拠とする方式、第四は、仮設〔仮説〕による（τὸν ὑποθετικόν）方式、第五は、相互依存（τὸν διάλληλος）の方式である。
>
> 〔一〕反目を論拠とする方式とは、それに基づいてわれわれが、問題となっている物事に関して、実生活においても哲学者たちの間でも判定不可能な論争が起こっていることを見

☆20 "Skepsis; Skeptizismus," I. Antike (von A. A. Long), & II. Neuzeit (von M. Albrecht), *Historisches Wörterbuch der Philosophie*, Bd. 9 (Darmstadt: Wissenschaftliche Buchgesellschaft, 1995), S. 938-974 は包括的研究状況を知らしめてくれる。

いだし、この論争のゆえに、何かを選び取ることも斥けることもできないで、判断保留に到達する方式である。

〔二〕無限遡行に陥ることを論拠とする方式とは、問題となっている物事を確信させるために持ち出されたものが、また別の確信させるものを必要とし、さらにこの後者のものもまた別の確信させるものを必要とする、というようにして無限に遡り、結果として、われわれにはどこから立論を始めればよいのかわからないために判断保留が帰結する、ということを論じる方式である。

〔三〕相対性を論拠とする方式とは、〔……〕存在する事物は、判断を行なう者、およびいっしょに観取されるものと相対的に、かくかく、あるいはしかじかのものとして現われるけれども、それが自然本来的にどのようなものであるかということについては、われわれが判断を保留するところの方式である。

〔四〕仮設〔仮説〕を論拠とする方式とは、ドグマティストたちが無限遡行に陥ったときに、何かあるものから出発するのであるが、その何かを立論することはせず、単純に、証明によらず合意に基づいて採用することを要求する場合に成り立つ方式である。

〔五〕相互依存の方式は、探求されている物事を確立すべきものが、探求されている物事に基づいて確信されることを必要とする場合に成り立つ。この場合には、いずれか一方を立論するためにもう一方を採用することができないから、双方についてわれわれは判断を保留する。☆21

☆21 Sextus Empiricus, with an English tr. by R. G. Bury, Vol. I, *Outlines of Pyrrhonism* (Loeb Classical Library, 1976), pp. 94-95; 金山弥平・金山万里子訳『ピュロン主義哲学の概要』(京都大学学術出版会、一九九八)、七八―七九ページ。注19の金山訳『古代懐疑主義入門』、四七一―四七二ページ、をも参照。

デカルトが繙読したと推定される一六二一年にパリで公刊されたセクストス・エンペイリコス『現存著作集』ラテン語―ギリシャ語対訳版のラテン語訳（図4・1）においては、第一の方式の「反目」は‘dissidentia’、第二の「無限遡行」は‘in infinitum’、第三の「相対性」は‘relatio ad aliquid’、第四の「仮設」は‘hypotheticum’、第五の「相互依存」は‘diallelum’と略称されている。[☆22]

あるいは、人は、紀元後二世紀の後半に生きたであろうセクストス・エンペイリコスの記述をピュロン的懐疑主義に帰すことはできないと思うかもしれない。そうではない。すでにアリストテレス『分析論後書』第一巻（A巻）第三章において展開されている厳密な論証論のなかに、「無限遡行」「仮設〔仮説〕」「相互依存」についての三つの方式は実質的に登場している。論証の不成立ないし「不完全性」を唱える論者たちが援用するとした論点である。今日、論証の「不完全性」についての以上の三つの方式は、「アグリッパのトリレンマ」と呼ばれるようになっている。「トリレンマ」とは三刀論法の意味である。アグリッパの「五つの方式」総体の一般的な思想的意味については、バーンズの『懐疑主義の骨折り仕事』[☆23]によって詳細に解説されている。

私自身が西洋の懐疑主義思想、そしてこれらの「五つの方式」の重要性に刮目したきっかけは、プリンストン大学に提出した博士学位論文『デカルトの数学思想』を準備中であった。私は、「アグリッパの五つの方式」を念頭に置くことによって、デカルトの有名な「われ惟う、

☆22 *Sexti Empirici Opera Quae Extant* (Avrelinae: Petri & Jacobi Chouët, 1621), p. 32.

☆23 J. Barnes, *The Toils of Scepticism* (Cambridge: Cambridge University Press, 1990).

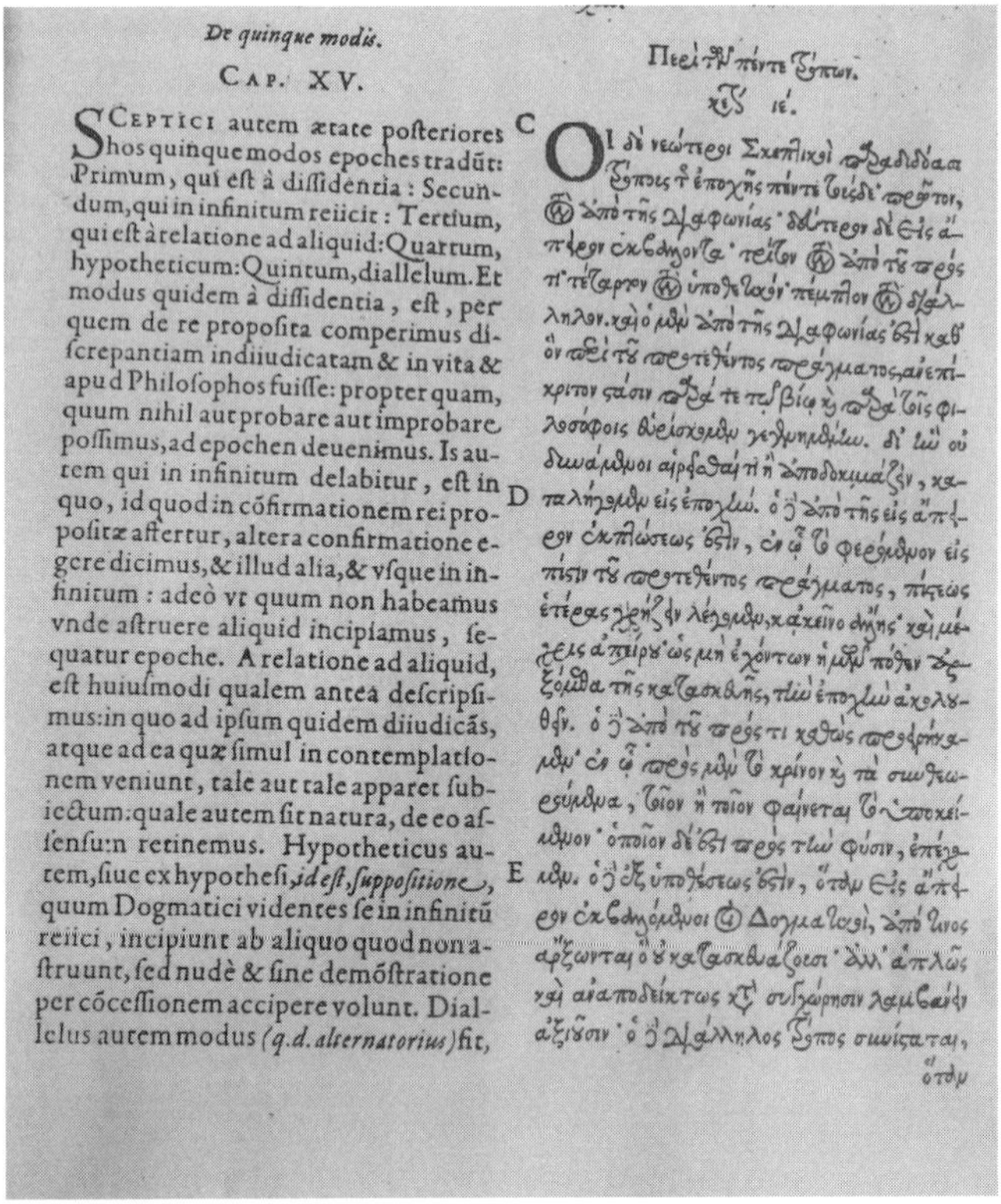
De quinque modis.

CAP. XV.

SCEPTICI autem ætate posteriores hos quinque modos epoches tradūt: Primum, qui est à dissidentia: Secundum, qui in infinitum reiicit: Tertium, qui est à relatione ad aliquid: Quartum, hypotheticum: Quintum, diallelum. Et modus quidem à dissidentia, est, per quem de re proposita comperimus discrepantiam indiiudicatam & in vita & apud Philosophos fuisse: propter quam, quum nihil aut probare aut improbare possimus, ad epochen deuenimus. Is autem qui in infinitum delabitur, est in quo, id quod in cōfirmationem rei propositæ affertur, altera confirmatione egere dicimus, & illud alia, & vsque in infinitum: adeò vt quum non habeamus vnde astruere aliquid incipiamus, sequatur epoche. A relatione ad aliquid, est huiusmodi qualem antea descripsimus: in quo ad ipsum quidem diiudicās, atque ad ea quæ simul in contemplationem veniunt, tale aut tale apparet subiectum: quale autem sit natura, de eo assensum retinemus. Hypotheticus autem, siue ex hypothesi, *id est, suppositione*, quum Dogmatici videntes se in infinitū reiici, incipiunt ab aliquo quod non astruunt, sed nudè & sine demōstratione per cōcessionem accipere volunt. Diallelus autem modus *(q.d. alternatorius)* fit,

Περὶ τῶν πέντε τρόπων.

Κεφ. ιε΄.

C Οἱ δὲ νεώτεροι Σκεπτικοὶ παραδιδόασι τρόπους τῆς ἐποχῆς πέντε τούσδε· πρῶτον, τὸν ἀπὸ τῆς διαφωνίας· δεύτερον, τὸν εἰς ἄπειρον ἐκβάλλοντα· τρίτον, τὸν ἀπὸ τοῦ πρός τι· τέταρτον, τὸν ὑποθετικόν· πέμπτον, τὸν διάλληλον. καὶ ὁ μὲν ἀπὸ τῆς διαφωνίας ἐστὶ καθ' ὃν περὶ τοῦ προτεθέντος πράγματος ἀνεπίκριτον στάσιν παρά τε τῷ βίῳ καὶ παρὰ τοῖς φιλοσόφοις εὑρίσκομεν γεγενημένην. δι' ἣν οὐ δυνάμενοι αἱρεῖσθαί τι ἢ ἀποδοκιμάζειν, D καταλήγομεν εἰς ἐποχήν. ὁ δὲ ἀπὸ τῆς εἰς ἄπειρον ἐκπτώσεως ἐστίν, ἐν ᾧ τὸ φερόμενον εἰς πίστιν τοῦ προτεθέντος πράγματος, πίστεως ἑτέρας χρῄζειν λέγομεν, κἀκεῖνο ἄλλης, καὶ μέχρις ἀπείρου· ὡς μὴ ἐχόντων ἡμῶν πόθεν ἀρξόμεθα τῆς κατασκευῆς, τὴν ἐποχὴν ἀκολουθεῖν. ὁ δὲ ἀπὸ τοῦ πρός τι καθὼς προειρήκαμεν, ἐν ᾧ πρὸς μὲν τὸ κρῖνον καὶ τὰ συνθεωρούμενα, τοῖον ἢ τοῖον φαίνεται τὸ ὑποκείμενον· ὁποῖον δὲ ἐστὶ πρὸς τὴν φύσιν, ἐπέχο- E μεν. ὁ δὲ ἐξ ὑποθέσεως ἐστίν, ὅταν εἰς ἄπειρον ἐκβαλλόμενοι οἱ Δογματικοί, ἀπό τινος ἄρξωνται ὃ οὐ κατασκευάζουσιν, ἀλλ' ἁπλῶς καὶ ἀναποδείκτως κατὰ συγχώρησιν λαμβάνειν ἀξιοῦσιν· ὁ δὲ διάλληλος τρόπος συνίσταται, ὅταν

図４・１　『セクストス・エンペイリコス現存著作集』パリ，1621 年刊（p. 32）
「アグリッパの五つの方式」について書かれた個所。

ゆえにわれあり」(Je pense, donc je suis.= Cogito, ergo sum.)の謎の解明に成功したと思った。というのも、このデカルトの言明は、懐疑主義者の論難を回避できるからなのである。以上の「五つの方式」は、私のデカルト数学思想理解の基本的手がかりとなった(本書第三章第二節2を見よ)。

私がつぎに「五つの方式」の枢要な役割を援用したのは、古代ギリシャで公理論的数学が成立する際の哲学思想的背景を模索している最中《さなか》にであった。私の数学史開眼のひとつのきっかけは、ハンガリーのギリシャ数学史家アールパード・サボーによる公理論的数学の起源に関する『ギリシャ数学の始原』(一九六九)から巨大な影響を受けたことにある。ところが、サボーの説を二〇〇七年初春になって真剣に再度検討してみると、まったく不充分であることが明白になった。そうして、古代の懐疑主義の論難を回避する方策から、エウクレイデースの『原論』の公理主義が成立したという私の新説が生まれた。☆24

つぎにギリシャ懐疑主義の一般的特徴を提示して、目を古代中国に転ずることとしよう。先にも触れたように、もっとも影響力のある古代懐疑主義文書を書き遺したセクストス・エンペイリコスは『ピュロン主義哲学の概要』(第一巻8)のなかで、「懐疑主義とは、いかなる仕方においてであれ、現われるものと思惟されるものとを対置しうる能力であり、これによってわれわれは対立〔矛盾〕するもろもろの物事ともろもろの言論の力の拮抗のゆえに、まずは判断保留にいたり、ついで無動揺〔平静〕にいたるのである」と定義している。懐疑主義が採用する手順として「判断保留《エポケー》」、それから、その手順を介して到達する「無動揺《アタラクシア》」の精神的境地がきわめて重要となる。荘子思想においても、「判断保留」の手順と「無動揺」の精神的態度が枢要で

☆24　拙稿「ユークリッド公理論数学と懐疑主義——サボー説の改訂」、『思想』第一〇一〇号(二〇〇八年六月)、一〇〇—一四九ページ。のちに、拙著『数学史』(岩波書店、二〇一〇)に組み込まれた。英語版は、前記論考を大幅に改訂のうえ、フランスCNRS編の国際会議報告集に印刷公表される。Chikara Sasaki, "The Euclidean Axiomatic Mathematics and Scepticism: The Szabó Thesis Revised," *Actes du colloque international: La démonstration de l'antiquité à l'âge classique: philosophie et logique, mathématique, science de la nature*, éd. par Ahmad Hasnaoui, Pierre Pellegrin et Roshdi Rashed (Paris: Albert Blanchard, to appear in 2016).

あったことが、つぎの議論によって確認されるであろう。

3 『荘子』「斉物論」篇に登場する懐疑主義的メタ論理

「反目」と「相対性」による方式

『荘子』「斉物論」篇第二の議論の運びは、論理的にそれほど整然とし、筋道立っているというわけではない。けれども、高度な判断をなすための前提的手はずは明確であるように思われる。ひとつは、荘子が「斉物論」篇を執筆したであろうと推定される戦国時代後期には、儒墨などの学派がたがいに思想的覇権をめざして競合した数世紀を経ていた。さらに荘子は、名家の恵施らの先鋭な論理的思考をも学んで自家薬籠のものとし、自らの新規の学説を鍛え上げようとしていたはずである。このような思想史的過程の坩堝のなかから、「斉物論」篇の思想が鍛錬されて、その名篇が生まれ出たことに注目しなければならない。友人の恵施＝恵子が論理的思考の人だったとすれば、荘子は、それを一段高いところから眺めた「直覚思惟」、すなわち直観的思考の人であった。[☆25] 換言すれば、メタ論理を駆使する思想家であった。もうひとつ、すでに「道」の探究に志す老子の学派も一定の思想潮流を形づくっていた。そのうえでの、荘子の登場であり、「斉物論」篇著述なのであった。

『荘子』「斉物論」篇の問いかけは、人の吹く簫《しょう》の音を意味する「人籟《じんらい》」や、さらに「地籟《ちらい》」を耳にしたことのある人は居るにしても、よもや「天籟《てんらい》」を聞いたことはあるまいな、というものであった。人の相対的意見や、地の声を聞こうとするより、「天」の発するメッセージを

☆25 このような特徴づけは、《图解庄子》（注17）、第七五頁による。

聴こうではないかというのが『荘子』全体を統べる基調なのである。

ここでは、古代ギリシャの懐疑主義との比較参照規準として、アグリッパの「五つの方式」を取り上げる。そこには、もっとも先鋭なメタ論理的思考が現われているからにほかならない。まず、それらのうち、「反目」と「相対性」をもとに論難する方式を取り上げることとしよう。

第一の「反目」による方式は、問題となっている物事に関して人々のあいだで判定不可能な論争が起こっていることから発生する状況下で「判断保留」の態度が導かれるようなメタ論理的手はずである。この方式が荘周に実質的に取り上げられていることは、儒墨の両学派の学説を論じている文面からただちに了解される。

儒家と墨家の是非の論争が生まれている。彼らは、自学派の是非で他学派の非とするものを是とし、他学派の是とするものを非として、論争を続けている。彼らの非とするものを是とし、彼らの是とするものを非として、すべてひっくり返そうと思うならば、それには明智を用いるのが最上である。[☆26]

儒家と墨家は戦国の世で、もっとも影響力をもった二学派であった。荘周は、それらを取り上げて議論の素材としようとしたのである。両学派の現実の学説というよりは、「理念型」としての学派間の対立の事例として読まれるべきであろう。池田訳の「明知」よりは、金谷治訳

☆26　池田、上、一三七ページ。金谷治訳注『荘子』第一冊（岩波文庫、一九七一）、五四ページ。以下、現代語訳で充分と見なされる場合には、それのみを掲げる。ただし、引用訳文は適宜変更してある。主として採用した版本を先に記す。読み下し文、中国語原文は、必要と考える場合にだけ掲げる。

の「明智」のほうがよりよいであろう。「明智を用いる」の原文は、しごく単純な「以明」（明をもって）である。

池田の訳文では、この直後に「是と非という価値を撥無《はつむ》する」という表現が出てくる。「撥無」は普通仏教用語として使われる語彙のようで、「否定」ないし「排除」を意味する。この語彙が『荘子』原文に出ているわけではない。この用語は、ピュロン主義哲学の「判断保留《エポケー》」の手順と似ている。ヘーゲルとマルクス愛用の「止揚」（ないし「揚棄」＝aufheben）もこの概念に似ている。『荘子』によれば、「あらゆるものは彼《あれ》と呼びうるし、あらゆるものはまた是《これ》と呼びうる」。これは、「五つの方式」のなかの「相対性」の方式に該当する。また名家の恵施説によれば、「彼と是」は同時に生ずる。「生があると同時に死があり、死があると同時に生がある」。なるほど、「死」なる概念は、「生」の理解と相即的であり、同時的である。このような思考手順を経て獲得される境地は、「相対知」を一段以上、超越した領域にある。「聖人はそのような方法にはよらないで、それを天の自然の照明に委ねる」[☆27]。「天の自然の照明に委ねる」は原文からの書き下し文では、「これを天に照らす」（照之于天）。池田は「これを天（物それ自体）の明るみに照らし出す」[☆28]と解釈する。「斉物論」篇の趣旨から、まちがった解釈とまでは言えないだろうが、私には賛同するにためらいがある。なにより、「天」の重要性が隠される憾みなしとしない。私としては、金谷訳の「自然の照明」のうえに立ち、「天の自然の照明」と解釈したい。『荘子』の「天」を一般に、“heavenly nature”と解釈するからにほかならない。さらに「物それ自体」というと、どうしてもカント『純粋理性批判』の「物自体」（Ding an sich）を想起させてし

☆27　金谷、前掲書、五六ページ。
☆28　池田、一三八ページ。

まう。カントの思想的根源のひとつは、周知のように、ヒューム的懐疑主義である。『荘子』が「物それ自体」の認識について議論しているようには私には思われない。

「聖人」と「明」の在り方についてであるが、池田が指摘するように、『荘子』は「絶対的真理」ないし類似の「絶対的明証性」などの領域を認知しているわけではない。議論は、「相対知」を一歩ないし数段超え出た「超越論的」(transzendental)ではありえても、「超越的」(transzendent)ではけっしてない。そして「聖人」ということばから、ローマン・カトリック教会の「聖人」(saint)のようなものを思い浮かべてはならない。『荘子』「逍遙遊」篇第一の「至人は己れなく、神人は功なく、聖人は名なし」と書かれているように、『老子』に由来する「聖人」は普通人から超え出た理想的存在ではあっても、それにほぼ並んだ「至人」「神人」の位階がある。「至人は最高至極の人物」、「神人は神秘的超越的な人物」であるのに対して、「聖人は自得通達の人」である。☆29

つぎは認識の「相対性」についての方式である。

『荘子』には、「人は、湿地に寝起きしていると、腰痛を病んだり半身附随で死んだりするが、鰌《どじょう》はそうはならない。樹上に住むとすれば、びくびくと恐れぶるぶると震えるが、猨猴《さる》はそうはならない。この三者のうち、どれが正しい処を知っていることになるだろうか」以下の著名な文面がある。池田の註釈によれば、『荀子』はこの文面に甚《いた》く不満だったようである。☆30 たしかに『荀子』の不満にも一理はあるだろうが、それは、『荘子』の文面が「理念型」的論議を目的としたものであることを無視している点で、十全な批判とは言えない。当該文面は、私の

☆29　金谷、二七ページ。
☆30　池田、一九三ページ。

見るところでは、分かり易さを狙った意図的な誇張表現である。

知識や判断の「相対性」については、かなりしっかりした議論が提示されている。

もし私が君と論争したとしよう。君が私に勝ち、私が君に負けた場合、はたして君が正しく（是）、私は誤り（非）なのだろうか。私が君に勝ち、君が私に負けた場合、はたして私が正しく、君は誤りなのだろうか。つまり、一方が正しく、他方は誤りなのだろうか。それとも双方ともに正しく、双方ともに誤りだったりするのだろうか。論争の当事者である私と君にわかるはずはない。☆31

アグリッパの「五つの方式」の第三の相対性による方式への対処策は、「存在する事物は、判断を行なう者、およびいっしょに観取されるものと相対的に、かくかく、あるいはしかじかのものとして現われるけれども、それが自然本来的にどのようなものであるかということについては、われわれが判断を保留する」である。先の文章での私と君のあいだの論争の場面は、典型的に判断保留が帰結する「方式《トロポス》」であろう。

この論争については、ウィトゲンシュタンの『哲学探究』の枢要概念「言語ゲーム」（Sprachspiel; language game）を導入すれば、解決策が見いだせるかもしれない。あるゲームでの勝者になるか敗者になるかはゲームの規則によって左右される。規則のない超越的ゲームなどない。数学理論は典型的な「言語ゲーム」である。そこで、ウィトゲシュタインが到達した知見は、

☆31　池田、二〇一―二〇二ページ。金谷治訳注『荘子』第一冊、八四―八五ページ。

数学理論に絶対的な確実性を保障する超越的な基礎など存在しないということであった。

「無限遡行」「仮設」「相互依存」によって論難を認識する方式　今度は、第二の、議論を「無限遡行」に陥っているとして批判したり、それゆえに、論理の破綻を知らしめる方式である。その方式の例示は、「斉物論」篇に見事に見つけだすことができる。

始めということが有る。また始めということさえ、もともと無いということが有る。また始めということさえもともと無いということ、それさえもともと無いということが有る。有るということが有る。無いということが有る。無いということさえもともと無いということ、そのさえもともと無いということが有る。☆32

金谷治は、ここで註釈を入れて、「〔事物の始源をたずねれば、果てしもないのだが、現実世界では〕にわかに有無の対立が生まれることがある。そしてその有無の対立は〔要するに相対的なものだから〕どちらが有でどちらが無だか分からない」と訳文を続けている。

池田は、かなり敷衍した現代語訳を提供し、「一体、物には根源というものが有る。この『根源』がまだなかった、これ以前の根源というものが有る。また、『この〝根源〟がまだなかった、これ以前の根源』もまだなかった、それ以前の根源というものが有る。そしてさらに、……の根源というものも有る、であろう。斉同世界の有の根源遡及には、このようなどこまで

☆32　金谷、六六―六七ページ。読み下し文も掲げる。「始めなる者あり。未だ始めより始め有らざる者あり。未だ始めより夫《か》の未だ始めより始め有らざるもの有らざる者あり。有なる者あり。無なる者あり。未だ始めより無あらざる者あり。未だ始めより夫《か》の未だ始めより無あらざるもの有らざる者あり。俄《にわ》かにして有無あり、而も未だ有無の果たして孰《いず》れか有にして孰れか無なるやを知らず」。六五―六六ページ。原文をも記す。「有始也者、有未始有始也者、有未始有夫未始有始也者、有有也者、有無也者、有未始有無也者、有未始有夫未始有無也者、俄而有無矣、而未知有無之果孰有孰無也」。六五ページ。

行っても悪無限する有の根源遡及ではなく、もっと別のやり方を考えなければならない」云々と註釈を挿入している。[☆33]「斉同世界」とは、さまざまな思考や存在が結局調和的にバランスよく落ち着く世界のことを謂う。これは「五つの方式」中の「無限遡行」の事例として解釈できる。

じつは、ギリシャの哲学においても、数学においても、「始」＝「始原」＝「出発点」＝‘ἀρχή’（複数 ἀρχαί）＝‘principium’（複数 principia）を措定するのは困難を極める。「始原」は論証なしに前提しなければならないからにほかならない。それだから、フッサールは自らの哲学ブランド名に当初は‘Archäologie’（おそらく「始原学」といった意味で）の名称を考えたのである。ところが、その語彙はすでに「考古学」という学問名として使用されていた。それで「現象学」（Phänomenologie）とした経緯は著名である。

『莊子』における「無限遡行」の事例の定式化はメタ論理的であるが、これが、後世の『淮南子』の改作版になると、単純な宇宙生成論に姿を変えてしまう。池田は、『淮南子』訳注版において、「道家の思想の中で、彫りの深い哲学論理的な思索が平板な即自的歴史的な知見に取って代わられるプロセスが窺い知られる、代表的な文章の一つと言うことができよう」[☆34]と註記している。池田による『莊子』読解の深い識見の一斑がうかがい知られる。

もうひとつの事例が「斉物論」篇には書かれている。金谷訳によって紹介しておこう。ある一体化した対象がひとつあるものとする。それをことばで表現するものとする。

☆33　池田、一七一ページ。

☆34　池田知久訳注『淮南子』（講談社学術文庫、二〇一二）、七七ページ。漢の武帝時代、儒教中心に思想が統一されようとする時期、『莊子』の思想を盛り込み、淮南《わいなん》王・劉安のもとで編纂された『淮南子《えなんじ》』は、戦国の世に育まれた諸子百家の自由思想の最後の抵抗の書としての歴史的意味を担った。そのような点については、金谷治『淮南子の思想——老荘的世界』（講談社学術文庫、一九九二）を見よ。

対象とした一とそれを表現した言葉とで二となり、その二とものと未分の一とで三となる。それから先き〔の数の増え方〕は計算の名人の巧歴でもとらえられず、まして世間一般の人では及びもつかない。そこで、無から有への進む場合でも三になるのであって、まして有から有へと進む場合においてをや。☆35

「無限遡行」というよりは、「無限前進」による困難の自覚である。この文面は『老子』第四十二章から引き出されたものと推測されるが、現代的観点からみて、議論の提示の仕方はそれほど深い識見から出たものであるとは思われない。

いずれにせよ、論理的であれ、あるいは世界の成り立ちの根源についてであれ、「始原」の探究には限界が伴い、「無限遡行」の論難が帰結することが認識されているのである。これは『荘子』の著者が並々ならぬ（メタ）論理的思考力の持ち主であったことを示している。

今度は、第四の「仮設」による方式の番であるが、第五の方式の「相互依存」について先に論ずることとしよう。「相互依存」は、確証されるべきことがらを確立しようとするさい、いずれか一方を立論するために、確認されていないもう一方を採用してしまう手順上の不備に基づく。「循環論法」とか「悪循環」(circulus vitiosus)、あるいは「論点先取」(petitio principii) の誤謬ともいう。

じつは、この方式については、「相対知」についての議論を紹介するさいに触れてある。池田の解釈に沿って、もっと詳細に検討してみよう。彼是の判断について、二つの学派が異なっ

☆35　金谷治訳注『荘子』第一冊、六八ページ。池田、一七二ページ、参照。

ていう場合がある。「両者の関係は、『彼《あれ》という判断は是《これ》が存在することから発生し、是《これ》という判断も彼《あれ》があることに因《よ》って存在する。』となる。彼是方《あれこれなら》びに生ずるの説（彼《あれ》と是《これ》が相互に規定しあって同時に発生するという学説）である。しかしながら、この学説に従うならば、生があると同時に死があり、死があると同時に生があり、また可があると同時に不可があり、不可があると同時に可があり、さらに是《ぜ》があるに因って非があり、非があるに因って是がある、というように、再び是非の論争に戻ってしまうであろう」[☆36]。「相互依存」の論難が認識されているのが明確に確認されるであろう。池田の解説が正当であることは、原文から確認される。より詳細で明解になっているので、それによって紹介を試みた。

今度はいよいよ最後の「仮設」を用いて論定していることへの論難である。もともとのギリシャ語の「仮設による」（ἐξ ὑποθέσεως）の「仮設」（ὑπόθεσις）とは、「下」に前提として「仮に置く」ことを意味する。それゆえ「仮設」の表記のほうが「仮説」よりは原義に忠実である。この方式は、「証明によらず仮の合意に基づいて採用することを要求する場合に成り立つ」。

この事例も「斉物論」篇に存在することがわかる。つぎの文面である。はじめに、原文に比較的忠実な金谷訳に基づいて、さらにもっと原文に近い訳文を掲げておこう。「〔こうして当てにならない判断、つまり〕内容のないうつろい易い声に期待するのは、始めから期待をかけないのと同じである。そこで天倪《てんげい》ですべてを調和させ、曼衍《まんえん》にまかせてゆくのが、天寿をまっとうする方法である」[☆37]。「天倪」とは「天の自然の平衡」のことであり、後述する。「曼衍」とは、金谷によれば、「極まりない変化」である。読み下し文をも記しておこう。「化声の相い待つは、其の相

☆36　池田、一三八ページ。
☆37　金谷、八六ページ。

い待たざるが若《ごと》し。これを和するに天倪を以てし、これに因るに曼衍を以てするは、年を窮むる所以なり」[☆38]。

池田の解釈となると、もっと深くに踏み入っている。それを紹介しておこう。「このように、変転するただの音でしかない世間の論争は、それが是であるか非であるかを互いに他に依存しあっているけれども、実は依存しあっていないのと変わらないのだ。そのような世間の是非は、区別を均斉化する天倪（自然の磨《す》り潰《つぶ》し作用）でもって融和し、文目《あやめ》も分かぬ曼衍（のっぺらぼうの状態）に従わせるがよい。こうすれば、万物と一緒になって天寿を全うすることも不可能ではなくなるだろう」[☆39]。「天倪」を池田のように「自然の擦り潰し作用」と訳す試みに私は賛同しない。けれども、「化聲」の解釈には問題ないと考える。根拠薄弱な「仮設」の意味でとっているのである。つぎの「それが是であるか非であるかを互いに他に依存しあっている」を「相互依存」の難点と解釈することは可能だろう。一般に、「仮設」の方式と「相互依存」の方式とは相互連関している場合が多い。

「仮設」による方式には、じつはもって大きな仕掛けが「斉物論」篇にはある、と私は見なしている。「斉物論」篇の後半には、夢と現実のメタファーが複数回登場する。そういったメタファーの最大のものが、荘子こと荘周が蝶になった夢に仮託された、この現実の世で起こっていることが、ひょっとする「仮設」にすぎないかもしれないと見なす考えなのではないか。蝶になって楽しく飛びまわっても、「自分が荘周であることを自覚しなかった。ところが、ふと目がさめてみると、まぎれもなく荘周である。いったい荘周が蝶となった夢を見たのだろう

☆38　金谷、八五ページ。原文は、「化聲之相待、若其不相待、和之以天倪、因之以曼衍、所以窮年也」。方勇译注《庄子》、第三九頁。方勇・陸永品撰《莊子詮評》增訂新版・上巻、第九二頁。王先謙集解・方勇校点《莊子》、第三一頁。金谷版も、池田版（二〇四ページ）も、この文章を、中国語版の多くとはちがって、「何謂和之以天倪」の前に移動させている。
☆39　池田、二〇二ページ。

か、それとも蝶が荘周になった夢を見ているのであろうか[☆40]」。

私は、古来有名なこの「胡蝶の夢」の話を、ここで「荘周による胡蝶の夢の仮設」と名づけたい。この現実に起こっていることは、ひょっとするとある種の夢であるかもしれないと見なす「仮設」を含意する。

ピュロンが歴史の舞台に登場し、その後、古代ギリシャの懐疑主義の「方式《トロポス》」が定式化された。アイネシデモスの「十の方式」も、アグリッパの「五の方式」もそういった方式定式化の試みにほかならなかった。私は、アグリッパの「五つの方式」を準拠枠として、以上のような『荘子』「斉物論」篇の解釈についての拙い考察を展開したわけであるが、なにも「五つの方式」だけを準拠枠と見なす必要はない。ほかの仕方もありうる。だが、荘周が古代中国の秀逸な言説を書きのこしたのは、ある種の懐疑主義哲学者としてであったという点は確認されるのではないかと信ずる。

荘子における「判断保留」の手順と「無動揺」の境地

哲学思想における懐疑主義的傾向といっても、その傾向には大きな幅が予想される。セクストス・エンペイリコスが概要を記したピュロン主義哲学に関しては、まず、「反対論を提示する力」なくして、その哲学思潮の根本はない、と考えてよいであろう。だが、十にせよ、五つにせよ、いくつかの「方式」による論理的論難発見の指摘のあとに、「判断保留」の手順が従い、そのあとに「無動揺」の境地が獲得される。『荘子』「斉物論」篇に「判断保留」に類似的な手順があったことは、池田の「撥

☆40 金谷、八九ページ。池田、二一七ページ。

無」概念に言及したさいに指摘した。問題は、「撥無」の手順のあとに招来される「無動揺」の精神状態がどうであったのか、どのような状態であるべきかである。

懐疑主義の主要な論敵は、いかなる形態であれ、ドグマティズムである。一定の「ドグマ」(教義)をいただく知識体系やモラル的原則を後生大事にする精神的態度を前提とする。古代中国でもっとも影響力の大きいドグマティズムは、なによりも儒家の思想であった。もっとも、儒家の教説すら、政治支配者とは一定の距離をとった倫理的教えとして成立したという考えは成り立つ。が、荘周没後、漢代に儒教が重点化ないし国教化されてからは、とりわけ、当たり障りのないドグマとなった。道家の思想は、秦の始皇帝による法家思想による苛酷な統治が失敗に帰したあとに人心を安らげる作用をなしたと伝えられている。☆41

儒家の荀子は、「荘子は天に蔽《おお》われて、人を知らず」(「解蔽篇」)と評した。そのとおり、荘子が「無動揺」の境地として辿り着いたのは、「天」=「自然」であった。「判断保留」ないし「撥無」のあとに控えて、「無動揺」の境地を保障するのは、荘子にあっては、「天」すなわち「自然」なのである。☆42

私が『荘子』全篇を三読して、そのことを象徴する概念として出会ったのは「天鈞」(tienjun)であった。その語彙はたとえば、このような文面に出てくる。猿の親方が猿たちに芧《とち》の実を与えようと「朝三、暮四」にすると言ったら、猿たちは怒った。そこで、「朝四、暮三」と言ったら、今度は喜んだ、という。全体で、実が七つであるのには変わりないのに、目先の価値判断によったから、そのような対応になったのであった。そのような判断をする者と「聖人」は

☆41 金谷治訳注『荀子』下(岩波文庫、一九六五)、一四一ページ。

☆42 赵沛霖《庄子自然观》(深圳・海天出版社、二〇一二)、第四九—五〇頁、は『荘子』がその後の自然観の形成に枢要な役割を果たしたことを論定している。晋の郭象の注によれば、「天地は、万物の総名である」。また、唐の成玄英の疏によれば、「天地は万物の総名であり、万物は自然の別称である」。《庄子注疏》(中华书局、二〇一一)、第一頁。

異なる。そこで、『荘子』は書いている。「聖人はこれを和するに是非を以てして天鈞に休《いこ》う」☆43。すなわち、「善し悪しの分別知を調和させて、天の自然の平衡《バランス》（万物斉同の道理）に休息する」。「天鈞」は、「天均」とも書き、先の文面に出現した「天倪」とも同義という。私は、その概念をきわめて重要であると考え、英語では、"heavenly natural balance"（天の自然の平衡）と訳す。「天鈞」は、天の轆轤《ろくろ》をも意味する☆44。雑篇「寓言」ほかに出てくる「天倪」もほぼ同義である。「天鈞」ないし「天均」は、『荘子』雑篇「庚桑楚」にも登場するし、また『墨子』にも、『淮南子』にも出て来る語彙である。というよりは、「斉物論」篇のこの個所が、これらの援用の起源となっているのである。

もう一個所だけ「斉物論」篇から類似の文面を引用しておこう。

そこで、知識についてはわからないところで、そのまま止まっているのが最高の知識である。〔わからないところを強いてわかろうとし、またわかったとするのは、真の知識ではない。〕ことばとしてあらわれない弁舌、道としてあらわれない道のことを誰が知ろうか。もしそれを知ることのできるものがあれば、それこそ天府であると言えよう。そこにいくら注ぎこんでも溢れることがなく、そこからいくら汲み出してもなくならない。しかし、それがどうしてそうなのか原因がわからない。そういう境地を葆光《ほうこう》というのである☆45。

「天府」とは、一般に豊かな「自然の宝庫」をいい、「葆光」とは、通常、内に籠もり、くぐ

☆43　金谷、六〇ページ。池田、一五五ページ。

☆44　「鈞」には轆轤《ろくろ》の意味がある。以下の英語訳（下線部を見よ）では、そのような意味に解釈している。Victor H. Mair, *Wandering on the Way: Early Taoist Tales and Parables of Chuang Tzu* (Honolulu: University of Hawai'i Press, 1994), p. 17: "Consequently, the sage harmonizes the right and wrong of things and rests at the center of the celestial potter's wheel."

☆45　金谷、七三ページ。池田、一八一ページ。

もれる光を意味するとされるが、「葆」は宝の意味をももち、「天府」との連携関連を考えれば、宝のような光のほうが剴切かもしれない。[☆46] 特定的に「天府」とは、四川省の成都平原をいう。その平原は、荘周が生きた時代から約半世紀ほどあとに珉江になされた水利土木事業「都江堰」によって水の巨大な恵みを受けられるようになり、農業に適合的な「天府」となった。それで、私は、「世界最古のエコロジー水利工学事蹟・都江堰」なる拙文を綴ったことがある。[☆47]

「養生主」篇第三には、老子が亡くなったときのエピソードが書かれている。必要以上に弔いをなし、必要以上に嘆き悲しむ人がいたという話である。これは、荘子から見れば、「天の自然の道理からはずれる罪」（遁天之刑）である。[☆48] というのも、死とは生が天＝自然に戻ることを意味するにすぎないからなのである。

「天道」篇第十三には、儒学の基本概念「仁義」を揶揄した文がある。「あくせくと努力して仁義などを持ち出し、太鼓をたたいて脱走者をさがすようなことを、どうしてする必要があろう」[☆49]。これに対して、『荘子』が解決のために持ち出すのは、天にまつわる思考法である。「天道」篇は書いている。「天地自然の徳を明白にわきまえるということ、これをこそ大きな根本、大きな中心といい、天の自然と和解することである。この世界を平和に治めてゆく手だては、人間と和解することである。人間と和解することは人の楽しさといわれるが、自然と和解することは天の楽しさといわれる」[☆50]。さらに「秋水」篇に見える文章、「人為によって天の自然を滅ぼしてはならぬ」はすでに記した。「天の楽しさ」とは「天楽」――「天楽」の思想、そして心ない「人為」によって「天の自然」を滅ぼしてはならないという厳しい戒めこそ、二十一世

☆46 実際、福永光司・興膳宏訳『荘子 内篇』（ちくま学芸文庫、二〇一三）はこの解釈を採る。ただし、それが「絶対の智恵」を意味するとは私は思わない。

☆47 『季刊 未来』二〇一五年夏号所載。

☆48 金谷、第一冊、九九ページ。雑篇「列御寇」篇にも出てくる。金谷、第四冊、一七五ページ。池田、上巻、二三八ページ。下巻、九四六ページ。

☆49 金谷、第二冊、一六八ページ。池田、上、八二一ページ。この話は『荘子』の著者にはお気に入りだったようで、「天運」篇第十四にも出てくる。金谷、第二冊、二〇六ページ。池田、上、九〇八ページ。

☆50 金谷、第二冊、一五二ページ。池田、上、七九三ページ。

紀の現代に必要とされるのではなかろうか。

ともかく、『荘子』にあっては、「判断保留」後の「無動揺」は、「天鈞」、すなわち「天の自然の平衡《バランス》」に休《いこ》う境地が解決してくれる仕組みになっているのである。厳格な懐疑主義的なメタ論理の判断規準をとおして到達したこのような「無動揺」の境地の思想的意義はきわめて大きい。数学には「代数学の基本定理」と呼ばれる重要な定理があり、たとえば十九世紀初頭のガウスによって厳密に証明された。それによれば、係数を複素数とする任意の次数の代数方程式は、その次数と同じ個数の根を複素数体内部にもつ。「天の自然」は、そのような複素数体と同様、自己完結性をもっているということができる。このような自然との和合の境地は、比較的温暖な気候に恵まれ、黄土に覆われた大地に豊饒な農業が可能な中国で比較的容易に得られるものだったに相違ない。古代中国思想が教えてくれることは遠大なのである。

4　古代ギリシャの懐疑主義の帰結としての厳密な数学体系と古代中国の懐疑主義的思潮から生まれた自然概念

『荘子』にあっては、「判断保留」を介しての「無動揺」は、「天の自然のバランス」、「天鈞」が解決してくれる仕組みになっているのである。「天鈞」とは、天が均等化を施す作用をいう。金谷訳の「自然の平衡《バランス》」という訳語はよい。池田が謂うとおり、「天鈞は、人を排除した天の均斉化作用の意」である。

古代ギリシャの懐疑主義の思考枠をもって、古代中国の古典『荘子』の読解を試みてみた。

このような試行は、池田知久の学問的にレヴェルの高い研究に導かれて、はじめて可能であった。管見のかぎりで、懐疑主義的思想の色濃いウィトゲンシュタインの最晩年の遺稿『確実性について』との類似性の指摘[☆51]だけが先駆的研究だと考え、東西思想の学問的「交歓」をとおした、たがいの学びの急速な進展の動きに棹差そうと希望した。私は現代中国で、西方の懐疑主義思想が熱心に研究されていることをいくぶんかは知っていた。その後、研究文献を探索を続けてゆくと、一九八〇年代に北京大学において哲学で博士の学位を取得し、西洋哲学にも一定程度通じた学者のなかに、『荘子』を懐疑主義的に解釈しうると考えている研究者が存在していることを知った。現在、香港中文大学で中国哲学を講じている劉笑敢教授がそうである。劉教授は、古代ギリシャの懐疑主義についての知見を『エンサイクロペディア・ブリタニカ』の項目などから知り、ピュロン（中国語では「皮浪」）についても一定程度の識見をもっている。彼によれば、「荘子のこの懐疑主義的立場は、中国古代哲学中にあって、突出しており、しかも鮮明である」[☆52]。

『荘子』研究は、東アジアの漢字圏諸国のみならず、アメリカでも、そしてフランスでもなされており、『荘子』の懐疑主義思潮との同調を指摘したものも存在するらしいことも知った。[☆53]

省みれば、ピュロン的懐疑主義は、ヘレニズム初期におそらく数学的論証法を格段に厳密なものとなさしめ、公理論数学の整序のためににおおきく作用し、十六世紀中葉に本格的に復権してからは、モンテーニュ、デカルト、パスカルらの思想を深化せしめるにも貢献しただけではなく、ニュートンやライプニッツといった巨匠による数学・科学思想のいっそうの彫琢のた

☆51　陈少明《〈齐物论〉及其影响》（北京大学出版社、二〇〇四）、第二一七頁。

☆52　刘笑敢《庄子哲学及其演变》（修订版）（中国人民大学出版社、二〇一〇）、第一六三頁。ただし、刘笑敢教授の懐疑主義理解は、レーニン『哲学ノート』中のスイスのチューリヒ滞在時代に摘録したヘーゲルの『哲学史講義』読解から発したもののようで、それはそれで一定の識見を示したものと評価できるが、中国の一般的な研究状況から言って、ギリシャ語原典を参照する段階までは達していないようである。ちなみに、ヘーゲルは、近代西欧の哲学者のなかにあって、もっとも根源的な古代懐疑主義理解に到達した思想家であった。英文の Liu Xiaogan, *Classifying the Zhuanzi Chapters* (Ann Arbor: The University of Michigan Press, 1994) は、

めにさえ役立った。ガッサンディが、エピクロス的原子論哲学を復権させるとともに、懐疑主義思想を終世保持した哲学者として知られる（第三章第三節参照）。十七世紀西欧において批判的精神が健在であった証《あかし》である。

二十世紀になると、フッサールの現象学的概念装置の一環として有効に働き（一九〇七年のゲッティンゲン大学講義『現象学の理念』で導入された「判断保留《エポケー》」）、ウィトゲンシュタインの『確実性について』においては、数学の基礎づけの試みの本末転倒の様相を剔抉するさいに、大きな触媒となって作用した。

また、西欧の思想家が『荘子』に関心を寄せた事例も欠かない。マルティーン・ハイデガーは、一九六二年の講演「伝承された言語と技術的な言語」のほとんど劈頭部で、『荘子』「逍遥遊」篇第一から、「無用の木」についての逸話を引用している。☆54

本節の拙論が示したのは、『荘子』「斉物論」篇が、自らの思想を鍛え上げるのに、名家的論理思考を触媒として、意識的には無意識裏にか、ある種の懐疑主義的なメタ論理的思索手順を働かせたこと、そうして得られた「天鈞」とか「天楽」とかの概念が、われわれの自然思想彫琢に役立つであろうということであった。☆55

『荘子』は、『周易』と『老子』とともに、古代中国の玄学＝形而上学についての三つの著作に数え入れられる。そこには、古代ギリシャの懐疑主義的論難指摘の手順と同様のメタ論理が伏在していた。その著作の中枢部をなす「斉物論」篇は、早熟の古代中国思想史において、安易な人為的賢《さか》しらによって根源的自然を忘却しないようにと警告していた。

『荘子』テキストの成立をめぐる文献学的研究で、東北大学の武内義雄らの研究を継承している。

☆53　Paul Kjellberg and Philip J. Ivanhoe (eds.), *Essays on Skepticism, Relativism, and Ethics in the Zhuanzi* (Albany: The State University of New York Press, 1996). 同書所収の論考 Paul Kjellberg, "Sextus Empiricus, Zhuangzi, and Xunzi on 'Why Be Skeptical?'" pp. 1-25 は、セクストス・エンペイリコスと荘子の懐疑主義思想を比較対照させている。懐疑主義の方式についての pp. 5 & 9 における解説は意義深い。同著者のつぎの論文をも参照。"Skepticism, Truth, and the Good Life: Comparison of Zhuanzi and Sextus Empiricus," *Philosophy East and West*, 44 (1994), pp. 111-133, esp. 115. Paul Kjellberg は、スタンフォード大学から "Zhuangzi and

懐疑主義的思考の灼熱の坩堝は、西方の思想史においてだけではなく、それとは相異なったコンテクストにおいてながら、東方の思想史においても、まことに枢要な役割を演じていたわけなのである。

東方の思想において、懐疑主義的思索の姿勢が連綿と続いたことを私はいくぶんかは知っている。後漢の王充の『論衡』、わが国では、江戸時代の三浦梅園[☆56]のことがたちどころに思い浮かぶ。われわれにとっては、東アジア自然哲学の未来における構築に向けて、西方に通じる思想的姿勢を確立することが急務であろう。そのためにも『荘子』の自然思想は、なによりの飛躍の跳躍台となろう。

第三節　伝統中国医学の科学哲学的考察

1　〈癒しの術〉のウィトゲンシュタイン的規準からの見直し

オーストリアのウィーンに生まれ、英国ケンブリッジで亡くなった哲学者のルートヴィヒ・ウィトゲンシュタインの最晩年の遺稿に『確実性について』がある。亡くなる二日前まで執筆していたという曰くつきの傑作である。科学哲学上のわが師クーンが大好きだった著作でもある。ウィトゲンシュタインは、生涯、数学の厳密な基礎づけの問題にかかわりをもった。彼は、哲学的経歴をフレーゲとラッセルの論理主義に近い立場から出発して、『論理哲学論考』（一九二二）を書き、さらに『数学の基礎に関する考察』なる草稿を書き残した。そういった思索の末に最後に書き残した著作が『確実性について』だったのである。

Skepticism"をもって一九九三年に博士号を取得している。

☆54　M・ハイデッガー『技術への問い』（関口浩訳、平凡社、二〇〇九）、一五二―一五三ページ。引用個所は、金谷、第一冊、三九ページ。池田、一〇一―一〇二ページ。近代自然科学のテクノロジー（すなわち機械的諸技芸）規定性、さらにある種の有用性規定性――フランシス・ベイコンの科学概念に見られる――を指摘した洞見溢れる論考ではあるものの、反面、ことば遊びと思わせぶりも相変わらずである。しかし、ハイデガーの老荘思想評価の側面を明らかにしており、興味深い。

☆55　赵风远《庄子的生态美智慧解析》（山东人民出版社、二〇一四）は、包括的に『荘子』の現代のエコロジー的思考において果たすべき役割について論じている。

遺稿『確実性について』が私にとっておもしろいのは、それが「基礎づけのない数学」といった考えに到達していることを示しているからである。そこにはこう書かれている。「このように計算する。計算とはこれである。たとえば学校でまさにこの通りの仕方でわれわれは学んでいる。君のいわゆる精神の概念と結びついた、超越的な確実性のことは忘れてしまいたまえ」(§47)[☆57]。現実に遂行される数学の計算は、そのように計算される仕方で遂行されるだけであって、絶対的確実性を保障された超越的基礎などない、というのである。彼は、さらに書いている。「何がテストと見なされるのか？――〈だがこれは決定的なテストであろうか？　もしそうなら、それがまさしく決定的テストであることが論理学によって認識されなければならないのではないのか？〉――まるで基礎づけを求める営みには終点がないかのようである。だが、基礎づけられない前提が終点になるのではない。基礎づけられない行動様式(unbegründete Handlungsweise)、それが終点なのだ」(§110)。

ウィトゲンシュタインは、最晩年、数学理論を超越的に基礎づける仕方などない、という観点に到達していたわけなのである。この観点は、実践の理論に対する優位としても理解されるかもしれない。数学の基礎づけに関するこの観点は、ほかの学問にも応用可能であろう。

ところで、マルクスとエンゲルスによって形成されたマルクス主義の哲学的教養に多少とも通じた人は、以上のウィトゲンシュタインの所見が、彼ら古典的マルクス主義の定礎者たちの考えに近いことを確認するのではあるまいか。そのとおりなのである。

エンゲルスが一八九二年に執筆した「史的唯物論について」には、こう書かれている。「論

☆56 『多賀墨卿君にこたふる書』は、まことに先鋭な前近代日本の批判的論理の発現であろう。三浦梅園『自然哲学論集』（尾形純男・島田虔次注釈、岩波文庫、一九九八）、所収。

☆57 L. Wittgenstein, *Über Gewißheit/On Certainty* (Oxford: Blackwell, 1969), p. 8.

証のある前に行動があった。〈はじめに行為ありき〉(In Anfang war die Tat.)。そして人間の行動は、人間の小賢しさが困難を考えだすよりもずっと前に、この困難を解決していた。プディングの味のよしあしの証明は食うことにある」☆58。「はじめに行為ありき」なる引用文は、ゲーテの『ファウスト』第一部(「書斎」*l.* 1237)からである。無論、新約聖書「ヨハネによる福音書」の冒頭の一文「はじめにことば《ロゴス》ありき」の言い換えである。ちなみに、『ファウスト』に見える「はじめに行為ありき」は、マルクスにとっても愛用の語句であり、『資本論』第一巻のなかに引用されている☆59。

じつは、同様の所見は、マルクスが一八四五年初夏に書きつけた著名な「フォイエルバッハに対して」(Ad Feuerbach)、すなわち「フォイエルバッハに関するテーゼ」にも見ることができる。全体で十一からなるテーゼの二番目で、マルクスは書いている。

> 人間的思考に対象的な真理が獲得されるかどうかという問題は――理論《テオリー》の問題ではなくて、実践的な問題(eine *praktische* Frage)である。実践において、人間は真理を、すなわち彼の思考の現実性と力、此岸性を証明しなければならない。思考が現実であるか、それとも非現実的であるか、に関する論争は――この思考が実践から遊離していると――純粋にスコラ的な問題である☆60。

これはまことに瞠目すべき識見である。人間の認識において、理論(Theorie)ではなく、実践

☆58 *Marx-Engels Werke*, Bd. 22 (Berlin: Dietz Verlag, 1963), S. 296.『マルクス＝エンゲルス全集22』(大月書店、一九七一)、三〇〇ページ。

☆59 *MEGA*, II, Bd. 8: *Das Kapital: Kritik der politischen Ökonomie*, Bd. 1 (Hamburg 1883) (Berlin: Dietz Verlag, 1989), S. 113. ただし、ドイツ語原文の綴りは、"Im Anfang war die *That.*"『資本論』第一巻a(新日本出版社、一九九七)、第一篇第二章「交換過程」、一四七ページ。一八六七年刊の初版から、この語句は引用されている。*MEGA*, II/5 (1987), S. 53.

☆60 *MEGA*, IV/3 (1998), S. 20. *Marx-Engels Werke*, Bd. 3 (Dietz Verlag, 1973), S. 5.『マルクス＝エンゲルス全集3』(大月書店、一九六三)、五九二ページ。強調は原文。

(Praxis) こそが枢要であることが確認されているのである。中間考察において「科学的実在論」について省察したさい、私はハッキングの『表現と介入』を引き合いに出したのであったが、ハッキングは、自らの識見がマルクスの「猛攻撃」と類似していると明言していたのであった(二七一ページ)が、以上で引用した文面こそが、最有力候補になりうる文章なのである。

最晩年のウィトゲンシュタインとマルクスの認識論の近親性は、一般的にも確認されている。[☆61] マルクスによって書かれた哲学的テキストはウィトゲンシュタイン的洞見によって読解され、ウィトゲンシュタイン思想はマルクス的に位置づけ直されねばならないのだ。ここでの科学哲学的省察でも、マルクスとウィトゲンシュタインとハッキングの洞見は、活用されるであろう。

ところで、本節は、医学についての科学哲学的考察に充てられる。普通、日本でも中国でも、医療についての学問は、「医学」と呼ばれ、「医術」とは呼ばれない。大学など高等学問所でそれが学ばれるからであろう。だが、歴史的に、医療行為の学問は、古代ギリシャでも、古代中国でも、「医術」であったものと考えられる。古典ギリシャ語で「医学」は、「イアトリケー・テクネー」(ἰατρικὴ τέχνη)、すなわち、端的に「医術」であった。司馬遷『史記』の「扁鵲倉公列傳」には、「醫方術」という語彙が出て来、[☆62] また「貨殖列傳」には、「醫方諸食技術之人」(医業やその他もろもろの技術を生業とする人)[☆63] として、明確に「技術」のひとつとして言及されている。「醫方」とは、「醫」の「やり方」を指す。そもそも「醫」とは、中医学の最古で最高の古典『黄帝内経』「素問」巻四「異法方宜論篇」第十二が明確に定義的に述べているように、「病を治

☆61 David Rubinstein, *Marx and Wittgenstein: Social Praxis and Social Explanation* (London: Routledge & Kegan Paul, 1981).

☆62 司馬遷《史記》點校本二十四史修訂本・第九冊(北京・中華書局、二〇一三)、第三三六一頁。青木五郎『史記十一』(列伝四)(明治書院・新釈漢文大系、二〇〇四)、一六七ページ。

☆63 《史記》第一〇冊、第三九四一頁。青木五郎『史記十四』(列伝七)(二〇一四)、四九—五〇ページ。

す」ことを意味する（「醫之治病也」）。[☆64] 北宋嘉祐年間に国子博士高保衡等によって綴られた「黄帝内経素問序」のなかには、「醫學」という語彙が出てくる。[☆65] これは、唐代を経て、北宋の時代には、医術の教育が、中国の高等教育の制度のなかにしっかりと根づいていた指標であろう。

　こういったことを考えに入れて総合的に省みるに、医学とは、所は東西、時は古今を問わず、本質的に「癒しの術」（art of healing）であったものと考えられる。[☆66] 言い換えると、人の肉体的・精神的な健康状態から逸脱した悩みである「病」を「癒す」「技術」の集成、これが医学の本質的根元である、と私は考える。ともかく、「学」（学ぶ）という教育的な語彙よりは、医療のための実践的「術」の意味が本源的なのである。

　本節は、このような「癒しの術」としての医学、とりわけ伝統中国医学、を科学哲学的に考察し直す試みである。「科学哲学的に」ということは、もっと立ち入って言えば、クーンの「歴史的科学哲学」を独自に非西洋世界にも外挿した私自身の「文化相関的科学哲学」（Intercultural Philosophy of Science）の観点から仔細に見直してみるということにほかならない。第一章では一般的な学問的プログラムを定式化したのであったが、本章、とりわけ本節は、その各論にあたる。

2　古代ギリシャ医学と近代西洋医学との対比

現代中国では、近代西洋医学と伝統中国医学が並立した状態で、医療行為が行なわれている。人によっては、これら二つの医療技術体系に、それら二つを架橋させた「中西医結合医療」

☆64 《黄帝内経》影印本（人民衛生出版社，二〇一三）、第三三頁。姚春鵬訳注《黄帝内経》上・素問（中華書局・中華経典名著、二〇一〇）、第一一五頁。南京中医学院編／石田秀美監訳『現代語訳　黄帝内経素問』上巻（東洋学術出版社、一九九一）、二一四ページ。

☆65 《黄帝内経》影印本、第五頁。《黄帝内経》上・素問（中華書局版）、第一二頁。前掲現代語訳、四ページ。

☆66 川喜田愛郎・佐々木力『医学史と数学史の対話――試練の中の科学と医学』（中公新書、一九九二）を見よ。川喜田愛郎先生は、「医学は、医術でよい」と言い切っておられた。Eric J. Cassell, *The Healer's Art: A New Approach to the Doctor-Patient Relationship* (New York: J. B. Lippenicott, 1976); 土居健郎・大橋秀夫訳『癒し人のわざ』（新曜

（Chinese-Western Combined Medicine）を付け加えるかもしれない。

本節の以下の議論では、伝統中医学の中核部分に在る基礎理論構造を素描してみたい。まず、われわれ日本人の健康観には、伝統中医学の自然哲学概念が滲透していることに留意せねばならない。たとえば、「私は元気です」という場合の「元気」ないしもっと根源的には「気」（「氣《チ》」 qì）の概念には、知らず知らずに中国的自然哲学の「気」の意味が滲透してしまっているであろう。「氣」は本来、漢字の成り立ちからわかるように、米を蒸したときに湯気が立ち上る状態を指したらしい（藤堂明保『漢字語源辞典』）が、「人の生は気の聚《あつ》まれるなり」（『荘子』「知北遊」篇）と言われ、身体＝ミクロコスモスの状態のバランスを暗示する考えで、「中国古代の医学理論の根底的基礎」をなしていると見なされる。☆67

そうして注意していただきたいのは、日本の江戸時代から行なわれている「漢方医学」と中国医学（＝伝統中医学）はおおいに異なっていることである。ある医師によれば、「漢方は堕落した中医学である」。そのうえで、日本の医療事情に通じた中医学入門書を紹介してみたい。ひとつは、南京中医薬大学の王強著になる『知って欲しい中国医学』☆68（二〇〇一）である。この書は中医学の基本的発想を簡明に解説している。そして肝臓病や癌に対する中医薬ないし中西医結合医療による対処の仕方を紹介している。あるいは、「目から鱗」の体験をするかもしれない。もう一冊は、もっと本格的な張瓏英『新編・中医学　基礎編』（一九九七）である。著者は、日本に生まれ、京都大学医学部で近代西洋医学を修学した。その後、中国の天津で小児科を主宰しながら、中医学と中西医結合医療を学んだ。当初は、中医学の実践的効果はともかく、その理

社、改訂版一九九一）が示しているように、医師は「癒し人」と定義される。私はこの訳本を「川喜田愛郎先生の御縁を感謝して」と、一九九六年暮れに、土居健郎先生から供与された。

☆67　小野沢精一・福永光司・山井湧編『気の思想――中国における自然観と人間観の展開』（東京大学出版会、一九七八）、一三三ページ、を見よ。本論文集に、加納喜光は、「医書にみえる気論――中国伝統医学における病気観」（二八〇―三一三ページ）を執筆している。

☆68　王強『知ってほしい中国医学――難病を克服する底力』（毎日新聞社、二〇〇一）。英文標題として、*Real Power of Chinese Medicine* とある。

論的基礎として在る「陰陽五行学説」などには少なくない抵抗を感じた。ところが、「一旦、この「陰陽五行学説」を体得すると、目から鱗がおちるように世界が見えてくるといっても大袈裟ではないほどである。人を自然界の大宇宙に対応する一つの小宇宙とみなし、徹底して実践治療学を発展させてきたのが現代中医学といわれているものである」[☆69]。

さて、伝統中医学の基礎理論構造の探究に進む前に、古代ギリシャ医学と近代西洋医学との対比の手順を経ながら、中医学の輪郭を描いてみたい。現代中国人は、古代ギリシャ－ローマ医学と近代西洋医学を連続的に繋げて、地理的に一体化し、「西洋医学」としてとらえるのが一般的である。たしかに、そういう観方は成り立つかもしれないが、短見であろう。コスのヒッポクラテスを開祖とし、ローマ帝国のギリシャ人医師ガレノスが集大成した古代ギリシャ－ローマ医学と、十六世紀のアンドレアス・ヴェサリウス『人体構造論』（*De humani corporis fabrica*、期せずしてコペルニクスの『天球回転論』と同じく一五四三年刊）などによる解剖学的知見によって高くへと離陸し始め、十七世紀前半のウィリアム・ハーヴィとデカルトの血液循環理論をもって理論的基礎を堅実に固めた近代西洋医学とは、その基礎はおおきく異なっていることに注意せねばならない。そのあいだの断絶を埋めるのは、古典期イスラーム世界の哲学者であり、医学者であり、古典的著作『医学典範』（*Al-Qānūn fī al-tibb*）をものしたイブン・シーナー（ラテン名Avicenna）であった。中世後半から、ルネサンス期にヨーロッパでもっとも読まれた医学書のひとつは、ほかならぬ『医学典範』であり、アヴィセンナは「医学のプリンス」（医学の王侯）と呼ばれた。

ヨーロッパ世界がこのように中世前半期に歴史的断絶をもったことには、医学史上、きわめ

☆69　張瓏英『新編・中医学　基礎編』（源草社、一九九七）、i―iiページ。

て大きな意味がある。ちなみに、西洋語の「中世」（medieval＝ラテン語 medium aevum:「中間の時代」）は、このような歴史的断絶を象徴する語彙である。地中海地方で古代に栄えた高度な文明をもったあとに、学問的伝統は一度途絶し、キリスト教が隆盛した数世紀の中間期＝中世を経て、ルネサンス以後に再度高度な文明を発展させたヨーロッパ史は、きわめて特異な文明の在り方を示しているのである。これと対照的に、中国史の発展は、連続的で、漸進的である。宋朝時代に、中国は、人類史上最初の高度な文明をもつ「近世的な」市民社会を登場せしめた。開封を首都とする北宋や、杭州（臨安）を首都とする南宋がそうであった。中国史は連続的に発展したがゆえに、過去の遺産は継続的に継承された。それゆえ、ある種の「尚古主義」がいつも維持された。

私が、古代ギリシャ－ローマ医学と近代西洋医学を先鋭に区別したいのは、以上のような歴史的理由に加えて、医学理論の基礎にある、謂うところの「形而上学」的前提が両者ではおおきく異なっているからにほかならない。前者の古代医学を象徴するのは、アリストテレスの四元素論などに基づく自然哲学であり、後者の近代西洋医学の始原を刻印するのは、デカルトの機械論的自然哲学なのである。[☆70] もうひとつ、一般に、古代と中世の科学は、「おおよそ」の議論であったのに対して、近世以降の科学は精密度を飛躍的に高めた。このことは、アレクサンドル・コイレが「〈おおよそ〉の世界から精密宇宙へ」において、主張したことがらである。[☆71]

無論、その後、西洋医学の自然科学的基礎はおおいに発展した。ラヴォワジエの酸素を媒介とする燃焼理論によって、肺による呼吸の仕組みが解明され、腸による栄養供給の仕方も自然

☆70　川喜田愛郎『近代医学の史的基盤』上（岩波書店、一九七六）は、近代自然科学を、「機械論的自然観」のうえに立った知的営みと見、さらにデカルトの医学の基礎には、「機械論的生理学」が在ったと見る。ちなみに、川喜田愛郎先生は、佐々木の医学史上の恩師とされるべき医学者・医学史家であり、前記著書は、欧米にも類例を見ない西洋医学史の名著である。

☆71　Alexandre Koyré, "Du monde de《l'à-peu-près》à l'univers de la précision" (1948), dans *Études d'histoire de la pensée philosophique* (Paris: Gallimard, 1971), p. 341-362. このエッセイは、同著者の『閉じた世界から無限宇宙へ』(*From the Closed World to the Infinite Universe*, Baltimore: The Johns Hopkins University Press, 1957; 横山雅彦訳、みすず書房、一九七三）に

科学的にわかった。脳科学は、さらに、思考のプロセスをも一定程度解明しつつある。けれども、機械論的な自然哲学的基礎という大きな「パラダイム」自体は同一のままである。「機械」についての理解の仕方がはるかにもっと複雑になり、おおいに精度が増したという度合いの相違があるだけなのである。

古代ギリシャの学問においてよく使われた対概念に“ἀνάλυσις - σύνθεσις”（analysis-synthesis）があり、通常「分析（解析）－総合」と訳される。哲学、数学のみならず、医学においても、この対概念は登場する。たとえば、ガレノスはギリシャ－ローマ医学の自らの体系を解説するさいに、「分析」と「総合」の概念を援用した。ごく簡明に、単純化して言えば、古代医学は、五感を介して感覚される日常的世界（宇宙であれ、人体であれ）についての、「分析」というよりは、「総合」という方法的手順がおおきく物を言った自然哲学のうえに立った医療行為であった。批判的に見れば、自然の表層的観察にとどまる医学であった。ところが、近代西洋医学では、「総合」よりは、「分析」が重視される自然哲学を基礎として医療行為がなされるようになる。ヴェサリウス医学が「解剖学」（「分析」概念と類縁的である）のうえに立ち、デカルト医学が、彼の哲学と数学と同様、「分析」＝「解析」概念を介しての機械論自然哲学のうえに構築されたことが、その証《あかし》であろう。フランス革命以降の十九世紀西洋医学となると、もはや直観的に感覚される自然世界はおおきく後景に退いてしまい、ほぼ全面的に機械論的自然科学（自然の表層ではなく、内奥に切り込む、という唱い文句の「分析」概念がおおきくものを言う）のうえに建設される技法の集成となる。

随伴する形で読解されるべきであろう。

そこで、話題を本題の伝統中医学に転ずる。中医学の古典的経典は、『黄帝内経』、『傷寒論』と『金匱要略』から構成される東漢の医学者・張仲景による『傷寒雑病論』、それに『神農本草経』からなる。これらの古典のうえに中医学は独自の発展の道をたどる。中国語の信頼すべき歴史を参照することが推奨されるが、英文では、ドイツの中国医学史家パウル・U・ウンシュルトの『中国の医学——思想史』（一九八五）[☆72]などがまずまずの秀作であり、推奨できる。ウンシュルトには、クーンの科学史学のたしかな影響が読み取れる。クーンに明示的に言及してさえいる。[☆73]ウンシュルトのこの著作が教えてくれるのは、中国医学を時間というパラメーターをもたない一枚岩の文化所産ととらえることなく、しっかりした歴史的発展の位相とともに理解することの重要性である。

ウンシュルトは一九九八年には、もっと一般的な中国医学の形成と特徴（陰陽五行説、眼科、薬学）、近代中医学の現状、伝統中医学の西漸についての書『中国医学』[☆74]を公刊している。中国科学・技術・医学の歴史の日本人研究者である山田慶兒[☆75]の貢献はおおきく、現代中国で、彼の著作は、中国語訳をとおして読まれている。

金元時代に大家が出現し、大きな新しい展開を見せたり、明末の李時珍によって大著『本草綱目』（一五七八年成書・一五九六年出版とされる）が編纂されたりした。清代になってからも、著しく発展したことは言うまでもない。[☆76]一般的に大局的に見て、中医学の理論的基礎を据えた著作は『黄帝内経』であった。経絡と経穴の概念もすでにその本に現われ出ている。張仲景の著作は、そういった理論的基礎のうえに、臨床的知識・処方についてかなり包括的に記述している。『神

☆72　Paul U. Unschuld, *Medicine in China: A History of Ideas* (Berkeley/Los Angeles: The University of California Press, 1985). 以下、医薬についての巻が続く。ウンシュルトには中国の医療倫理にかんする著述もある。

☆73　*Ibid.*, p. 57. ウンシュルトにとっては、陰陽五行説もひとつのパラダイムなのである。

☆74　Paul U. Unschuld, *Chinese Medicine*, tr. from the German by Nagel Wiseman (Brookline, Mass.: Paradigm Publications, 1998).

☆75　ここでは、『混沌の海へ——中国的思考の構造』（筑摩書房、一九七五）と『中国医学の起源』（岩波書店、一九九九）のみをあげておく。

☆76　著者の中医学史についての知識は、主として、甄志亜主編《中国医学史》第二版（北京・人民衛生出版社、二〇〇〇）によ

農本草経』は、中医学で利用される豊富な薬草の薬効などの医薬的基礎を提供した。

中医学は、いくつかの基本的要素から成っているが、ここでは、その人体観と、特異な診断法に着目したい。人体観は、人体を一個の有機的整体として見る観方である。人の身体は、自然と統一的に連携しており、また、社会環境とも統一されるものと見る。☆77 古代ギリシャには、人体を、「マクロコスモス」(macrocosmos) である宇宙と関連し合った「ミクロコスモス」(microcosmos) として見る観方が在ったが、それと似ている。私は先に、古代西洋医学が、「分析」というよりは、「総合」概念を重視し、人間の五感による詳細な観察のうえに立っていたのではないかと論定したのだが、古代中国医学も、まちがいなくそうであった。『黄帝内経』「素問」には、古代ギリシャ医学と同様に、宇宙＝「マクロコスモス」と人体＝「ミクロコスモス」の相応関係を説いた文面がある。というよりも、その照応関係を基礎とした天人相応の人体観が謳い上げられている。

それから、中医学は、独自の診断法と病気対処法をもっている。それが「辨証論治」(biàn zhèng lùn zhì) である。先述の張仲景のころには、その思考法の基本的枠組みが出来た、とされる。この術語は、英語では、“syndrome (pattern) differentiation and treatment”☆78 あるいは“planning treatment according to diagnosis”☆79 などと訳される。心身に立ち現われる多様な「証」を、「辨」別し、病を「治」す仕方を「論」じることをいう。この概念は、「辨証施治」とも表現される。この場合には、「治」を「施」すことをいう。「辨証論治」は、「証」と呼ばれる現実の身体の状況を、実際的に総合的に分析診断し(「辨別」)、実践的処方を為す。近代西洋医学の、たとえ

った。

☆77 中医理論については、曾棠棣主編《中医学概論》第二版（上海科学技術出版社、二〇〇〇）によることが多かった。

☆78 李振吉主編《中医基本術語中英対照国際標准》（人民衛生出版社、二〇〇八）; World Federation of Chinese Medicine Societies, *International Standard Chinese-English Basic Nomenclature of Chinese Medicine* (Beijing: People's Medical Publishing House, 2008), p. 15.

☆79 *Fundamentals of Traditional Chinese Medicine*, written by Yin Huihe and others, edited & translated by Shuai Xuezhong (Beijing: Foreign Languages Press, 2010); 印会河主編・帥学忠編訳《中医基礎知識》（北京・外文出版社、二〇一〇）, p. 9. 同書は、「証」を“symtoms-complex or syndrome”と英語訳してい

ば、頭痛は頭に治療し、足が痛ければ足に治療を施すといった「対症療法」とは異なった対処の仕方をする。[☆80] 別のことば遣いでは、近代西洋医学の基本療法は「辨病施治」（disease differentiation and treatment）である。心身の病、すなわち不調、機能しなくなった故障の個所、を化学的薬剤をもって、あるいは外科的手術で、直そうとする治療法なのである。機械論的自然哲学と連携した技法である。

胡臻・薫飛俠共著の詳細な中医診断技法の英文版（中文標題『中醫臨證推理』）も二〇〇八年に世に問われている。当然、「辨証論治」（pattern differentiation and treatment）の解説も行なわれている。著者たちによれば、「中医学における臨床推理の発展は、実践で出会った挑戦から生まれ出たと結論づけることができる」[☆81]。中医学においては、「この手腕は、医師自身の精細な理解力と洞察におおきく基づいているのである」[☆82]。臨床推理は、演繹推理、帰納推理、類推、辯証法的推理などの西洋的推理法によって近似することができるかもしれないが、やはり、独自性をもっている。先に、ギリシャ－ローマ医学を集大成したガレノスが「分析」と「総合」の推理法に基づいていたことに言及したが、それとも異なる。本書では、人体の総合的バランスの取り方と、自然環境の総合的バランス恢復のための対処の仕方の類似性も示唆されている。総じて、中医学の臨床推理は、西洋的な諸概念とは通約不可能である、と見ることができるであろう。

望、聞、問、切からなるさまざまな診断法のなかでも、望診中の舌診は、中医学でとりわけ重要視される。「舌は、心の苗」とも言われ、そして舌と内臓との関係は多方面にわたる。「このような根拠をもとに、臨床上は、舌質の色沢・形態と舌苔の状態の観察により、内臓の気血

る。この英訳は的確である。

☆80　現代日本では、中国で実際に中医理論を学んだ学徒が、すぐれた中医学についての教科書をすぐれた日本語に翻訳している。南京中医学院の王新華編著の《中医学基礎理論》（北京・人民衛生出版社、一九八八）は、その学院で学んだ河合重孝によって翻訳され、『基礎中医学』（東京・谷口書店、一九九〇）として出版されている（横書）。参照した個所は、p. 28.

☆81　Hu Zhen and Dong Fei-xia, *Clinical Reasoning in Chinese Medicine* (Beijing/London/New York: People's Medical Publishing House 2008), p. 14.

☆82　*Ibid*., p. 39.

陰陽の病理変化を窺うことができるので、舌診は診断上重要な位置を占めている」[83]。

中医学の自然哲学的基礎は、『黄帝内経』「素問」中に展開されている陰陽五行理論である。これをもって神秘主義的思想に染まった医学と見る人がいるが、まちがった所見である。『黄帝内経』が完成したのはいつのころかは判然としないが、春秋戦国時代に大枠は出来たと見なされうる。すなわち、群雄割拠の戦争・競争で、中国の諸国が相争っていた時代に成立した思想なのである。一般に、競争の時代の思想は批判的で、先鋭になる。ちょうど、古代ギリシャで、「競争」(ἀγών)が盛んに行なわれた時代がそうであったようにである。今日の西洋的思考の枠組みが出来たのは、その時代においてであった。ところが、ジョセフ・ニーダムと彼の後継者ネイサン・シヴィンが『中国の科学と文明』の「医学」に関する巻において指摘しているように、陰陽五行理論を基礎とする自然哲学は、「近代にというよりも、ヒッポクラテス、アリストテレス、ガレノスの時代に、まことに適合的である」[84]。すなわち、ニーダムらは、伝統中医学の自然哲学的基礎を、古代ギリシャ医学の基礎にきわめて似ていると見ているのである。五行説と古代ギリシャの四元素論の類似性は、現代中国の医学理論家によっても確認されている[85]。古代ギリシャの自然哲学を、ある種「合理的」であると見るのなら、古代中国の自然哲学も、ある種「合理的」であった、と私は見なす。実際に、『黄帝内経』の英語版を作成した中国人医学者はそう見ている[86]。現代中国の中医学教科書は、しばしば『黄帝内経』の自然哲学を「唯物論的」と特徴づけるが、ゆえなしとしない。正当なものの観方であろう。

「癒しの術」としての完成度の観点から見て、古代ギリシャ－ローマ医学よりも、古代中国医

☆83 注80の『基礎中医学』p. 137.

☆84 Joseph Needham, *Science and Civilisation in China*, Vol. 6, Part VI: Medicine, edited by Nathan Sivin (Cambridge: Cambridge University Press, 2000), p. 65.

☆85 *Contemporary Introduction to Chinese Medicine in Comparison with Western Medicine*, by Xie Zhufan with Xie Fang (Beijing: Foreign Languages Press, 2010), p. 31; 謝竹藩・謝方編著《打開中医之門：針対西方読者的中医導論》（北京・外文出版社、二〇一〇）。

☆86 *The Medical Classic of the Yellow Emperor*, translated by Zhu Ming (Beijing: Foreign Language Press, 2001), p. 3.

学のほうが、より体系立っていたのではないか、という見方も充分に可能だと私は考える。

東西の科学技術の在り方を比較する試みにおいて、近代西洋医学の伝統中医学との出会いの経験はきわめて興味深い事例を提供してくれる。この点で、香港の医師・区結成の『中国医学が西洋医学に出会う時』[☆87]は刺激的な書物である。伝統中医学と古代西洋医学・近代西洋医学のそれぞれの特徴づけはかなり的確であり、提起されている現代的諸問題もわれわれを深い思索に誘う。

現代日本の医学哲学の専門家舘野正美は、近著『中国医学と日本漢方――医学思想の立場から』において、近代西洋医学の機械論的還元主義を哲学的背景にもつ「現代医学に捨て去られた、古き良き、古代の医学思想の一大特質」を伝統中医学は、古代ギリシャ医学などとともに保持している、と肯定的に見ている。[☆88] 洞見と言うべきであろう。

問題は、近代西洋医学と比較しての伝統中医学の地位である。近代西洋医学は、解剖学、生理学、病理学、近代薬学、免疫学など、近代自然諸科学のうえに成り立つ医学である。このゆえをもって、中医学は、近代西洋医学よりも一律に劣っていると断言することはできるだろうか？

ここで、クーンの歴史的科学哲学を援用する必要が出てくる。彼の科学哲学の出発点は、アリストテレスの運動論が必ずしも全面的にガリレオ以降の機械論的自然哲学のそれに劣っているわけではないという論点の発見であった。そうして、アリストテレスの自然学とニュートンの自然哲学とは相異なった「パラダイム」のうえに成立しているのであり、相互に「通約不可

☆87　区結成《当中医遇上西医――历史与省思》（北京・三联书店、二〇〇五）。本書は、現代中国語で書かれているが、*When Chinese Medicine Meets Western Medicine: History and Ideas* なる英文標題を伴っている。現代中国文化圏でよく読まれている。

☆88　舘野正美『中国医学と日本漢方』（岩波現代全書、二〇一四）、二九ページ。

能的」であるとの認識が得られた。そのような基本的パラダイムの転換をも伴う抜本的な科学理論の非連続的飛躍は、「科学革命」としてとらえられた[☆89]。

私がクーンから学んで現在新しい学問的プログラムとして建設中の「文化相関的科学哲学」から見れば、文化的背景が異なり、「パラダイム」が相異なるからといって、先験的に排撃されたり、あるいは、それ自体、学問的ランクが一段階低いと見なされたりしてはならない。それでは、何が評価の規準になるのか？

医学＝「癒しの術」においては、「病」を治癒させる効果、癒しの実践がすべてである。たしかに、伝統中医学と近代西洋医学とは、全体として比較してみた場合、基本的発想が異なることから、相互は「不可通約的」である。いかに科学的装いを備えていたからといって、癒し効果のない医療実践は何物でもない。そして近代西洋の自然哲学と一括するにしても、デカルトの粒子論哲学とガッサンディの原子論哲学は相異なる。そうして、現代物理学の精緻なクォーク理論のうえに立つ医療など想像可能であろうか、考えてみられたい。また、いかに民族的伝統によって保護されてきたからといって、同様の論拠によって、医療技術の結果が貧弱であったり、無であったりする場合には、淘汰の対象になる。簡明に評価の判断規準を言えば、あらゆる医療技術体系は、「証拠に基づいた医学」(evidence-based medicine = EBM)として批判的に位置づけられるべきなのである。いかに近代西洋医学がその「科学性」を誇るにしても、経験＝実験＝証拠づけによっていることに注意されたい。『中国医学入門——西洋読者のための』の著者謝竹藩教授は、私と同様のことを考えているようである。「実践は真理をテストする唯一の判

☆89 Thomas S. Kuhn, *The Structure of Scientific Revolutions* (1962; 50th Anniversary Edition: Chicago/London, The University of Chicago Press, 2012). 金吾倫・胡新和訳《科学革命的結構》第四版(北京大学出版社、二〇一二)。

断規準である。近代西洋医学においてさえ、処方手段、ないし予防手段が合理的であるか、そうでないかは、その理論的基礎に依存しているだけではなく、むしろ、その実践的証拠に依存しているのである。証拠に基づいた医学は、その理論的説明に基づいているわけではなく、臨床的試用の結果に基づいているのである」[☆90]。謝教授は、さらに、中医学が近代西洋医学ではほとんど太刀打ちできない病に充分に治療効果を発揮できている事例があることを指摘している。医学における「証拠」とはひとえに、人の心身の苦しみを治す実践にほかならない。

ここで念を押して確認しておけば、「証拠」の確認の仕方も「パラダイム」依存的であることである。以前、中薬が効かない理由として、「二重盲検法」の審査法に合格しないことをもって万能の審査規準であると考えている医学者に出会ったことがあるが、その近代西洋医学の検査法にしてもあくまでひとつの審査規準であり、他の批判的規準もありうることに想到せねばならない。本節の冒頭に、理論に対する実践の優位を謳うウィトゲンシュタインの知見を置いたのは、このためであった。

3　伝統中医学の自然哲学的基礎とその歴史的伝承

中医学の自然哲学的基礎は、『黄帝内経』以来、陰陽五行理論である。この自然哲学理論が、古代ギリシャのそれに類似していることは、ニーダムとシヴィンを引用して、前項で確認した。「陰陽」理論は、『黄帝内経』「素問」の「陰陽応象大論」第五等、で説かれているが、古代ギリシャのピュタゴラス派の偶奇二元論的なものの考えに似ている。「五行説」は、同書

☆90　Xie Zhufan, *Contemporary Introduction to Chinese Medicine etc.* (n. 85), p. 15.

「五藏生成論」第八以下で解説される。古代ギリシャでは、いわゆる四元素説がエンペドクレス等によって唱道されるようになった。「元素」はギリシャ語の「ストイケイオン」(στοιχεῖον)の訳で、本来は、アルファベットの字母を表現することばであった。この語彙を物質界の枢要構成要素の意味で用いたのは、プラトンであった。アリストテレスも、自らの「四元素論」のなかで、その考えを援用した。その語をラテン語の'elementum'(複数 elementa)に置き換えたのは、ローマのキケローとルクレティウスの時代からである。これが、近代の「元素」(element)概念の起源である。

たしかに近代西洋の原子論は、十七世紀前半のフランスのガッサンディ以降、実り多い自然科学の基礎概念として、大きな役割を果たした。けれども、つねに、原子論には、それに対抗しうる他のデカルトやホッブズらの粒子論哲学が同様に実り多い仮説として、存立し続けたことを忘れてはならない。そしてこの基本思想は、現代のクォーク理論に受け継がれている。それでは、いつの時代の、だれの理論が妥当な理論なのであろうか? どれが、謂うところの「科学的」理論なのであろうか? なにか、究極の理論とは言えないかもしれないが、絶対的な自然界や物自体に接近していると考えることはできるのであろうか? だが、このような考えこそ、クーンがナイーヴであるとして否定した思想であった。

中医学の五行論が特筆されるのは、「五行」説を人体の「五臓」と関連させて、心身の「証」弁別の有力な手がかりとした点である。たしかに、陰陽五行理論は、思弁的であり、現代の観点から見れば、ある種「素朴」で「空想的」かもしれない。だが、単純に神秘主義的でも、あるいは荒唐無稽な自然学説なのでもない。若きクーンにとっての、アリストテレス運動論のように、かなり「自然」なものの考え方なのである。とはいえ、理論相互間の優劣はあるし、複数の理論同士の比較も可能な場合があるであろう。クーンが、自然科学理論の選択に関して、「相対主義的」であったなどと言われることがあるが、そうではない。理論の優劣について、かなり厳密な判断規準を所持していた。[☆91]

　私が伝統中医学の自然哲学的基礎である陰陽五行説に一定の評価を与えることをもって、中国民衆がいまだに捕らわれている蒙昧な易断などをも支持する論者として批難する人が少なからずいる。だが、これは、古代ギリシャのアリストテレスの四元素論を、同時代のデルポイの神託を一般のギリシャ人が信奉していたことをもって非難するのと同断の性急な議論であろう。私はいかなる蒙昧主義をも峻拒する精神の持ち主である。

　管見によれば、中医学の陰陽五行理論がかなりおもしろい自然哲学的基礎なのは、その自然理論自体の精確な妥当性にあるのではかならずしもない。古代中国の自然理論は、かなり多くの場合、医療実践との関連で、定式化され、利用されてきた。そしてその理論は、次第に彫琢の度合いを増してきた。その発展の規準は、はたして何なのであろうか？

　数学者にして哲学者のアルフレッド・ノース・ホワイトヘッドは、その著『過程と実在』（一九二九）において、ヨーロッパ哲学の伝統を特徴づけて、[☆92]それは「プラトンへの一連の脚注から成り立っている」（it consists of a series of footnotes to Plato）という極端な、しかし機知に富む一文を書いたことがある。プラトン以降のヨーロッパ哲学の歴史は、数学という理論的学問をいかに理解

☆91　Kuhn, "Objectivity, Value Judgment, and Theory Choice," in *The Essential Tension: Selected Studies in Scientific Tradition and Change* (Chicago: The University of Chicago Press, 1977), Ch. 13. 安孫子誠也・佐野正博訳『本質的緊張2』（みすず書房、一九九二）、第十三章。

☆92　A. N. Whitehead, *Process and Reality: An Essay in Cosmology* (1929; New York: Harper, 1960), p. 63. 平林康之訳・1（みすず書房、一九八一）、五八ページ。山本誠作訳『ホワイトヘッド著作集10』（松籟社、一九八四）、六六ページ。

するかに費やされたから、このことに鑑みれば、ホワイトヘッドのこの所見は、なおさら正当性をもっているかに見える。一六八七年にニュートンの『自然哲学の数学的諸原理』(*Principia*)が出現してから、ヨーロッパでは、「自然哲学」(natural philosophy)と言えば、その著作が展開した形態での数学的物理学のことを意味した。デカルトやその後継者ニュートンの哲学は、プラトン主義の近世的出直しと解釈可能であるから、近代自然哲学もまた「プラトンへの脚注」と見なしうるであろう。

この作法に倣って、私にも極端なことを言わせていただけば、中国的思考の伝統について、「それの根本は司馬遷の『史記』に似た史書の体裁をとっている」と述べることができるかもしれない。もちろん、無理で無謀な単純化を敢えてしての言辞である。

古代ギリシャに始まる西洋的思考と、中国の古代から連綿として続いてきた中国的思考を比較してみると、興味深い対比が可能になる。ここでも、比較は意識的に極端である。「奇妙なのは、ギリシャ人は理論に関心をもっているのに、実用面に頭を悩ませないこと、それに反して中国人は実用面に非常に関心をもっているのに、理論に頭を悩ませないことだ」[☆93]。誇張が著しいが、なんらかの真実を告げている。こう述べたのは、西暦八三〇年頃、バクダードで著述した思想家のアッ＝ジャーヒズである[☆94]。

さらに、ギリシャ人は、理論好みで、哲学的思考を重視した。偉大な歴史家もいるにはいたが、重きは、プラトンに見られるにように、圧倒的に哲学に置かれた。他方、中国人は、そのなかには、たしかに哲学者と呼ぶべき人もいたが、やはり、重点は、実用面に置かれ、具体的

☆93　Joseph Needham, *Clerks and Craftsmen in China and the West* (Cambridge: Cambridge University Press, 1970), p. 39. 山田慶児訳『東と西の学者と工匠』(上)(河出書房、一九七〇)、八五ページ。牛山輝代監訳『ニーダム・コレクション』(ちくま学芸文庫、二〇〇九)、八六ページ。

☆94　ニーダムはアッ＝ジャーヒズ(al-Jāhiz)をダマスカスの人と書いているが、これは誤りで、アラビア科学史の専門家のロシュディー・ラーシェドによれば、バグダードに生きた著述家にして哲学者であった。

な現実に関する歴史記述にあった。近代西洋人にも個別を重視する人物はいた。ゲーテにほかならない。彼は、一七六〇年のラファーター宛に書いたと言われる——「個別は筆舌に尽くしがたし」(Individuum est ineffabile.)。要するに、司馬遷は中国史において、西洋のプラトンに相当する人なのである。だが、繰り返し言うが、中国でプラトンに相当する思想家は歴史家なのである。

この伝で言えば、伝統中医学の始原に位置する『黄帝内経』の自然哲学はおおいに思弁的であり、それ自体は近代西洋の自然哲学に比肩できるほどに精緻だとは言えないかもしれないが、しかし、その後に展開された、多種多様な医薬に基づくか、あるいは鍼灸医療の膨大な連綿とした試行錯誤の歴史的記録の集成は、きわめて豊饒であり、この伝統を軽視するのは軽挙であるとして慎重に対処されるべきである。中医学が侮れない理由は、その自然哲学的基礎にあるというよりは、むしろ、その医療経験、また医薬の効能についての歴史的記録の豊饒さにあるのである。李時珍による生薬の一大集成『本草綱目』について省察してみれば、この事実は明らかであろう。その書は、自然哲学についての書物なのではなく、端的に「自然誌」(natural history) についての本なのである。そして中医学の「癒しの術」としての発展は、自然科学的認識の進歩というよりは、むしろ、医療技法の技術史的発展に負っているのである。

近世西欧科学史・科学哲学の現実の在り方を専門的に学んだ私から言わせれば、近年中国において喧伝されるようになっている伝統中医学の単純な排撃の論は、中国思想に対する無知というよりは、近代西洋科学史の現実を理想化しすぎた、むしろ神聖化に近いものの観方であると断言せざるをえない。同様に、伝統中医学もまた神聖化されてはならず、批判的に見られるべきだ、ということが帰結する。

このように定式化してみて、さらに省察してゆくと、中医学における辨証論治の妥当性・的確さが、近代西洋医学に見られるような細密な因果関係の精確さによっているのではなく、大凡《おおよそ》の推定によっているのであり、医療技術の卓越性は、職人技の熟練、手腕の高度さ、一言で言えば、手練れの「極意」によっていることがわかってくる。中医学の発展の仕方は、科学史の発展の様式に適っているわけではなく、むしろ技術史のそれに従っているのである。

現代中国では、伝統中医学をよく知ってもらおうと、海外向け文献を発行している。英文と中文の両方で著述された『中医薬対外宣伝叢書』全十二巻（中国中医薬出版社、二〇〇五）[☆95]が代表的事例である。医学の多文化的「交歓」こそが二十一世紀の大きな課題でなければならないだろう。

私がかつてともに学び合った信頼する韓国人医学史家が教えてくれた情報によれば、現代中国でも現代韓国でも、近代西洋医学と伝統中医学（ないし漢医学）の高等教育施設は、別々の制度として存立しているが、一般に、中国では近代西洋的医科大学に優秀な学徒が進むが、逆に韓国では漢医学大学により優秀な学徒が学びに行くのだという。韓国では、それだけ東アジア伝統文化が尊重されていることがわかるであろう。

第四節　日本漢方医学をどのように評価するか？

1　東アジア伝統医学のなかで日本漢方はいかに位置づけられるか？

ここで、伝統的に中国の衛星的国家としてあった日本における医学の歴史を一瞥してみること

☆95　*Traditional Chinese Medicine Overseas Series*, 12 Vols. (Beijing: China Press of Traditional Chinese Medicine, 2005).

にする。

日本の医学史と言えば、一九〇四年に初版が公刊された富士川游の『日本醫學史』が包括的であり、著名である。たしかにある種の名著なのではあろうが、それほどの思想的深みはない。しかし、さまざまと教えてくれる点は少なくない。

十六世紀以前の戦国時代までの日本医学は、それほど独創性のない平坦なものであった。ほとんどが、中医学をそれほどは咀嚼していないような形態にとどまったと言っても過言ではない状況が続いた。

ところが、十六世紀に曲直瀬道三が出現するようになると、日本医学史は独自性をもち始める。道三は、後世派の開祖で、「医聖」とも称えられた田代三喜に師事して、医学において名声を得た。少なからざる武将をも治療し、西洋人キリスト教徒をも診、自分自身キリスト教徒にもなった。田代は、明の僧医から直接、李朱医学と呼ばれていた金元時代に発展をみた中医学を学んだ医師であった。宋時代に開花した朱子学の影響を受けた医学であった。道三医学を集大成した著作を、富士川は、「誠ニ我ガ邦李・朱医学ノ金科玉條タリ[☆96]」と絶賛している。道三の時代になると西洋医学も日本に伝流することになった。近代医学以前のルネサンス医学であった。

江戸時代になり、時代が進んで十八世紀に入ると、日本のかなり独創的な医学思想が開花することになる。富士川の『日本醫學史』には、比較的長文の「古醫方」について記述した一節がある。その江戸日本独特の医学派は、「古醫方」ないし「古方派」と呼ばれた。その代表格

☆96　富士川游『日本醫學史』決定版（東京・形成社、一九七二）、一九四ページ。

で、独創的思想を謳い上げたのは、吉益東洞（一七〇二―一七七三）であった。東洞医学の背景としては、江戸初期の「徳川イデオロギー」になった朱子学とは異なる古学派儒学の一種である荻生徂徠の学問思想の影響が指摘されねばならない。

吉益東洞の医学思想がいかにして生まれたかについては、最近、寺澤捷年が『吉益東洞の研究――日本漢方創造の思想』を出版し、実情がかなり明らかになってきた。東洞は、本来は武家の出身で、広島に生まれた。彼の医術の専門は金瘡医であった。「金瘡医」とは、すなわち、刀剣・銃砲による外傷、落馬などによる打撲、それに皮膚付近の化膿性の病変を治癒させる医師である。内科医よりはマージナルな地位の低い医師であった。そのような時期、東洞の時代に、「黴瘡」なる新興の感染症が流行するようになった。今日の「梅毒」という性病の一種である。梅毒は、ヨーロッパ旧世界でも、東アジアでも、十五世紀中葉までは未知の感染症で、コロンブスが一四九二年の大航海で、中部・南部アメリカから持ち帰ったとされる。アルフレッド・クロスビーの『コロンブス的交換』☆97なる名著によって、プリンストン大学の歴史学の大学院生だったころの私はこのことをはじめて知らされ、驚いたことがある。コロンブスが、ヨーロッパに〝凱旋〟すると、この新しい病は、瞬く間に国際的に拡がり、一四九八年にはインド、一五〇五年には中国の広東、そして一五一二年には日本にまで上陸するにいたった。東洞は、この病気に果敢に挑戦した。だが、中国でも十五世紀までは知られていず、伝統的療法では治癒しなかった。だが、中国では、陳司成の『黴瘡秘録』（一六三二）が病態と治療法を記述しており、東洞は一七二五年に刊行されたその和刻本を読んでいたものと考えられる。このよう

☆97 Alfred W. Crosby, Jr., *The Columbian Exchange: Biological and Cultural Consequences of 1492*, 30th Anniversary Edition (Durham: Duke University Press, 2003).

な原体験を踏まえ、彼は、十七世紀日本で生まれつつあった古方派の後藤艮山の思潮にも触れ、次第に自分自身の医学説を堅固に形成していったものと思われる。☆98

東洞の学説は、大胆な「万病一毒論」として知られる。この思想はこう概略される。「全ての病気は一つの毒によって起こるものであり、体内で形を変えて出現しているに過ぎない。従ってこの毒を薬という毒（毒薬）で排除すればよい」☆99。

「万病唯一毒」の思想は、『黄帝内経』の基本自然哲学説であり、さらに朱子学の陰陽五行理論や経絡思想などを全面的に斥ける内容を伴うものであった。したがって、中医学本流とも、その影響を強く受けた後世派の医学思想とも、鋭く対決するものであった。東洞は、『黄帝内経』をはるかに溯り、古代中国伝説上の名医の名でもあり、また、『史記』「扁鵲倉公列傳」中に書かれた歴史上の疾医扁鵲の原点に帰ろうとする。そのことは、遺著として世に問われた『古書醫言』に明らかである。☆100 その陰陽五行説排撃のために、古学派儒学の一派である徂徠学が大きな役割を果たすこととなった。また、少なくとも間接的には、オランダ医学もが影響を及ぼしていたことが確認されている。こういった経緯で、『黄帝内経』を排撃し、張仲景の『傷寒論』に書かれた臨床医的治療法を中心とする日本漢方の基礎的部分が成立をみ、定着してゆくこととなる。

江戸時代の日本漢方の成立をもって、「陰陽五行」の自然哲学とは隔絶された東アジアの医術があったことが知られる。だが、その方向が正しかったかどうかについては、予断なく、仔細な検討が必要であろう。

☆98　寺澤捷年『吉益東洞の研究――日本漢方創造の思想』（岩波書店、二〇一二）、三二ページ。
☆99　寺澤、前掲書、一ページ。
☆100　呉秀三・富士川游選集校定『東洞全集』（京都・思文閣、一九一八）、七三ページ。

ところが、先ほど言及した舘野正美は、東洞の医学思想ですら、古代中国医学の枠内にあったと見る。東洞が批判したのは、「陰陽五行説を振りかざして、様々な病因を詮索して理屈をつけては、ひとりよがりの医説を主張する、彼の所謂〈陰陽医〉たちであった」[☆101]とし、自らの医学思想の重点を、空想的思弁に捕らわれない医療実践に置いたにとどまったとするのである。この立論には一理はある。だが、東洞を創造的典型とする日本漢方が、中医学理論をまず理解するよりは、性急に臨床医療効果を追求したという事実は否定し難い、と私は考える。『傷寒論』を中心とする日本漢方の学風は、江戸末期から明治時代まで生きた最後の漢方医と形容可能な巨頭浅田宗伯（一八一五—一八九四）にいたるまで変わらなかったものと考えられる。

私が日本漢方古医方の独創的思想家吉益東洞の医学思想の偉大さと、限界をもっとも多く学んだのは、日本の関西で活躍した臨床医師山本巌（一九二四—二〇〇一）の著作を通してであった。山本は、「日本漢方・古方に就いて・序説——古方の社会的背景」のなかで、日本独自の漢方が、後世派から古方派へと発展し、後者の古方派が主流になった理由を思想史・社会史両面で解明し、こう述べている。「古方派の出現は医学の過去への後退を意味することでなく、あくまで医学の自然科学化への一つの段階と私は考えている」[☆102]。このように一般的趨向を述べたあと、山本は書いている。「日本ではその儒学が更に経験的実証的な学問の出現によって、次第に思弁的合理主義から経験的合理主義へと変化し修正され変容していくのである。その過程において儒学の主流であった朱子学は孔子、孟子を主とする古学へと復古をやったのである。こうした学問思想の変遷の中で、当然医学もまた経験的、実証主義的傾向がでて、思弁的観念論

☆101　舘野正美『中国医学と日本漢方』（注88）、八五ページ。
☆102　山本巌『東医雑録（2）』（東京・燎原書店、一九八一）、二一ページ。

的医学を排し、儒学の復古に習って古学への復古をとなえて古方派の出現をみたと考えられる」[☆103]。すなわち、山本は、古方派の漢方医学の出現を、中国的な思弁的金元医学から、近代西洋的実証主義への重要な過渡期の医学と見ていたわけである。

ところが、後年の「吉益東洞を語る」になると、山本の東洞を見る眼はより先鋭になる。東洞の医方は、新興の梅毒という感染症治療に適合的なものであった。「これに対応できる新しい医学をつくろうとして過去の医学を排撃したのである。そして親試実験を基礎にして臆測を排し眼に見えるもの（五感による実証）だけによって診断し治療する新しい医学をめざした[☆104]」。山本は、近代「自然科学の輸入される以前にこれだけ実証主義に徹した医家は貴重な存在である」と東洞を称える。しかし、その限界をも見逃すことはなかった。「梅毒に対する排毒療法を結核にやればそれは一時殺しになる。従って梅毒も結核も癩病も脳出血も区別せずして同じ排毒療法を行えば、梅毒は助かるものが多いがその他の者は殺される。残念なことに、東洞にはその見分けがつかなかったのである。いずれも皆難症痼疾として一括し攻撃療法を行えばよくなると信じた[☆105]」。引用文中の「癩病」は、今日では使用されず、「ハンセン病」と呼ばれる。山本によれば、これが東洞の「万病唯一毒論」の決定的限界にほかならないのである。

山本は、「吉益東洞を語る」をいちおう締めくくるにあたって、どのような医療においても、「出来る限り正確な病態の把握と薬物の薬理作用を明確にすること[☆106]」が重要であることを訴えた。山本は、近代西洋医師の資格をもつ一方で、中医学と日本漢方に幅広い識見をもち、中医薬処方において日本最高の臨床医のひとりとして知られた。山本の医療経験に基づく医学体系

☆103　山本、前掲書、二二ページ。
☆104　山本巌『東医雑録（3）』（燎原書店、一九八三）、二五ページ。
☆105　山本、前掲書、三〇ページ。
☆106　同前、三四ページ。

は後継者たちによって体系化され、日本独自の豊饒な医療技術の集成として、未来の世代に受け継がれようとしている。[☆107]

2　東アジア諸国における医学はどう在るべきか？

現在、中国をはじめとする東アジア諸国は、卓越した近代的科学技術力を発展させると同時に、古代中国を起源とする伝統科学技術をもっている点で、特異である。たとえば、韓国では、依然として「風水」などの朱子学的自然観が影響力を保持しているし、また、中国と韓国では伝統中医学が侮れない力をもった医療の伝統として人びとのあいだに根づき、科学文化の確固とした一構成要素として実践され続けている。日本では、伝統中医学から派生し、簡約化された「漢方」医学が江戸時代に生まれたが、一八六九年（明治二年）以降、急速な近代化が進んだ明治時代に地下的医療にまで追い込まれ、正式な医師免許制度から排除された。そのような排除は、私の考えでは、学問的根拠からなされたのではなく、政治的になされた。山本巌が、彼の師に日本漢方などの治療効果について、近代西洋医学に遠く及ばない旨、発言すると、その師は答えた――「いや、あれは、政治的に葬られたもので、医術、医学として簡単に西洋医学におとるかどうかは疑問だ[☆108]」。この答えが、若き山本の中医学、日本漢方開眼に繋がったのだという。

日本漢方は、中医学をほんの部分的にしか学んでこなかった、と言っても大過ない。とりわけ、「清時代のすばらしい漢方医学が移入されなかった[☆109]」。一般に、日本の漢方主流派は、「真

☆107　板東正造・福富稔明編著『山本巌の臨床漢方』全2巻（京都・メディカルユーコン、二〇一〇）。

☆108　山本巌『東医雑録（1）』（燎原書店、［第二刷］一九八二）、三〇ページ。

☆109　升本達郎・坂本守正『理論漢法医学』（東京・ドメス出版、一九七五）、一七ページ。

実に実験学派といわれるものではなくて、理論漢方を忘れた単なる症例主義とでもいうべきもので、似て非なる東洞亜流として流れてきたというのが、現代日本漢方家の古方派の立場といわざるを得ない。また、後世方派、折衷派も同様に症例漢方であって、理論漢法を構成することはできなかったというのが歴史的現実である」[☆110]。「日本の百年近い漢薬の薬理研究には、少しも統一がないと新中国の中医研究院では批判しているという。それは当然である」[☆111]。よく中医薬は「優しい」とか、反対に「二重盲検法」で合格しなかった漢方薬は「効かない」とか言われることがあるが、両方とも一面的な観方である。中医薬は「辨証論治」の規範に沿って処方されねばならない。近代西洋科学的な処方とは相違しているのである。

以上の意見は傾聴されるべきである。

なぜ、日本漢方はわずかな部分しか近代へと生き残れなかったのか？　その理由のひとつは、近代日本政府の政治的決断である。近代西洋を理想化して崇拝する一方で、中国ほかの近隣諸国を文化帝国主義的に蔑視したからである。もうひとつは、自らの理論的彫琢を怠ったからである。それに附随して、社会史的理由を付け加えることができる。中国が伝統医学を公学的ないし国学的に保護し、育成したのに対して、日本漢方は、家学的ないし私学的に行なわれたにすぎなかったからである。これでは学問的伝統はまともに発達するはずがない。

けれども、日本では近年、中医学再評価の機運が生まれている。長年、日本で臨床医として診療してきた山本巌は、こう断言している――「現在、西洋医学の教育を受けた、若い医師が、本当にじっくり取り組んでやるつもりなら、中医学を奨めたい」[☆112]。他方、現代中国では、

☆110　前掲書、二〇ページ。
☆111　同前、二二ページ。
☆112　山本巌『東医雑録（1）』、二ページ。

伝統中医学の医療技術体系は「科学的ではない」として蔑まれることがあるという。そして「科学的ではない」医療技術は「医学」の名前を剝ぎ取られ、第二級の「医術」の段階に押しとどめられるべきであるといった提言がなされたりしている。ところが、「日本漢方は堕落した中医学である」と断言した日本医師を私は知っている。その傍ら、中国では、日本の医薬産業の安易な資本主義的利益を追求した製造法に習おうとしている向きもあるらしい。近世西洋科学史の学徒にして、クーン的な「文化相関的科学哲学」を提唱している私に言わせれば、これはまことに軽薄で性急な提言と言わなければならない。

　山本巌は、自らの医療実践を総括して、自分の医学教育的背景である近代西洋医学、自らの意思で発掘した日本漢方医療、晩年に真剣に学ぼうとした伝統中医学などを統合した「統合医学」(integrative medicine)[☆113]こそが、未来の日本人医師が継承し、発展させるべき医療体系であると考えていた。そして現代の自然生態系破壊の文明に憂慮してもいた。エコロジー重視の自然哲学に適合的な医学は、中医学や日本漢方のほうだと考えてもいたはずである。私の科学哲学的語彙で言い直せば、医療の根底にある自然哲学的パラダイムは多様であってよい。いな、多様であることが望ましい。近代西洋の機械論自然哲学というパラダイムのみが有効な医療実践を産み出せると考えるとすれば、性急で狭隘極まりない。私は、現代中国の医療制度体系についての考え方である現代西洋医学と伝統中医学を並立的に共存させて、それぞれを発展させ、そのうえで中西医結合医療のさまざまな形態を発展させるべきであると信じている。実際、その医療は、大きな成果を挙げている。謝竹藩教授の著書から、ただ一例だけを紹介しておく。本

☆113　鶴田光敏『山本巌の漢方療法』(京都・メディカルユーコン、増補改訂版・二〇一二)、二九七ページ。

来、伝統中医学において高血圧症は知られていなかった。ところが、近代西洋医学からその知識を学び、さらに中医学の薬方の智恵と結合することによって、西洋医学の治療法よりも良好な治療法が見いだされているという。[☆114] ただし、中西医結合医療が、中華人民共和国の現下で、政治的に鼓舞されているからといって、その形態が、あるいはその形態の医療だけが、意義がある、有効であると考えられたりすれば、それまた幻想である。

　私は、現下の東アジア——中国、その一部の台湾、朝鮮人民民主主義共和国、韓国、日本——の医学の在り方に関して、たがいに学び会う、学術会議が開催されるべきだと考えている。それは、長期間にわたる相互の学びの場となろう。本章での議論は、不充分ながら、そのような実り多い対話のための科学哲学的準備となるべく綴られている。私は総括的に主張する——医療行為は、近代西洋医学が特権的に卓越しているわけではない、伝統中医学の豊饒な遺産をも継承した、「統合医学」を目標とすべきである。

　ここで、古代ギリシャの医学に随伴して、いかなる医学の哲学が存在していたのかを見てみることとしよう。私の年長の友人で、プリンストンの高等学術研究所の元メンバーにして有力な古代ギリシャ医学史の専門家のハインリヒ・フォン・シュタウデン教授には、アレクサンドリアのヘロフィロスについてのきわめて卓越した研究がある。[☆115] ヘロフィロスは、偉大な医学者ではあったものの、古代では問題視されていた死体解剖のみならず、生体解剖をも試み、その理由もあって、彼の著作は散佚の憂き目に遭ったものと考えられる。

　だが、フォン・シュタウデン教授の書物でここで問題にしようとしているのは、その医学者

☆114 Xie Zhufan, *Contemporary Introduction to Chinese Medicine etc.* (n. 85) pp. 271-285.

☆115 Heinrich von Staden, *Herophilus: The Art of Medicine in Early Alexandria* (Cambridge: Cambridge University Press, 1989).

についてなのではない。その本が論じている医学の哲学についてである。フォン・シュターデンによれば、医学の哲学には主要に三つの潮流があった。「教義主義者」（Dogmatists）、「方法主義者」（Methodists）、それに「懐疑主義者」（Skeptics）がそれら三学派である。最後の「懐疑主義者」は、「経験主義者」（Empiricists）とも呼ばれた。目下の議論において重要なのは、第一の「ドグマティスト」と最後の「懐疑主義者」である。

「ドグマティスト」は、特定の学派で学校的に教育される「教義」（ギリシャ語では「ドグマ」）を信奉して疑わない者をいう。「懐疑主義者」はそうではなく、既成の「教義」を軽信せずに、批判的態度を保持する。一般に「反対論を提示する力」（δύναμις ἀντιθετική = antithetic power）を不断に保持する精神の持ち主を「懐疑主義者」というが、その態度を医学にも適用しようとするわけである。医学においては、最終的な医療技術体系が獲得されたと自己満足することなく、他の発想法からも批判的に柔軟に学ぶ精神的態度が重要である。先に「私はいかなる蒙昧主義をも峻拒する」と宣言した。この精神を貫徹するには、近代西洋科学の権威に安易に寄りかかるのではなく、一般に批判的な精神的態度を保持することが枢要である。

自然哲学についての私の一般的姿勢は、批判的態度で、多様な豊饒な体系から貪欲に学ぶということである。文化的な偏見によって、有効な技法を排撃してはならない。簡明に言えば、私は「パラダイム複数主義者」（paradigm-pluralist）なのである。医学、いや、「癒しの術」は、心身の苦しみであり悩みである病を治す技術である。そこでの私の対処姿勢は、批判的に効果ある「証拠に基づいた医術」を構築するということである。古今東西のあらゆる「癒しの術」を偏見なく学んでゆくことにはいかなる先入見や疑念や障壁もあってならないことは断るまでもないだろう。第三節2の劈頭でも述べたように、医学においては、医療のための実践的「術」としての意味が本源的である。医学の基礎にあると見なされる自然哲学は、荒唐無稽なものであってはならないが、多様で、充分に蓋然的なものであってよい。近代の機械論自然哲学という特定のパラダイムに基づいた医療行為のみに依存するのはまちがいである。多様な医療の伝統からわれわれは学ぶべきである。「証拠に基づいた医術」として、人を堅実に癒し、医療効果が確認されることが肝要なのである。それというのも、古代ギリシャの「医聖」と称えられるべき人はこう書いていたからである――「人への愛の存するところには、またいつも学芸への愛（φιλοτεχνίη）がある[☆116]」。

☆116　川喜田愛郎『近代医学の史的基盤』上（注70）の劈頭にエピグラフとしてギリシャ語の原文とともに掲げられている。コスのヒッポクラテスの言とされる。

第五章　東アジアにおける環境社会主義

――ブータン的文明と現代日本資本主義の破局的未来

第一節　ブータン探訪記――二〇一三年八月

私は、二〇一三年八月十五日から二十三日まで、ヒマラヤ山脈の麓の小国ブータンを訪問することができた。この国の在り方に私が本格的に注目し始めたのは、二〇一一年三月に起こった東日本大震災直後、岩波書店の月刊雑誌『科学』が、六月号で特集号を組み、「ブータン：〈環境〉と〈幸福〉の国」のタイトルのもとに、いくつかの刺激的な小論集を印刷して刊行したのを精読したときであった。

東アジアにおける環境社会主義と連携した自然哲学の在り方を考える手がかりとして、まず、ブータン文明について省察してみたい。このことをもって私は、ブータン文明の在り方に従え、と主張するのではかならずしもない。ただ、現代資本主義文明の最先端を突っ走り、そのためには「原子力発電を！」といった短絡的発想だけはしなくなるはずであると信ずる。

二〇一二年秋に、中国の北京に職を得て、経済成長を第一義に考えるその国の環境政策がきわめてお粗末であり、とくに北京の大気汚染が尋常ならざる状態であるのに驚いた。ともかく、日本のみならず、中国の若者に、環境政策についての考え方の抜本的変更を求めなければならないと思うようになった。二〇一三年の夏休みが近づくや、北京を起点とするブータン旅行を考えたのであったが、中国とブータン国はかならずしも友好的な関係にあるわけではないように見受けられ（とはいえ、敵対的関係にあるのでもなく、外交関係は立派に存在している）、むしろ友好国である日本に一時帰国していた八月の中葉から、ブータンを探訪することにした。

1　「ポストモダンのシャングリラ」か？――ヒマラヤの仏教小国ブータン

ブータンへの自然哲学的旅

二〇一三年六月下旬、日本からのブータン旅行の手はずを整えた私は、勤務先の中国科学院大学の夏休み最中の八月十五日夕刻に成田を全日空機で飛び立ち、その夜はタイのバンコクで一泊し、翌十六日早朝、バンコクからブータン国営のドゥク・エアでバングラディッシュのダッカを経由してブータンのパロにある国際空港に降り立った。その日の午前の到着であった。空港では、日本語と英語のできるガイドのタシ氏が運転手とともに私を待っていてくれた。さっそく私たちは乗用車で首都のティンプに向かった。その地のブータンの民族衣装や仏教関係用品などを扱う商店で、公刊されたばかりの大冊のブータン史についての書籍を買い求めた。カルマ・プントショの『ブータンの歴史』であった[☆1]。著者は、故国で仏教僧として修業を終えたあと、英国のオックスフォード大学から博士号を取得したブータン学の第一人者である。同書は、外国語で出版された本格的な最初のブータン通史である

☆1　Karma Phuntsho, *The History of Bhutan* (Random House India, 2013).

とのことであった。その最後のページには、ブータンの外の人々は「ブータンを幸福の国――ポストモダン・シャングリラとしてあがめている」[☆2]と書かれていた。

「シャングリラ」（チベット語で、「シャングリ・ラ」とも表記、「ラ」は峠の意味）とは、ジェイムズ・ヒルトンの小説『失われた地平線』[☆3]に出てくるヒマラヤ山脈直下の理想郷のことで、実際には、中国雲南省のある地域がモデルであったともいわれている。実際、雲南省の西北端にあるチベット族自治州の中心地には、香格里拉《シャングリラ》（Xiang Ge Li La）の名前がついている。もっとも、この名称は、おそらく観光客誘致のために、ごく最近になってつけられたものである。

ブータンは、大きさは九州にわずかに満たず、人口は六十七万人ほどという文字通りの小国である。その国の歴史には多少、日本史に近いところがある。仏教の本格的伝播が西暦八世紀である点などである。だが、似ているのはそういった点だけである。先述のプントショの『ブータンの歴史』によれば、十七世紀中葉から、ブータンの統一民族国家としての本格的歩みが始まり、これがブータンの中世の開始にほかならない。わが国では江戸時代であり、近世である。この時代には、寺院と城郭を兼ねた各種の「ゾン」が建設されている。ブータンで、初期近代、すなわち、近世が始まるのは、やっと二十世紀になってのことにすぎない。現在の王家のワンチュック王朝が、軍人としても財閥としても権勢をふるったウギェン・ワンチュックが初代国王として戴冠することにより始動したのが一九〇七年のことで、これが近世の開始として理解されているのである。

ワンチュック王朝の第三代目のジクメ・ドルジェ・ワンチュックが一九五二年に王位に就任

☆2　*Ibid.*, p. 599.

☆3　池央耿訳（河出文庫、二〇一一）。原著は、James Hilton, *Lost Horizon*, 1933.

することによって近代史が始まったものと理解される。一九五九年にこれまでもっとも親しい関係にあったチベットで動乱が起こり、ブータンは、ネルー首相のもとのインドとの関係を密にしだす。ネルーがブータンを訪問し、第三代国王も、国際化への第一歩を踏み出すことを決意する。それで近代の始まりとなったのであった。この第三代国王がアフリカで急逝し、急遽、一九七二年に王位に就いたのが、第四代国王のジクメ・センゲ・ワンチュックであった。彼はそのとき、十六歳であった。彼こそ、国王でありながら、大胆な民主化を宣言したうえに、二〇〇六年には国王位を若き王子に譲ってしまった、ブータン現代史でもっともおもしろい人物にほかならない。二〇一一年秋に、新婚旅行を兼ねて、日本を訪問し、福島の相馬で地震と津波の犠牲者の追悼のために祈ったのが、第四代国王の息子の第五代国王のジクメ・ケサル・ナムギェル・ワンチュックなのであった。この若き国王も相当人気があるらしいが、啓蒙的君主の先代の第四代のカリスマ的とも言える絶大な人気にはとうてい及ばないようだ。

とまれ、ブータンに到着し、山間《やまあい》に位置するパロ空港から首都ティンプまで車で移動し、ブータンの風景に多少慣れてくるや、私がまず思ったのは、郷里の宮城県西北部の加美町小野田を奥羽山脈のほうに行って出会う風景に似ているということであった。その地を越えると尾花沢市の銀山温泉がある。そしてパロ周辺の水田が日本の水田にきわめて似ていることにはたしかに理由があった。そのことについては、あとで触れることにする。

ブータン到着の午後、私たちは首都ティンプから、標高三、一五〇メートルのドチュ・ラの峠を越え、その峠を降りたワンデュ・ポダンに宿泊した。乾燥した温かい風が吹く関所の町だということである。最近、周辺の町は大きな火災に見舞われたようである。翌日十七日の朝は山道を一路東へと走り、ブムタン地方をめざした。途中でボプジカの渓谷の北部や、トンサを経由し、夕刻にブムタンのジャカルに到着した。そこは、チベットから仏教が伝来した古刹が多い聖地だった。

ブータンは最近、観光地としてきわめて人気が高いということである。とりわけ、日本人が行きたがる国として特筆されているようだ。二〇一一年の東日本大震災のあとには、ブータンを訪れる外国人観光客の数で、アメリカ人を抜いて、日本人がトップの座を占めるようになったはずである。このことの説明として、ブータンの民族性や王室の在り方が日本のそれと似ているとか、あるいは、その国の国教的宗教である仏教に日本人が惹かれるのだといったことが語られるが、それらは当たらずと言えども遠からずであっても、本当の理由は、ブータンの国是が、「国内総生産量」（GDP）なのではなく、「国民総幸福」（GNH＝Gross National Happiness）だからなのではないか、と私は考えている。すなわち、近代資本主義国家のほとんどすべてが生産力と生産量の拡大をめざしてきたのに対して、ブータンは、そうではない価値感を提起してきたので、惹かれているのではないか、ということでなのである。この指標を喧伝し出したのは、国王に即位してまもなくの若き第四代国王なのであり、一九七〇年代のことであった。その価値感のひとつの指標として、ブータンでは医療と教育にかかる費用はすべて国庫から出る。現状でこのような政策を採っているのは、管見のかぎりでは、北欧諸国とキューバのみではなかろうか。それゆえ、ブータンは、仏教的根拠に基づいているとはいえ、ある種の社会主義的政体と見なしうると言っても過言ではないことになる。

ブータン国のおもしろい在り方に関しては、まず、本林靖久と高橋孝郎の共著になる『ブータンで本当の幸せについて考えてみました。「足るを知る」と経済成長は両立するのだろうか？』[☆4]を読んでみることをお勧めしたい。アメリカ資本主義の二十世紀の価値感は、フォーディズムによって特徴づけられる。「フォーディズム」とは自動車会社のフォードにちなむ経済システムのことである。その政治経済的特質は、「大量採取＋大量生産＋大量消費＋大量廃棄」である。それに対して、ブータンのは「少欲知足」である。すなわち、「欲を少なくして」（少欲）、「足るを知る」（知足）ということなのである。所有欲＋消費欲を無限に追求するフォーディズム的なアメリカ資本主義の価値感とは別の価値感を現代のブータンは追求しており、そこに人々は惹かれているのだと言ってよいのである。

この考えには、私たちの「環境社会主義」の思想にも通ずる何かがあると言ってもよいのではあるまいか。すなわち、私は二〇一三年夏、ブータンに、観光というよりは、思想的あるいは自然哲学的旅に出た、と言ってよいのである。

戦後の日本人とブータンとのかかわり　日本人、とくに戦後の日本人とブータンのかかわりは強く、深い。その関係の歴史の始原は、大阪府立大学の植物学者にして民俗学者の中尾佐助（一九一六―一九九三）によって一九五八年に刻印された。その一九五九年刊の中尾の記録は、いまは岩波現代文庫の『秘境ブータン』（二〇一一）によって読むことができる。中尾にとって、ブ

☆4　阪急コミュニケーションズから、二〇一三年刊。

ータンはヒマラヤにひっそりとたたずむ「古代的な小王国」であった。このブータン探訪の記録には、ブータンを「こんなシャングリラみたいなところは若い男にはむかない」と語るブータンの知識青年が出てくる。[☆5] 当時のブータンは、まさしくヒマラヤの奥地の「シャングリラ」なのであった。

そのあとにブータンと日本の関係を比類なく密なものとした日本人としては、二人が際立っている。ひとりは、ブータンの農業改革におおきく貢献した西岡京治（一九三三―一九九二）であり、もうひとりは、フランスに拠点を置く仏教学者の今枝由郎（一九四七年生）である。

西岡は、前記の中尾らとヒマラヤの奥地を探訪するうちに、その地の農業の在り方に関心を持ち始め、一九六四年に、里子夫人を伴って、本格的なブータン入りをする。そして亡くなる一九九二年にいたるまでの二十八年間、その地の農業の改革、振興に尽力した。彼は誠実な人柄をもって知られ、ブータン人のために粉骨砕身努力した。日本式の考えを押しつけるのではなく、つねにブータン人の身になって考え、行動したと言われ、その努力は認められて、一九八〇年にある種の貴族の称号である「ダショウ」の位を国王によって授けられた。いま、彼はパロの大地の高台「西岡チョルテン」の下に眠っている。私もパロに戻った八月二十日の午後、その地を訪れることができた。その仕事の軌跡は、西岡京治・西岡里子『ブータン神秘の王国』[☆6]からうかがい知ることができる。実際に執筆したのは里子夫人で、西岡本人は農業実践の人だったように見受けられる。

私は冒頭に近いところで、パロ近郊の田園風景を「日本の水田にきわめて似ている」と形容

☆5　中尾佐助『秘境ブータン』（岩波現代文庫、二〇一一）、二三五ページ。
☆6　ＮＴＴ出版、一九九八年。

したが、それは少なくとも部分的には、日本人西岡の農業指導の影響のせいだったにちがいない。また、売りに出されている林檎も西岡の指導の賜物らしい。ブータンでの日本人人気は、まずこの西岡の人徳に負うと見て、まちがいない。

今枝は、浄土真宗関連の大谷大学出身で、のちにチベット仏教の専門的研究者となり、フランスの国立科学研究センター（CNRS）に拠点を置くようになった。彼は長年待った末に待望のブータン入りをし、約十年間、国立図書館顧問としてその立ち上げにもかかわり、仏教経典の文献学的研究にあたった。今枝の『ブータンに魅せられて』☆7においては、彼のブータン入りについての苦心談もが語られており、名著だと思う。本書は、親交をもった第四代国王に献呈されている。本章の冒頭部で言及した、岩波書店刊の『科学』のブータン特集号に主要に協力したのも、この今枝であった。私と同年の生まれなので、なにかしら近親感がある。

現代のブータン政府は、「GNHコミッション」（国民総幸福委員会）という制度を首相のもとに組織しており、二〇一〇年から「首相フェロー」なる政府顧問の青年を国家公務員としてかかえるようになっている。その初代フェローに就任したのが、東京大学経済学部出身の御手洗瑞子《みたらい・たまこ》で、彼女は帰国後に、『ブータン、これでいいのだ』☆8を公刊している。愉快な読み応えで推奨できる。第二代目のフェローになったのが高橋孝郎で、経済学を修めた人であり、本林靖久と一緒に前掲の『ブータンで本当の幸せについて考えてみました。「足るを知る」と経済成長は両立するのだろうか？』を世に問うている。第三代目のフェローは、ノルウェー人の再生可能エネルギーの専門家の学者が選任されたようである。したがって、首相フェローにはつねに日本

☆7　岩波新書、二〇〇八年刊。
☆8　新潮社、二〇一二年刊。

人が選ばれるとは限らない。しかしながら、日本人が最初の二年に選出されているのは、ブータン政府がいかに日本に近親感をもっているかを示す重要な指標であろう。

ブータンに架かる橋梁には、日本政府が寄贈ないし協力したものがいくつかある。私が滞在した二〇一三年夏には、ティンプに日本大使館が開設されることが決まった。今後、ますます日本とブータンと友好関係は強くなり、深まるに相違ない。

2 「幸福の国」ブータンの現実の在り方

二十一世紀ブータン国の現状

今枝由郎は、第四代国王の王妃ドルジュ・ワンモ・ワンチュックの著書を訳して、『幸福大国ブータン――王妃が語る桃源郷の素顔』[☆9]を出版している。アメリカや中国が「国民総生産」（GNP）ないし「国内総生産」（GDP）大国なのに対して、ブータンは、今枝によれば、「幸福大国」なのである。

私がブータンを訪問した主要な理由は、エコロジー政策のアジア最先進国であるブータンの現実を自らの眼で目撃したかったのと、その現実をGDP世界第二位の地位にあり、それほど遠くない未来にGDP世界トップの座を占めるであろう中国の若者たちに、現在の経済成長中心の近代化とは異なる「エコロジー的近代化」の道を指し示そうとしてのことであった。

今枝は、『ブータンに魅せられて』[☆10]のなかで、第四代国王が、一九七六年にスリランカのコロンボで語ったことばを記録している。「国民総幸福は国内総生産よりも大切である」（Gross

☆9　NHK出版、二〇〇七年刊。
☆10　今枝由郎『ブータンに魅せられて』（岩波新書、二〇〇八）、一六一ページ。

National Happiness is more important than Gross National Product.)。これが、「ＧＮＨ」なる表現の初出らしい。国王は一九五五年生まれなので、当時二十一歳であった。プントショの『ブータンの歴史』は、このことばが国王によって使われ出したのは、一九七九年のこととしている。[☆11] どちらが正しいかは再検証されるべきであろうが、今枝は第四代国王と親しい関係にあるのだし、いまは、彼の記述に従っておく。

高橋孝郎の解説によれば、ＧＮＨには四つの重要な柱がある。（1）公平で持続可能な社会経済開発、（2）自然環境保全、（3）伝統文化の保護と継承、（4）良い統治、の四つにほかならない。[☆12] ごく当たり前に受け取られるかもしれないが、なかでも、「自然環境保全」と「伝統文化の保護と継承」はきわめて真剣に、しかも、かなり具体的に方策が策定されている。

しかしながら、「国民総幸福」は、「国民総生産」や「国内総生産」といった経済統計指標とは異なって、簡単に数量化可能なわけではかならずしもない。このことは率直に認められねばならない。だが、同時に、それまで国家の近代化や発展度の指標としてきた「国民総生産」や「国内総生産」という指標に異議申し立てし、新しい到達目標を設定した歴史的意義はおおきく、高く評価されねばならない、と思う。

ブータンは、「国民総生産」を指標とすれば、ほとんどまったく「後進国」にすぎない。それで、「発展途上国」と形容されることとなる。だが、どのような政治経済の政体を目標としての「発展途上」なのか？　フォーディズムのアメリカ的最先進国なのか？

「国民総幸福」概念に仏教的考えが深く影響していることは忖度に難くない。実際にそのよう

☆11　Phuntsho, *op. cit.*, p. 595.
☆12　本林＋高橋、前掲書、二七ページ。

な解説が試みられている本がある。[☆13] その小冊の著者は、さわりの部分で仏教経典から引用して、いかに仏教の教義が、その国の幸福の在り方と深く関係しているかを示している。たとえば、「あらゆるものは、一面的知識をもっているだけである。しかし、誰も全知ではない」[☆14]、といった具合にである。著者は釈迦牟尼仏陀を全知だと言いたげであるが、実際にそうであったとは思えない。さらに、著者は、「智恵」（wisdom）と「知識」（knowledge）の相違について書いている。「智恵とは、善悪、やっていいこととやってはならないことを検証し、分別する精神の能力である。もし智恵と知識の差がなんであるか知りたいなら、智恵は精神の主観的能力であり、知識は精神が解読してきた客観的能力の一要素である」[☆15]。こうして智恵の涵養を説いているのである。一般に、本書は、かなり実用的な幸福のための手引きを具体的に示してはいても、とりたてて禁欲主義的な原則を高唱しているようには思えない。

人は、そしてしばしばブータン人は、ブータンの国民を、「世界一の幸福な民族」と見なしていると誤解している者がいるが、そんなことはない。今枝によれば、ある統計調査によれば、世界で第一の幸福国はデンマーク、第二はスイス、第三はオーストリアといったヨーロッパ諸国であり、アジアでのトップがブータンで、世界では第八位である。日本は、全体で一七八国中、第九〇位で、ほとんど「中進国」か、それ以下である。[☆16] 日本はまさしく「国民総幸福」の指標に関しては「発展途上国」でしかないのである。

ブータンでは、たしかに仏教的価値感が大きな意味をもっている。牛、豚、鶏、などの家畜は国内では原則として屠殺しないという。インドで牛は殺生しないので、近隣国のネパールと

☆13 たとえば、ゾンカ語と英文対訳の *A Brief Thematic Statement on Gross National Happiness*, by Khenpo Jangsem Tashi (Thimpu: Dhodter Rigtsei Publications, 2010) を見よ。

☆14 *Ibid.*, p. 22.

☆15 *Ibid.*, p. 51.

☆16 今枝、一六七ページ。

いったところで、仏教徒以外の人が屠殺処分するのだそうである。また、川に生息する魚類も、釣りなどで捕獲し、殺して食べたりはしない。ただし、こういった原則は、あくまで「建前」で、現実には、これらのタブーは、守られない場合もあるそうである。禁煙国ブータンの原則も同様らしい。

私は幸福最先進国と目されるデンマークも、それから第二位のスイスも訪れたことがあるが、それ以上に、ブータンは、少なくとも自然環境保全に関しては、世界最先進国なのではないかとの印象をもたされた。それでは、仏教の原理主義的教義なくして、人間の幸福は得られないのであろうか？　あるいは、自然環境保全は望みえないのであろうか？

エコロジー最先進国ブータンの現実

そうではない、と私は信ずる。ブータンが自然環境保全に関して世界最先進国であるのは、かならずしも仏教国だからというのではない。このことは、プントショの『ブータンの歴史』においても確認されている。ブータンの現代的在り方にとっては、そのヒマラヤ山麓の深い森林で囲まれている地理的、自然環境的条件が決定的に大きな意味をもっているのである。プントショは書いている。「なによりもまず自然が、ブータン人の世界観と、彼らの基本的な社会文化的慣習、とりわけ、仏教以前のそれを、かたち作り、持ち込まれた制度から学んだ思想や慣習というよりは、自然が、自然への地元の人的対応となってきたように思われる[☆17]」。『ブータンの歴史』の著者は、自然環境保全と仏教教義との関係についてさらに述べている。「自然はまた、ブータンに持ち込まれた宗教的、政治的システ

☆17　Phuntsho, *ibid.*, p. 41.

ムの前進の主要基盤なのである。たとえば、ブータンの仏教遺産の現実の精神は、主要に、大がかりな居住といったことよりは、孤立によって成育されたものなのであり、それにブータンの政治的独立は、部分的にその自然の地形的在り方の結果なのである。ブータン人のアイデンティティは第一に、自然の型によってかたち作られたものなのであり、仏教といった他のことがらは第二義的でしかないのである。たしかに仏教はブータン人の個性の、つぎに重要な様相なのであるが」[☆18]。こういった指摘は、ブータンの魅力を考えるときに重要である。

今枝によれば、第四代国王は、ベルギーのジャーナリストの質問に答えて、つぎのように述べたと言われる。「ヒマラヤが聳え、雨雪が降り、森林が茂る限り、わが国は安泰であり、政府はそうあるように努める」[☆19]。前述のプントショの所見との符合は明確である。

なるほど、経済の発展は、人間の幸福にとって蔑《ないがし》ろにはできない。ブータンの収入源で最大のものは、水力発電によって生まれる電力である。ヒマラヤの山麓的地形をうまく利用して発電し、その電気をインドに輸出して、歳入源としているのである。それで、ある渓谷に送電用の巨大な塔を打ち建て、電線を通そうとした。ところが、そのような送電のための装置は、避寒のために飛来するオグロヅルの生息にとって大きな障害となることがわかった。そこで、送電のための塔建設と電線敷設は中止のやむなきにいたった。私はブータン到着の翌日の八月十七日午前、国の中央部にある標高二、八〇〇メートルに位置するポプジカの峪を遠くに望む渓谷に近い峠で、コーヒーを飲む一時休憩の時間を取った。ガイドのタシ氏によれば、ポプジカの峪は鶴が越冬する地だということであった。ブータンに飛来するオグロツルは約五〇〇

☆18　*Ibid.*, p. 42.
☆19　*Ibid.*, p. 129.

羽、私は、その深い緑の森を見ながら、ブータン人と鶴は見事に共生しえていると思った。それでは、ブータンは、単純に、鶴を採り、電気を捨てたのであろうか？　そうではない。電気は地下ケーブルを敷設して、しっかりと使用できているのである。これこそ、人間の「智恵」というものではないか。

そして発電のための水力は、多目的ダムによってつくられるのではない。「上流の小さな堰《せき》から山腹に設けられた長いトンネル（導水路）を通して下流の発電所まで水を導き、そこで落下させて発電し、その水をまたしてもトンネル（放流路）を通じてさらに下流で元の川に戻す「流れ込み式」である[☆20]」。この水力発電技術には、ヒマラヤの自然と共生しようとする「智恵」が見られる。

生息する生物の多様性に関して、ブータンは世界でトップクラスのはずである。ヒマラヤの大地に息づく植物は見事に多様であり、さらに動物の種類はこれまた多い。大きなゾンが存在するプナカの周辺では、絶滅が危惧される大きな鳥が描かれた看板がその保護を訴えていた。

これがブータン人の発想なのである。日本でなら、鶴の飛来よりは、発電のための便宜を選択するのではあるまいか。私は、経済産業省の前身の通産省に呼ばれ、東京大学工学部の原子力関係学科の教授から、反原子力ないし脱原子力の言論を慎むように説諭されたが、そのさい、その教授は、日本の経済発展にとって原子力によって生成される電力がいかに枢要であるか、統計資料をもとに熱心に説いたものであった。私はその論拠の拙劣さにただ驚いた。

あるいは、一昔前の日本では、原子力発電に反対の意思を表明でもすれば、ただちに、「そ

☆20　今枝、前掲書、一三五ページ。

れではあなたは電気は要らないの」といったふうに短絡的に詰問されたものであった。ここには人に必要とされる智恵はない。

ブータンではゴミとなっても自然に同化しないプラスチック類の使用は禁止されている。買い物用の袋は、水に溶解する質で出来ている。そのほうがまた綺麗に見える。一挙両得なわけなのである。

図５・１　タクツァン僧院の登り口に地元高校生によって掲げられた看板：「自然はあらゆる幸福の源泉である。」

八月二十一日の午前、私はパロの北部にあるタクツァン僧院（Taktsang Goemba）を訪れた。八世紀にブータンに仏教を伝導した高僧パドマサンバヴァ（「蓮華生」の意味らしい）という名の、グル・リンポチェ（グルは「師」、全体で「尊い師」を意味する）が西ブータンに赴いたさいに虎の背に乗ってこの地に舞い降りたという伝説の地にほかならない。ブータンのナンバーワン人気の観光地でもある。「タクツァン」とは「虎のねぐら」の意味という。高い岩山にへばり付いたかのような景勝地に昇り始めるところに、地元高校生が考えて掲示したという看板に“Nature is the source of all happiness.”（自然はあらゆる幸福の源泉である）とあった（図５・１）。これこそ、「幸福の国」ブータンの面目躍如たる国是＝スローガンであると私は感心して、注目しないわけにはゆかなかった。

近代日本で最初にエコロジー重視思想を唱えたひとりは南方熊楠であるが、彼は神社境内の保全を訴えた。それは、南方が神道思想を崇拝していたからというよりは、自然環境保全のためであった、と私は考えている。ともあれ、ブータンのエコロジー重視の考えにとって、仏教原理主義は重要ではあっても、第一義的にではないのである。

経済発展の量的指標到達をめざすよりは、むしろ、のんびりと良き質の生活をエンジョイするブータン人の生きざまからおおいに学ぶべきであろう。

3 「共生国家」ブータンから学ぶ

八月十八日にブムタン峪にある仏教寺院やジャカル・ゾン（「ジャカル」は白い鳥の意味で、必ずしも白い「スワン」＝白鳥を意味しない。「ゾン」は城砦の意味）などを見学した私たちは、十九日朝、ブムタンの峪を離れ、再度、西部に向かった。トンサ・ゾンを見学し、午後には宿泊地のプナカに着いた。その地のコテージで宿泊し、翌日二十日の朝、プナカ・ゾンを見学した。

プナカ・ゾンはポ・チュ（父川）とモ・チュ（母川）の合流する要地に建てられたゾンで、時代祭りが開かれる場所としても広く知られる。そのゾンには、見事な仏画が描かれており、そのなかには、四匹の動物のそれぞれがより大きい動物の背に乗って、樹木になる果物の実を採取する図もあった。ガイドのタシ氏によれば、この図はブータン仏教が愛好する図のようで、“Thuenpa Puen Zhi”（協力、関係、四）と呼ばれているらしい。普通、「仲良し四兄弟」（The Four Friendly

Brothers）と翻訳される。一番下の動物は象で、その背には猿が乗っており、さらにその上には兎が乗り、頂上には鳥が乗っており、鳥は高い樹木に実っている果物をついばんでいる。果物は次第に下の動物に渡り、四匹の動物は協力し合って平等に果実を分け合うこととなる。

この四兄弟関係を詳細に解説した文章[☆21]によれば、この物語の根源は、インドのヴァーラーナシー近郊の森林にあるらしい。ガンガー（ガンジス河）沿いのヒンドゥー教の聖地でもある。その森林は人間の手に染まることなく、多くの動物が平和に暮らしていた。前述の、鳥、兎、猿、象はそういった動物のなかの四種で、家族のようであった。

一番上の鳥が言った。「われわれのなかで一番年長者を敬うのなら、とても良いことで、われわれを幸運に導くだろう」。他の動物は賛同した。まず象が言った。「自分が一番年長だ、というのも、木は昔自分が通りかかった折に、自分の体よりも高くはなかったからだ」。つぎの猿が言った。「木は私が飛びかかったさい、とても小さかった。それが自分の体よりも大きいのを覚えてはいない」。今度は兎が言った。「いや、自分ははるかにもっと年長だ。というのは、私がこの地に来たとき、木は芽を出したばかりで、その木から蜜を吸ったからだ」。最後に鳥が発言した。「私はもっと年長だ。私はずっと昔に果実を食べ、その果実が地面に落ちて、そこから木が生長し始めたからだ」。結局、動物たちは、鳥が最年長なのに同意し、こうして、歳の順に象の上に猿が乗り、その上に兎が乗り、その上に最年長の鳥が乗ることになった。これらの動物たちはたがいに助け合い、豊かな森林での生活を享受し続けることとなった。これが「仲良し四兄弟」の共生の核心的物語である。

☆21 Khenpo Phuntshok Tashi, *Invoking Happiness: Guide to the Sacred Festivals of Bhutan & Gross National Happiness*, (n.p., 2011), pp. 294-295.

ヴァーラーナシーの王は、自分の領土の豊饒と平和は自らの力によると誇った。さらに、女王や大臣は、自分たちこそがそうならしめているのだという見解を披露した。今度は、臣下が自分たちの手柄だと自慢した。そこで、王は聖者に見解を問うことになった。その聖者曰く。「平和の原因はあなたがたにあるわけではない。領地の森にあって、叡智と非暴力に従っている四匹の動物たちの徳に由来するのである」。こうして、王は、四匹の動物のように共生し合い、仲良く暮らすように命じた、という。

この物語には別の解釈もあるらしい。英文のガイドブックの「四匹の友だち」[☆22]なる囲み記事によれば、鳥が樹木の実を見つけ、それを植えた。兎が水をやった。猿がそれを育てた。象はそれを守った。果実がなっても、それぞれの動物だけでは、その実に届かなかったので、四匹の動物はそれぞれの背に乗って塔を造り、高い所になる実を採って、分かちあった。

タシ氏の説明はさらに簡明であった。象は樹木に水をやった。ところが、果実がなっても届かなかったので、四匹の動物は、それぞれの背に乗って、高いところの果実を採って、分かちあった。

それぞれの物語の細部は異なっても、教訓は同一である。日の光、水、土、それから植物と動物、すなわち自然を構成しているたがいの共生が実り多い森林での生活を成り立たせているのだ、ということである。

私はこの共生の物語に心を打たれ、その午後に立ち寄ったティンプの国営商店で、「仲良し四兄弟」の「タンカ」（仏画）を購入した（図5・2）。このタンカは、私の北京の大学研究室の一

☆22　*Bhutan* (Lonely Planet, 2011), p. 228.

角に飾られており、中国人の同僚と学生が研究室を訪れると、そのタンカを開陳し、タシ氏による簡明な説明を伝えることにしている。

八月二十一日午前に、タクツァン僧院を訪れた。その僧院の名は「虎のねぐら」の意味で、ブータンに仏教が伝わった八世紀からの聖地であり、ブータンの観光地で人気ナンバーワンの地である。その僧院の登り口には、「自然はあらゆる幸福の源泉である」(Nature is the source of all happiness.) と書かれた看板があった。前述のとおり、地元の高校生が考え、掲げたスローガンで、「幸福の国」=ブータンを象徴する一文である。

図5・2　共生の四兄弟（ブータン仏教のタンカ）

その日の夕刻、私たちはパロの農家を訪問し、ブータンの普通の民家の夕食を一緒にし、その農家の少年が焼け石を入れてしつらえてくれた「ドツォ」と呼ばれる伝統的なブータンの川沿いの露天風呂を、ガイドのタシ氏、専用車の運転手、それに私が楽しむことができた。

ブータンは、北は中国チベット自治州、南はインドと接している。だが、現在の政体はインドのそれに近い。インドとブータンの関係は、母と娘の関係になぞらえうる。プントショは書いている。「今日、娘は、美しさと政治的智恵の点で、国家保全と生活のスタンダードの点で、母を凌いでしまっているが、しかし母は依然として彼女の生活において、持参金のための財布の紐をしっかりと押さえているので、大きな意味をもっている。それなくして、インドの娘は自らの独立した生活を容易には始められないのである」[☆23]。実際、ブータンの水力から生み出される電気の買い手はインドである。また、ブータンの教育レヴェルは高く、普通の人は、たとえば土木工事などやりたがらないので、その工事の従事労務者はインド人なのである。

私はブータンの医療の在り方について、わざわざタシ氏に尋ねてみた。ブータンは、「薬草の国」として著名で、基本的医療は伝統医学であるということだが、しかし、外科治療や伝染病の治療は近代西洋医学に委ねるとのことであった。ここにも、ある種の智恵がある。

一週間の短い旅の一緒のあいだ、私は自らの意思、それにガイドの推奨で、民族衣装の「ゴ」をいつもまとっていた。その衣装はひとりで着られるわけはなく、いつも同行のブータンの旅行仲間二人が手伝ってくれた。タシ氏は、私を「ダショウ・ササキ」などとからかった。もちろん、単純な「おだて」にすぎない。

翌日、二十二日午前、私は、タシ氏の勧めで購入した松茸のクーラーボックスを受け取り、「ドゥク・ユル」（雷龍の国）のパロ国際空港をドゥク・エアで飛び立ち、その夜にバンコクで搭

☆23　Phuntsho, *ibid.*, p. 576.

乗機を全日空機に代え、翌日二十三日早朝、成田空港に到着した。こうして、ブータンへの実り多い「自然哲学的旅」は終わった。私も「ブータンに魅せられ」たひとりの日本人になっていた。

今枝の『ブータンに魅せられて』には、アジアの西洋的近代化の最先進国の日本と、その最後進国のブータンを対比するつぎのような印象的な文章が書かれている。「明治以来の「模範的」近代化、目覚ましい経済発展は、社会的・精神的な分野で様々な問題を生んでおり、その深刻さは、近代化・経済発展の成功度に比例していると言えるであろう。この点、最も遅れて近代化に着手した国の一つであるブータンは、多くの先輩発展途上国の例を他山の石として観察できたが故に、同じ過ちを犯すことなく、弊害を最小限に止《とど》めるための措置を講ずることができた、と言える」[☆24]。ブータンが、このような試みに成功しえたかどうかの評価がなされるのはこれからのことであろうが、ともかく、その小国家が、近代日本の文明の在り方の「他山の石」になりえていることは確実だろう。西洋的近代化に急ぎすぎた日本は、国家主義の強力国家のストレスに捕らわれた政体に成り下がっている。夏目漱石の有名な講演「現代日本の開化」(一九一一)が指摘しているごとくに、近代日本の「開化」は皮相上滑りの開化で、その国家主義的無理は人々をノイローゼにしてしまったのだ。

原発震災に見舞われたフクシマ以後に、『科学』がブータン特集号を組んだことには、大きな叡智があったと私は高く評価したい。

ブータン探訪のパイオニア中尾佐助の『秘境ブータン』には、つぎのような文面があった。

☆24　今枝、前掲書、一一六—一一七ページ。

チベット人の一団はヒマラヤの奥の伝説上の楽土「ペマコウ」を訪ねて旅をしたが、そのような桃源郷には、結局、到達することがなかった。中尾は書いている――「まだ依然としてペマコウは発見されていない。しかし彼らが捜し求めるペマコウは、案外手近にあるのではないだろうか。ブータン国、それ自体がペマコウではないだろうか」[☆25]、と。

そしてヒルトンの『失われた地平線』にはこう書かれている。「シャングリ・ラは静謐につつまれていながら、目をやるところ、欲得づくではない営為の盛宴である」[☆26]。

私は、ブータンに到着するや、郷里の宮城の山奥のことをすぐ想起した。ブータンもまた、けっして自然環境保全の理想郷なのではない。そして人間が生息しているかぎり、ほんとうの意味での理想郷などではありえない。だが、「足るを知る」人間の生き方、そして仏教であれ、社会主義であれ、人と人が「共生」し、人間が自然と「共生」する生き方、そして最後に故郷の奥羽山脈の山中の良さを教えてくれる点で、ブータンはやはり、ある種の「シャングリラ」なのだと私は思うのだった。

☆25　中尾、前掲書、一九二ページ。
☆26　ヒルトン、前掲訳書、二二四ページ。

第二節　他人事でなくなった放射能

1　宮城県加美町が放射性指定廃棄物最終処分場候補地に

「原発問題は、本町が放射性指定廃棄物最終処分場の候補地になったことで、他人事ではなくなりました。私たちが今なすべきことは、命と暮らしを守るため、水源である箕ノ輪山への建設に断固反対すること。と同時に、原発に頼らず安心して暮らせる社会を作るため、できることから取り組むことです」――こう書いているのは宮城県加美町の町長猪俣洋文氏であり、『広報　かみまち』二〇一四年八月号に掲載された「町長日記」のなかの一文である。ここで、「放射性物質」とは、放射線を出す能力をもった物質のことである。猪俣町長は一九五二年三月生まれで、私の出身高校である宮城県古川高等学校の五年後輩である。高卒後は、米国の州立ユタ大学で政治学を学んだ。大学卒業後に宮城県庁に勤務し、東日本大震災後の二〇一一年八月末に加美町長に当選した。

私が、郷里の加美町の北方に位置する宮崎地区の田代岳箕輪山が、放射性指定廃棄物最終処分場の候補地になっているのを知ったのは、二〇一四年一月に北京から一時帰日した直後であった。郷里に帰って友人たちと懇談していると、彼らのひとりが、猪俣町長の幼いころからの知り合いであることがわかった。彼の提案で、私たちは予約なしで、加美町役場に町長に会いに押しかけることとなった。一月三十一日早朝のことであった。町長は、仙台に出かける直前で、短時間ではあったものの面会の時間を作ってくれた。町長の話によると、彼は私のことを知っているという。二〇一三年八月十日に開催された古川高校同窓会総会の私の記念講演は「21世紀東アジアの自然哲学」についてであったが、たしか猪俣町長も聴衆のひとりだったと思う。町長との直接の面談に当たって、私は手短に、私の反原子力思想のスタンスの概要を述べさせていただいた。猪俣町長は、真剣に耳を傾けてくれた。ここで「放射性指定廃棄物」とは、二〇一一年三月の東京電力福島第1原発事故により発生した放射性セシウム濃度が一キロ〔グラム〕当たり、八〇〇〇ベクレル超の廃棄物を指す。

二〇一四年夏に勤務先の中国北京から再度帰日し、八月一日から宮城県に帰ると、郷里は放射性指定廃棄物最終処分場の話でもちきりであった。日本政府は、宮城、茨城、栃木、群馬、千葉の五県に最終処分場の建設の方針を決め、宮城県からは、栗原市、大和町、加美町を候補地に選んだ。栗原市と大和町は、調査自体は受け入れるものの、処分場建設には反対の態度を決めたが、猪俣町長を擁する加美町は調査すらも全面的に拒否する姿勢を貫く方針を固めた。宮城県の村井嘉浩知事が、八月四日の宮城県市町村長会議の審議結果により、調査受け入れを表明したのにもかかわらず、猪俣町長は断固拒否の構えを貫徹する姿勢を堅持した。町長は、石原伸晃環境相を相手に訴訟をも辞さない「強硬な」姿勢を貫く構えである。「強硬」姿勢とは、町長の断固たる反対の意思を示す自分自身のことばである。

加美町の「放射性廃棄物最終処分場に断固反対する会」の高橋福継会長も、「反対するのは国がでたらめな候補地選定をしたから。調査は受け入れられない」、と町長の「強硬」姿勢に完全に同調した(図5・3)。[☆27]

八月四日の県主催の会議に先立ち、六月二十八日には加美町中新田地区のバッハホールで、前記反対する会の主催で、最終処分地候補地の白紙撤回を求める緊急住民集会が開かれ、一〇〇〇人ほどが参加し、「負の遺産を後世に残さない」とする住民の意思表明がなされた。七月七日には加美町の臨時町会が開催され、「指定廃棄物に関する特別委員会」の佐藤善一委員長が、処分場調査・建設白紙撤回を求める答申を行ない、起立採決をなした結果、全員賛成であった。七月十六日には猪俣町長が環境省を訪問し、調査反対の申し入れ書とともに、四五、六

☆27　河北新報、二〇一四年八月五日朝刊。

図５・３左は、加美町小野田地区に掲げられた処分場絶対反対の旗幟。右は、放射性廃棄物処分場設営のために調査しようとする環境省の役人たちを阻止する宮城県加美町の町民たち。（加美町提供）

三九人の反対の署名簿を届けた。

こういった経緯にもかかわらず、八月四日に村井嘉浩宮城県知事は全県下の市町村長を結集し、結局、調査受け入れを決め、その旨、環境相に伝えた。村井知事は、「雪が降る前に調査を終えなければいけない。一歩踏み出すことが大事だ」と述べたと報道された。奥山恵美子仙台市長も同様の考えを会議中に示したのだという。石原環境相は、知事の「詳細調査容認」の報告を歓迎し、「感謝」の意を表明した。

猪俣町長は、地元の意思を無視したこのような決定を容認せずに環境省との二者協議を要請する構えを見せている。[☆28]

こういった猪俣町長の「強硬」姿勢に対して、「地域エゴではないのか」、「痛みは分かち合わなければならないのではないか」との反論が聞こえてきそうである。村井知事は東日本大震災後も資本の論理に忠実に従う体制派知事として著名である。彼のいう「一歩踏み出す」との言辞は、リスクの高い原子力テクノロジ

☆28　朝日新聞、二〇一四年八月六日朝刊「宮城県内版」。

ーに支持された資本主義文明の体制を支えるために「一歩踏み出す」ことにほかならない。よく半可通が、原子力文明を継続することが先進科学技術文明を維持することに通じるとの意見を表明することがある（たとえば、安倍晋三首相）。この所見は完全にまちがっている。放射性廃棄物が技術的に処理不可能なことは、現在の核物理学が教えてくれる科学的真理なのであり、原子力文明はその科学的真理ゆえに脱出されるべきなのである。将来、放射性廃棄物処理技術が開発されるわずかな可能性は残されているが、その可能性はまず科学技術的実験で現実化されるべきであり、技術応用の現場で実行されるべきではまったくない。北朝鮮やイランの原子力利用を他の諸国は止めさせようとしている。しかし、アメリカや日本が原子力を利用することも同様に危険である事実を私たちは改めて認識する必要がある。

猪俣町長の判断は賢明であり、原子力利用は止められるところから止めなければならないのだ。彼は、本節の最初に引用した文章のなかで述べている。「前のめりの姿勢に危うさを感じます。「豊かな国土に国民が安心して生活していることが国富だ」との福井地裁の判決こそが、震災から学んだ教訓ではないでしょうか」。ここには原子力文明から全面的に撤退することが日本の将来のためになるという叡智が語られている。ここで註記しておけば、猪俣町長の姿勢はとくにだれか特定の考えに影響されたから確立されたわけではかならずしもないだろう。以前から、その姿勢を堅持し続けていたのだと私は考えている。

猪俣町長は、原発問題に自らが直面することによって、その問題が「他人事ではなくな」ったと述懐した。原子爆弾の洗礼を世界で最初に受けた都市広島と、放射性指定廃棄物最終処分場の有力候補地になったわが郷里加美町は、期せずして繋がった。まさしく原子力文明は、私個人にとっても「他人事ではなくな」ってしまったわけである（以上は、二〇一四年八月八日記）。

2　宮城県の郷里加美町が「脱原子力」の先進町に

進化する加美町（二〇一五年三月十一日、北京から発信）

つぎの文面は東日本大震災発生からちょうど四年目の二〇一五年三月十一日に北京の私の研究室で綴られ、広島の久野成章宛に発信された。

宮城県加美町の二〇一四年十二月の定例町議会は、「水資源保全条例」を制定した。この条例は、「自然環境を放射能による汚染等から守る条例」と「環境基本条例」に引き続き、町の基本施策を定める条例である。放射能汚染物質最終処分場が「水資源」が発する根源部に建設されようとする案件にまっこうから反対する条例で、画期的なことである。同じ定例町議会で、議員の伊藤由子氏は、町長にこう質問している。「**問**　安全性や持続可能性、環境面からも、脱原発の旗印を掲げては。**町長**　原発に依存せず、再生可能エネルギーによる安心して暮らせる町づくりを進めたい」。さらに、もうひとりの町会議員の質問に答えて、町長はこう述べている。「幸福度№1で、子育てしやすい町をめざす」（『議会だより　かみまち』より）[☆29]。このような町長と町民をもったことを同町出身者として私は誇りに思っている。

☆29　宮城県加美町議会発行第48号（二〇一五年二月一日発行）。

調査すら断固拒否（さらなる二〇一五年十一月二十三日の追記）　二〇一五年七月、放射性指定廃棄物最終処分場絶対反対の旗幟を掲げる猪俣浩文町長は、無投票で再選され、二期目に入った。十月二十五日（日）に執り行なわれた宮城県議会議員選挙で、無所属新人として立候補し、当選した高橋啓《けい》氏は、猪俣町長のもとで加美町総務課長を務め、処分場建設反対運動を中心的に支えた人物であった。自由民主党公認の対立候補は、過去二回、無競争当選を果たしたのであったが、今回は高橋氏にダブルスコアで敗北した。同議会選挙では、議員総数五十九名のうち、日本共産党は、自民党の二十七名当選のつぎの八名、当選を果たした。前回の四名からの倍増であった。

十月二十七日の『河北新報』朝刊は、日曜日の県議会議員選挙に関して、「自民に逆風　共産追い風」という見出しで、総括的報道を行ない、自民党のある初当選した新人候補の声を伝えている。「逆風を肌で感じた」。「数人に一人の割合で『自民支持を辞める』と言われた。『恥を知れ』と罵声も浴びた」。

十月二十九日には仙台市で、環境省の井上信治副大臣らと、加美町の猪俣町長らとの意見交換会が行なわれた。加美町側は、同町内の候補地が科学的に不適であることを指摘しながら、「指定廃棄物の放射能濃度を再測定し、国が安全に保管した上で東京電力の敷地で処分すべきだ」としたのに対して、環境省側は、「国が責任を持って早く処理を進めるには、用地確保などの安全性だけでなく行政上の事情も考えなくてはならない」として理解を求めたという。猪俣町長は、「科学的視点を欠く候補地選定だったとあらためて感じた。田代岳が処分場建設に不適地であることを訴えながら、現地調査の断固拒否を貫く」と断言した。

環境省は、二十九日の意見交換会後、現地調査を試みようとした。だが、住民一六〇人が現地に集まり、調査作業への抗議を行なったところ、環境省職員は作業着手を見送った。職員は、翌三十日も作業しようと試みたが、住民は再度結集して抗議し、結局、調査は中止となり、「攻防」は十一月に持ち越しとなった。雪国の加美町は、もうすぐ降雪時期を迎える。猪俣町長は、丸川珠代環境相（内閣改造で新たに就任）宛に調査中止を求める要請文を提出する考えという。☆30

『河北新報』の十月三十一日朝刊は、「〈高レベル放射性廃棄物〉の地層処分について、知ってほしいことがあります。」なる原子力発電環境整備機構（NUMO）の全面広告を第13面に掲載した。その広告の説明には、「ガラス固化体」として固めた放射性物質を、「私たちの生活環境に影響を及ぼさないよう地下300メートルより深い安定した地層中に処分します」とあった。この処分法には、地層の安定性、ガラス固化体としての処理法、地下水のコントロールなどの問題がある。高木仁三郎は、高木学校と原子力資料調査室が組織した地層処分問題研究グループが執筆し、公刊した「『高レベル放射性廃棄物地層処分の技術的信頼性』批判」なる論文集に一章を執筆し、放射性廃棄物の地層処分について、科学的に大きな問題があり、技術論的にとうてい受け容れられない、という内容の文章を遺した。この冊子は廃棄物を再処理したあとでガラス固化体処分したものを埋設する技術を批判したもので、現在前記機構が考案している策とは異なる。が、教えてくれるところが多い。地震学者の石橋克彦教授の章なども光ってい

☆30　河北新報、二〇一五年十月三十日・三十一日朝刊。

る。そもそも地震の多い日本で放射性物質の地層処分なるものが成立するかどうかおおいに怪しい。高木は、「資源・環境・原子力関連の研究はお金がつきやすいので、動機が不純でもよいから、多くの地質科学者に研究してもらいたい」というある地質学者の発言を受けて、こう書いている。「「不純な動機をもった」地質科学者が、どんどん地層処分の研究に参加するような状況を、私は大いに憂える。そんな研究は「地球科学自身の新たな発展」などではなく、止めどない腐敗をもたらすであろう。われわれの研究会は、金もなく、ささやかなものであっても、そのことを明らかにして、一矢を報いていかなければならないと思う」[☆31]。この章を含む論集が刊行されたのは、二〇〇〇年七月二十日だが、その秋、十月八日に高木は逝った。最期の最期まで、原子力にまつわる技術の科学的評価に関して奮戦した生涯であった。現在の私たちが心がけるべきは、なによりも、これ以上、放射性物質を作らない、すなわち、原子力発電の中止こそが先決問題であろう。

放射能はだれをも例外としない。否、そうではない。辺鄙な被差別地域住民をこそ襲うのだ。旧ソ連邦の一部をなしていたチェルノブイリの一男性は一九八六年の原発事故後、述懐している[☆32]――「最初の数日に感じたことは、ぼくらが失ったのは町じゃない、全人生なんだということ」。また、他の村の村民の集団は、語った。「チェルノブイリは戦争に輪をかけた戦争です。人にはどこにも救いがない。大地のうえにも、水のなかにも、空のうえにも」[☆33]。

チェルノブイリ原発大事故からほどなくして、一九八八年に、アメリカの骨髄移植医療の世界的権威ロバート・P・ゲイルと作家のトーマス・ハウザーは、『最後の警告――チェルノブ

☆31　地層処分問題研究グループ「『高レベル放射性廃棄物地層処分の技術的信頼性』批判」（高木学校＋原子力資料情報室、二〇〇〇）所収の高木仁三郎執筆になる第6章「現在の計画では地層処分は成立しない」、九三ページ。本論集を北京まで送付してくださった高木久仁子さんに深謝したい。私は、二〇一五年十二月二十五日午後に大学研究室で拝受するや、早速通読させていただいた。

☆32　スベトラーナ・アレクシエービッチ『チェルノブイリの祈り――未来の物語』（松本妙子訳、岩波現代文庫、二〇一一）、四七ページ。著者のアレクシエービッチは二〇一五年のノーベル文学賞を受賞した。

☆33　前掲書、五六ページ。六〇ページでも、同じことばが発せられている。

イリの遺産』と題する著作を世に問うたが、そのなかで、つぎの警告を発した。「核廃棄物についての問題が解決されるまで、原子力発電所の建設は以後中止すべきである。私たちとしては、これら死を招きかねない廃棄物を安全に処理できるようになるまで、それら廃棄物が量的に増加してゆくことを黙視するわけにはゆかない」[☆34]。著者たちの筆致は穏便そのものである。けれども、この警告なのである。われわれは傾聴すべきであろう。

デイヴィド・R・モントゴメリーは、「土の文明史」というべき『土壌――文明の腐食』（二〇〇七）において、人類史のなかで土壌が果たす役割の重要性を訴え、最初の人間とされるヘブライ語名「アダム」がʻadamaʼという大地ないし土を意味するヘブライ語語彙に由来することに注意を喚起している。同様に、ラテン語の人《ホモー》〔男をも意味する〕(homo) もまたʻhumusʼ（土）と密接に関連する語であることに留意すべきである[☆35]。それほども人間の発生と生息にとって土壌は重要なのである。この本の第四章は「帝国の墓場」という標題をもち、ローマ帝国をはじめとする古今の大帝国が、大地の豊度の維持を怠ったために衰退を迎えたことを指摘している。識者なるものが、放射性物質の地下処分は安全が保障された処置であるとうそぶくかもしれない。宮城県加美町の町民が憂慮しているのは、その地が「核文明の墓場」になってしまうのではないかということなのである。これは杞憂ではない。

一九八六年四月末にチェルノブイリの原発大事故が起こったさいに、日本人の大部分は、その事故は、日本の原発とは相異なる型で、技術が劣っているソヴェト・ロシアだからこそ起こったのだ、と考えた。その事故以前にチェルノブイリという辺鄙な町の名前など世界のほとん

☆34　Robert P. Gale and Thomas Hauser, *The Final Warning: The Legacy of Chernobyl* (New York: Warner Books, 1988). 吉岡晋一郎訳『チェルノブイリ――アメリカ人医師の体験』（岩波現代文庫、二〇一一）、三一八ページ。

☆35　David R. Montgomery, *Dirt: The Erosion of Civilizations* (Los Angeles: University of California Press, 2007). 片岡夏美訳『土の文明史』（築地書館、二〇一〇）、五三ページ。

どだれもが知らなかった。一言で言えば、原発事故による放射能など、他人事だったのだ。だが、二〇一一年三月、フクシマを震災が襲い、チェルノブイリと同レヴェルの原発大事故が起こってしまった。フクシマだけが放射線によって〝ヤラレた〟のではなかった。チェルノブイリやフクシマのように原発大事故が直接襲ったわけではないにせよ、私が生まれ、育った町をも、他人事でなくしてしまったのだ。

　福島事故の直後、宮城県と岩手県の県境地方にまで、放射性物質は飛散した。すなわち、わが郷里の近くでも、稲藁からかなりの濃度の放射線がたしかに検出された。二〇一一年三月二十日に福島第一発電所第3号炉から放出された放射性物質が飛散して、その地まで届いた公算が大きいらしい。☆36 そのうえで、このたびの放射性物質の最終処分場の話なのである。

『河北新報』十一月七日朝刊は、「環境省、連日加美町入りから1ヵ月　打開策なく降雪期迫る」という記事を掲載した。「東北地方環境事務所の東利博保全統括官ら4人が6日午前11時すぎ、田代岳から1・5キロ〔メートル〕地点の県道で住民約130人と向き合った。有識者会議委員の現地視察受け入れなどを求めたが、住民側は突き放した」。「昨年は11月14日に現地周辺に雪が積もり、町は候補地に至る町道を封鎖した。ことしも降雪期が近づいていることに、東氏は「まだ諦めない。現地調査に入る努力を続ける」と述べた。住民団体「放射性廃棄物最終処分場施設建設に断固反対する会」の高橋福継会長（73）は「いくら連日来られても、処分場反対という住民の意思は変わらない」と強調した」。同紙十一月十二日朝刊は、十一月十一日にも環境省側が二〇一五年二十回目の現地入りをしたが、住民一六〇名の抗議を受け、調査着

☆36　読売新聞、二〇一五年十一月一日付朝刊。

手はできなかった、と報じた。現地の田代岳には同日みぞれが降ったという。同、十四日朝刊は、加美町が田代岳に通じる町道を降雪に備えて二十日から通行止めにすると決めた、と報じた。丸川珠代環境相は、閣議後の記者会見で「間もなく降雪の時期になり、年内の調査は難しくなる」との認識を示したという。一方、環境省の要請を受けて加美町側が認可した環境省の地盤工学専門の有識者委員が現地の地質などを調べたところ、岩の一部が「風化で弱く」なっていることが確認された。[☆37] 調査にあたった委員は、適・不適の判断についての言及は避けたというが、これで加美町を最終処分地にする案件は遠のいた。だが予断を許さない。

『朝日新聞』の十一月二十三日朝刊の社会面は、加美町の処分場反対運動について、大きな写真入りで取り上げた。住民の声として、「地滑りの地帯に囲まれ雪崩も起きる。候補地の条件を満たしていない。白紙撤回を」を紹介し、一方、環境省は「一時保管は緊急措置で、台風や洪水で飛散、流出する可能性があり、処分場の早期建設が必要」と説明とあり、「膠着状態が続く」[☆38] と記事は締めくくられている。どちらに理があるであろうか？ 私は、放射性物質の処分の仕方が定まらないままに、見切り発車で、原発を動かした側に非があると考えるのであるが、そうではなく、加美町が最終処分場を提供しなければならないのであろうか？

加美町住民はさすが東北人である。意気軒昂なのだ。もうすぐそこの山岳地帯は根雪になる。

私の郷里の町（加美町小野田地区）は、農林業中心で、少年時代、米とブナ林のほかはなにもない町であり、私たちのほとんどは、都会に集団就職をして出て行くか、あるいは私を含めたごく少数者は、進学のために都会の学校に入った。

☆37　河北新報、二〇一五年十一月十五日朝刊「みやぎ」の第18面。
☆38　朝日新聞、二〇一五年十一月二十三日朝刊、第33面。

二〇一五年初春、中国の春節休暇で一時帰日していた私は加美町の中学校時代の友人のひとりと薬來山麓のレストランで地元で採れる山菜と蕎麦の昼食をともにした。食事中、友人、問うて曰く。「ちかちゃん、おらほうのまつは、放射性廃棄物問題で、共産党の町みたいに思われだしている。なぞ、思う?」文中の「ちかちゃん」とは「力《ちから》」の幼名に愛称「ちゃん」を附した表現である。「なぞ」とは、日本標準語の「謎」ではなく、「どのように」、「いかに」の意味。私は古川高等学校在校時代、古川市在中の同級生から、そのひどい小野田弁をからかわれたものであった。よく人は東北弁のひどさをからかう。東北弁の中心的方言と見なされている仙台弁などは、もっとはるかに辺鄙な農山村出身の私たちにとっては標準語に近い。その東北弁よりはるかに強烈な伊達藩北部の方言を話す少年からすら、からかわれたのであった。

「力」すなわち私、答えて曰く。「むがす、おらたつがちっちゃかったときは、米とブナのほかはなんにもない町といわれたもんだ。いまは、そのほかに放射能もある、というより、共産党の町みたいと言われたほうがいいんでねえの。綺麗な自然もあるし」。ブナの森が全国有数に美しい加美町を「核のゴミ」＝「死の灰」捨て場にしてはならないのだ。

福島第一原発の大事故直後、福島出身の若き社会学者の開沼博は『「フクシマ」論』を世に問い、広く読まれた。「原子力明るい未来のエネルギー」として「原発を半世紀近くにわたって抱擁し続けた「幸福感」☆39」を記述し、福島の浜通地方住民の現実を饒舌に描いてみせた労は買うが、原子力の自然科学的理解、それ以上に、地域の人が未来に掲げるべき「理念」の不在には同じ東北人として違和感をもたせられた。開沼よりは北の奥羽山脈麓《ふもと》の寒村に、裕福で

☆39 開沼博『「フクシマ」論——原子力ムラはなぜ生まれたのか』（青土社、二〇一一）、一〇ページ。

はない大工と製糸女工の駆け落ち夫婦の末子として祖国の敗戦直後に生を享けた私は、開沼が描いた、近代資本主義的豊かさに「植民地」的に取り込まれた福島浜通地方の人々とは別の矜持をある時期以降、持ち続けている。宮城県加美町の住人にとって、原子力テクノロジーに関連する事物はなによりも先に排撃すべきなのである。それは、近年、農村研究の篤実な学者の小田切徳美が『農山村は消滅しない』において披瀝したような、東京在住の出世主義者とはおおいに異なり、「あったかく」、「かっこいい」田園に住む人々が普通にもつ誇りのようなものにほかならない。小田切は、その著の「あとがき」のなかで、そのような豊かな地方の未来の理念を形容して、「確実に訪れる朝陽《ちょうよう》に農山村の未来を重ねた」☆40と述懐している。

加美町は、「悠久の自然と水源・食を守り、次世代のために」と謳った二〇一六年用カレンダー「加美の四季」を作成した。そこには、穂積郁枝撮影の美麗なカラー写真が各月を飾り、裏表紙には、沢隆《さわたかし》作詞・作曲になる「田代岳」の楽譜と歌詞が印刷されていた。「田代岳」には「神の住む町　加美の町」なる文句が出てくる——幼いころ、兄や友と一緒に遊んだ野山のある郷里の町が、いまや「神の住む町」、そして脱原子力を誇り高く謳う東北人にとっての「神頼みの町」になっているのだ。

第三節　原子力社会のより深い理解から、環境社会主義の運動と世界の構築へ

1　ヒロシマ・ナガサキからフクシマへ

二十世紀中葉から二十一世紀初頭の世界では、原子力で武装した政体が先進国家という認識が

☆40　小田切徳美『農山村は消滅しない』(岩波新書、二〇一四)、二四二ページ。

あった。だが、フクシマ以後では、そうではなくなっている。原子力社会から脱してこそ先進社会なのではないかという認識が芽生え、定着しつつあるのではないだろうか。

二〇一五年九月、安倍晋三内閣によって、実質的に戦争法と規定される安全保障関連法案が強行的に国会を通り、原子力発電所が再稼働されるという政治的過程を経るなかで、心ある日本人は、容易なことでは脱原子力社会が生まれない、また、戦後日本がめざした反戦平和国家の構築もままならないことを理解し始めた。けれども、そのような政治過程のなかで、若者をも含めた大勢の国民が抵抗に立ち上がった。

こんな時期、日本の至るところで、マルクスの『資本論』を熱心に読書する会が組織されるという事態となったらしい。ちょうど私はフランスの盟友ダニエル・ベンサイドの『時ならぬマルクス――批判的冒険の偉大さと逆境（十九―二十世紀）』の監訳の仕事に従事していたのであったが、なにかしら周辺の人びとからマルクス主義復権へのたしかな手応えのようなものを感じることができた。

激動の昭和史を省みる

それでは、日本の一九四五年夏の敗戦から、フクシマ事故が起こる二〇一一年春までの原子力テクノロジーをめぐる歴史的経過を包括的に顧みてみよう。

昭和という時代を顧みるにあたって、私は定評ある半藤一利著『昭和史』全二巻（平凡社ライブラリー、二〇〇九）をひもといた。その戦前の巻の「はじめの章」は「昭和史の根底には〝赤い夕陽の満州〟があった」と題されている。[☆41] すなわち、近代日本は、大国として飛躍しようとして、

☆41　半藤一利『昭和史 1926-1945』（平凡社ライブラリー、二〇〇九）。下巻の戦後篇は、1945-1989の年代について記述されている。

農業基盤があり、天然資源と市場を提供してくれる東アジアの地域として、東北中国に眼をつけ、それで、一九三一年秋の満洲事変を策謀するにいたった。この事件は、帝政ロシアとの一九〇四—〇五年の戦争の延長にある。陰謀によってこの事件をたくらんだ軍人たちの中枢には陸軍参謀の石原莞爾《いしはらかんじ》（一八八九—一九四九）がいた。「最終戦争」を法華経的な宗教思想のうえに構想し、「満洲」を「国防最前線」として位置づけ、近代日本の政体の道具とし、東アジア文明を帝国日本が統御するというような戦略的構想で、西洋覇道国家の代表選手としての米国と覇権を争おうとしたのであった。「即ち東洋の王道と西洋の覇道の、いずれが世界統一の指導原理たるべきかが決定するのであります」[☆42]。「王道」とか「覇道」とかの語彙は古代中国の『孟子』に由来する。このような〝雄大な〟構想を今日でも評価し、称賛する者がいる。私の観点からは、日本の政治経済的実力を無視したとんでもない戦略構想である。私は二〇〇七年秋以降、瀋陽（かつての奉天）にある東北大学の客員教授なのであるが、その郊外にある「事変」にちなむ紀年館を学生たちと一緒に訪問したことがある。そしてハルビン滞在中の九月十八日の朝、サイレンが鳴り響いた。引率の学生に問うたところ、「満洲事変」勃発の日なのであった。

この「事変」の二年後に、日本軍部指導者の科学技術信仰の一環としての巨大な「不沈戦艦大和」建造計画が持ち上がる。半藤氏は『B面　昭和史』で指摘している。「いまに通じる科学技術信仰。関東軍の満洲侵略と、陸軍中央の揺るがざる自信の基底にはこの過信がたしかに流れていたものとわたくしはみている」[☆43]。

しかしながら、石原莞爾は、日本敗戦直後の一九四五年八月下旬、『読売報知新聞』のイン

☆42　石原莞爾『最終戦争論』（中公文庫、新版二〇〇一）、四四ページ。

☆43　半藤一利『B面　昭和史1926▶1945』（平凡社、二〇一六）一一六ページ。」

タヴューに応えて、こう述べた。

戦《いくさ》に敗けた以上はキッパリと潔《いさぎよ》く軍をして有終の美をなさしめて、軍備を撤廃した上、今後は世界の輿論《よろん》に、吾《われ》こそ平和の先進国である位の誇りを以て対したい。将来、国軍に向けた熱意に劣らぬものを、科学、文化、産業の向上に傾けて、祖国の再建に勇往邁進《まいしん》したならば、必ずや十年を出《い》でずしてこの狭い国土に、この厖大《ぼうだい》な人口を抱きながら、世界の最優秀国に伍して絶対に劣らぬ文明国になりうると確信する。世界はこの猫額《ねこがく》大の島国が剛健優雅な民族精神を以て、世界の平和と進運に寄与することになったら、どんなにか驚くであろう。こんな美しい偉大な仕事はあるまい。[☆44]

この構想はとてもよい。いまでも、いや、いまでこそ、無条件で支持できる。

そして極東軍事裁判にあたって、石原は、錦州城内爆撃の責任を問われたさい、欧米連合国側に対して、「あれが人道上許しがたいというならば、今時戦争においてアメリカがわが広島、長崎に原爆を投下して何十万という人民を殺したことはどうなのか」と反駁して、尋問にあたった人を沈黙せしめたという。[☆45]

半藤氏は、「日本人と戦争の関係を見つめてきた作家」という肩書きで、国会での安保法案成立後の二〇一五年九月十九日付の『朝日新聞』朝刊の「歴史に学ぶ」というインタヴュー記事に応えて、戦力を放棄した第九条をもつ日本国憲法の遵守のみならず、原子力発電の愚かさ

☆44　半藤一利『日本国憲法の二〇〇日』（文春文庫、二〇〇八）、六七ページから引用。前注の『B面昭和史』、五八〇ページにも同じ文章が引用されている。

☆45　青江舜二郎『石原莞爾』（中公文庫、一九九二）、一三二ページ。

をも明確なことばをもって指摘している。文中で、「保守的」とされる文芸春秋の出身ではないのか?との問いに、こう自己規定して答えている。「いえ。現実主義者でしょうね」、と。そして現行憲法については、こう述べている。「100年もてばそれが国の意思になるし、海外の人々の戦争観にも影響を与える」☆46。私は、半藤氏の戦争観、憲法擁護思想、原子力反対の考えに、昭和の日本人の叡智をみる思いがした。私は、戦後日本がこのような智恵溢れる言論人をもったことを同国人として誇りに思った。

　半藤氏の政治思想は、たしかに私自身のものとは相違している。だが、氏に深い叡智があることはまちがいない。未曾有の敗戦を経験しての日本人がけっして忘却してはならない智恵にほかならない。私も現実重視の観点において、半藤氏と軌を一にする。

日本戦中の原子爆弾開発のレヴェル――仁科芳雄とウラニウム爆弾の基礎研究

中間考察においては、米国を中心とする原子爆弾開発について、詳細で精確なバゴットの『アトミック』に基づいて若干紹介した。バゴットは、米国・英国・カナダ、それに引き続いたドイツの事情――原子炉の実験段階までには進んでいた――、スパイ網を通して原爆を製造するに至ったスターリン体制下のソ連邦については言及しているが、戦時下の日本に原爆研究のプロジェクトがあったことにはほとんど触れていない。おそらく原爆開発の主潮流には入らないと見なすと同時に、記述言語の事情で情報が入らなかったからであろう。

　第二次世界大戦中、わが国が、原爆研究を推進していたことは今日では広く知られている。

☆46　朝日新聞、二〇一五年九月十九日朝刊、第17面。

とりわけ、日本の量子力学研究の草分けにして理化学研究所の物理学者・仁科芳雄と、京都帝国大学の荒勝文策がウラニウムを原料とする原子爆弾の製造をめざした。とはいえ、爆弾製造といった段階にまで至ったと言えるかどうかには疑問符が附されるであろう。遅速の中性子が衝突して、核分裂を起こすウラニウム同位体は235に限定される。圧倒的に大量に存在する同位体ウラニウム238は分裂を起こさない。この事実は、一九三九年には知られるようになっていた。そこで濃縮ウランを求める仕方が探求されることになった。仁科は、一九四〇年中葉には、原爆製造にかかわる物理学的基礎原理の研究に従事しようとしたと言ってよい。その過程についての研究は、山崎正勝の『日本の核開発』(二〇一一)がもっとも詳細である。仁科の研究プロジェクトは、陸軍によって正式に依頼され、「二号研究」と呼ばれた。「仁科《ニシナ》」[☆47]から、そう命名されたものである。たしかに一九四四年には「6フッ化ウラン」は得られた。そうして理研が所蔵していた六〇インチのサイクロトロンが実験に使用された。日本に、ウラニウムは少なくとも大量には産出しないので、原子爆弾の燃料の確保の方策の段階でつまずいてしまった。

京都の荒勝の研究は、海軍から依頼され、「F研究」と呼ばれた。が、仁科グループの段階を越えて進むことはなかった。結局、こういったレヴェルで終戦を迎えることとなった。

山崎正勝は、日野川静枝とともに、アメリカを中心とする原爆開発の歴史について、共同研究の書『原爆はこうして開発された』[☆48]を出版している。

けれども、仁科らの研究が基礎物理的研究段階の限界内にとどまり、現実に原爆を製造しよ

☆47　山崎正勝『日本の核開発：1939～1955 原爆から原子力へ』(績文堂、二〇一一)、四一ページ。

☆48　山崎正勝・日野川静枝編著『原爆はこうして開発された』(青木書店、増補版一九九七)。

うとはしなかったというわけではない。ウラニウム原爆製造は明確にめざされた、と言ってよい。だが、ごく初歩的段階に終始した。それから重要なこととして、仁科は長崎に投下されることになるプルトニウム爆弾については知らなかったようである。岡野真治という若手研究者が戦後になって、「先生は長崎型（プルトニウム）の原爆が作られていたことをご存知ですか」と質問したところ、一瞬びっくりして、間をおいて、「知らなかった」と答えたという。岡野はこう所見を述べている。「恐らく先生のお気持の中に、日本の原子力研究における格差の大きさとそれに対する挫折感を残念に思われたのではないかとお察ししました」[☆49]。

仁科の原爆製造にかかわる経緯などに関しての書簡を中心とする史料は、『仁科芳雄往復書簡集』III（二〇〇七）に収録されている。『仁科芳雄往復書簡集』補巻（二〇一一）も重要史料が満杯と言って過言ではない。この補巻には、太平洋勃発直後に学会雑誌に発表された、「大東亜戦争と科学者の責務」ほか、科学研究を介した戦争支援の情熱的声を聞くことができる。「昭和16年12月8日は我国にとって肇国以来最も記念すべき日である。即ち世界最大強国と自他共に許して居た英国並びに北米合衆国に対して畏くも宣戦の詔勅を降し賜はったのである。そして我が海軍は此日ハワイに於て古今未曾有の戦果を挙げ、越えて12月10日マレイ沖に於ては英国の東洋艦隊の主力を撃滅して一応太平洋の波を静め、更に陸軍は海軍と協力して至る処に驚くべき戦果を齎して居ることは茲に繰り返す迄もないことである」。このような前段での華々しい初戦の戦果について記述したあと、科学者の果たすべき任務をこう唱《うた》っている。「我々科学者は持てる智嚢の凡てを傾けて、苟くも戦争に用ひられるもの、銃後の用に供せられるものが

☆49　岡野真治「わたしの仁科研究室」、玉木英彦・江沢洋編『仁科芳雄――日本の原子科学の曙』（みすず書房、一九九一）、一八三―一八四ページ。

あるならば、これを利用して少しでも勝利への距離を縮めることが第一の責務である」[☆50]。

一九四三年三月三十一日に依託研究を終了したプロジェクトの仁科と矢崎為一による報告書「核分裂によるエネルギーの利用」には、こう書かれている。「**ウラン**ノ核分裂ノ連鎖反応ハ一旦起レバ極メテ短時間ニ進ミ莫大ナル**エネルギー**ヲ放出スルガ故ニ強力ナル爆弾トシテ用ヒラルル可能性アリ」[☆51]。仁科らの研究は明確にウラニウムを利用した爆弾とすべき研究だったのだ。「実験的研究」の項目は、その研究の内実を教えてくれる。「既ニ理論的研究ノ項ニ於テ述ベタル如ク**ウラン**ノ連鎖反応ヲ生起セシムルニハU^{235}ヲ多量ニ濃縮スルヲ要ス。本研究ニ於テハ気体**ウラニウム**化合物UF_6ヲ熱拡散ヲ用ヒテ濃縮スルコトトシUF_6ノ合成及同位元素分離ノ試験装置ニ関シ予備実験ヲ実施中ナリ」[☆52]。引用文中の「U^{235}」はウラニウム同位体235を表わし、「UF_6」は山崎の研究書が「6フッ化ウラン」として言及していた化合物で、仁科らは、濃縮ウラン二三五を獲得する一段階で、その物質を実験的に得ていたのである。

戦中なのであるから、軍事研究への荷担は不可抗力であった、と人は思いなすかもしれない。私はそうではない、と信ずる。仁科の物理学研究における最良の弟子は朝永振一郎だと私は見なしているのだが、朝永は、「表面上は軍事研究に協力して成果を出している振りをしながら、肝心なところは手渡さず、毒にも薬にもならない研究をして、「はい」と涼しい顔で論文を提出していた」[☆53]。「軍部に自分の研究を渡さないという意志を密かに貫」いた。人間としても第一級の科学者の姿がここにはかいま見られる。なお、朝永らは、アメリカによるウラン核分裂の軍事的利用の可能性を一九四三年暮れには一定程度察知していたようだ[☆54]。

☆50　中根良平・仁科雄一郎・仁科浩二郎・矢崎裕二・江沢洋編『仁科芳雄往復書簡集』「現代物理学の開拓」補巻「1925-1993」（みすず書房、二〇一一）、二六四—二六五ページ。

☆51　前掲書簡集、補巻、三一七ページ。太字での強調は原文。つぎも同様。

☆52　同前、三一八ページ。

☆53　益川敏英『科学者は戦争で何をしたか』（集英社新書、二〇一五）、一一一—一一二ページ。

☆54　半藤、前掲『B面昭和史』（注43）、四八〇—四八一ページ。『科学朝日』一九四四年一月号の座談会記事による。中尾麻伊香『核の誘惑——戦前日本の科学文化と「原子力ユートピア」の出現』（勁草書房、二〇一五）、二六三ページをも参照。

仁科は広島への「新型爆弾」投下を、軍を通しての現地からの報告と、アメリカ大統領トルーマンの声明から知った。書簡集第III巻に収録された、理化学研究所の研究協力者玉木英彦宛の一九四五年八月七日夜に綴られた書簡（置き手紙）はよく知られている。これは、広島への爆弾投下の翌日夜、調査のために現地に赴こうとして書かれたものである。「今度のトルーマン声明が事実とすれば吾々「ニ」号研究の関係者は文字通り腹を切る時が来たと思ふ」。「残念乍ら此問題に関してはどうも小生の第六感の教へた所が正しかつたらしい。要するにこれが事実とすればトルーマンの声明する通り、米英の研究者は日本の研究者即ち理研の49号館の研究者に対して大勝利を得たのである。これは結局に於て米英の研究者の人格が49号館の研究者の人格を凌駕してゐるといふことになる」☆55。仁科の念頭には、科学発見競争のことがたちどころに浮かび、米英ら連合国側の科学者と、彼が指導する理化学研究所所員のあいだの業績競争において日本側が完敗したらしいことを悔しがっているのである。仁科によって言及されているトルーマンの声明には、つぎの文言があった。「驚くほどの短期間に、科学の進歩にかかわるきわめて多様な問題の処理に無類の成功を収めた。世界でのこのような共同作業を組織しえた例が他にあるかどうか疑わしい。これまでに達成されたことは、組織化された科学の業績としては史上最高のものである。それは、極度の重圧を受けながらも、失敗することなく達成されたのである」☆56。

銃撃法で作製されたウラニウム爆弾（「リトルボーイ」と名づけられた）が広島に投下された三日後、爆縮法という数学的により複雑な計算法で設計されたプルトニウム原爆（「ファットマン」と名づけられ

☆55　中根良平・仁科雄一郎・仁科浩二郎・矢崎裕二・江沢洋編『仁科芳雄往復書簡集』「現代物理学の開拓」III「大サイクロトロン・ニ号研究・戦後の再出発 1940-1951」（みすず書房、二〇〇七）、一一四二ページ。

☆56　資料『マンハッタン計画』（大月書店、一九九三）、六〇七ページ。

た）が長崎に投下された。半藤一利と湯川豊の共著になる『原爆の落ちた日』は、つぎのような感懐を書いている。「トルーマン大統領、スターリン首相、チャーチル前首相たち多くの政治家たちは、戦われている戦闘や原爆投下より、すでに戦後の世界形成に関心を向けた。オッペンハイマー博士、A・コンプトン博士、A・ローレンス博士、フェルミ博士らは、原爆製造を人類にとって不可避な歩み、巨大な進歩の一過程であると信じた。〔……〕原爆投下に関するあらゆることが、政治家と科学者と軍人によって検討され、日本本土への上陸作戦よりも人命の被害もすくなくてすむと結論された。戦後世界戦略の上からも有効と考えられた。準備も訓練も秘密保持も万全であった。しかし、ただ一つ忘れられたことがある。モルモット、すなわち被爆者の身になって感じることであった」[☆57]。著者たちは、「そこの市民たちは一個の実験の素材」であったとも書いている。この所見は正しい。マンハッタン計画は、現実には一九四二年に始動したのであるが、当初はナチス支配下のドイツが攻撃目標であった。が、一九四三年には、日本もが標的となっていた。私は一九四五年の原爆攻撃には人種主義的要素が否定できないと考えている。広島と長崎には、ウラニウム型とプルトニウム型の別々の型の原爆が投下された。政治家と科学者と軍人は、科学的に別の仕方で設計された原爆のそれぞれが成功裏に製造されたのかどうか、実験してみたかったのだ。「モルモット」の生命は単純に度外視された。

半藤氏は『B面　昭和史』中で書いている。「七月十七日、そのポツダム会議が開催される。その前日の朝に、米ニュー・メキシコ州アラモゴードで、人類最初の原子爆弾の爆発実験が行なわれ、それが成功した。結果として、国際情勢は激変する。日本の降伏を促すためには、ソ

☆57　半藤一利・湯川豊『原爆の落ちた日』（ＰＨＰ文庫、決定版二〇一五）、四五五ページ。

連の対日参戦が必要と考えていたアメリカの政策は、「戦争は原子爆弾を投下すれば終る」と一転した」[☆58]。原爆の実験の日付も会議に合わせたものであろう。

仁科が、敗戦の翌年三月刊の『世界』に、「原子爆弾」なる記事を書いたことについては中間考察で言及したが、その記事中では、広島に投下された爆弾がたしかに原子爆弾であったことの証拠が確認され、さらに、ナガサキ原爆がプルトニウムを使った「更に進歩したもの」であると報告されている[☆59]。敗戦後に学んだ知識によって戦中の知識を補塡して書かれたのであろう。

仁科の「原子爆弾」なる記事に続いて、『世界』は、K・K生「原子爆弾の出来るまで」を掲載している[☆60]。保阪正康の『日本原爆開発秘話』は、木村健二郎のペンネイムだとしている[☆61]。

結局、原子爆弾を実際に製造するレヴェルにまで至ったのは、米国を中軸とする連合国だけであった。ボーアが予見したごとく、原爆製造のためには、「国が総力を挙げて取り組まなければならない」のであるが、そのような科学技術の体制をもっていたのは、アメリカとその同盟国だけだった。

原子力テクノロジー体験の悲惨な歴史

ここで、ヒロシマ・ナガサキから、チェルノブイリを経て、フクシマに至るまでの、原子力テクノロジー経験というべきものを概括的に振り返っておくこととする。

広島と長崎の原爆投下による災害については、信頼すべき総合報告が岩波書店から一九七九

☆58　前掲『B面　昭和史』（注43）、五六四ページ。

☆59　仁科芳雄「原子爆弾」、『世界』一九四六年三月号、一一九—一二〇ページ。

☆60　K・K生「原子爆弾の出来るまで」、前掲『世界』三月号、一二三—一二七ページ。

☆61　保阪正康『日本原爆開発秘話』（新潮文庫、二〇一五）、七五ページ。

年に公刊されている。[☆62] 英語版も一九八一年に出版されている。[☆63] 私は海外で講演するときなどに重宝して利用している。現在のところ、信頼すべき統計によれば、広島では約一四万人、長崎では約七万人が原爆投下の直接的効果で死亡したものと推測されている。けれども、その後の放射線障害による死や障害となると評価は困難とされるようになった。その理由の一斑は、笹本征男が解き明かしている。[☆64] アメリカの占領下にあって、米国政府とその日本人協力者が真実を隠蔽しようとしたからにほかならない。このような政治的統制の一般的傾向は、原子力テクノロジー一般に当て嵌まる。もうひとつの困難性は、残存放射線あるいは低放射線の病理学的評価が比較的難しいからである。被曝した者の長期の経過を注意深く観察することなくして、癌あるいは血液の癌ともいわれる白血病などの発症の因果関係が確認し難いのである。ここに、科学上のごまかしがなされる根拠がある。被曝がなされた直後の早期障害は比較的同定し易い。ところが、晩発性障害は隠し通せる蓋然性が高い。この種の障害については、先述の仁科の「原子爆弾」なる記事も認識を誤った。彼はこう書いていた。「これ等の放射線のため廣島や長崎は人が住めなくなつたと云はれたが、これは誤りで、爆発直後は或はその恐れがあつたかもしれないが、放射能は次第に減衰するから十日も経てば、何等人體に悪影響はない」[☆65]。私たち日本人は、たとえば、一九四三年生まれの佐々木禎子《さだこ》さんという少女が、二歳のときに広島で被爆し、白血病を発症して、折り鶴を折りながら一九五五年秋に十二歳で亡くなった話を、広島の平和記念講演にある禎子をモデルとした折り鶴を両手で掲げる女の子の像とともに記憶している。

☆62　広島市・長崎市原爆災害誌編集委員会編『広島・長崎の原爆災害』（岩波書店、一九七九）。『原爆災害　ヒロシマ・ナガサキ』（岩波現代文庫、二〇〇五）は、前記書物の縮約版である。

☆63　*Hiroshima and Nagasaki: The Physical, Medical, and Social Effects of the Atomic Bombings*, ed. by The Committee for the Compilation of Materials on Damage Caused by the Atomic Bombs in Hiroshima and Nagasaki,tr. by Eisei Ishikawa and David L. Swain (Tokyo: Iwanami Shoten, Publishers, 1981).

☆64　笹本征男『米軍占領下の原爆調査——原爆加害国になった日本』（新幹社、一九九五）。拙評が『思想』第九〇二号（一九九九年八月）、一二二—一二五ページ、に掲載されている。

☆65　仁科、前掲記事

「原子爆弾」（注59）、一一二ページ。

けれども、こういった被曝が引き起こした事実をいわゆる実験科学的に証明しようとしても大きな困難に直面するであろう。東京大学の原子力工学者ならこう言うかもしれない――「ただちに影響はありません」。だが、水戸巌はちがう教訓を与えていた――「ガンがあの時の事故の影響かそれとも最近飲み過ぎたせいなのかわからなくなってしまう。これは完全犯罪ですね。放射能の完全犯罪です」[☆66]。放射線からの被曝、とくに内部被曝は、いとも簡単に原因と犯人を覆い隠すから「完全犯罪」とされやすいのである。原因の特定のためには、実験的手法での検証がもっとも的確であろうが、ときに、その方法とは異なる別の科学的方法が動員されなければならない。病理誌ないし生命誌と呼ばれるべき歴史的研究方法である。

一九五三年年末に、米国大統領アイゼンハワーは国際連合で演説し、「平和のための原子力」(Atoms for peace) を呼びかけた。日本は、翌年、さっそく、この呼びかけに応え、予算を計上しようとした。朝永振一郎は、三月に、日本学術会議原子核特別委員長の資格で国会で証言し、原子炉は、地震が起こったさいに、そのまま逃げるわけにはいかない、と警告した[☆67]。まことに的確な証言が一九五四年春には得られていたのである。

私は、一九七〇年頃に宮城県女川に原子力発電所の計画が持ち上がったときから、原発に批判的になった。私は当時、東北大学大学院で純粋数学を学ぶ学徒だったのだが、同時期には、工学部の原子核工学を東京から仙台に出てきた小出裕章が学んでいた。たがいに知り合うことはなかったが、そのときの反対運動がある程度強かったために、女川原発は海面から比較的高く設置され、二〇一一年三月の津波の直接的被害を回避できたはずである。小出は、東北大学

☆66 『原発は滅びゆく恐竜である』、二七三ページ。一一八ページをも参照。

☆67 常石敬一『日本の原子力時代　一九四五～二〇一五年』（岩波現代全書、二〇一五）、三八ページ。

工学部の学生時代、水戸巌の影響を受けたという。彼は、京都大学原子炉実験所に就職し、周知のように健筆をふるうこととなる。☆68

私がつぎに原子力問題について深く考えさせられたのは、一九七九年三月二十八日にペンシルヴァニア州のスリーマイル・アイランドで原発事故が起こったときであった。私は、その地の東部のニュージャージー州プリンストンで学ぶ大学院生であった。プリンストンは、事故のニュースで沸き立っていた。放射線が流れ、押し寄せてくるのではないかという恐怖感で充満していたと言っても過言ではなかった。現実に起こったことは、第二号機原子炉で冷却水を送るポンプが停止し、少量の放射性物質が漏れ、ペンシルヴァニア州の一五万人ほどの住民が安全のために避難させられたということであった。しかし、この事故は人々の心に原発のリスクについて深く刻み込まれる結果をもたらすこととなった。

一九八六年四月二十六日未明にソ連邦ウクライナのチェルノブイリ原発で起こった大事故は、ヒロシマとナガサキと並んで、原子力テクノロジーの犯罪性についての認識を揺るぎないものとした。原子核物理学者の水戸巌は、チェルノブイリ原発事故が起こった一九八六年初夏に朝日新聞に投稿し、その「声」は六月十日朝刊に掲載された。「いまならまだ引き返し可能」という見出しの声は、つぎの文章で始まる。「国際原子力機関事務局長の「原子力はもはや多くの国で、引き返せない所まで来ており、むしろ原子力と共に生きていかねばならないのが現実だ」との発言を本紙で読み、空恐ろしい気持ちになった」。「国際原子力機関」（ＩＡＥＡ）は原子力推進についてのもっとも権威ある国際組織である。水戸は言う。「こんな危険を目のあた

☆68　二〇一五年三月、小出裕章は助教の地位で、京都大学を退職した。川野眞治・小出裕章・今中哲二『原子力安全問題ゼミ　小出裕章　最後の講演』（岩波書店、二〇一五）を見よ。小出は、原発には地域の「差別」が如実に現われ出ていると説いている。また、だれよりも子どもを放射能から守れと述べている。

りに見ながら、「引き返せないほど」人類はおろかなのであろうか」。結語はこうであった。「硬直した思考をすて、国民一人ひとりの決意をもって「引き返す」ための現実的方法を探ってゆく、いまが最後のチャンスなのである」[☆69]。「最後のチャンス」だという警告に傾ける耳を一般に人はもたなかった。

私は、事故後に出版された関連書の何冊かに眼を通したが、なかでも、高木仁三郎と、出版直前に冬山遭難死した水戸巌との共著になる『われらチェルノブイリの虜囚』[☆70]は強く記憶に残っている。

その後、長期間の現地での調査研究をもとにした今中哲二編『チェルノブイリ事故による放射能災害』（一九九八）に収録された論考は労作揃いで学ぶことが多かった。この事故について報告したベラルーシ科学アカデミー・物理化学放射線問題研究所のミハイル・V・マリコは自らの論考の冒頭で書いている。「チェルノブイリ事故は、ベラルーシ、ロシア、ウクライナの環境に甚大な影響をもたらした。それらの旧ソ連共和国の経済状態を悪化させ、広範囲にわたる社会生活の破壊、汚染地域の住民の不安と怖れの増大、ならびに被災したすべての人々への医学的影響をもたらした。ソ連当局は、事故が起きた最初の日から、事故によってもたらされた影響の重大さを承知していた。しかし、事故当時のソ連は、深刻な経済危機の中にあり、事故の影響を軽減するために必要な対策を実施できなかった。ソ連当局が事故に関する情報を隠蔽した理由の一つはそのためであった。もちろん、ソビエト連邦内で発生した不愉快な事件についてのデータはいっさい発表しないという、ソ連の伝統的政治方針も重要な役割を演じた」[☆71]。

☆69　朝日新聞、一九八六年六月十日朝刊、「声」欄。

☆70　高木仁三郎＋水戸巌『われらチェルノブイリの虜囚――ドキュメント・日本原発列島を抉る』（三一新書、一九八七）。

☆71　ミハイル・V・マリコ「ソ連政府の対応とベラルーシでの一二年」、今中哲二編『チェルノブイリ事故による放射能災害――国際共同研究報告書』（技術と人間、一九九八）、三一八ページ。

「ソ連の伝統的政治方針」とは、スターリンの「上からの革命」によって一九二〇年代末に定着することとなった官僚指令政治経済のシステムのことを意味する。[☆72] わが国の非学問的言説では、「社会主義経済」の仕業と規定するであろうが、無論、実情はおおいに異なる。チェルノブイリの未曾有の大事故と、それへの対応の拙劣さは、ソヴェト・ロシアの官僚指令科学技術体制の本質的欠陥が原因だ、と私は見なしている。その後の「復古」体制においても、対応は改善されていないどころか、むしろ、おおいに悪化した。

前掲『チェルノブイリ事故による放射能災害』に収録された論考のなかで、同じくミハイル・V・マリコの「長期的な放射線被曝とガン影響の総合評価」、「ベラルーシの青年・大人の甲状腺ガン」、ならびに「ソ連政府の対応とベラルーシでの一二年」は原発行政と健康問題に関心を寄せる私にとって教示してくれるところが多かった。

チェルノブイリ事故の実態はいまでも未解明の部分があまりに多い。依然として「ブラック・ボックス」のままだと言ってよいだろう。

アレクセイ・V・ヤブロコフらの労作『調査報告　チェルノブイリ被害の全貌』は、貴重な諸事実を知らしめてくれる。[☆73] ソ連邦の「社会主義」を自称していた政体の影響は、まず、ロシア語で「リクビダートル」（事故処理作業員）と呼ばれる数十万の労働者が「英雄的」働きをして、そのなかの多くが最初の犠牲者として死んでいったという事実を忘れるわけにはゆかない。そのうえで、健康被害が巨大な数の人に現われることとなった。隠蔽の体質は、旧ソ連時代も復古による体制転換後の市場経済資本主義においてもそれほど大差はない。子どもたち、老人た

☆72　渓内謙『上からの革命——スターリン主義の源流』（岩波書店、二〇〇四）、を見よ。

☆73　アレクセイ・V・ヤブロコフ、ヴァシリー・B・ネステレンコ、アレクセイ・V・ネステレンコ、ナタリヤ・E・プレオブラジェンスカヤ『調査報告　チェルノブイリ被害の全貌』（星川淳監訳／チェルノブイリ被害実態レポート翻訳チーム訳、岩波書店、二〇一三）。

ちの癌死は厖大である。影響は、旧ソ連邦の境界を超える。「二〇〇五年にチェルノブイリ・フォーラムは、大惨事の合計死者数は約九、〇〇〇人、病人の数は約二〇万人にのぼるだろうと発表した。この数字では、膨大な基礎人口を背景とした自然死亡率や自然罹病率と、放射線関連の死や病気とは見分けはつかない」。「ベラルーシ、ウクライナ、ヨーロッパ側ロシアの汚染地域における公式の人口動態統計の詳細な分析結果にもとづいて評価すると、チェルノブイリ事故に由来する死者数は大惨事後の一五年間で二三万七、〇〇〇人近くに達した。一九八七年から二〇〇四年にかけてのチェルノブイリ事故による死者数は、前出の三国以外のヨーロッパ諸国とアジア、アフリカで計四六万二、〇〇〇人近く、北米では三三万一、〇〇〇人近くにのぼったと仮定してまず間違いなく、全世界ではほぼ一〇〇万人に達していたことになる」[☆74]。これは驚くべき数値であるが、チェルノブイリの大事故はそれほども広範囲に放射能を撒き散らしたことを忘れてはならない。この論考の著者たちは、結論として、こう述べている。「原子力産業界は、原子力発電所によって人類の健康と地球環境を平気で危険に曝す。チェルノブイリ大惨事は、そうした姿勢が、理論上だけでなく実際上も、核兵器に匹敵する被害をもたらすことを実証している」[☆75]。

最後の結論的言辞の意味は重く、深い。チェルノブイリの核惨事は、まさしく、ヒロシマとナガサキを合わせたほどと同等か、否、はるかにそれを超える歴史的意味をもっているのである。ヒロシマとナガサキは、直接の大量殺害を狙った歴史的事件で、比類なく重大だが、他方のチェルノブイリは、大量の放射線の撒き散らしということでは、世界史上、最大規模の未曾

☆74　アレクセイ・V・ヤブロコフほか、第一五章「チェルノブイリ大惨事の二五年後における住民の健康と環境への影響」、前掲書、二八三ページ。
☆75　前掲論考、二八七ページ。

有の大惨事であった。放射線に関しては、広島や長崎に投下された原爆の数百倍規模と考えられている。とくに低レヴェル放射線の科学的評価に関しては、未だに巨大な虚偽が支配したままである。

このような大惨事を受けて、スベトラーナ・アレクシエービッチの名著『チェルノブイリの祈り』は綴られたのだ。その書の「事故に関する歴史的情報」として、著者の住むベラルーシは名もない未知の大地──「terra incognita」と呼ばれていることを紹介している。たぶん、チェルノブイリ大惨事にもかかわらず、いまもって、その地は「テッラ・インコーグニタ」のままであろう。「エピローグに代えて」は、つぎの一文を載せている──「キエフ旅行社はチェルノブイリ市と死に絶えた村へのご旅行をおすすめします。もちろん代金をいただきます。核のメッカへようこそ[☆76]」。

チェルノブイリ事故にたいする世界の正しい認識が充分に行き渡らないうちに、フクシマがやって来てしまった。人類史のこのようないくたびにも及ぶ悲惨な経験にもかかわらず、二〇一一年三月の福島第一原子力発電所の事故が起こってしまったのだ。想定外ではけっしてない。大規模地震に伴う原発事故については、原子力資料情報室の高木仁三郎が、一九九五年一月の阪神淡路大震災直後に警告し[☆77]、また神戸大学の地球物理学者の石橋克彦が「原発震災」という名称によって警鐘を鳴らしていたにもかかわらず[☆78]。主題的にということでなければ、水戸巌は「原子力発電はどうしてダメなのか」（一九七八）の十七の理由のひとつに「大地震が原子炉の最大事故を惹き起こしうるもっとも大きな可能性をもっていること[☆79]」を挙げている。

☆76　アレクシエービッチ『チェルノブイリの祈り』、二九四ページ。

☆77　高木仁三郎「核施設と非常事態──地震対策の検証を中心に」、『日本物理学会誌』第五〇巻一九九五年一〇月号、八一八─八二一ページ。佐高信・中里英章編『高木仁三郎セレクション』（岩波現代文庫、二〇一二）の佐高信による解説の三七一ページ、を見よ。高木は、原子力資料情報室代表として、本論考を綴っており、日本物理学会の非会員としての投稿だったはずである。私が点検したかぎり、本論考は著作集に未収録。なお、原子力資料情報室は阪神・淡路大震災の直後に小さなパンフレットを発行しており、私はそれを所有している。

☆78　石橋克彦『原発震災──警鐘の軌跡』（七つ森書館、二〇一二）。収録された論考は、一九九七年十月刊にさかのぼる。

福島では、原子炉の相次ぐ炉心溶融《メルトダウン》と建屋爆発によって、原発所長の吉田昌郎は死を覚悟したと言われる。三月十五日には、首相の菅直人は、「人口一三〇〇万人の首都東京にまで避難区域が広がるという最悪のシナリオを考えていた、という」[☆80]。一九九九年九月末の東海村の燃料加工工場で起こった臨界事故によって、二名の作業員が死亡した。国際原子力事象評価尺度（INES）は、レヴェル4とした。スリーマイル島事故は5であった。日本政府は、事故後約四週間にして、福島第一原発の事故はレヴェル7であるとした。チェルノブイリと同等の最悪規模の事態となったのであった。にもかかわらず、愚劣極まる日本の首相は、二〇一一年暮れには事故の終熄を宣言した。だが、いまもって、主として福島現地近くから徴発された多くの原発労働者は、被害拡大を防ぐために獅子奮迅の奮戦の続行を強いられている。二〇一五年秋になって、そのなかからはじめての白血病認定者が出た。日本の「リクビダートル」であった。

米国の原子力エネルギー協会の原子力担当最高責任者は、事故直後、慎重にことばを選んで、こう述べた。「わが国では絶対に起こりえないなどとは、けっして言えません。確率がゼロのものなど存在しえません」[☆81]。水戸巌は一九七五年にすでに書いていた。「巨大な潜在的危険性に対する唯一つの科学的態度は、**おこりうる最悪の事態を想定してそれを判断の基準に置く**、ということである」[☆82]。政治権力によって買収されず、もっとも厳密に思考する科学者の面目躍如といったところであろう。他方、「原子力ムラ」と称されるようになった日本の御用学者集団のひとりの自称科学哲学者は、「Safer」、すなわち、以前より安全な規準での原発再稼働を「大人」の対応として称賛した。

☆79　水戸巌『原発は滅びゆく恐竜である』、二八一―二二三ページ。

☆80　*FUKUSHIMA: The Story of a Nuclear Disaster*, by David Lochbaum, Edwin Lyman, Susan Q. Stranahan, and the Union of Concerned Scientists (New York/London: The New Press, 2014), p. 77. デイビッド・ロックバウムほか『実録FUKUSHIMA アメリカも震撼させた核災害』（水田賢政訳、岩波書店、二〇一五）、九七ページ。

☆81　*Ibid.* p. 94. 前掲邦訳、一二一ページ。

☆82　『原発は滅びゆく恐竜である』、一七九ページ。強調の太字は原文。

2 放射線の自然哲学——低線量放射線の健康被害評価の深淵

「閾値なし直線モデル」をめぐる学問政治的要因

本書は、科学哲学書、もっと特定的には自然哲学に関する本である。それなら、自然と、それについて哲学したり、科学したりする人間の営為の特性について簡明に述べるべきであろう。自然は、古典ギリシャ語では、「ピュシス」(φύσις)と称された。ラテン語では「ナートゥーラ」(natura)という。自然をも、本性をも意味する。中国語では、「自然」は本来は「自ずからひとりでこうなる」という状態を意味した。これら三つの語彙はすべて、人為的ではない手つかずの本来の状態が含意されている。

ところが、長いキリスト教的中世を経て、十六世紀西欧のルネサンス期に新しい自然観が生まれた。中世の職人層がかかわった「機械的諸技芸」(artes mechanicae)に基づく自然の理解の仕方が成立したのである。英国のベイコン、イタリアのガリレオが、この機械論的自然観の最初の唱道者となった。フランスのデカルトが、機械論的アプローチのなかでも数学的方法に格別の地位を付与した。彼は、それゆえ、数学的自然学の最初の理論家と特徴づけられる。同じフランスのガッサンディによるエピクロスの原子論哲学の復権は、原子論的仮説が将来の経験主義的な自然科学的探究に堅実な基礎を与えるものとして期待された。彼にとって、原子論的仮説は、「永遠の仮説」であることが含意されていた。つねに懐疑主義的前提とともに理解されていた。彼の後継者のひとりで卓越した実験化学者のボイルにおいても、そうであった。彼にとって、「原子」（atom）というギリシャ語の原義「不可分者」は、あってなきがごとくであった。したがって、ボイルにとっては、原子の下位に、原子を構成する素粒子、クォークなどが存在するとする理論は、けっして粒子哲学の破綻を意味するものではない。

ニュートンの原子論哲学となると、ガッサンディやボイルよりもよりドグマティックになる。彼がケンブリッジ大学の数学教授だったこと、英国のロイヤル・ソサエティの中心的会員（晩年は会長）であった制度的基礎がそういったドグマティズムに影響している蓋然性が高い。ドイツのライプニッツがもっと柔軟であったことは、最晩年の『モナドロジー』を読めば、一目瞭然であろう。

啓蒙主義の時代を経て、ヨーロッパにとって格別の「科学の時代」の十九世紀が到来すると、「原子」や「元素」は、ほとんど疑う余地のない実在と考えられるようになった。ラヴォワジエによる『化学原論』によって開陳された酸素を介した燃焼理論の成功がきわめて大きな意味をもった。そのあと、ドルトンの『化学哲学の新体系』が果たした役割はきわめて大きい。

ラヴォワジエやドルトンの時代以後になると、原子論自然哲学は、もはや哲学ではほとんどなくなり、実験という実験器具を介した直接的経験によって当該理論の検証が可能と見なされるようになった。ロシア、フランス、ドイツで教育を受けたメンデレーエフが一八六九年に著名な周期律表を公開した時点で、原子論的化学の勝利はほとんど揺るぎないものと思われるようになった。

このあと、レントゲンのエックス線の実験的発見以降、放射線を自然科学的に探究する知的営みが重要な研究分野となった。そうして、重要なことに、レントゲンの時分から、放射線による医学的被害をどう評価査定するかが問題となった。この場面で科学論的に問題として取り上げるべきは、低線量放射線にどのように対処すべきかということである。人間の健康問題にかかわり、きわめて枢要な問いと言わなければならない。ここで、議論の出発点を「中間考察」において言及した東京大学駒場キャンパスで教科書として使われている『放射線を科学的に理解する』（二〇一二）[☆83]に据えることとする。福島での大事故後に公刊され、駒場の学生たちの科学的知識の核心部分に広く深く滲透しているテキストブックなので、取り上げる価値がある。私が、低線量放射線の科学的評価の基準として問題としたいのは、なかんずく、その書中にある「線形閾値なしモデル」なる重要な概念である。その書によれば、「国際放射線防護委員会（ICRP）では、閾値線量の存在を否定できないとして、安全サイドにたって、がんリスクは線量に比例するという**線形閾値なし仮説**（LNT）を採用している」。著者たちは、この概念をわざわざ「仮説」として理解していることに注意されたい。「学者によっては少ない線量ほど線量あたりのリスクが高いと主張している。その反対に、低線量の被曝はかえって健康によいとする放射線ホルミシス効果を説く研究者もいる」。要するに、「線形閾値なしモデル」の評価をめぐる説は三説あるのだが、「結論はでていない」[☆84]。さらに、著者らは、「LNT」について敷衍している。「これはあくまで仮定であって、科学的知見ではない。影響があるかないか、安全か危険かといったことは、線量に応じて危険度が徐々に増していくグレー（灰色）のはっ

☆83　鳥居寛之ほか著／中川恵一協力『放射線を科学的に理解する』（中間考察、注4）。
☆84　『放射線を科学的に理解する』、一四三ページ。太字による強調は原文。次ページにはグラフを用いた解説も展開されている。

きりとしない話であり、どこに危険と安全の線引きができるわけではなく、どこに基準値を置くべきかということは社会的に合意点を模索する事項である。ときに複数の意見をもつ人の哲学的な対立が起こるのはやむをえないだろう」[☆85]。ある観点からは、もっともに聞こえないでもない言明かもしれない。けれども、「科学的知見ではな」く、「哲学的な対立が起こるのはやむをえない」と見るとは、必要以上に挑戦的に聞こえる。

一見すると、この言明は、学問的に公正で客観的態度のように見受けられるかもしれないが、私自身は大きな問題が隠されていると考えている。どうしてこのような判断を前掲書の著者がなしたかというと、まず彼らが実験科学者のごく狭い閾の内部でだけ思考しているからなのである。自然科学的判断には、ほかの諸要素も重要な働きをする。自然誌的、社会史的－政治史的構成要素が判断の確かさを助ける。

武谷三男が、いわゆる許容量なる数値を「がまん量」として理解していることについては、すでに中間考察で紹介した。水戸から高木に至る信頼すべき科学者たちはすべて武谷の考えの延長上にいる。けれども、『放射線を科学的に理解する』の著者たちにとっては、そのような考え方は「科学的知見ではなく」、「哲学的な対立」を引き起こすと見られるべき考えなのかもしれない。

ここで、先述の『チェルノブイリ被害の全貌』にもう一度、帰ってみる必要がある。その訳書の「まえがき」は、ウクライナ国立科学アカデミー一般生物学部長・ウクライナ国立放射線被曝防護委員会委員長のディミトロ・M・グロジンスキーが綴っている。グロジンシキーはチ

☆85　前掲書、一七六―一七七ページ。

チェルノブイリ事故に関する科学的認識について、こう書いている。

事故直後、一般市民は非常に激しい反応を示し、原子力工学に対する不信をあらわにした。多くの国が原子力発電所の新規建設中止を決定した。チェルノブイリ事故による被害を緩和するのに巨額の費用が必要になったため、原子力発電はすぐに「高くつくもの」になった。こうした反応は、多くの国の政府、国際機関、原子力技術を担当する公的機関にとって都合が悪く、そのためチェルノブイリ大惨事で直接傷害を負った人びとの問題、また慢性的な放射線被曝が汚染地域の住民の健康に及ぼした影響にどう取り組むかをめぐって、ねじれた二極化が生じた。

立場が両極端に分かれてしまったために、低線量被曝が引き起こす放射線学・放射線生物学的現象について、客観的かつ包括的な研究を系統立てて行い、それによって起こりうる悪影響を予測し、その悪影響から可能なかぎり住民を守るための適切な対策をとる代わりに、原子力推進派は実際の放射性物質の放出量や放射線量、被害を受けた人びとの罹病率に関するデータを統制し始めた。

放射線に関連する疾患が明らかに増加して隠しきれなくなると、国を挙げて怖がった結果こうなったと説明して片づけようとした。と同時に、現代の放射性生物学の概念のいくつかが突如変更された。たとえば、電離放射線と細胞分子構造のあいだのおもな相互作用の性質に関する基礎的な知見に反し、放射線の影響について「しきい値のない直線的効果モデル＊」を否定するキャンペーンが始まった。また人間以外のいくつかの生物組織で観察された低線量放射線の影響によるホルミシス効果＊＊にもとづいて、チェルノブイリ程度の線量は実は人間にも他のすべての生き物にも有益だと主張し始める科学者も出てきた。☆86

注＊は、「LNTモデル」のことで、この概念に基づく考えによれば、癌や白血病などは放射線量に比例して発生する。安全な閾値は存在しない。「LNT」は"Linear Non-Threshold"の略であり、東大駒場の教科書『放射線を科学的に理解する』においては、「線形閾値なし仮説」として言及されていることについては既述のとおりである。☆87 注＊＊は、放射線の被曝に閾値があり、大量に浴びれば、健康被害を受けるが、微量であれば、健康によい、ないし、さしつかえないとする考え。以上に引用した秀逸な文章は、放射線科学（物理学と化学）と原子力テクノロジー、そして医療について、枢要なことを教えてくれている。

チェルノブイリ事故後に起こった学問政治的犯罪

この問題を考えるのに、とても参考になる書物が刊行された。ヴラディーミル・チェルトコフ『チェルノブイリの犯罪——核の収容所』という重厚な内容ある本である。☆88 著者は、ロシア移民のイタリア国籍・スイス在住のジャーナリストである。この本のなかには、チェルノブイリ周辺住民からの聞き語りがたくさん収録されている。その他、ベラルーシの物理学者で科学アカデミー会員ヴァシーリ・ボリソーヴ

☆86 『調査報告 チェルノブイリ被害の全貌』〔注73〕、viiページ。

☆87 前掲『放射線を科学的に理解する』、一四三ページ。

☆88 Wladimir Tchertkoff, *Le Crime de Tchernobyl: Le goulag nucléaire* (Paris: Actes Sud, 2006). 上巻（中尾和美・新居朋子・髭郁彦訳、緑風出版、二〇一五）、下巻（中尾和美・新居朋子監訳／中尾和美・コリンコバヤシ・新郷啓子訳、同、二〇一五）。

ィチ・ネステレンコ（一九三四―二〇〇八）というきわめて公正で勇敢な人物と、早くから病理学研究のエリート医学者として注目され、ゴメリ医科大学学長に指名された解剖病理学者のユーリ・イヴァノーヴィチ・パンダジェフスキー（一九五七生）に特別の紙幅が与えられている。彼らは両人とも政治的迫害にあった。理由は、低線量放射線による健康被害に厳正に科学的に立ち向かったからにほかならない。後者は、汚職事件をでっち上げられ、軍事裁判にかけられた。結局、国際キャンペーンによって釈放はされたものの、海外に逃れ出ることを余儀なくされた。

ネステレンコがかかわった村々についての記述のなかには、放射線の許容基準値（NAR）なる概念について見解を述べたロザリー・バーテルなる人の所見が紹介されている。バーテルはアメリカ生まれの医学博士で、カトリック修道女である。平和運動家にして、低線量被曝への取り組みで著名であり、「反核シスター」の異名がある。☆89 一九八六年には、ライト・ライブリフッド賞を受賞した。「原子力産業界は、基準値を設けようと企てた。つまり、気体及び液体状の放射能排出量が、ある一定の限界値以下である限りは、住民に許容可能であり、またそれを超えた場合は許容不可能とみなすことにしたのである。エンジニアにはこの理論のもとに基準値が課され、エンジニアはこの基準値に技術を適応させる。そして誰もが法に則っている基準値ならば危険はないと考えるようになる。〔……〕基準値を守っている限り自分が守られていると思っているのだ☆90」。ネステレンコは、物理学者として、そして本書の著者のチェルトコフは、こう考えるのがもっとも公正だと考えている。「人工放射性核種は人体においてゼロでなけれ

☆89　伝記が邦訳されている。メアリー＝ルイーズ・エンゲルス『反核シスター――ロザリー・バーテルの軌跡』（中川慶子訳、緑風出版、二〇〇八）。原著は、Mary-Louise Engels, *Rosalie Bartell: Scientist, Eco-Feminist: Visionary* (Toronto: Womens Press Canada, 2005). 訳者は、『放射線被曝の歴史』（後注109の著者中川保雄（一九四三―一九九一）の夫人である。

☆90　邦訳書『チェルノブイリの犯罪』下巻、一六ページ。

ばならない。これが生涯基準値である」[☆91]。このような考えに対しては、異論が提示される可能性がある。たとえば、先ほどあげた『放射線を科学的に理解する』の著者たちによってである。彼らは、自然のなかに放射線はあるし、それは許容されている、また、放射線には人間生活にとって有用なものがあると指摘するであろう。だが、それらの放射線はゼロであるに越したことはない、ただし、たとえリスクがゼロでなくとも、生活のために自然に許容される量はあるかもしれない。医学上の放射線治療の場合である。それでも、ともかく、リスクはゼロに近いほうがよい。

『チェルノブイリの犯罪』の著者チェルトコフは、低線量被曝が一般に免罪されることになるきっかけについてこう書いている。「われわれがチェルノブイリで目にしている惨劇的な結果を招いたのは政治的決断と弾圧である。一九五一年以来神話が出来上がっている。それは低線量による被ばくの被害を見抜くことは不可能だというものだ。一九五一年とは非常に重要な年である。この年にネバダ州における大気圏での核実験の口火が切られたからだ」[☆92]。ネヴァダ州は、米国のカリフォルニア州の東隣に位置する。

ネステレンコは、事故直後の原発事故現場の上空を飛び、自らリクビタートルの役割を果たした物理学者のひとりであった。彼は誠実な物理学者としての姿勢をもって、自らの研究所を率いて、広大な放射能汚染地域住民、とりわけ子どもの体内被曝の量の測定と放射性物質の体外排出に功があるとされる薬物投与を試みた。だが、その活動は弾圧された。

ネステレンコが、博士論文審査にかかわった若い女性が放射能に関して「楽天的な論文」を

☆91　前掲訳書、一七ページ。
☆92　前掲訳書、上巻、一三〇ページ。

書いて提出しようとしたが、その学問的基準が充分ではないと判断し、却下した。彼女は、その後、原子力推進の中心的機構ＩＡＥＡで働くようになった。ネステレンコは、自らの学問政治的迫害には国際的機関が関係しているという感触を漏らしている。[☆93]彼は吐露している。「私は物理学が最も進んだ科学だと信じてきました。人類はこの分野において大いなる成果を成し遂げたからです。しかしそう信じていられたのはチェルノブイリ事故までです」[☆94]。物理学という学問に生涯を捧げてきて、その科学的規準によって、放射線被害に苦しむ住民の救済に当たろうとした立派な人物のこの感懐は痛ましい。

　病理学者のバンダジェフスキーによる低線量放射線内部被曝に関する研究は、「体内のベクレル量と臓器の損傷との間に恒常的、線形かつ有意の相関関係があることを発見した」[☆95]。すなわち、放射線量と病気の相関関係を直接、認知する手段を解明した。これは、病理誌によって解明する方法よりは直接的であり、実験科学的検証か、それに近いものであり、画期的なものと見なされた。その研究の一斑は、日本語でも読むことができる[☆96]。こういった卓越した研究能力をもつバンダジェフスキーは、「一九九九年七月十三日夜中、ルカシェンコ大統領によるテロ防止法令を理由に」、「逮捕された」。テロ防止法令が理由とはじつに印象深い。ルカシェンコは当時のベラルーシ大統領である。「二〇〇一年六月十八日、ベラルーシ最高裁判所軍事法廷は汚職の罪で、彼に八年間の禁固刑を言い渡すことになる。証拠は何一つとしてない」[☆97]。「公式の科学は、未だにこの分野〔バンダジェフスキーの研究分野〕の認知を拒んでいるばかりでなく、仮説として議論することすら拒否している」。国際的な原子力推進諸組織、「国連安全保障理事会、

☆93　同前、上巻、三九八―三九九ページ。
☆94　同前、上巻、一六八ページ。
☆95　同前、上巻、三六一ページ。
☆96　バンダジェフスキーの以下の「放射性セシウムの人体影響研究三部作」は、茨城大学の久保田護教授によって邦訳され、合同出版から出版されている。バンダジェフスキー『放射線セシウムが人体に与える医学的生物学的影響――チェルノブイリ原発事故被曝の病理データ』（二〇一一）、バンダジェフスキー＋N・F・ドゥボバヤ『放射線セシウムが生殖系に与える医学的社会学的影響――チェルノブイリ原発事故　その人口「損失」の現実』（二〇一三）、バンダジェフスキー『放射線セシウムが与える人口学的病理学的影響――チェルノブイリ25年目の真実』（二〇一五）。第一と第二の二著に

そしてアメリカのペンタゴンといった原子力ロビーが封印してきた知見が、ようやくバンダジェフスキーが手がける正統な科学研究によって、ミクロレベルで明らかになり、体内に沈着した低線量の放射性核種が引き起こす毒性現象が解明されるはずだ。禁じられたこの知見の深奥めざして邁進するユーリ・バンダジェフスキーを止めるには逮捕しかありえなかった。彼の発見こそ、原発ロビーにとってはほんとうの大惨事なのだ。皮肉なことにこの逮捕は、バンダジェフスキーの口を封じようとした人々にとって大失態となった。バンダジェフスキーをいきなり投獄したことで、彼の名は世界中に知れ渡ることになったからだ[☆98]」。

バンダジェフスキーは、最高裁判所長官に対して宛てた訴状のなかでこう述べている。「今回の訴訟が、ゴメリ医科大学学長であり放射線医学では内外に名を馳せた科学者であるこの私を、厄介払いするために起こされたものであると確信を持って断言できます。なぜならば、チェルノブイリ惨事の影響についての学術研究、発見、これまでに出した結論や勧告が、これとは異なる見解を持つ多くの役人たちの利害に反しているからです[☆99]」。

『チェルノブイリの犯罪』の著者のチェルトコフは、バンダチェフスキーを裁く裁判を「スターリン主義的な裁判」と呼んで、本書中で最大のスペースを割いて記述している。バンダジェフスキー逮捕の容疑は収賄であった。すなわち、大学受験にさいして、合格のために賄賂を受け取ったとされたのである。実際に贈賄を名乗り出た人物がいた。その「直接証拠」は開示されなかった。換言すれば、贈賄をしたとされた証人の「讒言としか言えない[☆100]」。ともかく、名乗り出た人物がいたことで充分とされ、その人物が証言した証拠などの真正さはどうでもよい

は英文テキストも附いている。

☆97 邦訳書『チェルノブイリの犯罪』、上巻、三二八ページ。

☆98 同前、上巻、三三九ページ。

☆99 前掲邦訳、下巻、三六〇―三六一ページ。

☆100 同前、下巻、三七九ページの「原注3」。

とされたのだ。しかし「被告」には八年間の禁固刑が宣告された。「刑を宣告されたとき、ユーリ・バンダジェフスキーは心の準備すらできていなかった。そこから苦難の道が始まった。有罪判決が下るとは最後の瞬間まで思ってもいなかったのだ[☆101]」。だが、バンダジェフスキーは科学者の良心を曲げず、そして人間として屈することがなかった。彼の服役中に面会などで接してきた妻はこういう感懐をもった。「夫は、人間がおおきくなりました。逮捕前と比べて一皮むけた感じです[☆102]」。そのような大科学者を、と人は溜息を漏らし、不思議に思うかもしれない。そうではない。大学者であるからこそ有罪として汚名をかぶせようとしたのである。バンダジェフスキーに起こったことは、大学者が科学的良心をもっていたがゆえの、〝社会的地位抹殺〟にほかならない、と私は断言したい。バンダジェフスキーは、のちにアムネスティ・インターナショナルによって「良心の囚人」と指定された。このことは二〇〇五年のベラルーシの監獄からの解放に貢献したはずである。

『チェルノブイリの犯罪』は、チェルノブイリの原発事故に伴って発生した放射線認識について、もっとも科学的な対応を示した三人について、こう記している。

> 力と金が支配するこの世界で、病理解剖学者バンダジェフスキーと小児科医で心臓専門医のガリーナ・バンダジェフスカヤ、そして物理学者のヴァシーリ・ネステレンコの三人は、自分たちを取り巻く世界に身を置き、そこで選択をしていくうちに、ついに不撓不屈の人間となっていったのだ。世界の科学界と諸国家を貫く嘘と沈黙のおぞましさを前に、

☆101　同前、下巻、三八三ページ。
☆102　同前、下巻、四六〇ページ。

三人は科学の名誉を擁護する。[☆103]

『チェルノブイリの犯罪』中で、もっとも感動的な一文がここにはある。二番目に言及されているガリーナは、夫への理不尽な迫害に抗して耐えた不屈のバンダジェフスキー夫人で自らも医学者のガリーナ・セルゲイエヴナ・バンダジェフスカヤにほかならない。

チェルトコフはこう書いている。

宗教裁判が科学的発見を理由にガリレオを迫害した時代は、過去のものとなりました。ルネッサンス期には、地球が太陽の周りを公転している事実を隠すことができましたが、今日、チェルノブイリ事故が健康に及ぼしている影響に関する真実をこれ以上ごまかすことはできません。科学は、原子力発電を推進する人々を商業的利害のために、これ以上抑圧されてはならないのです。二十一世紀の市民として、これは私たちの責任です。[☆104]

『チェルノブイリの犯罪』は、このような考察を踏まえて、主張する。「人工放射線の発生源は隔離されるべきであり、また原発を含むすべての核サイクルは、停止されるべきです。もし地球上の生命が継続することを望むなら、そうしなければなりません」[☆105]。

バンダジェフスキーらの医学的説明は無謬とは言えないかもしれない。だが、それには、法的に犯罪視するのではなく、学問的に公正に対処すべきであることになんの疑念の余地もな

☆103　同前、下巻、四八一ページ。
☆104　同前、下巻、三〇五ページ。
☆105　同前、下巻、三〇五ページ。

い。なお、バンダジェフスキー教授は、フランス、リトアニアを経て、二〇一五年現在、ウクライナのチェルノブイリ近くで研究医療活動にいそしんでいる。

福島での事故後の二〇一一年、ベラルーシ政府は、『チェルノブイリ原発事故 ベラルーシ政府報告書』を出版した（邦訳最新版は二〇一三年刊）。当時の大統領は、バンダジェフスキーを逮捕し、投獄させたアレクサンドル・ルカシェンコである。公式報告書の大部分がそうであるように、大量の放射線を直接浴びて亡くなった消防士などにたいする追悼の気持ちは表出しているにしても、案の定、とりわけ低線量放射線の影響についてはほとんど当たり障りのない話に終始している。「低線量被ばくのリスク評価」という見出しをもった文章は語っている。「現在も学会では低線量被ばくに関する腫瘍誘発の放射線リスクについて議論が続いている。国内外で発表される研究結果は多様であり、ときには相反する結果となっているが、これは低線量放射線の生物学的効果の評価について学界にさまざまな異なる立場があることを反映している」[☆106]。これだけである。官僚的作文の〝傑作〟と賞されるべきであろう。

チェルノブイリ原発のカタストロフ的事故を受けて、フランス人物理学者のベラ・ベルベオークとロジェ・ベルベオークの夫妻は、低線量被曝に関して、批判的で堅実な見方を提示している[☆107]。この問題について、もっとも的確な観点をずばりと定式化してみせたのは、この本の訳者の桜井醇児教授である。「原子力関連のいろいろの国際機関が、放射線により誘発される癌死亡のリスク定数や、一般公衆の放射線許容線量を発表している。しかし、これらは医学的な立場から、純粋に科学的に算定されたものではなく、公衆に対する癌誘発のマイナスと、原子

☆106 ベラルーシ共和国非常事態省チェルノブイリ原発事故被害対策局編／日本ベラルーシ友好協会監訳『チェルノブイリ原発事故 ベラルーシ政府報告書』（産学社、［最新版］二〇一三）、一七一ページ。

☆107 Bella Belbéoch et Roger Belbéoch, *Tchernobyl. Une catastrophe* (Paris: Éditions Alia, 1993). 桜井醇児訳『チェルノブイリの惨事』（緑風出版、一九九四／新版二〇一一）、三一—三六、一〇六—一〇七ページ。

力産業のプラスとのバランスの妥協値なのである。人体に対する癌誘発の危険だけからすれば、放射線許容線量はゼロでなければならないのだ[☆108]」。政治的思惑などから自由な科学的知見と言うことができるのではなかろうか。

ここでの議論が準拠しようとした東大駒場の教科書『放射線を科学的に理解する』は、どうして科学的にすでに定説と見なされるべき「線形閾値なし（LNT）」という知見をわざわざ「仮説」として提示し、私から見れば奇妙な概念をその教科書の中心的考えに据えたのであろうか？ 私は、この措置は、ゲスト講義を執り行なった学内の放射線医学者や、原子力工学者にたいする学問政治的〝配慮〟による、と考えている。それとも、このような推測は、ファナティックな科学哲学者による〝邪推〟にすぎないのであろうか？ 『放射線を科学的に理解する』を教科書として使用する講義の心ある受講生は、学問的にもっと公正な内容にすべく教員たちが努めるように抗議する権利がある、と私は信ずるものである。そうでなければ、東大の国際的地位はますます止め処なく下落するであろう。

なお、日本で、放射線被曝についての科学的知識は、「中間考察」で挙げた武谷三男以下の科学者による諸著作のほかに、神戸大学の科学史家・中川保雄が力作『放射線被曝の歴史』を一九九一年に公刊し、二〇一一年にその増補版が出版されている。その著は、武谷が導入した「がまん量」についてこう所見を述べている。「許容線量とは「がまん線量」である、と評価することは正しくない。我慢とは、自ら堪え忍ぶことである。許容線量は、〔……〕強権的思想をもとにして、原子力推進側が国民に我慢を強制するものなのである[☆109]」。まったくの正論であろ

☆108　前掲訳書「訳者あとがき」、二一九ページ。訳者の桜井は、極低温・磁性実験を専門とする物理学者にして、富山大学名誉教授の地位にある。

☆109　中川保雄『〈増補〉放射線被曝の歴史――アメリカ原爆開発からフクシマ原発事故まで』（明石書店、二〇一一）、四〇ページ。中川の史料調査に注いだ情熱には感銘を余儀なくされるものがある。増補版には、科学技術問題研究会の稲岡宏蔵による「増補　フクシマと放射線被曝」が附されている。

う。

福島での惨劇のあと、東京大学に籍を置く宗教学者の島薗進教授が、二〇一三年に『つくられた放射線「安全」論』なる労作を世に問うている。[☆110] 中川保雄の先述の本以降世に問われた最良の佳作であろう。島薗教授ら、東京大学の学者たちは、「低放射線被曝のモラル」について、討論を組織したようだ。そもそも「低放射線被曝」の問題は科学論的に難しい。人間生命は複雑系の一種で、近代自然科学が比較的簡単に対処しうる単純系を端的に超える。ロザリー・バーテルは、この問題に関して一九八六年に『危険はただちに現われない』(*No Immediate Danger*) を出版している。[☆111] この表題は、福島事件後、東京大学の原子力工学者が吐いて、人々を驚かせた「ただちに影響はありません」とそっくりである。だが、バーテルは低放射線被曝にもっと総合的観点からアプローチし、東大テクノクラートとはまったく反対に、その健康被害の蓋然性に警告を発する。この問題については、自然科学的根拠だけではなく、哲学的因果性の問題について考察し、モラル的根拠もが問われなければならない。生命という複雑系の問題に公正に、かつ学問的に厳密に取り組み、さらに、冷厳な現実に正しく対処するためには、単純系の近代的な機械論的発想だけでは決定的に不充分である。論集『低放射線被曝のモラル』の編著者のひとりで哲学者の一ノ瀬正樹教授は、デイヴィド・ヒューム以来の因果性の問題の解明に取り組み、ナイーヴ極まる放射線医学者の臆見を批判している。また、もうひとりの編著者の先述の島薗進教授は、討論2「何をなすべきか?」のなかで、日本人としてのモラル的問題を取り上げ、最大の被爆国である日本が、「核保有国の戦略に従って進んで原発を開発して無惨

☆110 島薗進『つくられた放射線「安全」論――科学が道を踏みはずすとき』(河出書房新社、二〇一三)。

☆111 エンゲルス『反核シスター』(注89)、四六ページ、を見よ。

に失敗した」[112]ことを認識し、モラル的責任の所在を問いかけている。私は島薗教授の見解に賛成である。

日本は、終戦直前に広島と長崎で被爆したあと、一九五四年には第五福竜丸が死の灰を浴び、一九九九年には東海村のＪＣＯ臨界事故を経験し、そして福島では原発大事故を引き起こしてしまった。このような国は存在しない。にもかかわらず、脱原子力を成し遂げられずにいるというのが日本の現況なのである。

「閾値なし直線モデル」の公正な科学的理解

低線量被曝の科学的理解に関しては、さらに重要な註釈を加えておくことにする。低線量の放射線被曝については、京都大学原子炉実験所の今中哲二による信頼すべき解説がある。今中は、ヒロシマとナガサキの原爆による被曝、チェルノブイリ大事故による被曝、フクシマの被曝について、包括的調査をかつてなし、いまもってなし続けている科学者である。とりわけチェルノブイリ事故についての研究は透徹している。[113] 今中は、たとえば、基準値を「一〇〇ミリシーベルト」とした場合と仮定して、書いている。「それ以下では有意な影響は観察されない、というのが百歩譲って正しい表現です。影響はありません、というのは間違った解釈だと私は思っています。同時に、一〇〇ミリシーベルトまでは影響が認められるのに、一〇〇ミリシーベルトよりちょっと下で急に影響がゼロになるというのはまず考えられません」[114]。彼は結論として述べている。「「どんなに被曝は少なくてもそれなりに影響はあります」という立場で考えていくのが、一番合理的だと思います」[115]。

☆112　一ノ瀬正樹／伊東乾／影浦峡／児玉龍彦／島薗進／中川恵一編著『低放射線被曝のモラル』（河出書房新社、二〇一二）、三四四ページ。

☆113　今中哲二『放射能汚染と災厄――終わりなきチェルノブイリ原発事故の記録』（明石書店、二〇一三）が主著である。今中は、京都大学原子炉実験所の「熊取六人組」のひとりであるが、低放射線量被曝にかんしては今中、社会的次元の分析にかんしては小出浩章が卓越している、と私は考えている。今中助教も二〇一六年三月、定年退職した。

☆114　今中哲二『低線量放射線被曝――チェルノブイリから福島へ』（岩波書店、二〇一二）、二三ページ。

☆115　前掲書、七三ページ。

今中は「閾値なし直線モデル」（ＬＮＴモデル）の支持者なのである。彼は自己告白的に言う。「私自身は科学者です。科学、サイエンスのスピリットというのは、何でも疑うことです」☆116。もっとも、自然科学的認識に絶対正しいという判断規準は存在しないと言ってよい☆117。が、彼のような批判的科学者にとっても、どうしても疑いきれない部分が「確かだろう」という理論として残る。それが、当面信頼すべき通説的科学理論となる。今中は、科学者の判断、ジャーナリストが依拠すべき判断規準、市民運動の考え方について、信頼できる思考法を提示している☆118。今中は、低線量被曝に関する「2相（biphasic）モデル」をも提示したうえで、被曝量と癌リスクとの相関関係を図示している☆119。彼の結論は、こうである。「私としては、「とりあえずＬＮＴを採用して考える」のが、さまざまな批判に耐えうるもっともタフな立場だろうと思っている」☆120。私には、今中の批判的科学者としての深慮に基づいた理論がもっとも科学的に信頼可能と考えられる。

ちなみに、民主党政権時代の二〇一二年九月に出された、東京電力福島原子力発電所事故調査委員会『国会事故調報告書』は、多様な「発がんリスク推定モデル」を紹介したうえで、「ＬＮＴモデルが国際的に合意されているのは、原爆被爆者をはじめとする疫学調査に加えて、膨大な数の動物実験や試験管内の実験などから得られた結果を考慮しているからである」☆121と報告している。的確な所見であろう。

福島の原発事故に真摯に対処した茨城県在住の原子核物理学の研究者は、その著『見捨てられた初期被曝』において、「本来、安全の根拠として社会や政策を支えていたはずの科学は放

☆116　同前、七五ページ。

☆117　この点に関して、エーミール・デュボワ＝レイモンの『自然認識の限界について』（一八七二年講演）で開陳された知見（有名な「イーグノーラービムス」〔Ignorabimus われわれは無知のままであろう〕論争を呼び起こした）程度は知っておいたほうがよいだろう。Emil Du Bois-Reymond, *Über die Grenze des Naturerkennens und Sieben Welträtsel: Zwei Vorträge* (1881; Leibzig: Verlag von Veit und Comp., 1916). 坂田徳男訳『自然認識の限界について・宇宙の七つの謎』（岩波文庫、一九二八）。理論知は、不確実性を増すが、実践知は、不可疑の事実を教えてくれる。これは、マルクスやエンゲルスがもっていた判断規準であり、後期のウィトゲンシュタインも同様の境域に達していた。ハッキングは

棄され、行政によって選任された「専門家」が見かけだけの「安心」を会議室で創作するようになり」と指摘し、さらに「被ばくに対する専門家の本音は最初からまったく割れてなどいません。あたかも低線量に対する意見が分かれているかのような宣伝が、原発事故後に強調されるようになっただけにすぎません」と書いている。☆122 これも、まったく正当な所見である。

それゆえ、自然放射線や、X線投射・CT検査などの医療検査にも当然リスクがある。この点で、日本は「医療被曝」大国なのである。☆123

もうひとつ、わきまえておく必要があることがらがある。人は国際原子力機関（IAEA=International Atomic Energy Agency：一九五七年設置、本部ウィーン）とか、その組織と密接な関係をもった世界保健機関（WHO = World Health Organization：一九五九年創設、本部ジュネーヴ）といった〝権威ある〟学術組織の言うことをそのまま信じてしまうかもしれないが、そのような態度は学問的に正しい態度ではない。チェルノブイリの事故以降、国際原子力機関（IAEA）、ロシア語では、MAGATE（МАГАТЭ）は、「彼らの名は今では侮蔑を表すものとして使われています」☆124。あるいは人は、WHOまでも?と思いなすかもしれない。けれど、その機構は、事実上、IAEAによって、そして国連安全保障理事会によって統制されている。その事実は、一九八八—九八年のあいだWHOの事務局長だった中嶋宏博士（一九二八—二〇一三）によって認められている。☆125 当然のごとく、WHOの職員による公式声明はIAEAへの従属関係を否認しているが。この点で、日本科学者会議が編集刊行した『国際原子力ムラ』は良心の書である。この書は、原子力問題の国際政治的背景を知るための必読書であろう。ことに、その書の第4章として収録されている、ニュ

彼らから学んだ。第四章第三節1参照。

☆118 今中『低線量放射線被曝』前掲書、七五—七九ページ。

☆119 前掲書、九一ページ。

☆120 同前、一一三ページ。今中は、『放射能汚染と災厄』（注113）においても、同様の所見を述べている。

☆121 『国会事故調報告書』（徳間書店、二〇一二）、四八—四九ページ。

☆122 study2007『見捨てられた初期被曝』（岩波科学ライブラリー、二〇一五）、九六—九九ページ。著者は二〇〇七年に自ら癌を告知されている。

☆123 近藤誠『日本は世界一の「医療被曝」大国』（集英社新書、二〇一五）を見よ。当然、医療検査のベネフィットはあるであろうが、それにしても日本人は医療検査好きである。

☆124 チェルトコフ、前

ーヨーク科学アカデミーのアリソン・ロザモンド・カッツによる「チェルノブイリの健康被害」は秀逸な論考である。[☆126] その論考によれば、独立した科学者を支援する学会組織としてニューヨーク科学アカデミーがある。その科学アカデミーによって、先述の『調査報告　チェルノブイリ被害の全貌』は世に出ることができた。著者のなかには、先に言及したヴァシリー・Ｂ・ネステレンコと、彼の子息のアレクセイ・Ｖ・ネストレンコがいる。その科学アカデミーと日本語版を公刊した岩波書店は称賛にあたいする。私にとって、その本はチェルノブイリ原発事故について思考するさいの〝バイブル〟的書である。

それから、相良邦夫『原子力の深い闇』はとても先鋭にして、良心的著作である。科学ジャーナリストの相良は、ＩＡＥＡなどを中核とする機関を「国際原子力ムラ複合体」と呼んでいる。[☆127]「クローズドワールド」＝米国国防総省《ペンタゴン》を中核とする「軍－産－学複合体」（Military-Industiral-Scientific Complex）の原子力版というべきコンプレックスにほかならない。

チェルノブイリ事故に公正に科学的態度で臨んだネストレンコやバンダジェフスキーには、当然予想されるように、先駆者がいる。アメリカの化学者にして医学者ジョン・Ｗ・ゴフマン（一九一八―二〇〇七）らである。彼はカリフォルニア大学バークリー校教授、国立ローレンス放射線研究所副所長などの地位を歴任。低線量放射線の厳格な評価をもって知られた。だが、一九七三年、カリフォルニア大学教授を辞し、原子力の危険を訴える市民運動に挺身するようになった。彼の重要書は邦訳され、公刊されている。[☆128] 彼はある時期から高木仁三郎をもっとも信頼する科学者として言及するようになった。高木を「ライト・ライブリフッド賞」に推薦したの

掲訳書、上巻、二七六ページ。

☆125　前掲訳書、下巻、二五二―二五三ページ。

☆126　日本科学者会議編『国際原子力ムラ――その形成の歴史と実態』（合同出版、二〇一四）の第4章（牟田おりえ訳）。

☆127　相良邦夫『原子力の深い闇――〝国際原子力ムラ複合体〟と国家犯罪』（藤原書店、二〇一五）。

☆128　Ａ・Ｒ・タンプリン／Ｊ・Ｒ・ゴフマン『原子力公害――人類の未来をおびやかすもの』（徳田昌則監訳、アグネ、一九七四）。原著は、Arthur R. Tamplin and John W. Gofman, *Population Control Through Nuclear Pollution* (Chicago: Nelson-Hall, 1970). 前記邦訳は東北大学の研究者たちによって作成されたが、小出浩章も翻訳陣に入っている。水戸は、この書に言及している。『原発は滅びゆく恐竜であ

はゴフマンであった。[☆129] この賞の名称の「ライト・ライブリフッド賞」（The Right Livelyhood Award）とは、「正しい暮らし」ないし「正しい生きざま」を意味する。なかなかよい呼び名ではないか。そして高木が受賞するにふさわしい名前の賞ではないか。

チェルノブイリ原発事故からほぼ十年経った一九九六年四月十二―十五日、IAEA本部があるウィーンで「人民法廷」が組織された。ヴェトナム戦争についてのアメリカの犯罪を裁こうとして組織されたラッセル法廷に倣ったものである。

最初の証言者のひとりとして法廷で発言したのが、先ほど言及したロザリー・バーテル博士であった。彼女は、チェルノブイリの災害のもっとも重要な被曝被害を覆い隠そうとするIAEAなどの機構を弾劾する。「私たちは先進国の原子力産業の推進役であるこのIAEAの中枢に存在する、贔屓《ひいき》による庇《かば》いを弾劾しなければなりません。この機関に国連が与えているお墨付きは、似非《えせ》科学的なものです。けれども、もっとも肝要な問題は、自然環境が、地球の生命が成り立つための基礎そのものが、傷ついてしまっているということです。ICRP〔国際放射線防護委員会〕とIAEAの廃止を私は勧告いたします。生きることが可能な未来のために、それは最低限、必要なことです」。[☆130] これが、気骨あるキリスト者の女性の証言の締めくくりのことばであった。

人民法廷の判決文は、現代の原子力問題について省察するさいに、必読とすべき文章である。わが国からは岡本三夫広島修道大学教授が判事のひとりとして、この判決にコミットした。判決文は、低線量放射線被曝についても多くを語っている。「公式な、国際的な場面では

る』、二一六ページ。本書、第二章の注78で引用した『放射線と人間の健康』（邦訳題『人間と放射線』）が最重要書であろう。

☆129 『高木仁三郎著作集4』、四八五ページ。

☆130 *Tribunal Permanent des Peuples: Session sur Tchernobyl: Conséquences sur l'environment, la santé et les droits de la personne*, éd. par Solange Fernex (Paris: Ecodif, 1996). 竹内雅文訳『チェルノブイリ人民法廷』（緑風出版、二〇一三）、三八―三九ページ。バーテル博士の証言は、ミシェル・フェルネクス／ソランジュ・フェルネクス／ロザリー・バーテル『終りのない惨劇――チェルノブイリの教訓から』（竹内雅文訳、緑風出版、二〇一二）、第三部「チェルノブイリ人民法廷より」、第一章「ICRPについて」としても収録されている。著者名の「フェルネクス」は、

沈黙と偽証の壁が決まりと化したかのようであり、それがようやくつき崩されたのは、子どもたちの深刻な罹患率によってである」[131]。

判決主文は、こうであった。「当法廷は、有罪と判決する」。「当法廷は国際原子力機関（IAEA）、各国の原子力委員会、および原子力産業の利益の名のもとにそれを支え、資金提供している諸政府を有罪とする」[132]。IAEAの組織改編も提言されている。「IAEAに国際連合から託されている任務は撤回され、新しい任務が与えられるべきである」。「IAEAは改組し、再生可能エネルギーを支援する国際代替エネルギー機関となること」[133]。この提言のように、IAEAが改組されるなら、その機関はいかに生きた人間にとって有益な科学を生み出すであろうか！

3　脱原子力社会への道

日本が原子力社会から脱出するための現実のシナリオは、水戸巌や高木仁三郎によって描かれ始めた。とくにチェルノブイリ原発大事故が起こった一九八六年ころからであろう。ところで、私が高木を根底から信頼したのは、彼の「専門的批判の組織化について」[134]というきわめて卓越した論考を一九八九年に精読したときであった。この論考には、高木の批判的学識とモラルの高さの双方が滲み出ている。

高木のような学問的抵抗には迫害が伴う。原子力利用に批判的であったがゆえに、彼ほどあくどい嫌がらせを受けた科学者はいないに相違ない[135]。彼が発した科学の真理は、そのような真

正しくは「フェルネ」と読む。

☆131　前掲『チェルノブイリ人民法廷』、三六〇ページ。

☆132　前掲訳書、三八七ページ。

☆133　同前、三九〇ページ。

☆134　初出は、伊東俊太郎・村上陽一郎編『社会から読む科学史』（培風館・講座科学史2、一九八九）、所収。私の当時の高評は、最後の「座談会」の三七四―三七五ページで語られている。その後、高木の『市民の科学をめざして』（朝日選書、一九九九）、現在では、『市民の科学』（講談社学術文庫、二〇一四）に収録されている。

☆135　連れ合い《パートナー》であった高木久仁子は、「高木仁三郎へのいやがらせ」について報告している。海渡雄一編『反原発へのいやがらせ全記録――原子力ムラの品性を嗤う』（明石書店、二

理を踏みにじって進もうとする複合的システムにとって、まことに都合が悪いからなのである。日本の原子力ムラ複合体の枢要な一環は東京大学である。明治末年の幸徳秋水を襲った「大逆事件」という大事件については周知であろう。☆136 その事件では、秋水を死刑判決直後の一九一一年一月二十四日に絞首刑とした。それからほどなく、一九一一年二月に、河上肇は「西洋にありては人権が天賦にして国権は民賦たりといえども、日本にありては国権が天賦にして人権は則《すなわ》ち国賦なり」☆137 と糾弾せずにはいなかった。

私は東京大学で、三十年間教鞭を執ったのだが、私自身にも「小逆事件」と形容すべき事件が起こった。すなわち、過誤を認識しても、人物そのものを学内外的に抹殺することに通ずる「役職外し」といった手順が踏まれた。☆138 秋水やバンダジェフスキーの社会的抹殺とは比べられないほどの小事である。だから「小逆事件」という。

けれども、「社会的存在抹殺」を狙う政治的迫害の場合には、可能なかぎり人聞きの悪い汚れた罪名を与え、世間に流布せしめる——テロ行為とか、そしてどこにでも転がっている金銭や異性にまつわる罪名である。もしユダ的人物が出現すれば、あるいは、王充の『論衡』「累害」第二の語句をもってして「青蠅の汙《けが》す所」となれば、話は完璧になる。実際に起こったことはどうでもよいのだ。「確かに今日の日本社会では暗殺という手段こそありません。しかし、「「ポストから外す」「発言の場を与えない」といった「人物破壊」という手段が使われています。「人物破壊」とは標的を暗殺する代わりに、対象の世間的な評判や人物像に致命的な打撃を与えて表舞台から永久に抹殺する方法です」——こう書いているのは、元外交官にし

○一四)、四〇—四三ページ。

☆136 幸徳秋水らを絞首刑とした大逆事件については、中村文雄『大逆事件と知識人——無罪の構図』(論創社、二〇〇九)を見よ。秋水抹殺の中核には、山縣有朋がいた。

☆137 河上肇「日本独特の国家主義」、『河上肇評論集』(岩波文庫、一九八七)、三七ページ。

☆138 この点については、拙著『東京大学学問論——学道の劣化』(作品社、二〇一四)、一六四—一六五ページ参照。どうして「小逆事件」と呼ぶかというと、事件は、科学史・科学哲学研究室の「賢人」とは対極にいる小人のきわめて個人的な愚挙が基本となっていること、そして一度下した判定がまちがっていると認識されても、当局は覆そうとはけっしてしなかったからである。ほかに同じ研究室の「同僚たち」も

て、日本の太平洋戦争への道について叙述した孫崎享である。[☆139]

現代の原子核物理学・核化学の知見は、総体として深く学ばれるべきである。放射線科学からは、もっとも厳格な規準で、多くを学ぶべきであろう。だが、原子力産業システムに寄食するテクノクラートの昇進構造に乗った言説には注意せねばならない。私は、原子核物理学など、人工的に放射線を論ずる自然科学の学科は、「ウルトラ・ベイコン的科学」であるとして歴史的に規定した。そしてその科学の内実は、「反自然的」(antinarural)の方向に導きうるのではないかとも問題提起した。私の基本的立場は、反自然的帰結を生み出しかねない自然科学は、簡明に一言で言えば、「科学に基づくテクノロジー」として現実社会のなかで安易に用いてはならないということである。

「反自然科学」のテクノロジー化についての判断は、「専門的批判」として組織化され、社会的‐政治的運動として国際的に展開されなければならない。現代資本主義批判の、スローガンは「もうひとつの世界は可能だ！」(Another World Is Possible=Une autre monde est possible!)である。高木は、「オールターナティヴな科学者」を育てようとし、高木学校を創設して、この世を去った。高木学校の一般市民向け講座の第一回目の講師は、佐高信氏であった。私は第二回目の講師として、高木自身によって指名され、現実に一九九九年四月一日、「科学技術の現在と未来――〝オールターナティヴな科学者〟の進むべき道」という題の話をさせていただいた。

原子力発電が政治経済学的に[☆140]――ことに大事故を勘案すれば[☆141]――割に合わない事業であることは、つとに信頼可能な大島堅一や、伊東光晴といった政治経済学者たちによって指摘されて

が荷担しているのであるが、彼らの犯罪行為はアードルフ・アイヒマンのと同様、「凡庸な悪」にすぎない。想像力と思考力が貧弱なのである。和辻哲郎は「用いてはならない人物」として、一条兼良の所見から「讒言するもの、追従《ついしょう》するもの、恩を知らぬもの」をあげ、書いている。「讒臣は極悪人である、追従ものは大罪人である、恩を知らぬものは畜生である」、『日本倫理思想史』(二)(岩波文庫、二〇一一)、三四三ページ。私の案件が過誤であったという当局側の認識の証拠は録音されている。『環境社会主義研究会通信3』(広島で二〇一五年八月六日刊行)に再録された書評類を参照。幸徳秋水も、天皇に対する叛逆(大逆)であるがゆえに控訴審などはなく、国際的反対キャンペーンが盛り上がる以前に絞首刑になった。

いる。

近未来の日本がいかなる道を歩むべきかは、福島原発事故直後に脱原発の方向に歩み始めたドイツを参考にすればよいだろう。前提的知識として、ヨアヒム・ラートカウの『自然と権力』(二〇〇〇)[☆142]、並びに反原発運動史(二〇一二)[☆143]から学ぶ点は多い。

福島の事故から一年後には、その事故についての総括的所見をも盛った形で、『ドイツ原子力産業の興隆と没落』(二〇一二)[☆144]が公刊されている。ラートカウの識見からは多くを教えられる。これほど、現代史の特定の領域での、堅実な歴史記述は日本にはない。学生たちの一九六八年前後の叛乱から、ドイツ国民の今日の環境問題への真摯な取り組みへの過渡期に反原発運動が果たした役割は重要である。そのさい、熟議民主主義の討論手段がおおきくものを言ったこと、「緑の党」を主要潮流とするエコロジー運動が大衆的に支えられた歴史的要因が大きい。少し小さなこととして、ドイツでも一九七〇年代初頭まで「安全哲学」なる知的潮流が多少の働きをなしていたことが書かれている。その「安全哲学」なるものは、ラートカウによれば、次第に経費のかかるアプローチとなっていったが、「いうまでもなくそうした経費のほとんどは、すでに存在している原発が安全であることを立証するために費やされ、それらの安全性を向上させるためのものではなかった」[☆145]。わが国にも、「安全哲学」に似た試みがあったと思うが、ドイツの試みの二番煎じだったのであろうか？　それとも独立の試行だったが、その思想的機能が偶然に似ていたのであろうか？

福島の原発事故の直後、「リスク社会」を提言したウルリヒ・ベックからなる「安全なエネ

☆139　孫崎享『日米開戦の正体――なぜ真珠湾攻撃という道を歩んだのか』(祥伝社、二〇一五)、四九一ページ。

☆140　大島堅一『再生可能エネルギーの政治経済学――エネルギー政策のグリーン改革に向けて』(東洋経済新報社、二〇一〇)、同『原発のコスト――エネルギー転換の視点』(岩波新書、二〇一一)。

☆141　伊東光晴『原子力発電の政治経済学』(岩波書店、二〇一三)。

☆142　Joachim Radkau, *Natur und Macht: Eine Weltgeschichte der Umwelt* (München: Verlag C. H. Beck, 2000); 海老根剛・森田直子訳『自然と権力――環境の世界史』(みすず書房、二〇一二)。

☆143　海老根剛・森田直子訳『ドイツ反原発運動小史――原子力産業・核エネルギー・公共性』(みすず書房、二〇一二)。数篇の

ルギー供給に関する倫理委員会」は『ドイツのエネルギー大転換――未来のための共同事業』を提議し、そのきわめて現実性ある文書は、北海道大学の経済学者の吉田文和らによって邦訳されている。☆146 いずれにせよ、ドイツは、連邦首相のメルケルが一一年六月九日に政府施政演説をなし、フクシマの教訓からしっかりと学び、脱原子力へ踏み出すこととなった。ちなみに、加美町は、ドイツの脱原発の方向と連携しながら、町の職員をドイツに派遣し、有力な再生可能エネルギーとしてバイオマス利用を試みている。森林豊かな加美町ならでは、の知恵と言わねばならない。

福島の原発事故は識者の警告を無視して起こった人為的事故である。東京電力などは、法的な裁きにかけられなければならない。☆147 一般的に裁判は政治的行為であって、有罪になる公算はほとんどないであろう。だが、たとえ、有罪にならなくとも、モラル的には、象徴的意味をもつはずである。社会上のモラル的規範において、明確な犯罪である。現実に原発事故の被害者たちの多くは正式に提訴した、と私は漏れ聞いている。

福島第一原発事故のあとの二〇一一年七月十三日、朝日新聞社は、「いまこそ　政策の大転換を」として「提言　原発ゼロ社会」なる異例の社説を朝刊に掲載した。「高リスク炉から順次、廃炉へ」、「核燃料サイクルは撤退」、「風・光・熱　おおきく育てよう」、「分散型へ送電網の分離を」など、無理のない脱原発の道筋を提案している。太陽光による自然再生可能エネルギー、水素に基づくエネルギー、燃料電池と多様な方向性は切り開かれうるであろう。簡単と見くびってはならないだろうが、高速増殖炉に注いだ情熱と同様の情熱があれば、可能となる

論考からなる。

☆144 Joachim Radkau und Lothar Hahn, *Aufstieg und Fall der deutschen Atomwirtschaft* (München: Oekom Veerlag, 2012); 山縣光昌・長谷川純・小澤彩羽訳『原子力と人間の歴史――ドイツ原子力産業の興亡と自然エネルギー』（築地書館、二〇一五）。

☆145 前掲邦訳『原子力と人間の歴史』、二六六ページ。

☆146 吉田文和、ミランダ・シュラーズ編訳『ドイツ脱原発倫理委員会報告――社会共同によるエネルギー・シフトの道すじ』（大月書店、二〇一三）。原著は、*Deutschlands Energiewende: Ein Gemeinschaftswerk für die Zukunft*, vorgelegt von der Ethik-Kommission Sichere Energieversorgung, Berlin, den 30. Mai 2011.

☆147 この問題に関して、古川元晴・船山泰範『福島原発、裁かれないで

であろう。現代日本の科学技術陣はエネルギー転換できる実力を備えている。

高木仁三郎の後継者たちからなる原子力市民委員会は、二〇一四年になって、『原発ゼロ社会への道』なる大綱を公刊している。[☆148] この大綱は、公的な総括文書というべき、官僚的文書『福島第一原子力発電所事故　その全貌と明日に向けた提言』(二〇一四)[☆149] を抜本的に超えている。後者の「提言」は、事故被害の低減は唱っているものの、本質的に「再出発」をもくろんだ文書である。原子力市民委員会は、核廃棄物問題プロジェクトチームの「特別レポート」『核廃棄物管理・処分政策のあり方』を二〇一五年末に刊行した。その文書は、加美町をはじめとする宮城県の核廃棄物処分場の三候補地が、環境省に「候補地の返上」を揃って表明したことを報告している。[☆150]

現代の国際原子力ムラ複合体に立ち向かい、もっとも科学的な真実を支持し、謳い上げ、人間に無用なリスクを負わせることのない世界を構築するには、小手先の思想では太刀打ちできないだろう。朝日新聞記者の小森敦司は、現代日本の「原子力村」は世界でもっとも強力だとして、マスメディアを取り込んだ戦前の「大政翼賛会」のようなものだと指摘している。「エネルギー大政翼賛会」だというのである。[☆151] 言いえて妙、というべきではないか。その存在が強力で、巨大であるがゆえに、その解体のために挑戦すべきだと私は考える。私は「環境社会主義」思想を創造する作業を通してのマルクス主義理論の現代的再生をもって、この課題に挑戦しようとしている。

マルクスが生き、『資本論』を執筆した産業資本主義の十九世紀には、恐慌が体制危機の象

いいのか』(朝日新聞出版・朝日新書、二〇一五)、は多くを教えてくれる。

☆148　原子力市民委員会『原発ゼロ社会への道――市民がつくる脱原子力政策大綱』(初版二〇一四／第2版二〇一五)。

☆149　日本原子力学会・東京電力福島第一原子力発電所事故に関する調査委員会『福島第一原子力発電所事故　その全貌と明日に向けた提言――学会事故調最終報告書』(丸善出版、二〇一四)。

☆150　『核廃棄物管理・処分政策のあり方』(原子力市民委員会、二〇一五)、二五ページ。

☆151　小森敦司『日本はなぜ脱原発できないのか――「原子力村」という利権』(平凡社新書、二〇一六)、一八七ページ。

徴と見なされた。しかし、二十一世紀の「自然に敵対する帝国主義」と規定される時代のもっとも根源的な危機は、原子力による破局として表現される。私が本章標題中に「現代日本資本主義の破局的未来」なる語句を盛り込んだゆえんである。

以上で展開されたような学問思想的プログラムをもって、私は高木仁三郎の遺志を全面的に継承しようとし、脱原子力を現実化したいと希望している。

結論　東アジア科学技術文明の大転換を！

「人為によって天の自然を滅ぼしてはならぬ。」（无以人滅天。）
『荘子』外篇「秋水」篇第十七。

「核の軍事利用も民事利用もひとつのものととらえてその人間や自然に対する支配性と対決し、「核」によって代表されるような文明や社会のあり方とはことなる「もうひとつの（alternative）」道を歩もうということが次第に反核運動の全体的な理念になってきた。」
高木仁三郎「核の社会学」（一九九六）、『高木仁三郎著作集6』（七つ森書館、二〇〇三）、五四一ページ。

「体制については革新的な立場で、しかも環境問題については放任というのでは、本当の意味で問題にするマルキシズムには当たらないだろう。」
水戸巌「原子力におけるエネルギーの諸問題」（一九七六）、『原発は滅びゆく恐竜である』（緑風出版、二〇一四）、二〇三ページ。

日本は、国際的に孤立して存立しえているわけではない。とくに、アジアのなかの一国にして、文明史的には、中国、朝鮮＝韓半島、琉球などとともに、東アジアの地域のなかでつねにものを考え、行動してゆかねばならない立場にいる。

二〇一一年三月に東日本大震災が起こって、一年半ほどした翌年秋から私は北京の中国科学院大学で教壇に立つこととなった。その前、一〇年七月初めには、中国社会科学院マルクス主義アカデミーからの招待で「環境社会主義」について講演し、その講演内容の一部は、大震災直後刊の『中国社会科学報』に印刷され公表された。講演言語である日本語から中国語に翻訳する労をとった研究員はそのために小さな賞を受賞したのだという。

けれども、二〇一二年暮れになって、中国政府の態度は、慎重姿勢から積極推進の姿勢へと転じ始めた。二〇一五年二月十二日の『朝日新聞』朝刊は、「中国、原発大国へシフト」と報道した。福島第一原発の事故で凍結した新規の原発建設を本格化させる構えという。五年間で、発電能力を約三倍に増大するのだという。専門家は「炉型混在に懸念」を示しているとの所見も掲載されている。地球温暖化対策の新目標が背景になっている、とも報じられている。☆1私の理解が正しければ、フクシマであれほどの大惨事に見舞われた日本も、安倍政権のもとで再稼働に転換したという原子力政策がおおきく影響している。そしてまた、オバマ大統領体制での二〇一〇年一月の原子力政策の転換も影響している。後者の根拠については、あとで言及する。

現在の原発保有国の最大の政体はアメリカ合州国で、つぎはフランスだが、予定どおり進行するとすると、中国は近い将来、二三六基の原発を所有し、世界最大の原子力発電所所有国家に踊り出る。つぎが米国で一二六基、第三位がロシアで九二基、第四位がインドで八四基、第五位がフランスで六一基、日本はやっと第六位で五八基となる。☆2もっとも日本は現在停止して

☆1　朝日新聞、二〇一五年二月十二日朝刊（14版）、第1・3面。

☆2　相良邦夫『原子力の深い闇』（藤原書店、二〇一五）、一九一ページ。

いる原発を再稼働させての統計である。中国のジャーナリストの友人は、中国「原発大国化」のニュースをまったく知らなかった。

　どうして中国はこれほど原発建設に熱心なのだろうか？　ひとつは彼らの目下の課題が、経済成長にあるからである。それから彼らは日本の二都市への原爆投下に対するシンパシーをほとんどもたない。多くの人は、南京虐殺した侵略者への米国の原爆投下は、「日本鬼子《リーベン・グイズ》」への当然の処罰だと見なしているのである。

　二〇一五年十二月十二日に、周知のように、地球温暖化に関するパリでの国際会議で、二酸化炭素削減についての合意をみた。もっとも抵抗する国と見なされていたのが中国であった。しかし、その国も同意に踏み切った。私はその夜のＣＣＴＶ（中国中央電視台）ニュースに見入っていたのであるが――中国は地球温暖化防止政策に貢献すべく立派に決断した、その代わりとして、「安全でクリーンなエネルギー」である原子力発電所を大増設することによって、という大キャンペーンであった。翌日の十二月十三日、国家的行事として、南京大虐殺の犠牲者追悼についてのニューズが同じくテレビなどで流された。すなわち、原子力発電所に反対するなどは日本人の被害妄想に近いものであり、それよりも中国大陸侵略に伴う最大の事件である南京虐殺について反省せよ――こう言いたげであった。ともかく中国では、原爆に伴う放射能も、普通の化学物質の毒性とほとんど同じだと考えられている。わずかな例外を除いて、原子核物理学と原子力テクノロジーに無知なのである。

　私は、森嶋通夫の『日本の選択――新しい国造りにむけて』（岩波書店・同時代ライブラリー、一九九五）

の国家構想に従って、中日の政治経済協力関係、そして東アジア諸国の文化的、政治経済的緊密化こそが、わが国の経済復興に寄与するであろうと考えるものなのであるが、先に説明した中国の核大国化決定は大きな衝撃であった。もっとも、「中国夢」を、経済の量的拡大から、生命の質の抜本的充実と改善ということへの転換に向ける私自身の夢は健在なのであるが。むろん、生命の質の充実のなかには、「脱原子力」も重要な要素であり続けている。

＊

本書の本文をとおして、私は、ライプニッツの『中国最新事情』の中国・西方文明の多文化主義的比較論がきわめてフェアなものであることに言及した。今度は、孫文の神戸講演「大アジア主義」（一九二四年十一月）に拠って、今後の東アジアの行く末を展望してみたい。一九二四年暮れ、孫文は、第一次世界大戦での科学技術の悲惨な動員と、それの梁啓超の一九二〇年刊の著作『欧州心影録』による報告にも目を通していたはずである。

孫文は、その「大アジア主義」講演において、近代日本にアンビヴァレンツな評価を下す。近代日本は、非西洋のなかで、先駆的に例外的に近代国家としての独立を達成した点で、高く評価する。だが、欧米と同じく、強権武力の国家になろうとしているのではないかと警告する。

ヨーロッパ人は近年、もっぱらこの武力の文化でわがアジアを圧迫したので、わがアジアは進歩できなかったのです。このもっぱら武力で他者を圧迫する文化を、わが中国の古い言葉では「覇道を行なう」と言うので、ヨーロッパの文化とは覇道の文化であります。しかし、わが東洋は従来、覇道の文化を軽視してきました。またもう一つの文化があって、覇道の文化より優れているのですが、この文化の本質は仁義・道徳です。この仁義・道徳を用いる文化は、他者を感化するのであって、他者を圧迫するのではなく、他者に〔自己の〕徳を慕わせるのであって、他者に〔自己の〕威勢を恐れさせるのではありません。この他者に徳を慕わせる文化を、わが中国の古い言葉では「王道を行なう」と言うので、アジアの文化は王道の文化であります。☆3

覇道のヨーロッパ人の文化は、「飛行機・爆弾を生み出すだけ、鉄砲・大砲を生み出すだけで、単なる武力の文化となりました」。他方、近年ではヨーロッパの「一つの国」が、「仁義・道徳を唱えようとして」、覇道国家から脱出しようとしている。それは、孫文によれば、レーニンを首班とするソヴェト・ロシアなのである。☆4 講演を締めくくるにあたって、孫文は日本人に呼びかける。「あなたがた日本民族は、欧米の覇道文化を取り入れた上に、アジアの王道文化の本質をも持っていますが、今後は世界文化の前途に対して、結局のところ西方覇道の手先となるのか、それとも東方王道の防壁となるのか、それはあなたがた日本国民の、詳細な検討と慎重な選択に懸かっているのです☆5」。孫文の希望に反して、わが日本民族がその後、西方覇道以上の道を進んでしまったことは敢えて絮語を費やすまでもなかろう。

☆3　深町英夫編訳『孫文革命文集』（岩波文庫、二〇一一）、四三七ページ。
☆4　前掲訳書、四四八ページ。
☆5　同前、四四五—四四六ページ。

孫文は、講演中で、西方の「覇道」と東方の「王道」を対比し、後者を持ち上げているのであるが、これは『孟子』、たとえば巻第三「公孫丑章句上」に倣ったものである。[☆6] 彼の新生ソヴェト・ロシアに対するシンパシーも、この思想的基礎によるものであろう。換言すれば、孫文は、儒学的伝統のもっとも革命的な「亜聖」孟子的ヴァージョンを継承しようとしているのである。

古代中国には、儒学的思想伝統のほかに影響力をもった思想がある。老荘の道家的思想にほかならない。老荘の思想は、儒家と墨家の思想をも自らのなかに取り込み、さらに、古代中国文明の成熟と頽廃を悠久の天＝自然概念を介入させて蘇生せしめる動機によって成立した。明治日本の中江兆民と彼の弟子格の幸徳秋水は、ある種、老荘思想の信奉者であった。兆民の少年期の座右の書には、『史記』と『荘子』があった。[☆7] 彼の一時期（一八七八年）の号は、『荘子』の一篇の標題「秋水」であった。[☆8] 幸徳秋水の号の「秋水」は兆民から譲られたものなのである。幸徳秋水は、大逆事件の審理中、獄中からの弁護士たちに宛てた「陳弁書」のなかで書いている。「無政府主義の革命といへば直ぐ短銃や爆弾で主権者を狙撃する者の如くに解する者が多いのですが、夫は一般に無政府主義の何者かゞ分かつて居ない為めであります。弁護士諸君は既に御承知になつている如く、同主義者の学説は殆ど東洋の老荘と同様の一種の哲学で、今日の如き権力武力で強制的に統治する制度が無くなつて道徳仁愛を以て結合せる相互扶助共同生活の社会を現出するのが人類社会自然の大勢で、吾人の自由幸福を完くするのには此大勢に従つて進歩しなければならぬといふに在るのです[☆9]」。

☆6　小林勝人訳注『孟子』上（岩波文庫、一九六八）、一三二―一三三ページ。

☆7　松永昌三『中江兆民評伝』（上）（岩波現代文庫、二〇一五）、一一ページ。

☆8　前掲書、七八ページ。

☆9　飛鳥井雅道編集／解説『幸徳秋水集』（筑摩書房・近代日本思想大系、一九七五）、三四三―三四四ページ。本陳弁書は、明治四十三年十二月十八日に綴られている。

幸徳秋水は、兆民と同様、『荘子』の愛読者であったものと思われる。秋水はアナキスト的社会主義者であったが、栗原貞子も、夫の唯一とともに、そうであった。

幸徳秋水には、一九〇一年（明治三十四年）刊の『廿世紀の怪物　帝国主義』という勇気溢れる筆になる名篇がある。キリスト者の内村鑑三が「序」を寄せている。かなり翻案部分があり、まったくオリジナルな著作というわけではないが、レーニンの『帝国主義論』（一九一七）に先駆けている点で特筆に値するであろう。秋水は「帝国主義《インペリアリズム》」をこう定義する。「その発展の迹《あと》に見よ、帝国主義は愛国心を経とし、いわゆる軍国主義《ミリタリズム》を緯となして、もって織り成せるの政策にあらずや[☆10]」。近代日本も例外ではない。「今や我日本も亦此主義に熱狂して反《かえ》らず」。「軍人の胸間には幾多の勲章を装飾せり、議会は之を賛美せり、文士詩人は之を謳歌せり。而してこれいくばくか我国民を大にせるか、いくばくの福利を我社会に与へたるか[☆11]」。秋水は、断固として、このような「帝国主義」の風潮に挑む。「而して今や此愛国的病菌は朝野上下に蔓延し、帝国主義的ペストは世界列国に伝染し、二十世紀の文明を破毀《はき》し尽さずんばやまざらんとす。社会変革の健児として国家の良医をもって任ずるの志士義人は、宜しく大に奮起すべきの時にあらずや[☆12]」。

私は、アナキズム思想の信奉者ではないが、荘子的アナキズム、とりわけ、その自然主義的次元をクロウスアップさせる思想には大きな可能性があると考えるものである。中国伝統思想に敢えて言及したのは、現代の中国人が彼らが誇るべき自然思想に目覚めて欲しいと願うからでもある。近代日本の思想家のなかで、「東洋のルソー」＝中江兆民の、東西の「理義」のう

☆10　山泉進校注『帝国主義』（岩波文庫、二〇〇四）、一九ページ。飛鳥井雅道編集『幸徳秋水集』、三六ページ。
☆11　岩波文庫版、一一三ページ。前掲『幸徳秋水集』、七七ページ。
☆12　岩波文庫版、一一六ページ。『幸徳秋水集』、七八ページ。

えに立って、民の可能なかぎりの自由を希求する姿勢はいまもって重要である、と私は考えている。[☆13]彼の無二の後継者幸徳秋水を葬り去った所業は、明治国家が犯した最大の犯罪のひとつであった。兆民は、秋水の号を名乗っていた時期（一八七八年）に、「疑学弁」なる、古代ギリシャの懐疑主義哲学者ピュロンから学んだエッセイをものしている。[☆14]人間精神の自疑・自省を思索活動にとって必要な契機と認めた議論である。兆民はまた近代西欧の科学技術をことさら神聖化しもしなかった。彼は明治八年（一八七五年）、東京外国語学校校長に任ぜられたのだが、わずかの期間で解任された。理由は、『史記』の学習などを学生への教授課目に含めたためであった。洋学とともに漢学の素養をも必須と考えていたのである。[☆15]その点で、福澤諭吉的近代とは異なる近代日本の展望を抱いていた。兆民と秋水は、荘子的要素を内包する日本の未来を思い描いていたと言っても過言ではない、と私は考えている。

戦後世界にとって、エコロジー思想の契機はまことに枢要である。縷々述べてきたように、私自身は、第二次世界大戦後の現代の帝国主義を「自然に敵対する帝国主義」（Imperialism Against Nature）と規定する。二十世紀前半の植民地帝国主義を引き継ぐかたちで、自然を犠牲にして、いわれなく人と自然との搾取と抑圧とを実行する資本主義の新段階を指す。そういった帝国主義に抗する社会的政治的運動形態が、環境社会主義なのである。一九九二年以降、私はその政治的プログラムを唱《うた》ってきた。この学問的－政治的プログラムの内実については、さらに以下で展開する。「自然に敵対する帝国主義」なる概念を私が使い始めたのは、一九九八年夏であったと思う。

☆13　松永昌三『中江兆民評伝』（下）（岩波現代文庫、二〇一五）、第９章「兆民と現代」は示唆するところ大きいが、遺憾ながら兆民の荘子思想的含意を汲み入れていない憾みがある。
☆14　松永『中江兆民評伝』（上）、八五ページ。ここでの表記は「プロン」となっている。
☆15　松永、前掲書、四八ページ。

私は序論の最後に、メルロ＝ポンティの自然の概念に関するコレージュ・ドゥ・フランス講義中での、現代のマルクス主義者がいかにその概念に言及すること少ないかという感懐を引用した。今日のマルクス主義復権の新動向のなかにあって、マルクスやエンゲルスによる自然概念に関する言説が注目を浴びるようになってきた。

*

ベンサイド『時ならぬマルクス』の最終第11章「物質の懊悩（政治的エコロジー批判）」は、マルクスとエコロジー思想との関係を論ずるにあたって、こう問題を提起している。「生産力主義の悪霊か、それともエコロジストの守護天使か？」[☆16]。そうしてマルクスの思想は両方の要素を内包していたのではないかとしたうえで、ジャン＝ポール・ドゥレアージュの『エコロジーの歴史』（一九九一）などを介して、現代マルクス主義思想のいわば「エコロジスト的転回」を図っている。ベンサイドは、私とはまったく独立に、ちょうど一九九二年から「エココミュニスム」の政治的プログラムを立ち上げた。

省みれば、二十世紀半ばになって、政治史や経済史のファクターだけではなく、自然環境を歴史の構成要素として取り入れた学風がごく一般的に提唱されるようになった。フランスの「アナル」（学術雑誌『年報《アナル》』による）学派が典型である。戦後日本にも一九五〇年代後半になって、独創的歴史観として、梅棹忠夫の『文明の生態史観』が提示され、話題となった。[☆17] 私から見れば、その史観は、近代日本文明を中国大陸の文明、それからロシア＝旧ソ連邦文明から区別しよう

☆16　ベンサイド『時ならぬマルクス』、四三四ページ。

☆17　梅棹忠夫『文明の生態史観』（中公文庫、一九七四／改版一九九八）。

とする政治的思惑によって彩られていた。しかし、歴史の動因として、エコロジー的構成要素を取り入れたこと自体は卓見であった。

廣松渉の『生態史観と唯物史観』（一九八六）は、部分的には前記梅棹批判をめざした著であるが、マルクスとエンゲルスの唯物史観の原像を再構成し、エコロジー的観点がすでに彼らの歴史観に在ると指摘した点では評価できるものの、トルソー、ないし「覚書」に終わってしまった。☆18 歴史の地球環境的構成要素は、廣松が考えた以上に、はるかにもっと枢要と見なされねばならない、と私は見なしている。

一般に、現代マルクス主義にとって地球環境問題についてのスタンスの確立が枢要と私は考えるものであるが、まず、マルクスとエンゲルスのエコロジズム理解から一瞥しておくこととしよう。

マルクスの『資本論』第一巻第四篇第十三章「機械と大工業」第一〇節「大工業と農業」は、農業の資本主義的運用が産む悲惨な結末が語られる内容が盛られている。こういった点に着目して、マルクスに「透徹した自然主義」を見いだしたのが、わが国の卓越した農学者の椎名重明であった。そのことは、椎名の『農学の思想――マルクスとリービヒ』、並びに『マルクスの自然と宗教』において解説されている。

まず、『資本論』のなかの資本主義的農業について論じた個所を引用しておこう。「資本主義的農業のあらゆる進歩は、たんに労働者から略奪する技術における進歩であるだけではなく、同時に土地から略奪する技術における進歩でもあり、一定期間にわたって土地の豊度を増大さ

☆18　廣松渉『生態史観と唯物史観』（講談社学術文庫、一九九一）。政治的スタンスとして、廣松の思想は、単純な戦術急進主義的傾きが強く、賛成し難かった。一般に「スターリン主義」認識について甘く、私のスタンスとは隔絶していた。他方、開かれた姿勢も崩すことはなかった。本書に附論として収録された「生態学的価値と社会変革の理念」（『東北大学新聞』一九八二年十一月一日号原載）は参照に値する。

せるためのあらゆる進歩は、同時に、この豊度の持続的源泉を破壊するための進歩である。ある国が、たとえば北アメリカ合衆国のように、その発展の背景としての大工業から出発すればするほど、この破壊過程はますます急速に進行する」[☆19]。

マルクスの前記論点について光を当てたのが椎名重明であった。彼はマルクスの議論の背景にはドイツの化学者ユストゥス・リービッヒが居たことを突き止め、マルクスとリービッヒをともに論ずる。それが、一九七六年初版の『農学の思想』であった。一九八四年の『マルクスの自然と宗教』においては、そのうえで、一般論として、マルクスには、資本主義的政治経済のもとでは「自然」に対して敵対的な「反自然」な政治経済システムとなることを論定した観点があった、とする。たとえば、椎名はこう述べる。「「自然経済」から「貨幣経済」（資本主義的商品経済）への移行は、「自然」から「反自然」への移行の過程でもあった。だから、農業の「工業化」、「化学化」による土地の自然力の破壊が進み、そのことを通じて——あるいは総じて自然の破壊を通じて——人間の自然力たる労働力の破壊が進んだとき、ようやく地主階級や労働者階級からする「自然」の見直しが現実のものとなってくる」[☆20]。私はこの指摘はきわめて的確であったと考えている。ちなみに、デイヴィド・R・モントゴメリーは、土壌化学に貢献した科学者としてリービッヒを高く評価している[☆21]。

椎名は二〇一四年になって、先述の『農学の思想』の増補新装版を世に問い、「補論　マルクスの自然概念・再考」なる標題のかなり包括的な論考を書いている。簡明に私なりの理解の仕方で言い直せば、マルクスは、ジョン・ロックのような「自然は人類の母 Nature, common

☆19　Marx, *Das Kapital*, Bd. 1 (Hamburg, 1872) : *MEGA*, II/6 (Diez Verlag, 1987), S. 477. マルクス『資本論』第一巻b（新日本出版社、一九九七）、八六四ページ。

☆20　椎名重明『マルクスの自然と宗教』（世界書院、一九八六）、一一四—一一五ページ。強調の傍点は原文。

☆21　モントゴメリー『土の文明史』、前掲訳書（第五章、注35）、二四九ページ。

mother of all」(Locke, *Two Treatises on Government*, Bk.II, ch. 5) を評価すべきであった、ということになるであろうか。[☆22] 多少マルクス(とエンゲルス)を擁護して言わせてもらえば、政治経済学批判の議論の場で、ロックのような言明を要求することには無理がある。それに椎名は、一九二〇年代末以後のスターリン体制を安易にマルクスらが構想した「社会主義体制」と同一視する傾きがある。この指摘が正当なのは、ベンサイドが先述書のなかで一九二〇年代までのソヴェト連邦にはエコロジー思想を重視した立派な科学者が存在していた事実に言及していることから確認できる。ヴラジーミル・ヴェルナツキイなどは代表的な人物である。だが、スターリンが(公式には一九二九年からであるが、実際には前年から)展開した産業革命のもとで、彼らのなかの重要な人物は発言できなくなっただけではなく、政治的迫害にあってしまった。スターリンの「上からの革命」とともに、いわゆる「生産力主義」重視の政体が出現したのであった。

しかしながら、私は、椎名の補論の「マルクスの自然概念のマルクス的批判」を高く評価する。要するに、地球のエコロジー・システムがこれほど深刻になった危機の時代相にあって、マルクス的政治経済学批判の思想のプログラムを現代化し、再度、危機解決の社会的‐政治的活性化の牽引力とせねばならない。

それでは、しばしばマルクスよりも〝科学主義的〟傾向が強いとされるエンゲルスはどうであろうか?『自然の弁証法』には、「サルがヒトになることに労働はどう関与したか」という問題を論ずる著名な一節がある。その劈頭部で、エンゲルスは書いている。「労働はすべての富の源泉で

☆22 椎名重明『農学の思想――マルクスとリービヒ』(東京大学出版会、増補新装版二〇一四)、二七一―二七二ページ、を見よ。加藤節訳『完訳 統治二論』(岩波文庫、二〇一〇)、三二七ページ、は引用個所を「万物の共通の母」と訳す。こちらのほうが適訳であろう。

ある、と政治経済学者たちは言っている。そのとおり、ただし、これは、自然とならんでということであって、自然が労働に材料を提供し、これを労働が富に変えるのである」[☆23]。さらに、議論がかなり進むと、つぎの文面を読むことができる。「われわれは、しかし、われわれ人間が自然にたいして勝ち得た勝利にあまり得意になりすぎないようにしよう。そうした勝利のたびごとに、自然はわれわれに復讐するのである」[☆24]。このあとには、古代からの自然環境破壊の歴史が記述されている。

　マルクスにも、それからエンゲルスにも、自然環境問題についての「政治的エコロジー批判」の契機が少なくとも萌芽的には存在していたことが確認されるのではあるまいか。

　それでは、その現代化はいかにしてなされるべきなのであろうか？　私が知るかぎり、ベンサイドの原初的思想プログラムを、もっと包括的な現代マルクス主義の政治運動プログラムとして定式化してみせたのは、ブラジル出身でフランスで学問的仕事をしているミシャエル・レヴィであった。彼は二〇一一年に『エコ社会主義――資本主義的エコロジー破局への根元的オールターナティヴ』を出版し、その序文「大洪水の前に　エコ社会主義、今日的な政治的挑戦」のなかで、「エコ社会主義とは、ひとつの本質的確認に基づいた政治的潮流のことであり、その確認事項とは、この惑星のエコロジー的均衡の保全、各種の生きもの――そこにはわれわれ人類も含まれる――に適合的な環境の維持が資本主義的体制の膨張的で破壊的な論理とは両立しえないということである」[☆25]。「大洪水の前に」とは、人為的な経済活動による地球温暖化によって人間の住む陸地の水位が大洪水を引き起こすほどに上昇することを指し、旧約聖書の

☆23　Engels, *Dialektik der Natur*, Marx/Engels, *Gesamtausgabe*, I-26 (Text) (Berlin: Dietz Verlag, 1985), S. 88. 秋間実・渋谷一夫訳『〔新メガ版〕自然の弁証法』（新日本出版社、一九九九）、一〇六ページ。

☆24　Engels, *op. cit.*, S. 96. 前掲訳書、一一七ページ。

☆25　Michaël Löwy, *Écosocialisme: L'alternative radicale à la catastrophe écologique capitaliste* (Paris: Mille et une nuits, 2011), p. 7.

「ノアの洪水」を臭わす。こういった書き出しで始まる本文が印刷所に廻った直後に、三月十一日の東日本大震災のニュースがパリにも届いた。本文は、地球温暖化にどう社会主義者が対処すべきかの議論が中心になっていた。そこで、レヴィは、追記をものすことを余儀なくされた。「追記。印刷にかかろうとするときに、日本のフクシマでの核カタストロフの恐るべきニュースが届くことになった。日本人にとっては、その歴史において第二回目の核の熱狂の犠牲となるわけなのである。その災厄がどの程度になるかはわかっていないが、ひとつの転換点になることは明白である。市民レヴェルでの核エネルギーの歴史において、フクシマの前とそのあととがあることとなろう」[☆26]。そして二〇一一年四月の日付をもつ、この追記はこう締めくくられている――「もうひとつの世界は可能だ！」(Une autre monde est possible!)

レヴィによると、マルクス主義陣営のなかに「エコ社会主義」の先駆者はいる。ウィリアム・モリスがマルクス思想の支持者であったことはよく知られている。ローザ・ルクセンブルクもそうだし、ヴァルター・ベンヤミンも生産力主義者では断じてなかった。ごく一般的に言って、生産力主義なる歴史の観方は、十九世紀末の社会民主主義と一九二〇年代末からのスターリン主義官僚支配体制下のソ連邦で支配的になった思潮である。レヴィは、アマゾン河の熱帯雨林生態系を保護しようとしたブラジルの一九四四年生まれの注目すべきエコロジストにしてゴム採取者であるシコ・メンデスの闘いを紹介している。彼は、一九八八年暮れ、暗殺された。

二〇〇一年九月に、レヴィは、アメリカのジョエル・カヴェルとともに、「国際エコ社会主

☆26　*Ibid.*, p. 19.

義宣言」を起草しており、そのフランス語の文章は、拙著『21世紀のマルクス主義』のなかに訳出しておいた。[☆27]

アメリカのマルクス主義理論家クリス・ウィリアムズの『エコロジーと社会主義』は、教えてくれることのきわめて多い著作である。著者は、米国のペイス大学の教壇に立っており、環境問題について長い間思索し、行動してきた。この本の基本主張は、人間を抑圧し、搾取する現代資本主義体制は、自然にも同様に対するということであろう。「開発させられた世界において、資本主義によってわれわれに擦り込まれている何よりの「レジャー」活動は、「ショッピング」の物神崇拝であり、そこへとあらゆる道が通じているのである」[☆28]。旧ソヴェト社会の一九二〇年代のわずかの期間、エコロジー思想が重視されたことも確認されている。[☆29]スターリンの「上からの革命」に伴う、農業集団化の強行—産業革命（第一次計画経済の導入による）—「マルクス＝レーニン主義」による思想の一元的統制によって、社会は全体主義化されてしまった。ウィリアムズは、資本主義は、その本性からして反エコロジー的なのだとして、こう指摘している。「資本主義の三つの基本的相貌が、それを反エコロジー的なものとしている。全体として経済の不断の膨張を命ずること、各経済単位で利益を追求すること、そして短期間での作り付け（built-in）をなすことである」[☆30]。こうして、現代資本主義社会での「疎外」（alienation）概念を再定義する。「こうしてわれわれは二重の意味で疎外されている——われわれの労働の生産物からであり、それらを支配していないからである。それから、地球それ自身からである」[☆31]。マルクス『経済学・哲学草稿』が現代的に外挿させられて、適用されているのである。現代資

☆27 Löwy, *ibid.*, p. 193-199.『21世紀のマルクス主義』（ちくま学芸文庫、二〇〇六）、一九九—二〇五ページ。

☆28 Chris Williams, *Ecology and Socialism: Solutions to Capitalist Ecological Crisis* (Chicago: Haymarket Books, 2010), p. 126.

☆29 *Ibid.*, p. 183.

☆30 *Ibid.*, p. 195.

☆31 *Ibid.*, p. 202.

本主義変革への処方は明確である。労働者と地球の過剰な搾取を、明確な社会統制によって防ぐことである。[☆32] さらに、農業の重要性は増す。「オールターナティヴなエネルギー利用技術を増大させた、持続可能な路線に沿った農業の再建が社会的プロジェクトである」[☆33]。

このような現実的な社会変革プログラムを提示して、著者は、脱資本主義社会、すなわち社会主義社会の実現をめざす。原子力テクノロジーに関しても、著者は、米国のオバマ大統領の政権がなした二〇〇九年から一〇年一月までの転換の経緯について教えてくれる。二〇〇九年夏にデンマークのコペンハーゲンで地球温暖化についての国際会議が開催されたことは周知であろう。オバマは、大統領就任直後に核兵器削減への道を示して、世界の称賛を浴びた。ところが、その後、彼はコペンハーゲンで提示された大問題に対する対処策を真剣に考えた。彼の雄弁は、と著者は言う――三つのことばを結びつけた。「安全」（safe）と「クリーン」（clean）と「原子力」（nulear）の三語をである。こうして、「安全でクリーンな原子力発電所」（safe, clean and nuclear power plants）をアメリカの地で増設させるというシナリオが出来た。[☆34] 一九七〇年代末に民主党のカーター政権下で、原子力発電所に慎重な政策が打ち出されていた。二〇一〇年初めのこの時点でのオバマの決断によって、米国の原子力政策は、民主党も共和党も同程度になってしまった。われわれはオバマのレトリックに騙されてはならないのだ。二〇一三年秋に北京で会話したアメリカ人の社会主義者は、オバマにはほんとうに失望したと吐露していた。

私の感触で言えば、現代中国の原子力政策は、オバマ米国大統領の地球温暖化に原発をフル稼働させることによって対処するという政策からもっとも多く学んでいる。

☆32　*Ibid.*, p. 213.
☆33　*Ibid.*, p. 217.
☆34　*Ibid.*, p. 86. 私は本書をニューヨークの友人から送付してもらい読了したのだが、この個所にもっとも強い印象を受けた。

反原発を唱道する論客からも、資本主義とか、社会主義とか、共産主義とかの政治体制の相違はほとんど関係がないと発言されることがある。しかしながら、この認識は完全にまちがっている。私は二十歳のころから、マルクス主義理論を支持してきた。古典的マルクス主義の理論を支持してきたのであって、スターリンが自らの体制に貼ったレッテルである「社会主義」的政体を支持したわけではいささかもない。スターリン主義官僚支配の政体を「社会主義」ないし「コミュニズム」のそれと認容することは、スターリンがレーニン死後の一九二四年から喧伝し始めた「一国社会主義論」の大嘘に賛同することと同義である。

私は首尾一貫して異端的マルクス主義派であった。詩人の石原吉郎には、エッセイ集『日常への強制』(一九七〇)なる秀逸なる本がある。そのなかには、「確認されない死のなかで――強制収容所における一人の死」という文章があり、そこでは極寒のシベリアでの尋常ならざる死の光景が描かれている。「ある朝、私の傍らで食事をしていた男が、ふいに食器を手放して居眠りをはじめた。食事は、強制収容所においては、苦痛に近いまでの幸福感にあふれた時間である。いかなる力も、そのときの囚人の手から食器をひきはなすことはできない。したがって、食事をはじめた男が、食器を手放して眠り出すということは、私には到底考えられないことであったので、驚いてゆさぶってみると彼はすでに死んでいた。そのときの手ごたえのなさは、すでに死に対する人間的な反応をうしなっているはずの私にとって、思いがけない衝撃であった。〔……〕「これはもう、一人の人間の死ではない。」私は、直感的にそう思った」[☆35]。この一文を読んだときの私は、このような死をシベリアの強制収容所で死んだ男の素性についてほと

☆35 『石原吉郎全集II』(花神社、一九八〇)、一三ページ。

んど考えもしなかった。だが、後年「遺書は書かない」という一九六一年のエッセイ(『現代詩手帖』一九六一年一〇月号)に目を通していて、多少驚いた。「スターリンという恥ずべきリアリストが、誰の許しもなしにまだ生きていた頃のことだ。一九三〇年以来、流刑地以外のロシヤを見たことがないという尊敬すべき老トロッキストが、ある日僕の隣でパンを食いながら、不意に居眠りをはじめた。ゆすぶって見たら、もう死んでいた。老齢と栄養失調とが、目くばせをし合うようにして、この誠実な男のなかに燃えつづけていた火を踏み消したのだ。ふざけるな、これはもう死でもなんでもないじゃないかと、僕はその時歯ぎしりをしながら考えた。人間にみずからの死をすら与える力のない政治というものの脆弱さが、その時以来、僕の心に灼きついてのこった」[☆36]。

前者のエッセイのなかの「強制収容所における一人」とは、後者の虚しい死を死んでいった「老トロッキスト」(正しくは、「老トロツキスト」)にほかなるまい。先に言及したベンサイドも、レヴィも、トロツキスト的マルクス主義者であり、私の盟友である。私はそのトロツキイ派のなかでももっとも民主主義的な政治的原則を重視する「トロツキイ－陳獨秀」派(略して「托陳派」)を自認し、自称している[☆37]。

石原吉郎が描いた虚しいひとりの孤独な死と同等ないしその死を超えた死の在り方を描いたのが、「知ってくださいヒロシマを」の栗原貞子であった。貞子によれば、シベリアでの孤独な死はなるほど痛ましいが、ヒロシマの死は、そういった個としての死も死ねない特異極まる死なのである。『知ってください、ヒロシマを』はシベリアで苛酷な収容所体験をし、そのこ

☆36 『石原吉郎全集III』(花神社、一九八〇)、四八二ページ。
☆37 中国コミュニズムの創始者陳獨秀の最近の伝記としては、長堀祐造『陳独秀――反骨の志士、近代中国の先駆者』(山川出版社・世界史リブレット、二〇一五)を見よ。日本陳獨秀研究会が、二〇〇二年五月二十七日に南京で組織され、私が会長、長堀氏は事務局長に就いた。

とに怨念をもってこだわり続けた詩人の石原吉郎（故人）の〈一人の死を無視するが故に数を告発するヒロシマをにくむ〉というエッセイを読んで書いた。広島の大量虐殺は一人一人の死を死ねないで、数としてしか死ねなかった悲惨であることを知ってもらうために書いた。もちろんシベリアの収容所体験もアウシュヴィッツにひとしい非人間的な体験であることに変わりはない」。☆38 私はこの文面が盛られた『反核詩画集・青い光が閃くその前に』（一九八六年四月十日刊）を貞子と最初に会った一九九七年四月初めに頂戴し、この文章を読んだのだが、一瞬釘付けになり、ヒロシマの意味の一斑を知った思いがした。「知ってください、ヒロシマを」の最後の詩句は、こうであった――「ゆりかごにねむる世界じゅうの赤ん坊の　未来のために　言って下さい「ヒロシマをくりかえすな」と」。

トロツキイ自身が、ソ連邦の科学技術関連の高官であった一九二〇年代中葉、原子力エネルギーの科学技術史的意義を高く評価していたことはよく知られている。けれども、彼の後継者たちは、広島と長崎への原爆投下に断固反対した。☆39 戦後のトロツキイ派理論家のエルネスト・マンデルはそのエネルギーを利用した形態での社会主義的牽引を一九五〇年代までは唱っていたはずである。だが、一九六〇年代になると、原子力テクノロジーとはきっぱりと絶縁し、「オールドマン〔トロツキイ〕の時代とわれわれの時代との相違は、原子力だ」と言い切った。☆40

あるいは人は、「反原子力」を唱うのに、マルクス主義的理論づけなどは、それも一度瀕死の状態に陥ったマルクス主義理論などは、不用であると嗤うかもしれない。そこで、エコル・ポリテクニクの科学哲学教授だったジャン＝ピエール・デュピュイの二〇〇六年刊のチェルノ

☆38 『栗原貞子全詩篇』（土曜美術社出版販売、二〇〇五）、四二二ページ。

☆39 このような消息については、拙文「原爆に反対したアメリカ人」『UP』二百七十二号（一九九五年6月号）所載、参照。

☆40 トロツキイや陳獨秀の思想原則を支持するからといって、彼らを無謬の「聖人」と崇めるほど愚かなことはない。私は第四章において、伝統中医学を再評価する議論を展開した。西欧的近代化を「科学」と「民主」を基本的スローガンに掲げた陳獨秀は一般的に中国医学を排撃した。私は、彼の科学的批判性の原則的支持者なのであって、個々の議論について、そのまま従う心算はない。フィードバックして思想原則を点検し見直す機能こそが、思想の陣地の健全さの証であろう。

ブイリを旅したあとにパリで綴った一書を参照してみることとする。この書はけっして凡庸な本なのではない。多くを教えてくれはするのであるが、著者の科学観、合理性の理解は狭隘である。彼は最近「カタストロフィの哲学者」などと称されているらしい。デュプュイは述べている――彼の思想的スタンスは、ときに、私が引き合いに出したベラルーシのネステレンコ、バンダジェフスキーなど「危険な反体制派の人々」を一身を賭して支持したスイスのミシェル・フェルネと比較されるが、「私はそのようなことは望まない」。このように原子力に関する正しい科学的理解を推し進めて身を挺して闘っているベラルーシやスイスの科学者たちと一線を画すだけではなく、こうまで書いている――バンダジュジェフスキーは「虚偽の情報を流したとして投獄されたのではなかったろうか☆41」。科学的真理を守ろうと、冤罪投獄の身に置かれていた人物に対するこの言なのである。

さらに、福島の災厄直後に邦訳出版された『ツナミの小形而上学』においては、あるマルクス主義的言説を貶めて書いている――「マルクス主義的倫理というものはなく、ただひたすらマルクス主義的経済理念があるだけなのだ☆42」。どうやら、デュピュイは、「原子力技術権力《ニュクレオクラシー》」(nucléocratie)の側で、当たり障りのない〝怒り〟を表明するだけの科学哲学者の閾内にとどまっていたいらしい。フランスは、「原子力教会の長女」と賞されるほどに原子力推進に熱心である。フランス共産党も、私の理解が正しいのなら、いまだに脱原子力の政策を掲げてはいない。デュピュイは、「カタストロフィを論ずる哲学者」のわりには、とても〝お気軽〟なのである。私がデュピュイのような科学哲学者の思索のスタンスを峻拒するゆえんである。

☆41 Jean-Pierre Dupuy, *Retour de Tchernobyl: Journal d'un homme en colère* (Éditions de Seuil, 2006). 永倉千夏子訳『チェルノブイリ ある科学哲学者の怒り――現代の「悪」とカタストロフィー』(明石書店、二〇一二)、一六四ページ。人名の読みは、改訂してある。

☆42 J.-P. Dupuy, *Petite Métaphysique des Tsunamis* (Éditions du Seuil, 2005); 嶋崎正樹訳 (岩波書店、二〇一一)。デュピュイの「ツナミ」とは、二〇〇四年年末に東南アジアの沿岸部で起こった津波のことである。ただし、フクシマ以後に書かれた邦訳書の解説、西谷修の「「大洪水」の翌日を生きる」は読ませる文章である。

ヴァルター・ベンヤミンは、エルンスト・ユンガー編の『戦争と戦士』なる論集が一九三〇年に出版されたさいに「ドイツ・ファシズムの理論」なるレヴューエッセイを草した。そこで、ベンヤミンが帝国主義戦争を特徴づけて書いたことは、第一次、第二次世界大戦を問わず帝国主義戦争そのものに一般的に当て嵌まる。「帝国主義戦争（der imperialistische Krieg）は、それがまさにもっとも苛酷なものであり、もっとも重大な結果を招くものである点で、一方で技術《テヒニク》（Technik）が巨大な手段をもつということと、他方で技術の道徳的解明がほとんどなされていないということとのあいだの齟齬によっても、〔その本質を〕決定されているのだ☆43」。「技術は思い違いをしたのだ。というのも、技術が英雄的な相貌と思ったものは、ヒッポクラテスの相貌、すなわち死相（die Züge des Todes）だったからだ☆44」。

ベンヤミンは、自死の直前に、有名な「歴史の概念について」（一九四〇年成立）の遺稿のなかで書いた。「マルクスは革命を世界史《ヴェルトゲシヒテ》の機関車であるという。だが事情はまったく異なっているかもしれない。それら〔諸革命〕はその列車に乗って旅している人類が非常ブレーキを作動させることなのかもしれない☆45」。ベンヤミン－ベンサイドの思想を継承し、現代にあって、マルクス主義思想の再生に志す科学史家・科学哲学者の私は、ブレーキとして機能するだけの革命概念は好ましくないと考えて、この文言に敢えて付け加えて言いたい。「反自然科学をテクノロジーとして援用しようとする「自然に敵対する帝国主義」に抗する「環境社会主義」を旗幟とするマルクス主義思想は、二十一世紀の現代の世界史を牽引する革命の機関車として闘う」、と。

☆43 Walter Benjamin, "Theorien des deutschen Faschismus," *Gesammelte Schriften*, III (Frankfurt am Main: Suhrkamp Verlag, 1972), S. 238. 浅井健二郎編訳『ベンヤミン・コレクション4』（ちくま学芸文庫、二〇〇七）、五六六ページ。

☆44 *Ibid.*, S. 247. 前掲訳書、五八三ページ。

☆45 Walter Benjamin, *Werke und Nachlaß. Kritische Gesamtausgabe*, hrsg. von Cristoph Gödde und Henri Lonitz, Bd. 19. Über den Begriff der Geschichte, hrsg. von Gérald Raulet (Berlin: Suhrkamp, 2010), S. 153. 鹿島徹『ベンヤミン［新訳・評注］歴史の概念について』（未來社、二〇一五）、一四八ページ。浅井健二郎編訳『ベンヤミン・コレクション7』（ちくま学芸文庫、二〇一四）、五八一ページにも訳文は見えるが、基本的に、鹿島訳に従っ

私の本書の企図のひとつの契機は高木仁三郎によって与えられた。高木には高木の理念と運動の実際があり、その脱原発のプログラムは、かなり具体的に、原子力市民委員会の名で『原発ゼロ社会への道』☆46として公刊されている。私自身が、高木の後継者として支持するのは、西尾漠の『なぜ即時原発廃止なのか』☆47の方向である。

*

私が当初から高木のプログラムを側面から補強・応援すべく、また独立に抱いてきたのは、自然に対応するときの姿勢、もっと限定的に言えば、自然科学の全体的在り方、そして社会的‐政治的プログラムの点であった。もっとも、高木の思想と私のは相互に独立しており、相互補完的であると同時に、相互に自立‐自律して評価されるべきである。高木のエコロジカルな思想が、二〇一一年後のドイツでは一定程度実現されているのが、その証左である。

まず、自然探究について、包括的に私の結論的立場を述べておけば、やはり、第一に、荘子の天＝自然思想が格別に重要だということである。荘子は、「天道」篇のなかで述べている。「天地自然の徳《もちまえ》を明白にわきまえるいうこと、これをこそ大きな根本、大きな中心といい、天の自然と和階することである。この世界を平和に治めてゆく手だては、人間と和階することである。人間と和階することは人の楽しさといわれるが、自然と和階することは天の楽しさといわれる」☆48。人と和階するとは、「共生」のことである。荘子は、それに加えて、「天との和階」、すなわち「天楽」の重要性を訴えているのである。

た。

☆46　原子力市民委員会『原発ゼロ社会への道——市民がつくる脱原子力政策大綱』（二〇一四）。

☆47　西尾漠『なぜ即時原発廃止なのか』（緑風出版、二〇一二）。高木は生前、自分は西尾をもっとも信頼している、と私に漏らしていた。

☆48　金谷治訳注『荘子』第二冊、一五二ページ。池田知久訳、上、七九三ページ。

「秋水」篇においては、「人為によって天の自然を滅ぼしてはならぬ」[☆49]と喝破している。安易な人為的賢《さか》しらによって根源的自然を忘却したり、逆らったりしてはならない、と警告しているのである。この自然認識こそが、究極的叡智とされるべきである。

だが、私はベイコン－ガリレオ以降の近代的機械論自然科学を無碍に斥けたりしない。イアン・ハッキングの『表現と介入』に沿って論議したときに述べたように、私は、「視点的実在論」というよりは、「地平的リアリズム」の立場をもって、その自然科学の企図を支持すると述べた。ただし、一九三〇年代になって原子核物理学が専門学問分野として成立するとともに、ベイコン主義的科学は、さらに高度化し「ウルトラ・ベイコン的科学」という段階に進み、反自然的な自然科学としての様相を示し始めた。東京大学駒場で教科書として使用されている『放射線を科学的に理解する』の一文を引用すれば、「原子核反応は副産物として、望ましくないさまざまな放射性核種を生みだす。何千年、何万年単位の長期にわたって放射線を出しつづける放射性廃棄物をどう処理して後世まで管理していくのか、その具体的解決法を見いだせないさなか、わが国でも原子力発電所の事故が起こってしまった。原子炉内に閉じ込められていたはずの大量の放射性物質が環境中にまき散らされ、広範囲にわたって深刻な汚染を引き起こした」[☆50]。ベイコン主義的自然科学についてのこの現実は、私の「地平的リアリズム」の観点から見れば、由々しき科学的事実にほかならない。低放射線についての「閾値なし直線モデル」を現代の自然科学理論として基本的に支持すべきとするゆえんである。にもかかわらず、私が生まれ出た郷里は、科学者たちの「そのうちなんとかなるだろう」という安直で悠長

☆49　福永光司・興膳宏訳『荘子　外篇』（ちくま学芸文庫、二〇一三）、三二五ページ。金谷訳、第二冊、二六五ページ。池田訳、上、九九七ページ。

☆50　前掲『放射線を科学的に理解する』、三七ページ。

な姿勢によって具体的解決法を見いだせないなか、放射性廃棄物の処分場にされようとしている。加美町町民は一致して、これに断固反対の姿勢を示している。じつに科学的な判断であり、開明的な態度と称賛されるべきである。どこで、まちがいが起こったのかはまったく明らかであろう。原子核物理学をテクノロジーとして、現実に、戦争のためであれ、「平和」のためにであれ、利用しようとした時点でまちがい始めたのである。これが、ヒロシマ、ナガサキ、チェルノブイリ、フクシマが教えてくれる真実なのである。

したがって、近代自然諸科学の学問的企図総体に反対するのは愚かな対応である。むしろ、そこから科学的真理と見なされるべきことがらを誠実に学び、反自然的に機能することを余儀なくされる原子力テクノロジー全体に反対せねばならないのだ。

それでは、そのほかの自然認識の在り方はどう評価すればよいのであろうか？　西洋的伝統においては、ローマのプリニウスの『自然誌』（*Historia naturalis*）、十八世紀「フランスのプリニウス」ビュフォンの『自然誌』（*Histoire naturelle*）の学問的企図を想起すべきである。他方、東アジアにおいても、このような自然へのアプローチは、西洋に劣らず、巨大な成果を生み出した。中国明末の湖北人李時珍による浩瀚な『本草綱目』（一五九〇年代上梓）が代表作である。☆51『本草綱目』は、わが国にも江戸初期の一六〇七年に長崎に舶載され、独自のナチュラリストの研究伝統となった。このような自然誌的＝博物学的研究伝統の成果も、独自の「実在性」＝リアリティをもっている。ところが、十九世紀に「実証主義」が普遍化し、進行するにつれて、自然誌的研究伝統はフランス革命後の物理学主義の不当な跋扈によって蔑ろにされだし、ほとんど終焉の

☆51　私の親友の李梁はその末裔である。彼は、上海外国語大学で日本語を学び、北京大学と東京大学の大学院で中国・日本思想史を修学し、現在、弘前大学人文学部教授の地位にある。本来は医師の家系である。

瀬戸際にまで追い込まれた[☆52]。

まとめよう。なによりも実在的——地平的リアリティにとどまることなく——なのは、荘子の天＝自然であり、スピノザの「神即自然」である。スコラ学ふうに言い直せば、それこそ「無制約的に自然としての自然」(natura qua natura simpliciter; nature as nature unqualifiedly) にほかならない。それこそが、地平的リアリズムの観点から見られた自然を睥睨《へいげい》しうる根源的「実在」にほかならない。自然についての知識は、なによりその自然概念に徴して省みられるべきである。そのうえで、近代の機械論的自然諸科学の「地平的リアリティ」が置かれる。私は、ベイコン－ガリレオ以降の機械論的自然科学の中枢部分は、根底的には「基礎工学」から出来たと思っている[☆53]。

ここで、デカルトによる「数学的自然学」の学問的プロジェクトについて一言、述べておけば、そのプロジェクトは、根源的には、自然を工学的に利用しようとする志向のもとに正当化される。そのような観方は、ことに、二十世紀の量子力学の建設に貢献した鬼才ポール・ディラックによって示されている。ディラックは述べていた。「私は厳密な数学よりも工学者の数学を用いてきた」[☆54]。この一文は、ディラックのたとえばデルタ関数——のちにローラン・シュヴァルツによって厳密に再定義された——についての註記であるが、それに限らず、自然諸科学を記述する数学の特性を告げ知らせてくれている。この所見は近代数学総体に適用できる。すなわち、デカルトが試みたように、数学的自然学は神学的には正当化されず、応用された自然科学の内実だけが、その学問的効用を物語る。数学的自然学がこのように見直されたうえ

☆52 Wolf Lepenies, *Das Ende der Naturgeschichte: Wandel kultureller Selbstverständlichkeiten in den Wissenschaften des 18. und 19. Jahrhunderts* (München/Wien: Carl Hanser Verlag, 1976). 山村直資訳『自然誌の終焉』(法政大学出版局、一九九二)。

☆53 この発想は、すでに、拙稿「ガリレオ・ガリレイ——近代技術的学知の射程」、『思想』一九八三年一〇・一一・一二月号所載、のちに拙著『科学革命の歴史構造』(上)(講談社学術文庫、一九九五) の第二章として収録。さらにまた、ベイコンの学問的プロジェクトを「テクノロジー科学」(technological science) として規定する観方は、拙著『近代学問理念の誕生』(一九九二) の結論「テクノロジー科学の離陸——フランシス・ベイコンと科学論の第二の航行」で打ち出されている。

で、ディラックのもうひとつのテーゼが評価される——「物理法則は数学的な美しさをもたなくてはならない」。このテーゼは、理念《イデー》であって、現実に到達可能かどうかはわからない。

あるいは、理解の仕方によっては、自然誌的研究伝統は復権され、重視される。それゆえ、自然に対してエコロジー的観点からアプローチする、たとえば生物種の多様性を論議するような公正で学問的な態度を「科学的」ではないと見なすのは誤りである。それは、機械論的自然諸科学のみを「科学的」とする近代西欧的謬見でしかない。

このような自然哲学的理解によれば、原子核科学は、放射性物質を伴う反自然科学としての側面をもつ。クーンは、規範的になりえる、通常の科学的営みを「通常科学」＝‘normal science’と呼んだが、原子力テクノロジーへの応用を狙って推進される自然科学は、さしずめ「異常科学」＝‘abnormal science’と特徴づけられるであろう。現代物理学の俊秀学徒として知られた山本義隆は、その著『原子・原子核・原子力』のなかで、こう吐露している。「私には、原爆と原発が20世紀物理学の原罪のように思われます[☆55]」。この感懐はいたましい。原子核物理学の技術的適用である原子力テクノロジーを推進する政体は、ローベルト・ユンクが一九七七年の著書で剴切に規定したごとく、「原子力帝国《アトム・シュタート》」である[☆56]。

さらにまた、素粒子のレヴェルをはるかに超えて探究されるクォーク理論やひも理論は、実験的検証が原理的に困難で、「まちがってすらいない」（パウリ）といった真理論的状況にある。私は、それら物理学的実体とされる存在についての理論が、諸理論を整合的に統括できるかぎりで、意義を認めるのにやぶさかではない。けれども、友人のルーイス・パイエンソンが批判

☆54 Abraham Pais, Maurice Jacob, David I. Olive, *Paul Dirac: The Man and his Work* (Cambridge University Press, 1998). アブラハム・パイスほか『ポール・ディラック——人と業績』（藤井昭彦訳、ちくま学芸文庫、二〇一二）、一二六ページ。ディラックの物理数学は、基本的に工学的数学であった。

☆55 山本『原子・原子核・原子力』前掲書（中間考察、注16）、二〇〇ページ。

☆56 Robert Jungk, *Der Atom-Staat* (München: Kindler Verlag, 1977). 山口祐弘訳『原子力帝国』（社会思想社・現代教養文庫、一九八九）。新版は日本経済評論社から二〇一五年刊。標題は、直訳的には「原子力国家」である。また、本文の第五章標題は「原子力帝国主義」と訳されているが、原文は“Die »Weiterverbreiter«”であり、

的評言をもって指摘しているごとくに、現代物理学の一角は、どうやら〝神学的〟状況にあるらしく思われる。そしてその研究現状は、〝スコラ学的〟頽廃に陥ってすらいる。

総括的に言って、自然に関する学問的現況は、大変革期にある。私が「環境社会主義」と呼び、ベンサイドが「エココミュニスム」（écocommunisme）と名づけたマルクス主義の新しい理論は、二十世紀前半の植民地帝国主義と戦争の時代に、「不均等・結合発展」（dévelopement inégal et combiné; uneven and combined development）の法則の発見に基づいて、レフ・トロツキイによって提起された「永続革命論」に引き続く、資本主義の新段階に対応する理論的試みなのではなかろうか。「永続革命論」によれば、ロシアの来たるべき社会主義革命は、プロレタリアートによって闘い取られうる、しかし、その革命はヨーロッパの先進諸国の革命によって支持されないかぎり延命しないだろうという二重の考えを基本とする。その革命論を歴史的唯物論によって支える「不均等性」とは、ロシアの政治経済が極度に後進的であると同時に、その地のプロレタリアートの意識がきわめて先進的であることを含意し、同時に、いかに先進的な主体性をもった労働者階級とその党が存在したにしても、その地のプロレタリアートとヨーロッパの他の地のプロレタリアート、それから彼らが担う政体間の「結合」なくして、社会主義政体としては健全に維持しえないことを示唆する[☆57]。この大胆な理論のトロツキイ自身による叙述については、『ロシア革命論』第一巻の最初の部分、並びに、一九三〇年刊の『永続革命論』[☆58]、さらに詳細な理論的彫琢と現代的意義については、ミシャエル・レヴィの重厚なる著書『結合・不均等発展の政治学――永続革命論』[☆59]を参照されたい。トロツキイが永続革命論を考案した一九〇五年か

「広範に拡散させる者」を意味する。学問的には、もっと原文に忠実な訳を提供すべきだとは思うが、訳者が原著者の意図を曲げていると私は思わない。なお、原文のS. XVII（最新の日本経済評論社版では、一九ページ）には、"Kernkraft-Imperialismus" =「原子力帝国主義」の語句が見られる。

☆57　山西英一訳・第一分冊（角川文庫、改版一九七二）、二一ページ。藤井一行訳・1（岩波文庫、二〇〇〇）、五五ページ。

☆58　森田誠也訳（光文社古典新訳文庫、二〇〇八）。

☆59　Michael Löwy, *The Politics of Combined and Uneven Development: The Theory of Permanent Revolution* (London: Verso, 1981; New version, Haymarket Books, 2010).

らソ連邦の解体までの時代は、いわば「永続革命の時代」（the age of permanent revolution）（アイザック・ドイッチャーの著書の標題としても使用されている）と規定される。戦後資本主義の永続的科学技術革命による「自然に敵対する帝国主義」に対応するマルクス主義の新理論は、「環境社会主義」であろう。その理論の練り上げは、形成途上にある。

　栗原貞子は、一九八二年刊の『核時代に生きる』のために書き下ろされた「原子力ユートピアから原子力帝国主義へ」のなかで「文学者たちの苦い反省」を告白的に記し、ユンクを引いて「原子力帝国の恐怖」[☆60]について綴っている。貞子は、かなり早期から、原子爆弾だけではなく、原子力発電を推進する「原子力技術権力《ニュクレオクラシー》」＝「原子力帝国主義」総体への断固たる反対者だった。原水爆禁止日本国民会議の初期の指導者で、栗原の盟友・森瀧市郎が自らの信念を簡明にまとめて述べたごとく、「核と人類は共存できない」[☆61]のである。まして、「核と社会主義は共存できない」。こういった論点について、池山重朗の『原爆・原発――核絶対否定の理論と運動』[☆62]は、先駆者の足跡を伝えている。

　憲法第九条が、世界政治の規範でなければならないのと同様、ヒロシマは、世界の反原子力政治の原点でなければならない。このような原爆を投下された広島の惨状は、栗原貞子らによって詩にうたわれ、さらに女優の吉永小百合さんらによって朗読されている――「それらの詩は、耐えがたい哀しみのなかで、必死に生きようとする人間の心の叫びが、深く描かれていました。朗読しながら、私は胸が震えました。詩の重さを、全身で受け止めようとしたのを覚えています」[☆63]。このような文学的営為はけっしてどこでもなされているわけではないことを胆

☆60　栗原貞子『核時代に生きる――ヒロシマ・死の中の生』（三一書房、一九八二）、一五七ページ。ユンクの書の山口訳のアンヴィエルからの出版は一九七九年だから、それに目を通していたことは確実である。

☆61　森瀧市郎『核と人類は共存できない――核絶対否定への歩み』（七つ森書館、二〇一五）を見よ。

☆62　明石書店から、二〇一二年刊。

☆63　吉永小百合編／男鹿和雄画『第二楽章　ヒロシマの風』（角川文庫、二〇〇〇）収録の吉永小百合による「語り継ぐもの」。本書には、貞子の詩二篇「生ましめんかな」と「折づる」が収められている。朗読はCDで聴くことができる。

に銘ずるようにしたい。

八月六日朝、広島爆撃にあたって、指揮官機に機長として搭乗し、僚機「エノラ・ゲイ」号に原爆投下の命令をくだしたクロード・イーザリーはその罪を悔い、反核のために奮戦することとなった。☆64 今日では、米国の元大統領ハーバート・フーバー、ドワイト・アイゼンハワーらが、原爆投下を非難したり、無用と考えていたことが判明している。☆65

一九九五年、ワシントンに在るスミソニアン・インスティテューションの航空宇宙博物館の館長マーティン・ハーウィットは、ヒロシマの原爆犠牲者をも勘案した「エノラ・ゲイ」展を企画したところ、退役軍人会の反対にあって展覧会は中止に追い込まれた。が、ハーウィット館長は、その非を内外に訴えた。☆66 ハーウィット氏の来日のことを知った私は東大駒場で講演会を組織したのだが、会場の教室は教員・学生で満杯以上であった。ヒロシマは人類の科学史的・人道史上の普遍的事件なのである。けれでも、戦後歴代の日本政府首脳は、米国帝国主義の戦争責任を問うことなく、その「覇道」に敗北し続けている。

反自然的帰結をもたらす原子力テクノロジーとその推進政体の「原子力帝国」には、終焉の烙印が押されねばならない——『シュピーゲル』二〇一一年三月十四日号の表紙が唱っていたごとく、「原子時代の終焉」(Das Ende der Atomzeitalters)(図C・1)、との。そして先進資本主義国家の知的エスタブリッシュメント『エコノミスト』誌は、事故一年後の二〇一二年三月十—十六日号(図C・2)において、「原子力エネルギー——失敗した夢」(Nuclear energy: The dream that failed)なる標題の特集を企画し、十四ページからなる包括的所見を展開した。☆67「安全性」と「コスト」の面から、

☆64 *Off Limits für das Gewissen: Der Briefwechsel zwischen den Hiroshima-Piloten Claude Eatherly und Günther Anders (1959-1961)* (München: CH. Beck, 1982). 篠原正瑛訳『ヒロシマわが罪と罰——原爆パイロットの苦悩の手紙』(ちくま学芸文庫、一九八七)。

☆65 川名英之『核の時代70年』(緑風出版、二〇一五)、一二五ページ。本書にはいくつかのまちがった記述が散見される。が、良書であることに変わりはない。

☆66 Martin Harwit, *An Exibition Denied: Lobbying the History of Enola Gay* (New York: Copernicus, 1996); 山岡清二監訳/渡会和子・原純夫訳『拒絶された原爆展——歴史の中の「エノラ・ゲイ」』(みすず書房、一九九七)。

☆67 Special Report: "Nuclear energy: The dream that failed," *The Economist*,

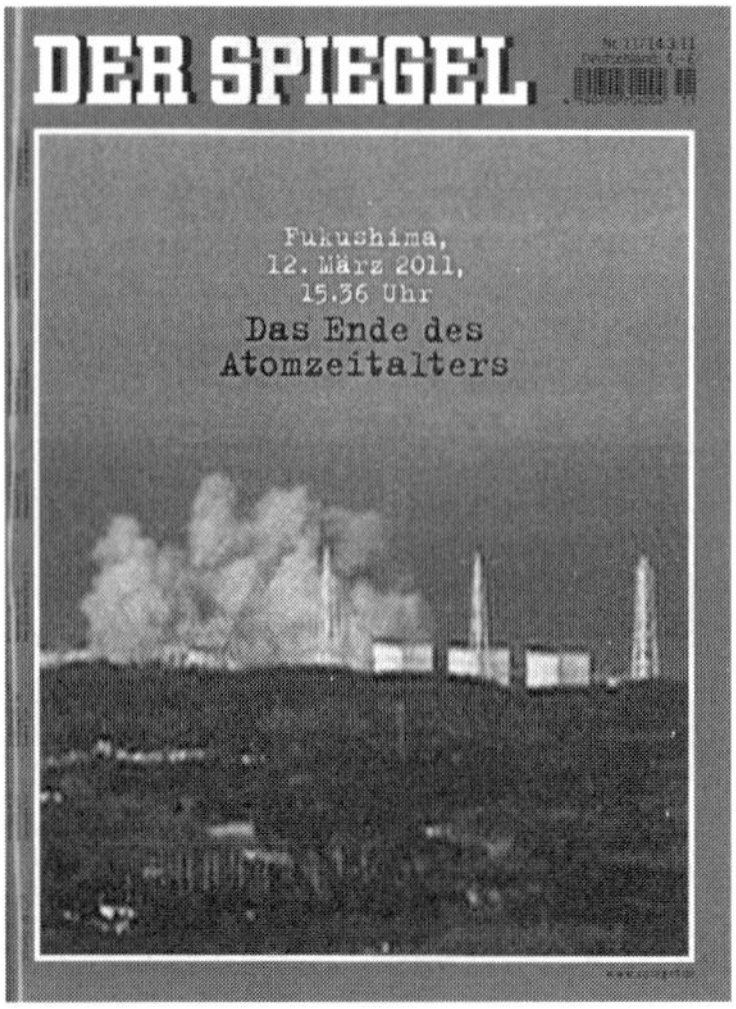

図C・1 『シュピーゲル』(2011年3月14日号)「原子時代の終焉」。

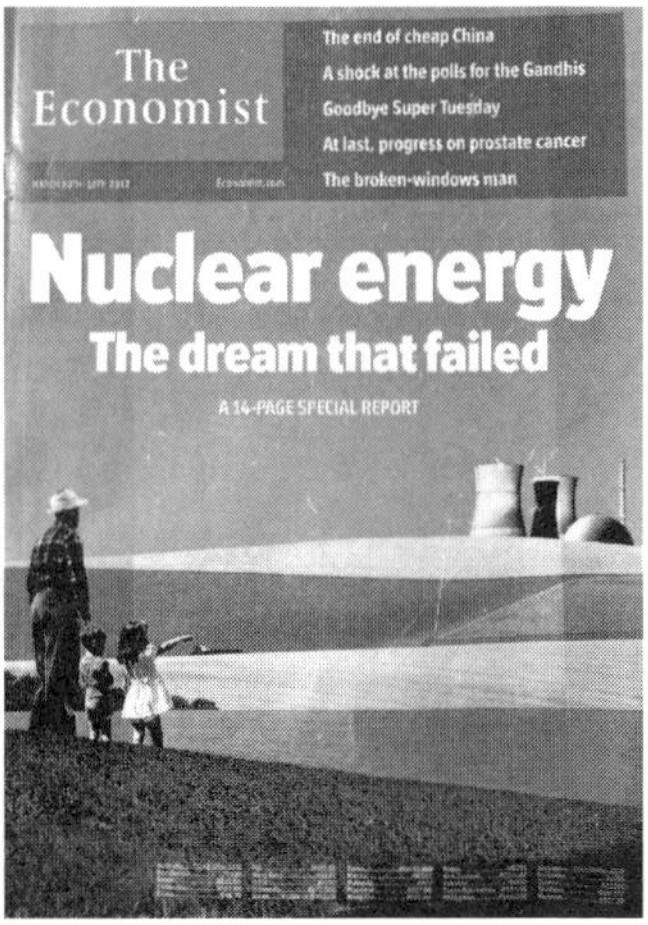

図C・2 『エコノミスト』(2012年3月10〜16日号)は、「原子力エネルギー:失敗した夢」を特集した。

すでに原子力エネルギーは過去の見果てぬ夢になったということを説いているのである。この認識は、深く私たちの心に刻みつけなければならない。この特集のリード記事の「そして君は、日本よ」の項は、「日本の原子力村(nuclear village)と呼ばれる国家官僚、政治家、産業家たちは、チェルノブイリの犯罪を負う者たちのような没落しつつあった権威主義的国家の責任ないアパラチクなのではなかった」☆68とまず、注意を促す。褒めているような、また、皮肉っているような一文である。そして福島での事故を起こした近過去の日本と将来の中国についての所見を開陳している。「どんな民主主義もこれほど貧弱にことをなすわけではない。しかし原子力は、民主主義からはますま

March 10th-16th 2012, pp. 1-16. タイトルページなどを数えなければ、総計一四ページになる。

☆68 "Nuclear energy: The dream that failed," Leaders, p. 15.

す出て来ない創造物になろうとしている。地上でそれにもっとも多く投資しようとしているのは中国においてである――中国が原子力に大きな賭をしているからではなく、このような巨大な経済にほんの慎ましいレヴェルの関心ですら、ほかのほとんどすべての標準でも大きいからである。中国の規制システムは、フクシマに対応して精細に点検するらしく思われる。その新しい発電所のいくつかは、もっとも現代なものとなり、もっとも安全なものをめざすデザインとなる。しかし、安全性はよき工学以上を要求する。それが行なわれないできたリスクを不断に追求するような、独立した規制、精細で、自省的な安全文化である。これらは、中国（あるいは、いくつか以上の発電所を建設しようとしているロシアもまた）が装備できることを示したことのないものごとなのである」[☆69]。現代中国語には「温馨提示《ウェンシンティシ》」ないし「温馨注意《ウェンシンヂュウイ》」ということばがある。観光地などで目にした人もいるかもしれない。「温かくご注意申し上げる」といった意味であろう――チェルノブイリの大事故を起こした旧ソ連邦にもっとも近い政体は中国である。チェルノブイリ級の原発事故がつぎに起こるのは原発大国化に踏み切る中国ではないか。これは杞憂ではない。真山仁の『ベイジン』[☆70]が、たとえフィクションではあれ、大連郊外にある世界最大規模の紅陽核電の事故を想定して、迫真の筆致で描いている。もっとも、フクシマに懲りることなく、原発再稼働に踏み出した日本にも再度の災禍がやってこない保障はないだろう。それが、原子力というものの本性なのだからである。

ノーニュークス・アジアフォーラム編著になる『原発をとめるアジアの人々』は、インド、トルコ、ヴェトナム、インドネシア、台湾、フィリピン、タイ、韓国における反原発運動につ

☆69 *Ibid.*

☆70 真山仁『ベイジン』全二冊（幻冬舎文庫、二〇一〇）。事故は二〇〇八年夏の北京オリンピック直後に起こったものと想定されている。本書を供与された高木仁三郎市民科学基金事務局長の菅波完氏に感謝する。

いては報告しているが、中国については主題的な報告をなしていない[☆71]。同書が説いているごとく、市民的民主主義が活きている政体においては原発立地に反対する運動が盛んで、中央政府権力が強力で専制的な政体においては原発が建つ。

私は、現代資本主義の特徴づけを「自然に敵対する帝国主義」なる概念をもってなしているのであるが、その世界資本主義の形態が、第二次世界大戦の戦勝国であり、国際連合の常任理事国の政治軍事的思惑によって統制された国際原子力機関（IAEA）と世界保健機関（WHO）の巨大な影響を受けている事実に鑑みれば、「自然に敵対する帝国主義」の枠組と内実の理解も若干通常のものと異なってくる。換言すれば、ロシアと中国も、そのなかに含まれるという理解が生まれてくる。中国の政治的規定については、もっと慎重でなければならないだろうが、この理解の仕方には一斑の真実がある。

けれども、現代資本主義を「原子力帝国主義」概念を中軸に理解しようとする試みは、わが水戸巌によってスリーマイル島事故以前の一九七八年には打ち出されていた――「原子力発電は永久の負債だ――原発は原水爆時代と工業文明礼讃時代の終末を飾る恐竜である」（『現代農業』78年9月号）。その論考で水戸は結論づけている。

原発は、原水爆時代と工業文明礼讃時代の終末を飾る恐竜（亡びゆくもの）である。原発は、古い時代の科学技術――自然と人間の敵対、民衆の手の届かぬものとして民衆を支配する手段としての科学技術のシンボルである。

☆71　ノーニュークス・アジアフォーラム編著『原発をとめるアジアの人びと』（創史社、二〇一五）、一四八―一〇ページは、中国の現状についてわずかな紙幅を割いている。

いま、原発とそれに象徴される工業文明総体への批判の中から真の科学技術の時代が始まろうとしている。それは、自然と人間の調和、そして民衆一人ひとりが制御できる科学技術の時代である。[☆72]

包括的所見は開陳されないで終わったとはいえ、しっかりと私たちがめざすべき方向は指し示されている。

高木は『プルトニウムの恐怖』において、こう書いていた。「工業化された社会においては、すでに、「より大きく強く」が科学技術の主要な動機づけとなるような時代は去った。（いまなおその方向に社会をつき動かしているのは、商品市場の競争原理であろう。[☆73]）」換言すれば、たえまなく成長を希求する資本主義的な政治経済原理だけが、「より大きく強く」といった特徴の科学技術を要求するということであろう。

高木が「市民科学者」(citizen scientist) という呼称を自らに使用したことはよく知られている。プリンストン大学の物理学者のフランク・フォンヒッペルの著書の標題に由来する。高木は、東大駒場の私のもとを訪問するさいに、その著作を携え、見せてくれたものだ。フォンヒッペルの母方の祖父は、自立心が大きかったジェームズ・フランクであった。フォンヒッペルと高木の「市民科学者」は、中江兆民が用いた語彙で私なりに言い直せば、「民党」にほかならない。国家主義者の政府の官吏からなる党「吏党」に対する概念である。[☆74] 兆民は、さらに、「民党」と「吏党」とを、それぞれ「正党」と「邪党」と特徴づけている。[☆75] 高木の「市民科学者」

☆72　水戸巌『原発は滅びゆく恐竜である』、二一五ページ。
☆73　『高木仁三郎著作集4』、二八一ページ。
☆74　松永昌三『中江兆民評伝』（下）（岩波現代文庫、二〇一五）、一七八ページ。
☆75　前掲書、二二二ページ。

とは、政治的思惑によって科学的真理を曲げることを敢えてはばからない「吏党的科学者」に対決する「民党的科学者」の謂いであろう。

私は、科学と技術が向かうべき一般的な方向として、エコロジカルな方向をめざすと同時に、「ハイテク」（先端科学技術）を活用する方向が基本的に正しいと考えている。そのさいの「ハイテク」はモラル的に、社会哲学的に判断して、正当と認められねばならないであろうことは必須条件であり、原子力テクノロジーは第一に排撃される。エコロジカルな方向をめざし、ハイテクとの結合を促進するというのが私の基本的立場なのである。「緑原理主義者」の態度は採らず、選択・採用されるべきテクノロジーに関しても、私はプルーラリストなのである。

近年、物理学者の池内了と宗教学者の島薗進とのあいだで『科学・技術の危機　再生のための対話』☆76が交わされ、日本人学者の一定の良心が提示されており、私も傾聴の姿勢をもたされたが、本格的な「再生」への道の建設はまだまだ遠い、という印象をも同時にもたらされることを余儀なくされた。

現下の日本は深い「日本病」に犯されている。☆77投機的金融資本主義が跋扈し、若者たちの雇用は過半が非正規化し、そして原発は、フクシマ後より安全になったという驚くべきセールスの口上とともに、海外に輸出されている。来たるべき戦争への法的準備が進んでいる。

先に古代中国の『荘子』から引用したごとく、「人間と和階することは人の楽しさといわれるが、自然と和階することは天の楽しさといわれる」。人のあいだの和階は、「共生」の思想、マルクスらが謳い上げたコミュニズムの政治的プログラムによって挑戦される。われわれの政

☆76　池内了×島薗進『科学・技術の危機　再生のための対話』（合同出版、二〇一五）。池内はかなり包括的な『科学・技術と現代社会』全2巻（みすず書房、二〇一四）を世に問うているが、学問思想的深さは「いまいち」である。それにしても、利用している科学史書のほとんどが通俗書なのはどうしてなのか？けれども、池内の「原発の反倫理性と科学者の社会的責任」、黒田光太郎・井野博満・山口幸夫編『福島原発で何が起きたか――安全神話の崩壊』（岩波書店、二〇一二）所収、は第一級の論考であろう。他方の島薗は、現代のバイオテクノロジーの在り方についても発言し、支配的な「個としてのいのち」に対して、「つながりのなかのいのち」なる考えを提唱している。島薗進『いのちを〝つくって〟もいいですか？――生命科学のジレンマを考える

治思想的プログラムで表現すれば、「環境社会主義」である。それは、日本だけに限定されず、東アジア全体で追求されるべきである。そして世界と連携されるべきである。というのは、共生と天楽の思想は、はるか昔の古代中国で唱われていたからである。現代東アジアのマルクス主義者に課せられた課題は、それを再生させ、活性化すること、さらに世界総体のラディカルな変革をもたらすことなのである。

　明治デモクラシーの雄、中江兆民が一八八七年（明治二十年）に世に問うた傑作『三酔人経綸問答』では、三人の酔客が政治的議論を闘わせている。ホストとしての無類の酒好きの南海先生、それに壮士的な豪傑君、それに西洋学に通じた洋学紳士である。兆民没後の戦前には、豪傑君が主流となり、アジアに侵略する軍国主義が猖獗を極めた。それが、戦後になって、一般的趨勢としては、洋学紳士の奉ずる民主主義が盛んになった、と見ることができるかもしれない。

　南海先生は、日本の隣に位置する大国の中国について、こういう所見を述べる。「亞細亞の小邦たる者は當《まさ》に之と好《よしみ》を敦くし、交《まじわり》を固くし、務《つとめ》て怨《うらみ》を相嫁《あいか》すること無きことを求む可きなり」☆78。小国の日本は、中国との友好姿勢をことのほか重視すべきだと主張しているのである。洋学先生は、実験科学的態度とはどういうものか、述べる。「苟《いやしく》も発見する所あるときは、試験室に入りて試験するに非ず乎《や》。試《こころみ》に亞細亞の小邦を以て、民主、平等、道徳、学術の試験室と為さん哉《かな》。吾儕《わがせい》或は世界の最も貴ぶ可く、最も愛す可き、天下太平、四海慶福の複合物質を蒸餾することを得ん哉」☆79。文中の「吾儕」とは、「われら」を意味する。現代語訳をも

哲学講義』（ＮＨＫ出版、二〇一六）には叡智が輝いている。

☆77　金子勝・児玉龍彦『日本病――長期衰退のダイナミクス』（岩波新書、二〇一六）は、日本経済システムと生命現象の複雑系の予見に挑み、きわめて透徹した包括的所見を提示している。

☆78　桑原武夫・島田虔次訳・校注『三酔人経綸問答』（岩波文庫、一九六五）、二〇二―二〇三ページ。ふりがなを一部省略した。

☆79　前掲書、一五一―一五二ページ。

敷衍して記す。「なにか科学上の発見をするときは、実験室に入って、実験をなすのではないでしょうか。試みに、このアジアの小国を、民主、平等、道徳、学問の実験室としたいものです。ひょっとすると、私たちは世界でもっとも尊い、もっとも愛すべき、世界平和、全人民の幸福という化合物を蒸溜することができるかもしれないではないですか[☆80]」。

戦後になって七十年をすでに経た。兆民の唱道する「民主、平等、道徳、学問」の発信地に戦後の日本はいくぶんかはなりえた。兆民は、「恩賜の民権」に代えて、「回復の民権」、すなわち、下からの民主主義的人権の重要性を訴えたことでも知られる。大戦の苛酷な試練、とりわけ、広島と長崎への原爆投下を被ったものの、世界に誇れる平和憲法を手にすることができた。だがしかし、さらに戦後日本は、チェルノブイリ級の苛酷な原発事故をも福島で経験せねばならなかった。いまや、われらは、「覇道」の原子力帝国主義を断固拒否する「脱原発国家」をめざすべきである。

一九四五年九月三日、オーストラリア出身のフリー・ジャーナリストのウィルフレッド・バーチェットは、長い鉄道の旅の末、被爆後約一ヵ月の広島に着いた。広島の街は、跡形もなく破壊され、病院は原因が判然としない病で亡くなろうとする人で満杯であった。総体として阿鼻叫喚の様相は続いていたと言ってよいであろう。彼は、『デイリー・エクスプレス』九月五日号に自らが見聞した広島の惨状を報告した記事を綴った。その記事で「原子の伝染病」ないし「原爆病」[☆81]（The Atomic Plague）の表現がはじめて使用された。そして「ノーモア、ヒロシマ」の語句があった。私が知るかぎり、これが、「ノーモア、ヒロシマ」の初出である。

☆80　同前、四六―四七ページ。
☆81　川名英之、前掲書、一三四―一三五ページ。

兆民は、二十世紀最初の年の一九〇一年秋、『一年有半』を公刊し、こう述べた。「我日本古より今に至る迄哲学無し」、「哲学なき人民は、何事を為すも深遠の意なくして、残薄を免れず」[☆82]。「今後に要する所は、豪傑的偉人よりも哲学的偉人を得るにあり」[☆83]。明治の巨人、兆民の要請に本書が応え得たなどと吹聴するようなことはできないに相違ない。けれど、一介の科学史家が敢えて本書を科学哲学、自然哲学に関する書となす以上、兆民の呼びかけのわずかに「一兆分の一」にでも応える意味の小著と自らは思いなしたい。

それでは、兆民の終局の哲学的立場はどうだったのであろうか？　それは『続一年有半』の筆名「一名無神無霊魂」によって特徴づけることができるであろう。その第一章総論の（七）「神物同体説」に曰く、「古昔《こせき》希臘《ギリシア》の学士中、及び後世和蘭《オランダ》スピ〔ピ〕ノザ、独逸《ドイツ》ヘーゲルの徒、皆神物同体説に属して居《お》る」。のちの説明に曰く、「但《ただ》この説にあつては、唯一神とはいふけれど、実はほとんど無神論と異《こと》らぬのである。何となればこの神や無為無我《むいむが》で、実はただ自然の道理といふに過ぎないのである」[☆84]。兆民の謂う「神物同体説」とは、「汎神論」（panthéisme）のことにほかなるまい。彼はその無神論的ヴァージョンを支持すると告白しているのである。

マルクスがベルリン大学での修学時代にヘーゲルの絶大な影響を受けたことはよく知られているし、また、エピクロス主義研究に関する学位論文のことについてもわれわれはすでに言及した。だが、彼が、アリストテレスやライプニッツとともに、スピノザを熱心に研究したことについてはほとんど指摘されない。私が知るかぎり、スピノザとマルクスの密接な関係を説いた書は、イルミヤフ・ヨベルの『スピノザ　異端の系譜』と、現代フランスのマルクス主義理

☆82　中江兆民『一年有半・続一年有半』（井田進也校注、岩波文庫、一九九五）、三一―三二ページ。松永『評伝』（下）、三三四ページ。
☆83　前掲『一年有半・続一年有半』、五六―五七ページ。松永『評伝』（下）、三三五ページ。
☆84　前掲『一年有半・続一年有半』、一三〇―一三一ページ。

論家ベンサイドの『時ならぬマルクス——批判的冒険の偉大と逆境（十九—二十世紀）』であろう。マルクスは、研究ノートブックに、「スピノザの『神学–政治論』カール・ハインリッヒ・マルクスによる、ベルリン、一八四一年」☆85の総題のもと、スピノザ『神学–政治論』ラテン語原典と『往復書簡集』から、かなりの分量の抜粋ノートを作成している。ヨベルのように、この抜粋ノートに「盗作」（plagiarism）の嫌疑をかけるのは誤っている。☆86なぜなら、この表記は、ライプニッツの哲学論文の抜粋ノートでも使用されており、☆87たんに抜粋ノートの作成がマルクスによってなされたことを記しているにすぎないからである。だが、ヨベルは、スピノザ哲学の影響がヘーゲルと同様に重要であることを指摘した点で、まったく正しい。どうしてかというと、一六五六年夏にユダヤ教会から「破門」されてしまったスピノザは、人間のモラルの問題を既成の実定的教会のあらゆる形態を超え出て、考えているからである。マルクスは、神概念すら止揚してしまった。さらに、スピノザの自然概念は、既成の人為的な自然の知識のあらゆる形態を超え出ているものと想像される。マルクスはこの点でもスピノザと似ている、と私は推断する。

ベンサイドは、マルクスの思想が、異端者スピノザを出発点とし、ライプニッツを介した「北西航路」をたどって到達したドイツ古典哲学の頂点に立つヘーゲルを継承し、止揚した「ドイツ的学問」の系譜のなかに位置することを指摘した点で、もっと非凡であり、正しい。☆88

マルクスはヘーゲルの徒であるとともに、汎神論の唱道者スピノザの徒でもあった。そして、もともと荘子の徒であった中江兆民は、ルソーの『社会契約論』（一七六二）を『民約論』と

☆85 “Spinoza’s Theologisch- politischer Tractät von Karl Heinrich Marx. Berlin 1841./ Karl Marx/Friedrich Engels, *Exzerpte und Notizen bis 1842: MEGA*, IV/1 (Diez Verlag, 1976), S. 233seq.

☆86 Yirmiyahu Yovel, *Spinoza and Other Heretics*, Vol. 2: *The Adventure of Immanence* (Princeton University Press, 1998), p.78. ヨベル『スピノザ 異端系譜』（小岸昭／E・ヨリッセン／細見和之訳、人文書院、一九九八）、三八九ページ。

☆87 “Philosophie des Leibnitz von Karl Heinrich Marx. Berlin 1841,” *MEGA*, *ibid.*, S. 183.

☆88 ダニエル・ベンサイド『時ならぬマルクス——批判的冒険の偉大と逆境（十九—二十世紀）』第七章、を見よ。

して邦訳して、『民約訳解』を明治十五年（一八八二）に公刊し、『学問芸術論』（一七五〇）の前半部を『非開化論』の標題で邦訳して、明治十六年（一七八三）に世に問い、「文明開化」の負の側面をも指摘しえた。[☆89] 彼は、「東洋のルソー」であると同時に、スピノザ的汎神論の系譜を継ぎ、それを無神論的に支持した。幸徳秋水は、兆民のさらにラディカルな後継者であった。一九〇一年、谷中村の鉱毒に憤怒の思いを抱いていた田中正造が明治天皇に直訴したさい、その直訴文を草したのが秋水だったのはけっして偶然ではない。兆民と秋水の思想が現代に生きていることは明らかだろう。そして、このこととともに、マルクス主義もがその現代に生きた形態においては、兆民らの思想形態と同調すべきこともまた明白であろう。

簡明に私が提唱する自然哲学の要点をまとめておこう。われわれの自然科学と称する自然への人為的介入に関する知識は、東方の荘子と西方のスピノザが謳った天の自然に適合的な、反自然ではない形をとらなければならない。近代西欧資本主義思想批判の根源的試みとしてのマルクス主義思想も、現代において、自然と他者との共生（convivium）を中心とする考えのもとに再生され、その思想をもとに共生社会の建設をめざすコミュニズムの運動は推進されねばならない。

私と同世代の日本思想史家にコーネル大学の酒井直樹がいる。すぐれた言説を国際的に発信している畏敬すべき日本人学者である。酒井は、「憲法第九条という発話行為」について、こう書いている。「現在の国際社会で認められた合理性に対する問題提起をすることによって、共生の可能性をつくってゆくことが、この条文には発話の構造として設定されている」[☆90]。こう

☆89　これらの訳業は、『中江兆民全集Ⅰ』（岩波書店、一九八三）に集録されている。

☆90　酒井直樹『死産される日本語・日本人――「日本」の歴史‐地政的配置』（講談社学術文庫、二〇一五）、一四一ページ。もっとも、初版は、一九九六年刊。もっとも、酒井の議論は、十八世紀江戸社会での日本語・日本人の探求の姿勢を中心としている。私の一般化が酒井の論点を歪めていないことを願っている。酒井は、注目すべきこととして、高木仁三郎の著作を英語訳している。Jinzaburo Takagi, *The Law of Science versus the Law of Life: Nuclear Accidents and the Limits of Human Control*, translated by Naoki Sakai (Kyoto: Hojodo/Octave, 2015).

書いたのは、『死産される日本語・日本人』という標題をもった著書においてである。私は酒井の日本国憲法評価にまったく賛成である。とくに国際的観点から見た評言であるだけに味わい深い。私は、本書を世に問うにあたって、ことさらに「日本人」としての立ち位置を意識した。酒井のいう「死産される日本語・日本人」の著作に成り下がってしまっている、と指弾されないようにとひたすら祈るのみである。

私が日本を出自とする科学史家・科学哲学者として本書をもってささやかな智恵を絞って定式化した「反原子力の自然哲学」が、戦後七十年を経た日本が発信することのできる「四海慶福の複合物質」の新たな一環として、日本国内だけではなく、東アジア総体、否、世界じゅうで、受容されることになれば、戦後日本の再生の象徴である憲法とほぼ等しい生、とりわけ学問的生を生きてきた学徒にとって、それ以上の僥倖はない。

戦後日本の原点は「ノーモア、ヒロシマ」である。国破れて山河ありの時節、戦いに敗れても、日本人は気高く、優しく、誇り高く、この七十年間を生きてきたと言えるのではなかろうか。なかでも、立派な姿勢を凜として保持し続けたのは、原爆の被爆者であった。「ノーモア、ヒロシマ」の志を貫徹し、原爆のみならず、原発を保持する原子力帝国主義の覇道の科学技術文明を廃絶に追い込まないかぎり、日本は政治的・軍事的にのみならず、モラル的に敗北し続けると言ってよいのだ。

戦後の日本は、世界に誇れる憲法第九条を象徴とする平和主義を掲げ、さらに「ノーモア、ヒロシマ」の叫びをもって「反核兵器」をめざした。いまや「脱原子力の道」を歩むべきであろう。そのうえで、中国や韓半島をも含む東北アジア平和共同体を構築すべきであろう。本書に籠められている学問思想的メッセージは、二〇一一年三月の東日本大震災が主要に襲った東北地方出身の容易に「まつろわぬ」(不正に屈服せず)、いたって「ちかねぇ」(気の強い)科学史家・科学哲学者によって発せられている。時が経てば、その自然哲学的内実は東アジア全域に〝氾濫〟するだろう、と予想する。二十一世紀初頭の今日、その地域での自然哲学の形態は、十七世紀西欧に生まれた近代の機械論自然哲学に代わりうる「反原子力の自然哲学」であるべきであろう、と私はかたく信ずる。

マ行

ヤ行

ラ行

ワ行

タ行

中医学（中国医学）　27, 78, 92, 170, 272f, 308-311, 314-322, 324f, 328-334, 435

ナ行

『21世紀のマルクス主義』　162

ハ行

サ行

事項索引

（本書にとって枢要な項目だけを精選してある。）

ア行

カ行

宮澤賢治（1896-1933） 160, 173
メルセンヌ Marin Mersenne（1588-1648） 54, 186, 189, 192, 195
メルロ＝ポンティ Maurice Merleau-Ponty（1908-1961） 37, 67, 425
メンデス Chico Mendes（1944-1988） 430
メンデレーエフ Dmitorii I. Mendeleev（1837-1907） 232, 391
毛沢東 Mao Zedong（1893-1976） 144
本林靖久 342, 344
森三樹三郎（1909-1986） 276
森嶋通夫（1923-2004） 419
モリス William Morris（1834-1896） 161, 430
森瀧市郎（1901-1994） 444
モンテーニュ Michel de Montaigne（1533-1592） 303
モントゴメリー David R. Montgomery 367, 427

ヤ行

矢崎為一（1902-1990） 378
ヤスパース Karl Jaspers（1883-1969） 252
ヤブロコフ Alexei V. Yablokov 386f
山崎正勝 377
山縣有朋（1838-1922） 411
山田慶兒（1932- ） 314
山本巌（1924-2001） 329-333
山本義隆（1941- ） 241, 248, 442
湯川秀樹（1907-1981） 245f
湯川豊（1938- ） 380
ユンク Robert Jungk（1913-1994） 442
吉岡斉 165
吉川幸次郎（1904-1980） 236
吉田文和（1950- ） 414
吉永小百合 444
吉益東洞（1702-1773） 93, 327-330, 332
ヨベル Yirmiyahu Yovel 453f
吉本隆明（1924-2012） 257ff

ラ行

ライプニッツ Gottfried Wilhelm Leibniz（1646-1716） 42, 58-61, 65ff, 77-80, 89, 99, 125, 135, 171, 219, 228, 303, 391, 420, 453f
ラヴォワジエ Antoine Lavoisier（1743-1794） 135, 137, 183, 231f, 312, 391
ラウトカウ Joachim Raudkau（1943- ） 413
ラーシェド Roshdi Rashed（1936- ） 137, 323
ラシュヴィッツ Kurd Lasswitz（1848-1901） 198
ラッセル Bertrand Russell（1871-1970） 37, 253, 305, 409
ラフォンテーヌ Oskar Lafontaine（1943- ） 161
ラムス Petrus Ramus（1515-1572） 42, 124, 131, 181
ランダウ Lev Davidvich Landau（1908-1968） 256
李時珍 Li Shizhen（1518-1593） 314, 324, 440
李清照 Li Qingzhao（1084-1155） 274
李善蘭 Li Shanlan（1810-1882） 84
李致重 Li Zhizhong 95
リッチ Matteo Ricci ＝利瑪竇 Li Madou（1552-1610） 84
リービッヒ Justus von Liebig（1803-1873） 427
リーベルト Arthur Liebert（1863-1936） 39
劉徽 Liu Hui（3 世紀） 80
李致重 Li Zhizhong 95
劉徽 Liu Hui（3 世紀） 80
劉笑敢 Liu Xiaogan 303
梁啓超 Liang Qichao（1873-1929） 420
ルクセンブルク Rosa Luxemburg（1870-1919） 140, 163, 430
ルクレティウス Lucretius（前 1 世紀） 203f, 206, 321
ルソー Jean-Jacques Rousseau（1712-1778） 100f, 132f, 423, 426, 454f
ルノーブル Robert Lenoble（1902-1959） 54f, 61, 66, 160, 235
レヴィ Michael Löwy（1938- ） 429f, 434, 443
レーヴィット Karl Löwith（1897-1973） 44
レヴィ＝ストロース Claude Lévi-Strauss（1908-2009） 71ff
レウキッポス Leucippus（前 5 世紀） 200f
レオナルド・ダ・ヴィンチ Leonardo da Vinci（1452-1519） 117
レーニン Vladimir Il'ich Lenin [Ul'yanov]（1870-1924） 140f, 143, 146f, 165, 267, 303, 421, 423, 431, 433
レントゲン Wilhelm Konrad Röntgen（1845-1923） 232, 237-239, 241, 391
老子 Laozi（春秋戦国時代） 275, 280, 288, 301
ローズ Richard Rhoes 154f
ローゼンフェルト Léon Rosenfeld（1904-1974） 243, 248
ロック John Locke（1632-1704） 180f, 203f, 213, 215, 228, 427f
ロッシ Paolo Rossi（1923- ） 102, 117, 124, 126, 130f
ローレンス Ernest Laurence（1901-1958） 252, 380
ロロルド Antonia Lolordo 213

ワ行

和田啓十郎 93
和辻哲郎（1889-1960） 97f, 412
ワーモルド H. G. Wormald 111, 115
ワンチュック（ブータン第四代国王）Jigme Sangye Wangchuk（1955- ） 165, 340, 345

フォン・シュターデン Heinrich von Staden（1939- ） 334f
フォン・ベルタランフィ Karl Ludwig von Bertalanffy（1901-1972） 58f, 279, 297ff, 301
深川晨堂 93
福澤諭吉（1835-1901） 43
福永光司（1918-2001） 277
富士川游（1865-1940） 326
藤田祐幸 163
フック Robert Hooke（1635-1703） 230f
フッサール Edmund Husserl（1859-1938） 33-41, 67, 69, 90f, 132, 168, 181, 260, 294
プラトン Plato（前 428/27-348/347） 38, 40, 122, 127, 193, 208, 279, 281, 321-324
プランク Max Planck（1858-1947） 241, 250
クランク James Franck（1882-1964） 449
フランチェスコ Francesco d'Assisi（1181/2-1226） 119
ブランデル Barry Brundell 213
フーリエ Jean Baptiste Joseph Fourier（1768-1830） 135, 137
フリッシ Otto Frisch（1904-1979） 247
プリニウス Gaius Plinius（23-79） 440
ブルア David Bloor（1942- ） 267
プルタルコス Plutarchus（50 以前 -120 以後） 101
ブルダン Pierre Bourdin（1595-1653） 188
古矢旬 62
フレネル Augustin Jean Fresnel（1788-1827） 135
ブロシャール Victor B. Brochard（1848-1907） 281
ブロック Olivier René Bloch 215
プントショ Lopen Karma Phuntsho 338, 356
ベイコン Francis Bacon（1561-1626） 42, 50f, 54, 100-104, 108-136, 138, 154, 158ff, 167, 170, 172f, 176f, 185, 227ff, 232, 254, 390, 439
ベークマン Isaac Beeckman（1588-1637） 189
ベクレル Antoine Henri Becquerel（1852-1908） 239
ヘーゲル Georg Wilhelm Friedrich Hegel（1870-1831） 33, 100, 290, 453f
ベック Ulrich Beck（1944-2015） 149, 413, 415
ヘッシィ Mary B. Hesse 49
ベルベオーク Bella Belbéoch（1928- ） 402
ベルベオーク Roger Belbéoch（1928- ） 402
ペレス＝ラモス Antonio Pérez-Ramos 121
ヘロフィロス Herophilus of Chalcedon（前 335-280 頃） 334
ベンサイド Daniel Bensaïd（1946-2010） 372, 425, 428, 438, 443, 454
ベンヤミン Walter Benjamin（1892-1940） 47, 430, 437
ボーア Niels Bohr（1885-1962） 197, 243, 245, 247f, 253
ホイヘンス Christiaan Huygens（1629-1695） 219, 230
ボイル Robert Boyle（1627-1691） 27, 51f, 131, 178, 181, 183, 197f, 203, 205, 207, 213, 217-229, 231-235, 253, 262, 390f
法阪正康（1939- ） 381
細谷貞雄（1920-1995） 33
ホッブズ Thomas Hobbes（1588-1679） 42, 44, 51, 216, 321
穂積郁枝 371
ポパー Karl Popper（1902-1994） 122
ポプキン Richard H. Popkin（1923- ） 216, 283
ホフマン Klaus Hoffmann 249, 251
ポラーニ Michael Polanyi（1891-1976） 53
ホルクハイマー Max Horkheimer（1895-1973） 101f, 126
ボルツァーノ Bernard Bolzano（1781-1848） 135
ボルツマン Ludwig Boltzmann（1844-1906） 264
ボルン Max Born（1882-1970） 95, 250
ホワイト Lynn White, Jr.（1907-1987） 129, 261
ホワイトヘッド Alfred North Whitehead（1861-1947） 67, 171, 322f

マ行

マイトナー Lise Meitner（1878-1968） 246-250
前田達郎 102, 117, 126
マキァヴェッリ Niccolò Machiavelli（1469-1527） 114f
孫崎享 412f
マッハ Ernst Mach（1838-1916） 181, 264
マードック John E. Murdoch（1927- ） 51, 203, 224
曲直瀬道三（1507-1594） 326
マホーニィ Michael S. Mahoney（1939-2008） 23f, 72
真山仁 447
マルクス Karl Marx（1818-1883） 41, 139ff, 143, 145f, 148f, 161f, 165, 206f, 270, 290, 306ff, 372, 406, 415, 425-437, 450f, 453f
マンデル Ernest Mandel（1923-1995） 142-148, 435
マンフォード Lewis Mumford（1895-1990） 64f
御手洗瑞子 344
水戸巖（1933-1986） 29, 236, 238, 240, 254ff, 383ff, 389, 393, 410, 417, 448f
水戸喜世子 30
南方熊楠（1867-1941） 352
宮崎市定（1901-1995） 275

朝永三十郎（1871-1951） 236
朝永振一郎（1906-1976） 236, 242, 246, 248, 378, 383
トルーマン Harry S. Truman（1884-1972） 379f
ドルトン John Dalton（1766-1844） 183, 232, 242, 391
ドゥレアージュ Jean-Paul Deléage 425
トロツキイ Lev Davidvich Bronshtein = Trotskij（1870-1940） 141, 144, 148, 161, 165, 244f, 434f, 443

ナ行

中江兆民（1847-1901） 420, 422ff, 449, 451-455
中尾佐助（1916-1993） 342, 357
中川保雄（1943-1991） 396, 403f
中嶋宏（1928-2013） 407
中曾根康弘 152
西尾漠 438
西岡京治（1933-1992） 343
仁科芳雄（1890-1951） 245, 249f, 375-381
ニーダム Joseph Needham = 李約瑟 Li Yuese（1900-1995） 77f, 81f, 84-89, 104, 171, 317, 320, 323
ニュートン Isaac Newton（1642-1727） 27, 42, 51f, 62, 69, 125, 134, 178, 197ff, 204f, 207, 226, 229ff, 243f, 253, 303, 318, 323, 391
ネステレンコ Alexei V. Nesterenko 408
ネステレンコ Vassili B. Nesterenko（1934-2008） 386, 396ff, 400f, 408, 436

ハ行

梅文鼎 Mei Wending（1633-1721） 84
パイエンソン Lewis Pyenson（1947- ） 137, 169, 442
ハイゼンベルク Werner Heisenberg（1901-1976） 139, 243-246, 248, 250, 252
ハイデガー Martin Heidegger（1889-1976） 39f, 99, 304f
ハイムズ Steve J. Heims 57f
パイル Andrew Pyle 32, 199, 203, 223, 226
ハーヴィ William Harvey（1578-1657） 116, 311
ハーウィット Martin Harwit 445
パウリ Wolfgang Pauli（1900-1958） 168, 442
バークリー Edmund C. Berkeley 72
バークリー George Berkeley（1685-1753） 180f
バゴッド Jim Baggott 246, 375
パスカル Blaise Pascal（1623-1662） 137, 195, 303
ハッキング Ian Hacking（1936- ） 125, 265-270, 308, 406, 439
バーチェット Wilfed Burchett（1911-1983） 452
バーテル Rosalie Bertel（1929-2012） 396, 404, 409
バート Edwin A. Burtt（1892-1989） 181
花崎皋平 23
ハーバマース Jürgen Habermas（1929- ） 96, 126, 266
ハリソン John Harrison（1693-1776） 138
パルメニデス Parmenides（前 515 頃 -450 頃） 200, 208
ハーン Otto Hahn（1879-1968） 246f, 249, 251
バンダジェフスカヤ Galina S. Bandazhevskaya 400f
バンダジェフスキー Yuri I. Bandazhesky（1957- ） 396, 398-402, 408, 411, 436
半藤一利（1930- ） 372-375, 380
ピーコ・デッラ・ミランデラ Gianfrancesco Pico della Mirandola（1470-1533） 181
ヒッポクラテス Hippocrates of Cos（前 460 頃 -375 頃） 311, 317, 336, 437
日野川静枝 376
ビーベス Juan Vives（1492-1540） 181
馮友蘭 Feng Youlan（1895-1990） 278
ピュタゴラス Pythagoras（前 560 頃 -480 頃） 193, 208, 320
ビュフォン Georges L. L. Buffon（1707-1788） 440
ヒューム David Hume（1711-1776） 291, 404
ビュリダン Jean Buridan（1295 頃 -1358 頃） 180f, 203
ピュロン Pyrro（前 365 ～ 360-275 ～ 270） 122, 178, 186f, 191, 278-283, 285f, 290, 298, 303, 424
ヒルトン James Hilton（1900-1954） 339, 358
ヒルベルト David Hilbert（1862-1943） 57, 193, 250, 261
廣重徹（1928-1975） 256
廣松渉（1933-1994） 207, 426
ファルミ Enrico Fermi（1901-1954） 252, 380
ファン・デル・ヴァールデン B. L. van der Waerden（1903-1997） 258
ファン・ローメン Adriaan van Roomen（1561-1615） 184
フィッシャー Saul Fisher 216f
フェルマー Pierre de Fermat（1607/8-1665） 42
フェルネ Michel Fernex 409f, 436

フェルマー Pierre de Fermat（1607/8-1665） 42

フェルミ Enrico Fermi（1901-1954） 252, 380
フォン・ノイマン John von Neumann（1904-1957） 56ff, 63, 155, 244, 252, 258
フォンヒッペル Fraank von Hippel 449
フォイエルバッハ Ludwig Feuerbach（1804-1874） 307f

サガード Paul Thagard　96
相良邦夫　408, 418
桜井醇児　402
佐々木償子（1943-1955）　382
笹本征男　382
佐高信　388, 412
サボー Àrpàd Szabò（1913-2001）　287
沢隆　371
椎名重明　426ff
シヴィン Nathan Sivin　317, 320
ジェイムズ一世 James I（1566-1625）　110, 113-116
シェリング Friedrich Wilhelm Joseph Schelling（1775-1854）　67
司馬遷 Sima Qian（前 145-90 頃）　308, 323f
シーボーグ Glenn T. Seaborg（1912-1999）　238f
肖顕静 Shao Xianjing　55, 61, 96, 139, 160, 235
島薗進　404f, 450
下村寅太郎（1902-1995）　118
謝竹藩 Xie Zhufan　92, 317, 319f, 333
ジャーヒズ al-Jāḥiẓ（830 頃）　323
シャピーロ Allan E. Shapiro　231
シャロン Pierre Charron（1541-1603）　181
シュヴァルツ Laurent Schwartz（1915-2002）　441
シュトラスマン Friedrich [Fritz] Strassmann　246, 248
シュレーディンガー Edwin Schrödinger（1887-1961）　139, 243f
ジョイ Lynn Sumida Joy　51-54, 212
シラード Leo Szilard（1898-1964）　251
菅波完　447
スターリン Iosif Stalin（1879-1953）　155, 161, 165, 252, 375, 380, 386, 399, 426, 428, 430f, 433f, 453
スピノザ Baruch de Spinoza（1632-1677）　48f, 441, 453ff
セクストス・エンペイリコス Sextus Empiricus（2-3 世紀）　187, 206, 230, 281, 283, 285f, 298, 304
セール Michel Serres（1930- ）　15
荘子＝荘周 Zhuangzi=Zhuangzhou（前 369 以前 -298 〜 286）　276ff, 280, 288-291, 294f, 297-304, 310, 422ff, 438f, 441, 455
ソクラテス Socrates（前 470/69-399）　116, 279, 281f
孫文 Sun Wen（1866-1925）　420ff
ゾンマーフェルト Arnold Sommerfeld（1868-1951）　244

タ行

高木久仁子　366, 410
高木仁三郎（1938-2000）　15, 18f, 22f, 29, 31, 158ff, 163, 173, 238ff, 254ff, 262, 365f, 385, 388, 393, 408ff, 415ff, 438, 447, 449, 455
武谷三男（1911-2000）　157f, 240, 254f, 372ff, 393, 403
高橋啓　364
高橋孝郎　342, 344, 346
高橋福継　360, 368
田代三喜（1465-1537）　326
館野正美　318, 329
田中正造（1841-1913）　455
田中浩　216
田中裕　171
玉木英彦（1909-2013）　379
淡中忠郎（1908-1986）　257
チェルトコフ Wladimir Tchertkoff（1935- ）　395ff, 399, 401, 407
チャーチル Winston Churchill（1874-1965）　380
チャールズ一世 Chales I（1600-1649）　124
チャールトン Walter Charleton（1619-1707）　205, 227
張仲景 Zhang Zhongjing（150 〜 154 頃 -215 〜 219 頃）　314f, 328
張瓏英　311
陳獨秀 Chen Duxiu（1879-1942）　161, 424f, 434
ツェルメロ Ernest Zermelo（1871-1953）　37
ディオゲネス・ラエルティオス Diogenes Laertius（3 世紀前半頃）　51f, 186f, 204ff, 280, 282f
ティコ・ブラーエ Tycho Brahe（1546-1601）　206
ティモン Timo（前 325 頃 -230 〜 225）　279ff
テイラー Charles Taylor（1931- ）　74
ディラック Paul Adrien Maurice Dirac（1902-1984）　139, 243ff, 441f
デカルト René Descartes（1596-1650）　17, 26, 42f, 51, 54, 58, 65, 92, 97, 118, 112, 125, 131, 168f, 177ff, 182-196, 207f, 228ff, 230, 236, 285f, 303, 311ff, 319, 321, 323, 390, 441
デッラ・ポルタ Giambattista Della Porta（1535?-1615）　118, 120
デモクリトス Democritus（前 460 頃 -370）　121, 128, 167, 199-202, 206, 208
デュエム Pierre Duhem（1861-1916）　260
デュピュイ Jean-Paul Dupuy　435f
寺澤捷年　327f
寺島実郎　165
デリダ Jacques Derrida（1930-2004）　37
土居健郎（1920-2009）　309f
董飛俠 Dong Feixia　316
遠山啓（1909-1979）　257ff
戸田山和久　264ff
トーマス・アクィナス Thomas Aquinas（1225 頃 -1274）　194
泊次郎（1944- ）　60

エンゲルス Friedrich Engels（1820-1895）141, 207, 306, 325, 396, 404, 406, 425f, 428f
エンペドクレス Empedocres（前 492 頃 -32 頃）321
オイラー Leonhard Euler（1707-1783）135
王充 Wangchong（27-89 ～ 104）305, 411
大島堅一 163, 412
大森荘藏（1922-1997）180f
岡野真治（1926- ）377
岡本三夫 30, 409
オストヴァルト Wilhelm Ostwald（1853-1932）264
小田切徳美 371
オッペンハイマー Robert Oppenheimer（1904-1967）248, 252, 380
オバマ Barack Obama 418, 432

カ行

開沼博 154, 370f
カヴァリエーリ Bonaventura Cavalieri（1598-1647）200
ガウス CarlFriedrich Gauß (1777-1855) 43, 61, 111, 125ff, 173, 185, 193, 260, 302
郭四志 Guo Sizhi 164
カーソン Rachel Carson（1907-1964）72, 239
加地伸行 278f
ガッサンディ Pierre Gassendi（1592-1655）27, 42f, 51-54, 167, 177ff, 181ff, 190-195, 197, 204-218, 223, 225-229, 232f, 235, 304, 319, 321, 390f, 401, 439, 441
金谷治（1920-2006）275, 277f, 289f, 293f, 296, 299, 438
鎌仲ひとみ 163
ガリレオ Galileo Galilei（1564-1642）25, 34ff, 42, 50f, 69f, 82, 90f, 112, 125, 131f, 134, 136, 167f, 177, 189, 204, 254, 260, 318, 390, 401, 439, 441
カルネアデス Carneades（前 214/3-129/8）221, 225f, 281f
カルノー Sadi Carnot（1796-1832）135
ガレノス Galenus（129-199）311, 313, 316f
ガロワ Évariste Galois（1811-1832）103, 259
河上肇（1879-1946）411
川喜田愛郎（1911-1997）309f, 312, 336
カント Immanuel Kant（1724-1804）36, 50, 67, 74, 96, 192, 290f
カントル Georg Cantor（1845-1918）36, 192
ギアツ Clifford Geertz（1926-2006）71, 73
キケロー Marcus Tullius Cicero（前 106-43）321
キッチャー Philip Kitcher 125
木村健二郎（1896-1988）381
ギャリー R. N. Giere 265
キュリー Marie Curie（1867-1934）237f, 247
キュリー Pierre Curie（1859-1906）237f, 247
ギリスピー Charles Coulston Gillispie（1918-2015）24, 137
区結成 QuJicheng 318
グイエ Henri Gouhier（1898-1994）191
久野成章 19f, 30, 167, 363
久米三四郎（1926-2009）157, 254ff, 262
クラヴィウス Christoph Clavius（1538-1612）184
グラネル Gérard Granel（1930-2000）41
グラムシ Antonio Gramsi（1891-1937）144
栗原貞子（1913-2005）15, 19-23, 29, 104, 106, 423, 434f, 444
栗原眞理子（1935-2012）15, 19ff, 30
グロジンスキー Dmitri M. Grodzinski 393
クロスビー Alfred W. Crosby 128, 327
クロゼー Pascal Crozet 137
クーン Thomas S. Kuhn（1922-1996）23-26, 53, 59, 59, 65f, 68-77, 81, 86-91, 93-99, 104, 133f, 138, 154, 169f, 199, 218f, 231f, 241, 266f, 270, 279, 305, 309, 314, 318f, 321f, 333, 442
恵施＝恵子 Huishi = Huizi（前 370 頃 -310 頃）278
ゲイル Robert P. Gale 366
ケインズ John Maynard Keynes（1882-1946）144, 148, 307, 324
ゲーテ Johann Wolfgang von Goethe（1749-1832）78, 242, 264, 307, 324
ゲーデル Kurt Gödel（1906-1978）261
胡臻 HuZhen 316
小出裕章 156, 175, 383
コイレ Alexandre Koyré（1892-1964）132, 312
興膳宏 277
コヴェル Joel Kovel 430
幸徳秋水（1871-1911）411f, 422ff, 455
ゴクレニウス Rodolphus Goclenius（1547-1628）213
ゴークロジャー Stephen Gaukroger 121, 125
コーシー Augustin-Louis Cauchy（1789-1857）135
小嶋和子（平野和子）（1945 生）21f
コーフィールド Catherine Caufield 239, 257
ゴフマン John W. Gofman（1918-2007）156, 408f
コペルニクス Nicolaus Copernicus（1473-1543）182, 206, 311
小森敦司 415
コリングウッド Robin G. Collingwood（1889-1943）171
コロンブス Christopher Columbus（1446?-1506）121, 327
コンプトン Arthur Compton（1892-1962）380

サ行

酒井直樹（1946- ）455f

人名索引

（本書にとって重要な人名。古代中世の西洋人名は、原則としてラテン語式に記した。中国人名は日本語読みで配列してあるが、当該項目の見出しに拼音《ピンイン》を記してある。f, ffは、出現個所がそれぞれ、次ページ、次々ページに及ぶことを示す。）

ア行

アイゼンハワー Dwight Eisenhower（1890-1969） 152, 383, 445
アイネシデモス Aenesidemus（前1世紀） 191, 215, 281f, 298
アイヒマン Adolf Eichmann（1906-1962） 412
アインシュタイン Albert Einstein（1879-1955） 56, 139, 169, 244, 247f, 251, 253
アガッシ Joseph Agassi 132
アグリッパ Agrippa（前1世紀？） 187f, 191, 215, 279, 281-286, 289, 292, 298
アグリッパ Heinrich Cornerius Agrippa（1486-1535） 117f
浅田宗伯（1815-1894） 329
アドルノ Theodor Adorno（1903-1969） 101f, 126, 145
アナクサゴラス Anaxagoras（前500-428頃） 223
天野清（1907-1945） 242
荒勝文策（1890-1973） 376
荒畑寒村（1887-1981） 162
アリストテレス Aristoteles（前384-322） 25, 38, 40, 50, 53, 69f, 80, 111f, 116, 122, 124f, 131, 179-184, 194f, 200-210, 214f, 224, 278, 280, 285, 312, 317f, 321f, 453
アルキメデス Archimedes（前287頃-212） 187, 193
アルケシラオス Arcesilaus（前316/5-241/0） 220, 281f
アルベルトゥス・マグヌス Albertus Magnus（1200頃-1280） 181
アレクサンドロス Alexander（前356-323） 111, 280
アレクシエービッチ Svetolana Alexievich 29, 366, 388
安斎育郎 157
アンペール André-Marie Ampère（1775-1836） 135
飯田哲也 163
イエイツ Frances A. Yates（1899-1981） 118
池内了 450
池田知久 276ff, 289ff, 293f, 297f, 303, 438
池山重朗（冨田和男 1931-2007） 444
イーザリー Claude Eatherly 445
石橋克彦 365, 389
石原莞爾（1889-1949） 373f
石原吉郎（1915-1977） 20f, 433f
一条兼良（1402-1481） 412
一ノ瀬正樹 404
伊東光晴 412
伊藤由子 363
猪俣洋文 31, 359ff, 363f
イブン・シーナー＝アヴィセンナ Ibn Sina = Avicenna（980-1037） 311
イブン・ルシュド＝アヴェロエス Ibn Rushd=Averroes（1126-1198） 181, 224
今枝由郎（1947-） 166, 343-350
今中哲二 156, 385, 405f
ヴァイツゼッカー Carl Friedrich von Weizsäcker（1912-2007） 252
ヴァイヤーシュトラース Karl Weierstraß（1815-1897） 36
ヴァイル〔ワイル〕Hermann Weyl（1885-1955） 56, 258
ヴァレリー Paul Varély（1871-1945） 41
ヴィエト（François Viète, 1540-1603） 42, 125, 185
ヴィーコ Giambattista Vico（1668-1744） 26, 32, 42, 44-49, 67, 119, 195f, 260, 265
ウィトゲンシュタイン Ludwig Witttgenstein（1889-1951） 24, 27, 219, 292, 303-306, 308, 320, 406
ウィーナー Norbert Wiener（1894-1964） 57ff, 61, 63f
ウィリアムズ Chris Williams 431
ウィンチェスター Simon Winchester 81
ヴェサリウス Andreas Vesalius（1514-1564） 311, 313
上村忠男 47
ヴェルナツキイ Vladimir Vernadsky（1863-1945） 428
ウォーカー Daniel P. Walker 118
梅棹忠夫（1920-2010） 425f
ウンシュルト Paul U. Unschuld 314
エウクレイデース Eucleides Alexandrinus（前300頃） 38, 80, 125, 131, 184, 193, 203, 280, 287
江沢洋 212, 234ff, 243, 248, 377, 378, 379
エッケルト Michael Eckert 244f
エピクロス Epiculus（前341頃-270頃） 27, 51f, 182f, 195, 203-209, 212, 214, 216, 223f, 304, 390, 453
エリザベス一世 Elizabeth I (1533-1603) 110

■著者略歴
佐々木力（ささき・ちから）

1947年、宮城県生まれ。

東北大学理学部および同大学院で数学者になるための修練を積んだあと、プリンストン大学大学院でトーマス・S・クーンらに科学史・科学哲学を学び、Ph. D.（歴史学）取得。

1980年から東京大学教養学部講師、助教授を経て、1991年から2010年まで教授。定年退職後、2012年から北京の中国科学院大学人文学院教授。中部大学中部高等学術研究所客員教授。

東アジアを代表する科学史家・科学哲学者。

著書に、『科学革命の歴史構造』、『近代学問理念の誕生』、『科学論入門』、『数学史』（以上、岩波書店）、『デカルトの数学思想』、『学問論』（以上、東京大学出版会）、『マルクス主義科学論』、『二十世紀数学思想』（以上、みすず書房）、『数学史入門』、『21世紀のマルクス主義』、『ガロワ正伝』（以上、筑摩書房）、*Descartes's Mathematical Thought* (Kluwer Academic Publishers)（『デカルトの数学思想』の英語版）、*Introdução à Teoria da Ciência* (Editora da Universidade de São Paulo, 2010)（『科学論入門』のブラジル－ポルトガル語版）、『東京大学学問論——学道の劣化』（作品社）など多数。

日本陳獨秀研究会会長、環境社会主義研究会会長。

【ポイエーシス叢書67】

反原子力の自然哲学

二〇一六年六月二十日　初版第一刷発行

定価……本体三八〇〇円＋税

著者……佐々木力

発行所……株式会社　未來社

東京都文京区小石川三―七―二
振替〇〇一七〇―三―八七三八五
電話（03）3814–5521
http://www.miraisha.co.jp/
info@miraisha.co.jp

発行者……西谷能英

印刷・製本……萩原印刷

ISBN978-4-624-93267-1 C0310

ポイエーシス叢書

（消費税別）

1	起源と根源	カフカ・ベンヤミン・ハイデガー	小林康夫著	二八〇〇円
2	未完のポリフォニー	バフチンとロシア・アヴァンギャルド	桑野隆著	二八〇〇円
3	ポスト形而上学の思想		ユルゲン・ハーバーマス著／藤澤賢一郎・忽那敬三訳	二八〇〇円
5	知識人の裏切り		ジュリアン・バンダ著／宇京頼三訳	三二〇〇円
6	「意味」の地平へ	レヴィ＝ストロース、柳田国男、デュルケーム	川田稔著	一八〇〇円
7	巨人の肩の上で	法の社会理論と現代	河上倫逸著	二八〇〇円
8	無益にして不確実なるデカルト		ジャン＝フランソワ・ルヴェル著／飯塚勝久訳	一八〇〇円
9	タブローの解体	ゲーテ「親和力」を読む	水田恭平著	二五〇〇円
10	余分な人間	『収容所群島』をめぐる考察	クロード・ルフォール著／宇京頼三訳	二八〇〇円
11	本来性という隠語	ドイツ的なイデオロギーについて	テオドール・W・アドルノ著／笠原賢介訳	二五〇〇円
12	他者と共同体		湯浅博雄著	三五〇〇円
13	境界の思考	ジャベス・デリダ・ランボー	鈴村和成著	三五〇〇円
14	開かれた社会―開かれた宇宙	哲学者のライフワークについての対話	カール・R・ポパー、フランツ・クロイツァー／小河原誠訳	二〇〇〇円

15討論的理性批判の冒険　ポパー哲学の新展開　小河原誠著　三二〇〇円
16ニュー・クリティシズム以後の批評理論（上）　フランク・レントリッキア著／村山淳彦・福士久夫訳　四八〇〇円
17ニュー・クリティシズム以後の批評理論（下）　フランク・レントリッキア著／村山淳彦・福士久夫訳　三八〇〇円
18フィギュール　ジェラール・ジュネット著／平岡篤頼・松崎芳隆訳　三八〇〇円
19ニュー・クリティシズムから脱構築へ　アメリカにおける構造主義とポスト構造主義の受容　アート・バーマン著／立崎秀和訳　六三〇〇円
21スーパーセルフ　知られざる内なる力　イアン・ウィルソン著／池上良正・池上冨美子訳　二八〇〇円
22歴史家と母たち　カルロ・ギンズブルグ論　上村忠男著　二八〇〇円
23アウシュヴィッツと表象の限界　ソール・フリードランダー編／上村忠男・小沢弘明・岩崎稔訳　三二〇〇円
25地上に尺度はあるか　非形而上学的倫理の根本諸規定　ウェルナー・マルクス著／上妻精・米田美智子訳　三八〇〇円
26ガーダマーとの対話　解釈学・美学・実践哲学　ハンス＝ゲオルク・ガーダマー著／カルステン・ドゥット編／巻田悦郎訳　二二〇〇円
27インファンス読解　ジャン＝フランソワ・リオタール著／小林康夫・竹森佳史ほか訳　二五〇〇円
28身体　光と闇　石光泰夫著　三五〇〇円
29マルティン・ハイデガー　伝記への途上で　フーゴ・オット著／北川東子・藤澤賢一郎・忽那敬三訳　五八〇〇円
30よりよき世界を求めて　カール・R・ポパー著／小河原誠・蔭山泰之訳　三八〇〇円
31ガーダマー自伝　哲学修業時代　ハンス＝ゲオルク・ガーダマー著／中村志朗訳　三五〇〇円
32虚構の音楽　ワーグナーのフィギュール　フィリップ・ラクー＝ラバルト著／谷口博史訳　三五〇〇円

33 ヘテロトピアの思考 上村忠男著 二八〇〇円

34 夢と幻惑 ドイツ史とナチズムのドラマ フリッツ・スターン著／檜山雅人訳 三八〇〇円

35 反復論序説 湯浅博雄著 二八〇〇円

36 経験としての詩 ツェラン・ヘルダーリン・ハイデガー フィリップ・ラクー＝ラバルト著／谷口博史訳 三五〇〇円

37 アヴァンギャルドの時代 1910年-30年代 塚原史著 二五〇〇円

39 フレームワークの神話 科学と合理性の擁護 カール・R・ポパー著／M・A・ナッターノ編／ポパー哲学研究会訳 三八〇〇円

40 グローバリゼーションのなかのアジア カルチュラル・スタディーズの現在 伊豫谷登士翁・酒井直樹・テッサ・モリス＝スズキ編 二五〇〇円

41 ハーバマスと公共圏 クレイグ・キャルホーン編／山本啓・新田滋訳 三五〇〇円

42 イメージのなかのヒトラー アルヴィン・H・ローゼンフェルド著／金井和子訳 二四〇〇円

43 自由の経験 ジャン＝リュック・ナンシー著／澤田直訳 三五〇〇円

44 批判的合理主義の思想 蔭山泰之著 二八〇〇円

45 滞留［付／モーリス・ブランショ「私の死の瞬間」］ ジャック・デリダ著／湯浅博雄監訳 二〇〇〇円

46 パッション ジャック・デリダ著／湯浅博雄訳 一八〇〇円

47 デリダと肯定の思考 カトリーヌ・マラブー編／高橋哲哉・増田一夫・高桑和巳監訳 四八〇〇円

48 接触と領有 ラテンアメリカにおける言説の政治 林みどり著 二四〇〇円

49 超越と横断 言説のヘテロトピアへ 上村忠男著 二八〇〇円

50 移動の時代　旅からディアスポラへ　カレン・カプラン著／村山淳彦訳　三五〇〇円
51 メタフラシス　ヘルダーリンの演劇　フィリップ・ラクー＝ラバルト著／高橋透・高橋はるみ訳　一八〇〇円
52 コーラ　プラトンの場　ジャック・デリダ著／守中高明訳　一八〇〇円
53 名前を救う　否定神学をめぐる複数の声　ジャック・デリダ著／小林康夫・西山雄二訳　一八〇〇円
54 エコノミメーシス　ジャック・デリダ著／湯浅博雄・小森謙一郎訳　一八〇〇円
55 私に触れるな　ノリ・メ・タンゲレ　ジャン＝リュック・ナンシー著／荻野厚志訳　二〇〇〇円
56 無調のアンサンブル　上村忠男著　二八〇〇円
57 メタ構想力　ヴィーコ・マルクス・アーレント　木前利秋著　二八〇〇円
58 応答する呼びかけ　言葉の文学的次元から他者関係の次元へ　湯浅博雄著　二八〇〇円
59 自由であることの苦しみ　ヘーゲル『法哲学』の再生　アクセル・ホネット著／島崎隆・明石英人・大河内泰樹・徳地真弥訳　二二〇〇円
60 翻訳のポイエーシス　他者の詩学　湯浅博雄著　二二〇〇円
61 理性の行方　ハーバーマスと批判理論　木前利秋著　三八〇〇円
62 哲学を回避するアメリカ知識人　コーネル・ウェスト著／村山淳彦・堀智弘・権田建二訳　五八〇〇円
63 赦すこと　赦し得ぬものと時効にかかり得ぬもの　ジャック・デリダ著／守中高明訳　一八〇〇円
64 人間という仕事　フッサール、ブロック、オーウェルの抵抗のモラル　ホルヘ・センプルン著／小林康夫・大池惣太郎訳　一八〇〇円
65 ピエタ　ボードレール　ミシェル・ドゥギー著／鈴木和彦訳　二二〇〇円

66オペラ戦後文化論1　肉体の暗き運命 1945-1970　小林康夫著　二二〇〇円
67反原子力の自然哲学　佐々木力著　三八〇〇円

本書の関連書

時ならぬマルクス　批判的冒険の偉大さと逆境（十九―二十世紀）　ダニエル・ベンサイド著／佐々木力監訳　五八〇〇円
ヴィーコの哲学　ベネデット・クローチェ著／上村忠男編訳　二〇〇〇円
暗黒の大陸　ヨーロッパの20世紀　マーク・マゾワー著／中田瑞穂・網谷龍介訳　五八〇〇円
脱成長《ダウンシフト》のとき　人間らしい時間をとりもどすために　セルジュ・ラトゥーシュ＋ディディエ・アルパジェス著／佐藤直樹・佐藤薫訳　一八〇〇円
学問の未来　ヴェーバー学における末人跳梁批判　折原浩著　五八〇〇円
東日本大震災大震災以後の海辺を歩く　みちのくからの声　原田勇男著　二〇〇〇円